印记

IMPRINT

同济大学土木工程学院发展风采

DEVELOPING SPLENDOR OF TONGJI UNIVERSITY'S COLLEGE OF CIVIL ENGINEERING

黄 雨　周 颖　主编

同济大学出版社・上海
TONGJI UNIVERSITY PRESS · SHANGHAI

图书在版编目（CIP）数据

印记：同济大学土木工程学院发展风采/黄雨，周颖主编. —上海：同济大学出版社，2024.10.
ISBN 978-7-5765-1374-5

Ⅰ. G649.285.1

中国国家版本馆CIP数据核字第202439F620号

上海光华教育发展基金会-同济学人图书馆支持

印记——同济大学土木工程学院发展风采

黄　雨　周　颖　主编

责任编辑：陆克丽霞　胡晗欣
责任校对：徐春莲
排版制作：嵇海丰
封面设计：完　颖

出版发行　同济大学出版社　www.tongjipress.com.cn
（地址：上海市四平路1239号　邮编：200092　电话：021-65985622）
经　　销　全国各地新华书店、建筑书店、网络书店
印　　刷　上海安枫印务有限公司
开　　本　787mm×1092mm　1/16
印　　张　25.5
字　　数　514 000
版　　次　2024年10月第1版
印　　次　2024年10月第1次印刷
书　　号　ISBN 978-7-5765-1374-5
定　　价　220.00元

编委会

主编

黄雨 周颖

副主编

程春兰

委员

（按姓氏笔画为序）

王琛 王达磊 代朝猛 任晓丹 刘芳 刘志坚

刘曙光 闫治国 阮欣 孙飞飞 苏庆田 吴昊

吴培峰 宋晓滨 张东明 张博珊 陈建峰 周志光

钟桂辉 俞剑 徐培芳 程国政 潘钻峰

前言

兼容并蓄，求实创新！

同济大学自1914年开启土木系科教育，110年来薪火相传，勇立土木工程领域改革和发展的潮头，为祖国建设培育栋梁之才，在世界舞台传播铿锵有力的中国科技之声。一代代同济土木人接续奋斗，持续深耕城市功能提升、国土空间开发和疆域纵深拓展，武汉长江大桥、南京长江大桥、南浦大桥、三峡工程、汶川地震灾后重建、上海世博会、港珠澳大桥、北京大兴国际机场、川藏铁路、雄安新区……处处留下了建设人类美好家园的同济印记，印证了习近平总书记在同济百年校庆上的“三个一百年”重要讲话精神：同济的100年，是与中华民族命运休戚与共的100年；同济的100年，是与祖国科教事业心手相牵的100年；同济的100年，是与上海城市发展相濡以沫的100年。

重温历史印记，探寻发展密码。百十年励精图治，经过一代代同济土木人的共同努力，同济土木已然成为同济大学办学成就的一面旗帜、一张名片。土木师生始终坚持发挥自己的学科优势与特色，积极参与国家重大工程的建设、培养和输送大批高层次人才，为祖国建设和推动社会发展作出贡献。围绕“立德树人”的中心工作，学院在人才培养、科学研究、社会服务、文化传承创新、国际交流合作等方方面面步履坚实，留下深刻发展印记。站在历史与未来的交汇点，发掘、传承、发扬蕴涵于其中的精神力量具有十分重要的意义。

传承赓续精神，绘就发展新篇。我们编撰、出版土木系科110周年发展系列丛书，作为对同济土木系科庆的献礼。本书展现了土木工程学院发展过程中参与国家重大工程建设、培养和输送高层次人才、推动社会发展所作贡献等方面的代表性资料，以叙事性讲述，客观呈现了学科发展的面貌，追寻同济土木发展印记，解读发展密码，激活蕴藏于历史的力量，进而传承精神、厚植情怀、擦亮名片、行稳致远。

书籍可供关心土木系科发展的广大校友、有志于献身祖国建设的青年、土木工程及相关学科同行、致力于学科发展史的研究者等阅读参考。书中篇目与《大家——同济大学土木系科院士风采录》互为补充，因时间关系，一些案例有所疏漏，我们期望未来以此为基础，不断修编改进，持续完善。

百十薪火相传，前路再启新程。每一位同济土木人将接力传承创新，践行“与祖国同行，以科教济世”的铮铮誓言，努力在强国建设、民族复兴的新征程中再写辉煌。

本书编写组

2024年10月

目录

前言

010 **风正一帆悬**——同济大学土木工程学院发展印记

050 **矢志建造中国塔**——记高耸钢结构设计理论研究及工程应用

058 **让“关键”更稳健**——“钢与轻型结构研究团队”速写

064 **钢构建筑金刚不坏**——走近钢结构及防灾团队

070 **为了再生混凝土**——再生混凝土团队创新成果追踪

080 **“我看主意应该定了”**——李国豪带领同济桥梁人奋斗纪实

098 **向海而兴：国际航运中心**——洋山深水港、东海大桥建设的同济力量

114 **我架津梁济沧海**——20世纪90年代至21世纪10年代，同济桥梁人参与的桥梁建设撷英

134 **折冲浩瀚树新碑**——同济大学科研“大兵团”与苏通大桥建设的故事

148 **“已经签署新合同”**——同济人海外造桥掠影

164 **“气动控制是个四两拨千斤的活”**——大跨度桥梁结构和行车抗风安全的气动控制技术介绍

170 **港珠澳大桥：同济科研、人才培养大舞台**——土木工程学院师生为大桥建设贡献“同济智慧”

198 **“地下风吹草动它知道”**——“长大地下基础设施安全风险的智慧感控”速写

206 **“我们的目标是零沉降”**——记地下空间与工程安全控制理论与技术研究

214 **是他们在保障垃圾填埋场的高质量运行**——“垃圾填埋场滑坡灾害演化机制及风险管控关键技术”探秘

222 **“我们要弄清的就是岩土体‘生病’的全过程”**——“强震扰动区复杂孕灾环境下岩土体失稳演化机理与全过程灾变理论研究”观察

232 **他们让深部岩溶一目了然、随心掌控**——走近岩体力学与工程研究团队
240 **“飞机起降、列车呼啸……地基动静尽在掌握”**——走近土动力学与软土工程灾变控制研究群体
246 **护航国家建设的利器**——模拟地震振动台试验室发展与工程案例透视
258 **让超高层建筑结构成为韧性城市的“排头兵”**——结构防灾减灾工程系高层建筑结构科研纪实
270 **“核电，安全是命根子”**——土木工程学院核电安全研究扫描
280 **城市更新的“特种兵”**——同济大学建筑物移位关键技术研究与应用扫描
292 **矢志下一代建筑材料**——同济大学土木工程学院高延性可弯曲混凝土材料ECC研发透视
302 **一切为了碧水长清**——水利工程系科研纪实
316 **十方世界任遨游**——奋战在神州大地的土木工程学院校友风采
407 **后记**

风正一帆悬

同济大学土木工程学院发展印记

党的二十大报告站在我国社会主义现代化建设事业长远发展的战略高度，把教育、科技、人才作为基础性、战略性支撑，摆在极为重要的位置。高等学校是实施建设教育强国、科技强国、人才强国三位一体、协调联动战略的重要领域和平台。不断加强学科建设，作为高校的立身之本、发展之基，是带动学校整体水平提高的有效途径。

同济大学土木系科自1914年初创，历经110年，如今枝繁叶茂，欣欣向荣。1997年，土木工程学院成立，得到了学校全方面、全周期、全过程的支持与关心，在历任学校、学院班子成员的带领下，全院师生攻坚克难，踔厉奋发，耕耘不懈。土木工程学院始终坚持以立德树人为根本任务，聚焦主责主业，矢志育人育才，始终坚持与祖国同行、以科教济世，在党建引领、人才培养、科学研究、社会服务、国际交流合作、文化传承等方面勇担使命、奋楫争先。凭借高质量的学科建设与发展，土木工程学院得以不断开创事业，发展新局面，为中国式现代化的伟大征程持续贡献同济土木的智慧和力量。回眸历史，是为了总结过往经验，凝聚发展共识，拥抱充满希望与光明的未来，让同济土木的精神与情怀持续熠熠生辉。

一、党建引领——夯基筑垒，汇智聚力

土木工程学院始终坚持以党建引领学院各方面事业发展，坚持社会主义办学方向，坚决落实好立德树人根本任务，切实把党的领导贯穿于办学治院、教书育人的全过程，强化思想政治引领，夯实党建工作基础，促使党的建设与学院事业发展深度融合，开创土木系科改革发展的新局面。学院党委现下设5个党总支、89个党支部。其中，教工支部24个，学生支部65个。教工支部按学科方向设置，本科生支部按年级设置，研究生支部基本按班级设置。近年来，学院党委以高水平党建引领高质量发展，紧紧围绕各级党组织的政治建设、思想建设、组织建设、作风建设和制度建设，按照“标准化建设”和“先进性建设”两条主线，开展“筑魂”“筑基”“筑堤”“筑梦”四大工程，突出党组织的站位高度、建设精度、守卫强度和领航力度，形成学院党建工作体系，并取得了预期效果。

坚持“纲举目张”，开展“筑魂”工程

❶ 强化师生思想引领。学院层面做好班子、教工党支部书记和组织员三支队伍的集体学习，确保学习的及时性和覆盖面，成为学校首批“三全育人”试点学院，建立“本-硕-博”培养全过程的导师体系，遵循学生成长规律，多措并举联

动开展“渗透式”思政教育，抓好主题教育。例如，在党史学习教育期间推出土木工程学院党史学习教育“十法”，把党史学习教育与推动学院中心工作相结合，与各系学科特色相结合。“恰是百年风华正茂”情境式故事会被《光明日报》等主流媒体报道。

❷ 健全制度体系。坚持民主集中制，持续加强制度建设，学院定期对全院规范制度进行全面梳理，健全完善学院党组织会议和党政联席会议制度，根据新时期的工作要求进一步规范学院的议事决策体系。例如，修订《土木工程学院党政联席会议议事规则》和《土木工程学院党委会会议议事规则》等，学院不断健全完善民主议事决策体系，充分发挥学院党组织对事业发展的引领作用。涉及学科发展方向、教师队伍建设、师生员工切身利益的事项由党委会会议前置讨论，意见一致后再提交党政联席会议审议决定。

❸ 提升治理能力。健全学院集体领导、党政分工合作、协调运行的工作机制，提高领导班子整体议事决策规范化水平，整体提升学院治理能力。多年来，学院在各领域取得了显著成绩。学院党委2021年12月成功通过上海市“攀登计划”的创建验收，2022年6月通过第二批新时代高校党建“双创”工作全国党建工作标杆院系的创建验收；土木工程专业自2017起连续七年软科排名位居世界第一，自2021年起U.S. News排名位居世界第一，2017年及2022年均入选国家“双一流”建设学科名单。学院的高层次人才建设取得了重大突破，李杰教授2021年当选中国科学院院士，吕西林教授2019年当选中国工程院院士，朱合华教授2021年当选中国工程院院士，赫伯特·芒（Herbert A. Mang）教授2015年当选中国工程院外籍院士，贝斯科斯（Dimitri E. Beskos）教授2016年当选中国工程院外籍院士，另有多人入选国家级人才计划。持续加强党对统一战线、群团工作的领导，学院团委获“上海市五四红旗团委”等称号；学院工会努力做好保障和服务工作，为教职工排忧解难，先后荣获上海市教育系统“模范教工小家”、上海市“模范职工小家”称号；学院充分发挥党外知识分子在学院建设咨询和教书育人中的作用，多个党外教授团队在人才培养、科学研究、服务社会以及国际交流合作中都取得了突出成绩，现有校级各民主党派主委、副主委、委员多人。

坚持“强基固本”，开展“筑基”工程

❶ 基层组织制度执行到位。强化班子成员党建责任意识，坚持党员院领导交叉联系一个系，一人联系一个支部、一人联系一名党外积极分子制度。出台各项制度，建立党支部工作考核制。有序推进党内集中学习教育、经常性教育，经常、认真、严肃地开展党内组织生活，有力地教

育、管理、监督党员和组织、宣传、凝聚、服务群众，党务公开、党纪处分、组织处置等制度执行到位。

❷ 培优育强党建工作队伍。推荐优秀党员教师担任支部书记，实现“双带头人”教师党支部书记全面覆盖，以“双创”支部和“双带头人支部书记工作室”建设为契机，抓好优秀典型支部书记的培养工作，选树党建标杆。例如，建筑工程系教工一支部为全国“双创”标杆支部建设单位；地下建筑与工程系和结构防灾减灾工程系3名国家级人才计划获得者担任各自所在支部的支部书记；地下建筑与工程系教工二支部为校级“双创”标杆支部建设单位；学院还有多个教师支部的支部书记先后入选学校“双带头人”工作室的创建。选优配强学生党支部书记，鼓励优秀青年党员教师担任学生支部书记。坚持学院领导联系师生支部制度，每名党员领导干部都有对口的联系支部，每学期至少给对口联系支部上一次党课并参加一次组织生活会。

❸ 规范抓好党员培养发展。瞄准重点群体，做好政治引领和吸纳工作，在高层次领军人才、优秀青年教师和大学生中开展的培养发展工作成效显著。近年来，平均每年吸纳一至两名优秀青年教师加入党组织，圆满完成专任教师发展计划。严把关口提高学生党员发展质量，注重对少数民族学生的政治引领和吸纳。

坚持“铸魂育人”，开展“筑堤”工程

❶ 严格落实意识形态责任制。从维护国家政治安全的高度认识高校意识形态工作的极端重要性，开展专项理论学习、定期风险研判、相关案例讨论等活动。强调责任制度的落实，定期系统性地研究和预判学院在意识形态领域的风险点。建立健全意识形态工作体系，建立教职工师德师风考核制度、教材审核制度、教室及会议室等公共场地借用审核制度、新闻报道先审后上制度、重要学术活动审核报备制度等，规范意识形态领域的管理。坚守意识形态防控工作责任，制定土木工程学院自编、自选教材负面清单，确保教材政治方向、价值观念、学术导向和思想体系正确。学院荣获首届“全国教材建设先进集体”称号。

❷ 选树师德师风先进典型。总结凝练获市级和校级荣誉称号的优秀教师、“黄大年式”教师团队、优秀导学团队、师德师风优秀教师等先进事迹，利用学院媒体平台进行宣传，树立榜样，讲好身边故事。李国强教授团队2018年入选首批全国高校“黄大年式”教师团队。2019年产生了“全国巾帼建功标兵”（何敏娟）、上海市三八红旗手（周颖）、“上海市巾帼建功标兵”（张冬梅）等一批先进女教师个人；孙钧院士获得2020年“上海市离退休干部先进个人”称号；地下建筑与工程系退休教工党支部获评2020年上海市离退休干

部示范党支部；钢与轻型结构研究室获批“上海市工人先锋号”；李杰院士领衔的创新工作室获评上海市教育系统“劳模创新工作室”；吕西林院士2020年荣获上海市“四有”好教师（教书育人楷模）荣誉称号，2021年荣获上海市教卫工作党委系统“优秀共产党员·师德标兵”称号；2022年，李国强荣获上海市五一劳动奖章；2023年，陈之毅获评“上海市三八红旗手”。

❸ 加强党风廉政宣传教育。每学期分管领导协同学院纪委对分管领域的廉政风险点进行梳理，并制定相应的防范措施；坚持教育在先、警示在先、预防在先，注重发现苗头性、倾向性问题，通过谈心谈话等方式及时警示提醒，把问题消灭在萌芽状态。加强党员干部的廉政教育，采用正面宣传与反面典型案例通报相结合的方式，引导党员干部树立纪律意识、增强遵规守纪的自觉性，协助校纪委及时做好信访件的办理。

坚持“专业报国”，开展“筑梦”工程

❶ 以一流党建引领学院发展。将组织建设、党员作用发挥和党建创新等工作与学科建设紧密结合，为国家建设和战略发展贡献应有之力。顺利完成首轮一流学科建设目标任务，有力推进第二轮一流学科建设；有序推进试点学院改革；按照学院“十四五”发展规划，扎实走好高质量发展之路；面向国家重大工程战略要求，凝聚学科发展新方向，引领国家和上海市新一轮学科发展方向；选派青年教师分赴国家部委、雄安、上海各区挂职锻炼，以及承担援疆任务和赴滇助力脱贫攻坚任务。

❷ 充分发挥党员先锋模范作用。学院党委注重发挥师生党员在教学科研、教育教学和思想政治工作中的引领作用，组织师生围绕国家战略发展重点开展有组织的科学研究。在港珠澳大桥关键技术攻关、虎门大桥涡激共振问题处理、金属消能减震产品国产化等工作中，党员师生带头攻坚克难，主动承担重任，社会服务效应明显。党员领导干部和各支部切实从师生关注的痛点、难点出发，落细落实，努力为身边党员群众解决急难愁盼问题，体现组织的温度。选树了一批先进典型，例如，研究生李昂同学获“全国百名研究生党员标兵”称号，吕西林院士获2021年度“上海市优秀共产党员”称号，地下建筑与工程系党总支获上海市教卫党委系统“先进基层党组织”称号，另有多人获得校级“两优一先”称号。

❸ 凝心聚力强化宣传引领。多平台、多渠道、多方式地向全体教职工、学生和校友及时报道学院各方面的工作，弘扬兼容并蓄、求实创新的学院精神，传承同济大学土木系科的百年传统和文化基因。例如，结合建党百年庆祝活动，学院组织开展了“百年百图、百人百句、百人百篇”系列宣传活动，引领全院师生从百年发展

史中汲取进一步前行的动力和信心，投身一流学科建设工作。党的建设和群团组织建设、基层治理体系建设和维稳工作体系建设有机融合，取得了显著成绩。

未来，学院党委将基于已取得的成绩，进一步完善学院“四筑四度”的党建工作体系，突出党组织的站位高度、建设精度、守卫强度和领航力度，增强“两个功能”，推进“一融双高”，以党建引领学院高质量发展之路。

二、人才培养——守正创新，追求卓越

同济大学土木系科的人才培养目标是：培养面向未来国家建设需要，适应未来社会发展需求，德智体美劳全面发展，基础理论扎实，专业知识宽广，实践能力突出，科学与人文素养深厚，掌握学科相关原理和基本方法，具备“通专基础、学术素养、创新思维、实践能力、全球视野和社会责任”综合特质的社会栋梁和专业精英。同济大学土木系科自创立以来，始终十分重视人才培养理念与培养模式的与时俱进和不断创新，根据土木工程未来发展对人才的类型需求，秉持“通专融合、思维涵养、因材施教、家国情怀”的培养理念，构建了“共性基础＋个性发展”的卓越人才培养体系，以一流学科、一流师资、一流软硬条件、一流管理服务、一流文化氛围培养引领未来的卓越人才。多年来，学院育人成效显著，毕业生活跃于我国50%以上的超高建筑、超长桥梁、超深隧道等重大工程中，平均就业率超过98%，深造率超过60%。截至目前，在同济大学土木工程学院学习工作过的院士有33人，学院培养了1/5的全国工程勘察设计大师（结构），近十年桥梁领域的全国工程勘察设计大师占50%，强力支撑了“中国建造”的世界美誉。

面对百年未有之大变局加速演进的发展态势，为顺应全球新一轮科技革命和产业变革对拔尖创新人才培养提出的新要求，土木工程系科与时俱进，锐意改革，蹚出了一条守正创新、追求卓越的人才培养之路。

持续优化培养体系，培养拔尖创新人才

❶ 培养体系持续优化。依托同济百年土木历史积淀，汲取国外著名大学办学经验，以科学研究和工程实践成果为基础，以学术精湛、育人有方的名师和教学团队为保障，土木系科不断深化“卓越工程师教育培养计划”，提出“基于思维培养和知识本质把握的自我学习与自我完善、基于创新素养和多文化融合的发现问题与综合解决问题能力”的未来人才属性和“本

科基础宽，硕士专业深，博士学术精”的阶段培养定位。在此基础上，学院构建了“共性基础＋个性发展”的土木工程卓越人才培养体系，以课堂教学、实践创新、交流合作三个链条为横向培养轴，以本硕博一体化为纵向培养轴，夯实每一名同学在知识、能力和素质方面的共性发展基础；同时，增强院内导师、校企导师、国际导师与学生间的近距离接触并对学生进行指导，以拓展学生的个性发展空间，为国家培养具备“通专基础、学术素养、创新思维、实践能力、全球视野和社会责任”综合特质，堪当民族复兴大任，引领未来的社会栋梁与专业精英。

❷ 教学成果丰硕。同济大学土木系科自1914年创立以来，始终十分重视人才培养理念与培养模式的与时俱进和不断创新。在首任德籍系主任的主持下，采用德国的教学体制，注重基础与实践；1952年院系调整，一批学贯中西的大师融合苏联、欧美教学体系，博采众长。从20世纪80年代开始，土木系科就持续深化人才培养的教学改革，不断探索培养适应国家建设发展、符合中国式现代化要求的栋梁之材。在1997年、2001年、2005年、2009年、2014年、2018年、2022年连续七届获得国家级教学成果奖。

1997年，同济大学土木工程专业在国内率先实行宽口径人才培养制度并初见成效，获国家级教学成果二等奖。

2001年，开始注重学生的工程素养和实践能力培养，后与东南大学合作获得国家级教学成果一等奖。

2005年，结合国家发展战略，注重创新型国际化人才培养体系的探索与实践，获得国家级教学成果一等奖。

2009年，结合国家工程教育改革和卓越工程师计划，关注以学生为中心的知识学习、能力训练、素质提升以及与国际实质等效的工程教育认证建设，获得国家级教学成果一等奖。

2014年，李国强、赵宪忠等“20年磨一剑——与国际实质等效的中国土木工程专业评估制度的创立与实践”获国家级教学成果一等奖；沈祖炎、李国强等“全方位监控、多阶段跟踪、持续性改进、本研全覆盖的质量保证体系建设与实践”获国家级教学成果二等奖；为顺应硕士研究生毕业后较少从事学术研究工作和建筑业由劳动密集型向创新驱动发展转变的趋势，率先实施全体硕士生按工程专业学位要求招收和培养，创新并实践了“职业性与学术性高度统一”的全日制工程专业硕士研究生培养新模式，获得国家级教学成果二等奖。

2018年，以赵宪忠为主要参与者的“入耳入脑入心 同向同行同频：以思政课为核心的课程思政教育教学改革与创新”获国家级教学成果一等奖；陈以一、赵宪忠、张伟平、黄宏伟等的“职业性与学术性高度统一的专业学位硕士研究生培养模式创新与实践”获国家级教学成果二等奖。

2023年，赵宪忠教授负责的“土木工程专业世界一流人才培养的系统实践”获得一等奖（本科），顾祥林教授负责的“从质量控制走向质量文化：大学人才培养质量保证体系的创新发展”获得一等奖（本科），黄宏伟教授负责的“面向重大工程产教深度融合的工程类专业学位研究生培养体系创新与实践”获得二等奖（研究生），获奖的还有土木工程学院教授参与的项目（包括校际联合教改项目在内）共计9项。

❸ 推进卓越工程师人才培养机制。2011年，同济大学土木工程学院入选教育部17所试点学院，锐意改革，创新高校管理体制与运行机制，深化落实全面推进卓越工程师人才培养机制。着力构建“共性基础+个性发展”的人才培养模式，持续提升课堂教学链、创新实践链、交流合作链的育人内涵和彼此融合程度，夯实每一名学生发展的共性基础。制订菜单式个性化人才培养方案，全面形成“土木工程+”的个性化人才培养模式：与设计创意学院联合开设“设计创意”课程模块；与创新创业学院联合开设“创新创业”课程模块；与数学科学学院联合开设“数理强化班”以及“土木工程+数学”双学士学位项目；与航空航天与力学学院联合开设“力学实验班”；与法学院联合开设“土木-法学复合人才实验班”，施行“主修专业+辅修专业/学位”；与电子与信息工程学院、机械与能源工程学院、经济与管理学院等创办全国首个智能建造专业。如今，进阶式人才培养模式已为跨学院、跨学科的个性化人才培养提供了可复制、可推广的示范样本。

深耕课程教材建设，推动教育高质量发展

在课程建设方面，基于“本科重基础、硕士重专业、博士重独创”分阶段培养目标，按国家精品课程要求组织建设核心课程，强调基本原理和原理的工程应用方法，同时协调课程关系，在有限学分框架下加强拓展课程、校企联合课程的内容建设，构建“立体化”课程体系架构。学院现有国家级精品课程13门、上海市精品课程20门、上海市重点课程43门；国家级虚拟仿真实验教学一流课程1门、上海市级虚拟仿真实验教学项目4个；入选教育部和上海市来华留学英语授课品牌课程8门、上海高校示范性全英语教学课程11门；先后入选国家级精品资源共享课程9门、国家级在线开放课程和线上一流课程10门。

在教材建设方面，学院开展教材建设政策调查、机制创新、资源建设、平台构建、推广示范等前瞻性、系统性研究工作，充分发挥教材对于高质量创新型人才

培养的支撑作用，形成了一大批理念先进、传承悠久、影响广泛的经典教材。分别出版“十一五”和“十二五”普通高等教育本科国家级规划教材31部和22部、全国工程专业学位研究生教育国家级规划教材1部。土木工程专业24部修订或新编教材入选住建部高等教育“十四五”规划教材；25部智能建造系列教材获批住建部“十四五”规划系列教材；6部英文教材入选住建部高等教育“十四五”规划教材；积极推进数字化教材和土木信息工程系列教材的建设。“本研一体、虚实结合、线上线下混合、专业教育与思政教育融合”的立体化课程和教材体系建设理念及成果产生了深远影响，例如获全国首届教材建设先进集体，获全国优秀教材一等奖2项和二等奖1项，获上海市普通高校优秀教材一等奖5项和二等奖3项。

学院持续深耕课程教材建设，形成了六个方面的特色成果。

❶ 构建本研一体化课程与教材体系。在建设包含课程大纲、知识点与知识体系、教学方法改革的“课程档案”的基础上，全面梳理本科生和研究生课程内容，构建了基于本硕博一体化的课程与教材体系，减少相关课程之间的内容重复，防止相关内容的脱节，增强课程内容的合理交叉和有效衔接，形成了本科生和研究生精品课程和教材群。

❷ 重构实践创新课程和教材体系。依托国家级工程实践教育中心，建立了“从专业认识到专业基础实习、专业应用实习、专业综合与创新实习”的递进式实习实践课程和教材体系。依托国家级土木工程实验教学示范中心，建立了“从演示性实验到综合性、设计性实验，从基本原理类实验到工程实践类实验，从教学实验到科研实验”的递进式实验课程和教材体系。依托国家级土木工程虚拟仿真实验教学示范平台，开发了面向专业基础的虚拟现实类、面向专业应用的虚实结合类、面向研究创新的虚拟仿真类的三大类、二十个模块和五十个虚拟实习/实验课程模块，解决了传统实习中“看不清、看不透、看不全”以及传统实验中“不能做、不能动、不能变”等问题。摒弃依附于专业课程独立设置、分期开展的传统课程设计，开设全过程课程设计，从单一工程环节训练过渡到建筑、结构、施工、经济、社会影响的综合考量。

❸ 构建全专业英语课程和教材体系。结合建筑市场的国际化趋势以及对具有国际视野和思维方式的专业技术人才的需求，系统规划并建设了土木工程专业本科生和研究生全英文课程和教材体系，涵盖了专业全部核心课程，全面提升了学生使用英语进行专业思考、表达与沟通的能力，同时也为开设以全英文课程包和教学实践为载体的中外学生共同授课的国际班奠定了基础。

④ 结合在线课程建设推出“互联网+”时代新形态教材。搭建土木工程专业在线课程群框架，率先在爱课程网上推出土木工程微专业，覆盖专业基础课、专业核心课和实践环节的数十门课程集中上线。深入开展线上线下混合教学方法改革，深化学分内涵，充分调动学生的学习兴趣，提升学生自主学习的能力；自主开发在线教学App，强化形成性评价，创新有效支撑课程目标的考核方式。引入二维码技术，建设了一批“互联网+”时代的集纸质教材、数字化教学资源、网络学习平台于一体的新形态教材，如《结构力学》《混凝土结构基本原理》《土木工程信息化》等。

⑤ 专业教育和思政教育深度融合。坚持以立德树人为根本任务，围绕“面向未来、德才兼备、全面发展的社会栋梁和专业精英”的培养目标，结合土木工程行业、学科和专业的特点，从天下意识与全球视野、家国情怀与责任担当、文化传承与价值引领、工匠精神与职业素养、工程思维与创新能力、学院归属与专业自豪等6个维度梳理了土木工程专业人才培养的德育目标和课程思政纲要，编制了具有课程思政内涵的全专业课程教学大纲，将课程思政有机地融入课程目标、教学内容、教学设计和课程评价。学院先后入选国家级课程思政示范课程1门、上海市课程思政重点示范课程3门、上海市课程思政试点课程12门、上海市课程思政领航课程20门、课程思政典型案例1个，获评上海高校课程思政教育教学改革试点示范专业和上海高校课程思政特色改革领航学院。

⑥ 智能建造新专业建设赋能课程教材建设。同济大学土木工程学院于2017年申请并获批国内外首个“智能建造”本科专业。作为同济大学新增的“新工科”专业，智能建造专业由同济大学土木工程学院牵头，联合电子与信息工程学院、机械与能源工程学院、经济与管理学院等共同建设。2023年，依托同济大学卓越工程师学院（国际工程师学院），增设工程硕博士专项培养计划。智能建造专业延续了土木工程专业的人才培养理念，结合其他相关专业的人才培养特色，围绕智能建造的核心理念，开展复合型人才培养。采用“培养目标－毕业要求－课程体系－课程大纲”的设计思路编制培养方案，根据培养目标确定学生毕业时应具备的核心素养并进行指标点的分解，确定课程体系对毕业要求指标点的支撑矩阵，明确每门课程在人才培养中的定位和目标，据此开展教学内容、教学方法、教学组织、考核环节等的设计。学院紧密依托国家级工程实践教育中心和土木工程国家级虚拟仿真实验教学中心，持续完善教材建设、线上课程、实验平台、实验方案等，打造智能建造学科的“同济模式”。

大力推进实践创新，赋能卓越人才培养

实践创新是深化理论知识、提高实践能力、激发学习兴趣、培养创新意识的核心培养链，包括教学实验、实习实践、课程设计和毕业设计、创新项目。基于工程教育专业认证核心理念，以学生为中心，以工程能力和创新意识培养为导向，重新构建并实践了土木工程专业实践教学体系。依托土木工程学科优势，根据新时期的人才培养特点，形成了“实践教学与理论教学和谐统一，知识学习、能力培养、创新精神并重培养”“五结合一贯通”的实践教学体系。

❶ 土木工程国家级实验教学示范中心

（同济大学）土木工程国家级实验教学示范中心（以下简称“中心”）是土木工程及相关专业本科生实验教学和创新能力培养基地。早在1914年同济大学土木系科初创之时即建立了土木实验室和土木工厂，供学生实习之用；1932年，创立了国内最早的测量实验室；1952年院系调整，国内11所高校的土木实验室并入同济大学；2006年12月，同济大学土木工程学院各专业实验室合并成立了同济大学土木工程实验教学中心，自此进入了协调、快速发展的新阶段。2008年，中心获评上海市级实验教学示范中心；2009年，中心获评教育部国家级实验教学示范中心建设单位。

中心下设建筑结构、桥梁结构、岩土工程、工程防灾、工程地质、水利工程等实验教学分中心，以及CAI实验室和大学生创新基地。中心秉承百年历史积淀，依托土木工程重点学科优势和新时期的人才培养特点，建立了“实验教学和理论教学和谐统一，知识学习、能力培养、创新精神并重培养”的实验教学理念；吸收国内外实验教学的先进经验，结合现代化的实验教学手段，创建了“模块化递进课程、系列化实验内容、多样化考核方式、科学化教学手段、制度化管理方法”的新型实验教学体系。中心在实验项目质量、实验队伍、实验条件和课程体系等方面开展了卓有成效的建设工作。依托中心和大学生创新基地，学院积极主办、协办并参加各类校际竞赛、全国竞赛、洲际竞赛和多边暑期课程与学术研讨等活动，学生实践、竞赛、交流得到了蓬勃发展，学生实践能力和创新素养得以提高。

❷ 土木工程国家级虚拟仿真实验教学示范中心

（同济大学）土木工程国家级虚拟仿真实验教学示范中心隶属于同济大学土木工程学院。同济大学土木工程学院创建百余年来，始终践行“兼容并蓄、求实创新”的办学宗旨，致力于精英工程人才培养。根据土木工程学科的特点，模拟实验教学和虚拟仿真实验教学一直是同济大学土木工程学院在教学环节和学科建设中的重要组成部分，并始终贯穿于学院的发展

历史。2015年，获教育部批准成立（同济大学）土木工程国家级虚拟仿真实验教学示范中心。

土木工程虚拟仿真实验教学示范中心在原有的基于课堂教学的计算机辅助教学系统、基于教学实验的虚拟实验系统、基于科教协同的复杂结构数值仿真系统的基础上，充分考虑土木工程学科和专业特点、学生的认知过程和能力提升要点、虚拟仿真系统开发平台和信息技术现状，统筹规划、重组资源，形成了夯实基础、面向应用、培养创新三个层次，虚拟现实、虚实结合、虚拟仿真三大类别，科研平台、技术平台、校企合作三大支撑的土木工程虚拟仿真实验教学资源架构。这一教学资源架构本着“虚实结合、相互补充、能实不虚”原则，着力提升原有的土木工程实验教学中心功能，从面向专业基础的虚拟现实类实验，到面向专业应用的虚实结合类实验，最后至面向研究创新的虚拟仿真类实验，虚实互补，层层推进，呼应学生从专业认知、到专业学习、再到迈向工程和科研的培养过程，着力培养面向未来的土木工程精英人才。

③ 国家级示范性工程专业学位研究生联合培养基地

国家级示范性工程专业学位研究生联合培养基地源自2012年创建的同济大学-上海现代建筑设计集团建筑与土木工程领域研究生联合培养实践基地，2015年3月被评为“上海市专业学位研究生实践示范基地”，2016年6月被评为“全国示范性工程专业学位研究生联合培养基地”。该基地面向学院全日制硕士专业学位研究生，依据培养方案组织和开展专业实践环节的教学任务，实施充分的、高质量的专业实践，保证专业学位教育质量，成为土木工程学科建设、人才培养、人才布局、学科社会影响力的重要依托。

该基地本着“服务社会、服务企业、服务学生”理念，“合法、平等、自愿，以及资源共享、优势互补、共同发展”原则，将专业实践基地建设从传统的实习实践场所向构筑全方位的校企合作联盟过渡；使企业深度参与到人才培养的各个环节中，从培养计划制订、课程体系优化、校企联合课程，到企业实习实践、联合指导学位论文，再到教师企业见习、企业员工培训，乃至共同评价人才培养质量，形成一个立体化、全方位的校企联合人才培养基地。

经过多年建设，基地实践项目已经涵盖了土木工程专业所有领域，培养了一支高水平的校企联合师资队伍。目前，基地已成为全国土木工程专业及相关学科的重要工程实践教育基地和土木类高级员工培训示范基地之一。

④ 土木工程教学创新基地

土木工程教学创新基地成立于2003年9月，是学院本科生开展创新实践活动的重要平台。基地拥有各类独立空间，包括多间用于不同试验目的的实验室，用于计算机设计分析的机房，以及举办各类活动的多功能厅。实验室配备了先进的实验仪器，包括小型振动台、温控加载仪、张拉仪，同时还配备了加工工具，如剪板机、折板机等，可供学生进行多种材料的多项实践活动；在计算机房配有功能齐全的设计研究以及教学软件，可供学生进行数值分析和虚拟试验等；多功能厅配有投影仪、展示架以及试验模型、音响等设备，方便学生了解、参与和组织各类比赛和宣讲等活动。基地面向全校学生免费开放，定期举办各类竞赛活动和SITP活动，协助学院制定多项激励政策，鼓励学生参加实践创新活动。

经过多年的探索与实践，基地实现了从“以教师为中心”向“以学生为中心”的教学模式的转变，充分调动了学生实践创新学习的积极性和主动性。学生在创新基地开展的一系列活动中拓宽了视野，锻炼了动手实践能力，提升了解决创新性问题的能力，加深了对基础知识的理解和掌握，同时也增强了团队合作精神。

基地以全球为舞台，在老师和学生的共同努力下，不断挑战自我，以国际一流水准作为发展方向。积极组织和参加校际竞赛、地区竞赛、全国竞赛、亚洲竞赛等，在国内外大学生创新舞台上，基地师生共同努力，从参与到拿奖、从参加到举办，逐渐提高了同济土木的声誉，展示了同济人的风采。

三、科学研究——人才辈出，科技向新

在国家建设大规模开展的历史进程中，从标志性公共建筑到大型桥梁、隧道、重大基础设施，一代代土木工程学院师生凭借报效国家的拳拳之心和聪明智慧，悉数投入经济建设主战场、科技创新主阵地，秉承“与祖国同行，以科教济世”的使命，积极破解关键的“卡脖子”技术，带动产学研深度融合。

土木工程学科是国民经济支柱产业的关键学科。20世纪60年代至80年代，在李国豪院士等的带领下，同济大学土木工程学科确立了国内领先和国际知名的地位；改革开放后，在孙钧、项海帆、范立础、沈祖炎、卢耀如等院士的带领下，同济大学土木工程学院取得的科研成果和业绩享誉海内外。目前，学院设有建筑工程系、地下建筑与工程系、桥梁工程系、结构防灾减灾工程系和水利工程系5个系；另外，还设有土木工程博士后流动站、地质资源与地质工程博士后流动站；拥有土木工程防灾减灾全国重点实验室、国家土建结构预制装配化工程技术研究中心、地

震工程国际联合研究中心等高水平研究基地，以及7个省部级科研平台，包括工程结构性能演化与控制教育部重点实验室、岩土及地下工程教育部重点实验室、桥梁结构抗风技术交通行业重点实验室、土木信息技术教育部工程研究中心、建筑钢结构教育部工程研究中心、地震工程国际合作联合实验室、土木工程防灾减灾创新引智基地。此外，学院还参与了国家泥水平衡盾构工程技术研究中心等三个国家级科研平台及上海消能减震工程技术研究中心等6个省部级科研平台的建设。在2009年、2012年的教育部学科评估中，土木工程学科整体水平在国内连续排名第一，在2016年的教育部学科评估中获得A+。同济大学土木工程学科自2017年起连续七年ARWU软科学科排名位居世界第一，2021年起U.S. News学科排名位居世界第一。

建强平台，持续打造科研沃土

土木工程防灾减灾全国重点实验室于2023年4月由科技部正式批复成立，是由始建于1988年的土木工程防灾国家重点实验室重组建立的。其总体目标是：面向国家“防灾减灾”“韧性城市”等重大战略需求和土木工程防灾减灾国际科技前沿，开展工程结构全生命周期防灾、重大结构多灾害防治、土木基础设施智能减灾、城市防灾韧性提升研究，打造土木工程防灾安全及韧性提升的国家战略科技力量。

2013年4月由科技部批准，依托建筑钢结构教育部工程研究中心和重大工程施工技术与装备教育部工程研究中心建设国家土建结构预制装配化工程技术研究中心，重点针对土建结构工业化建造的五大核心技术开展研发工作。

地震工程国际联合研究中心（International Joint Research Laboratory of Earthquake Engineering）成立于2015年7月，是由同济大学土木工程学院牵头，联合美国太平洋地震工程研究中心、东京工业大学城市灾害防治研究中心、欧洲地震工程研究中心、美国多学科地震工程研究中心、中国台湾地震工程研究中心、加拿大西部地震工程研究中心和新西兰地震工程研究中心等全球顶尖的七个地震工程研究中心成立的国际合作研究机构。

硬核科技，矢志建设人类美好家园

土木工程学院依托土木工程防灾减灾全国重点实验室、国家土建结构预制装配化工程技术中心、教育部重点实验室平台，形成了多重灾害韧性城市研究中心、结构性能演化控制研究中心、城市地下空间开发研究中心、智能建造研究中心、城市地质环境研究中心等高峰，并将地下建筑与工程系、建筑工程系、结构防灾减灾工程系、桥梁工程系延伸为岩土工程、结构工程、防灾减灾工程及防护工程、桥梁与隧道工程等高原。

土木工程学院的学科布局与方向简要介绍如下：

❶ 岩土工程

岩土工程是一门以土力学、岩石力学、工程地质学为理论基础，解决各类关于岩体或土体的工程技术问题的科学，其与天然岩土体的利用、治理和改良密切相关。岩土工程不仅是土木工程的重要分支之一，更是土木工程其他分支的交汇点。建筑工程、桥梁工程、轨道工程等土木工程都需要建设在岩体或土体之中，可以说所有的土木工程都离不开岩土工程。历经半个多世纪，岩土工程已经发展出地基与基础工程、开挖与填方工程、地基处理加固、土动力学、边坡与支护工程等诸多方向。包括上海中心大厦的地基基础设计、上海深隧工程、港珠澳大桥人工岛在内的诸多重大工程都凝聚着岩土工程师的智慧与汗水。随着科技的进步和时代的发展，岩土工程正不断开拓着新的领域，逐渐走向深空、深地和深海。同济大学是全国最早设置岩土工程学科的院校之一，其岩土工程学科创建于1952年。同济大学岩土工程学科积极响应国家大规模基础设施建设战略，深刻把握国际研究的前沿，逐步形成了理论研究、室内试验和现场实践紧密结合的学科特色，成为与国际复杂条件下岩土及地下工程研究前沿接轨的、培养高层次人才、开展高水平科学研究和学术交流的国家级基地和国际性中心。

❷ 结构工程

结构工程学科是同济大学历史最为悠久、综合实力最强的传统强势学科，1981年被国务院学位委员会批准为首批硕士和博士学位授予点，1984年首批设立博士后科研流动站，1987年入选为国家级重点学科，2001年入选为上海市重点学科，2006年在专业评估中继续入选为国家级重点学科。

❸ 防灾减灾工程及防护工程

防灾减灾工程及防护工程学科是土木工程学科中的二级交叉学科，2007年入选为上海市重点学科和国家重点学科，其核心内容为地震工程、抗风工程、抗火工程和抗爆工程等。该学科强调理论研究和工程实践并重，但更注重理论指导实践的原则，其研究水平总体处于国内领先且具有一定的国际影响力。研究内容包括建筑结构、桥梁结构、生命线结构、岩土及地下结构和重大能源设施结构的抗震、抗风、抗火、抗爆、振动控制与健康监测等，科研覆盖面宽广。

❹ 桥梁工程

桥梁是人类利用自然、改造自然的重要标志，桥梁建设也体现着国家科技水平和综合国力。1990年代，在李国豪院士的带领下，桥梁科研团队争取到了上海南浦大桥的自主建设权，开创了我国自主建设大跨径桥梁的新时代。此后更是积极利用学科优势对接国家建设，在产学研紧密结合的链条中为社会作贡献，先后承担了诸如上海南浦大桥、杨浦大桥、卢浦大桥，东海大桥，杭州钱塘江三桥、四桥，江阴长江大桥，苏通长江大桥，舟山西堠门大桥等具有世界先进水平的重大桥梁工程的科研、设计、施工及试验等生产实践工作，使同济桥梁成为我国桥梁事业发展的一面旗帜。桥梁工程学科是国内外桥梁工程教学与科研实力最强的学科之一，同济大学桥梁工程系拥有7座大气边界层风洞群、世界上综合试验能力最强的多功能振动台阵（李国豪实验室）、国内吨位最大的双向动/静液压伺服加载系统、成套桥梁检测监测设备，以及多层次、多渠道校企合作科研平台提供的桥梁全生命周期真实实验场，支撑师生开展原创前沿科学研究、服务国家重大工程建设。70余年来，同济大学桥梁工程学科培养中国科学院院士、中国工程院院士共7位，全国工程勘察设计大师7位，不同领域领军人才与政府部门杰出管理者、优秀校友遍布世界各地、各行各业，使“同济桥梁”美名远扬。

❺ 隧道及地下建筑工程

同济大学隧道及地下建筑工程学科前身为地下建筑工程专业，成立于1960年，是应国家建设、国防建设需要而创立的（国内唯一）。该学科面向地下空间开发领域的国家重大需求和学术前沿，在城市地下空间规划、岩土工程高级数值方法、地下工程智能建造与安全控制、地下基础设施智能感知与智慧运维、地下空间防灾减灾、韧性地下结构、数字地下空间与工程、能源地下工程、深地工程及新材料等方面取得了一批具有突破性和前瞻性的研究成果，支撑解决多项世界级工程建设难题，创办了世界一流期刊*Underground Space*，在国内外处于引领地位。

❻ 土木工程建造与管理

土木工程建造与管理是土木工程领域的一个重要分支，它侧重于土木工程项目从规划、设计、施工到运营维护的全生命周期管理。同济大学作为国内土木工程领域的顶尖学府，其土木工程建造与管理专业或研究方向致力于培养具备深厚理论基础和丰富实践经验的高级工程技术与管理人才。

❼ 结构风工程

结构风工程学科是一门极具发展潜力的新兴学科，涉及气象学、空气动力学及气动弹性力学、结构工程学、振动工程学等多门学科。国际结构风工程学会和中国结构风工程学会分别于20世纪60年代和80年代成立。结构风工程学科本身的发展还将推动相关学科的发展。在项海帆院士的领导下，经过20多年的努力，同济大学结构风工程研究在国内居领先地位，在国际上亦有较高的声誉。同济大学土木工程防灾减灾国家重点实验室有大、中、小三座边界层风洞，总体规模居世界前列。近年来，该学科承担了数十项国家及省部级基础研究项目、国际合作项目及百余项重大工程（如南浦大桥、杨浦大桥、东方明珠广播电视塔、金茂大厦、上海南站以及一大批体育场馆和机场航站楼等）的关键技术研究，并获得了国家自然科学奖和省部级科技进步奖等一批奖项。

⑧ 智能建造

智能建造专业是2018年由国家教育部正式批准、同济大学新增的“新工科”专业，智能建造将建筑产业与大数据、人工智能、机器人、3D打印等战略性新兴产业深度融合，以土木工程为基础，以信息技术为纽带，融合机械工程、材料工程、工程管理等学科，通过智能设计、智能施工、智能运维，以AI赋能方式构筑人类绿色、低碳、智慧的梦想家园。该专业致力于培养兼具土木工程和智能科学素养的引领未来的交叉创新型人才。

⑨ 港口、海岸与防洪工程

同济大学水利工程学科历史源远流长。1930年设立土木工程系水利组，1952年调整至华东水利学院（现河海大学）。1958年成立水工系，设有水电站及水工结构、陆地水文等专业。1979年开设海洋石油建筑工程专业，1985年更名为海洋工程专业。1999年开设港口航道与海岸工程本科专业。2005年获水利工程一级学科硕士学位授予权。学科专业方向有：港口、海岸及近海工程，水文学及水资源，水工结构工程，水利工程。博士生按照土木工程类招生，招生方向为港口、海岸与防洪工程。依托同济大学土木工程学科优势，2006年整合相关学科专业成立水利工程系，2021年通过中国工程教育专业认证。港口航道与海岸工程主要研究港口工程、航道工程和海岸工程，在交通、水利、海岸开发等领域进行工程规划、设计、施工和管理等。例如，轮船航道的规划，沿海城市港口、码头的建设，潮汐发电等海洋资源的开发，运货、载人等海上运输业的发展等。专业紧密围绕中国最大河口三角洲地区的港航基础设施建设、海岸带生态环境等问题，依托同济土木工程平台，不断深化与结构工程、岩土工程、环境科学与工程、海洋科学与工程等优势专业的交叉融合，培养面向未来智慧港航、服务国家战略的港口、航道与海岸工程建设人才，为上海特大型城市和国际航运中心可持续发展、长三角区域一体化发展和国家“一带一路”倡议服务。

⑩ 地质工程

同济大学地质工程学科历史悠久，它是在原水文地质与工程地质学科的基础上发展起来的，1958年即开始正式招收本科生，1982年获硕士学位授权点，2003年获博士学位授予权，2007年被评为上海市重点学科。同济大学是我国率先开设地质工程专业的高等学校之一，也是目前上海市高校中唯一设置地质工程学科的院校，在本学科领域和本地区享有较高声誉。经过长期建设，学科已形成一支由院士、教授以及留学回国人员为骨干的学术队伍，教学、科研力量雄厚。依托同济大学岩土及地下工程教育部重点实验室平台，研究涉及土木、建筑、水利、交通、能源、材料、环境等领域中的主要地质工程与环境地质问题，承担了国家973计划、863计划、国家科技支撑计划、国家自然科学基金以及省部级重大科研项目等研究项目。同时，学科与国际著名高校、研究机构的学术关系密切、交流频繁，目前已与日本、法国、美国、德国、英国等国家开展了较为广泛的学术交流与科研合作。学科强调地质、力学及工程三者结合，具有理论联系实际、坚持产学研结合、与土木工程密切结合的办学特色，为社会输送了大批高级科研与工程技术人才。

土木工程学院学科建设高原厚重、高峰突出，在若干个学科集群点上实现了重点突破，取得了众多原创性、引领性的成果，在多重灾害与韧性城市、结构性能演化与控制、地下空间开发、智能建造等领域均进行了深入的研究。在深海、深地、深空等项目中，寻求新的发力点，以实现对传统土木工程的拓展。目前领域内重点方向包括：多重灾害与韧性城市、结构性能演化与控制、地下空间开发、智能建造等。开展多重灾害与韧性城市研究，锁定综合防震减灾、韧性城乡建设；开展结构性能演化与控制研究，锁定城市更新、城镇化与城市发展、海洋强国；开展深部地下空间开发研究，锁定城镇化与城市发展、深部资源能源开发利用；开展智能建造研究，锁定智能建造与建筑工业化、新基建、智慧城市建设；开展城市地质环境研究，锁定生态文明建设、能源开发、深海、深空、深地等。在这些重点方向上，学院凝练了科学问题，解决了核心技术问题，并明确了拟攻克的难题，同时注重建设科研支撑平台、研制核心装备等。

创新引领，勇攀科技前沿与高峰

在贯彻落实科研的“四个面向”方面：面向世界科技前沿，学院积极承担重大科研和工程项目，牵头获批国家重点研发计划项目、国家自然科学基金委重点类项目(重点项目、仪器专项、国际合作等)、国家先进技术项目若干项，通过开展基础研究，实现从0到1的原创突破；面向经济主战场，学院积极承担专利等知识产权成果转化项目、重大工程应用类项目；面向国家重大需求，突破核心技术，学院积极承担国家部委专项研发项目、重大工程技术攻关项目、企业成套技术研发项目；面向人民生命健康，学院积极响应城市更新、乡村振兴发展战略，积极承担科技规划项目与政府战略咨询项目。目前，土木工程学院每年承担科研经费的合同额突破5亿元，有力支撑了学科建设和土木工程学院在“十三五”期间取得的系列成果，在人才培养、学科建设、队伍建设、科学研究与社会服务、国际交流、文化建设等方面均取得了显著成效。

以土木工程学院在“十三五”期间的积极探索为例。在学科建设方面，探索AI赋能传统学科，创办了国内首个智能建造专业，并推广专业建设经验，积极谋划学科发展，凝练科学问题，在学科高原上建设学科高峰，建设科研支撑平台，全面提升学科的创新能力、整体水平和国际竞争力。在队伍建设方面，土木工程学院在“十三五”期间注重将教师的精力与兴趣引导到人才培养与科学研究，高层次人才引进取得重要突破，中青年高层次人才快速增长，师资队伍适度保持规模优势，切实提高质量优势。在科学研究方面，学院在“十三五”期间的项目和论文保持数量与质量稳步递增，获批并完成重点研发项目、基金重点项目、仪器专项、国际合作重点项目、杰青项目若干项，科研项目经费大幅增加，共4个项目分别获国家自然科学奖、技术发明奖、科技进步二等奖，分别由李杰、朱合华、李国强、肖建庄主持；获得上海市和教育部自然科学奖、技术发明奖、科技进步奖一等奖共15项；获得中华人民共和国国际科技合作奖2项，由保罗·斯潘诺斯（Pol D. Spanos）、赫伯特·芒（Herbert A. Mang）完成；主持完成港珠澳大桥等重大工程项目的科技攻关项目157项；29人次入选Elsvier公布的年度“中国高被引学者榜单”；2018年获批“工程结构服役性能与演化”教育部重点实验室；2019年“多重灾害耦合全息实验系统”获批国家重大科技基础设施培育项目。

近年来，学院各项科研成果不胜枚举，现将几项代表性成果列举如下。

❶ 代表性成果一：抗震韧性结构新体系与分析理论。面向韧性城市建设，创建了震后功能可恢复的结构新体系，揭示了可恢复性原理与损伤演化规律，提出了相应的设计理论和抗震性能指标；发展了混凝土静、动力随机损伤本构模型体系和两尺度一致性结构非线性分析稳健高效算法；建立了两类不确定性综合高效量化的概率统一框架；提出了结构整体可靠性的定量物理综合法。

❷ 代表性成果二：结构性能演化与控制。定量表征了环境作用的时空变异性，从不同尺度揭示了环境和荷载共同作用下材料、构件和结构的性能演化机理，创建了结构性能随机演化理论；提出了基于时变可靠度的结构预知寿命设计方法，实现了结构设计理论的创新与突破；创建了基于纤维增强复合材料、再生混凝土、形状记忆合金、承载-消能双功能构件等新材料和新结构的性能提升理论。

❸ 代表性成果三：城市密集区地下工程建造智能管控理论与技术。针对城市密

集区地下工程安全建造与运营，率先提出了协同规划–点状建设–线状穿越控制的协同建造方法，系统揭示了长大地下工程强震非一致作用动力灾变机理，精准研判了极端状态下地下结构构件与系统整体失稳机制；建立了地下工程安全精感、数据精知、风险精控的精细感控技术体系；创建了国际上首个开源智慧基础设施（iS3）平台。

❹ 代表性成果四：强台风环境下大跨度桥梁抗风关键技术及应用。研发了全天候多功能追风观测车、阵列风扇主动控制风洞和随机运动强迫振动等试验装置；创建了我国沿海台风极值风速图；提出了多自由度缩阶偏微分方程的气动力建模方法，突破了特异强/台风下桥梁气动力的模拟国际难题；创立了桥梁结构混合监测理论，提出了桥梁涡振和颤振的等系列主动控制方法，支撑了大跨度桥梁抗风设计、工程建设和长期运维。

❺ 代表性成果五：岩土体多场多相耦合渐进失稳机制及防控技术。聚焦岩土体多相多场耦合失稳分析的关键难题，构建了岩土体变形失稳触发判别及渐进灾变演化的宏微观多尺度分析理论；研发了多孔介质多场多相耦合试验测试技术，阐明了复杂地质和环境条件下土体渐进灾变机制；创建了多相多场耦合作用下岩土体渐进灾变防控的理论体系；提出了软土工程土体稳定性极限上限分析方法。

四、社会服务——聚焦需求，同济天下

服务社会是大学的使命，更是同济土木人的职责所在。同济大学土木工程学院始终坚持“服务国家重大需求，解决关键科技难题”的导向，以深厚的学术底蕴和卓越的技术实力，勇立土木工程领域改革和发展的潮头，面向世界科技前沿、面向经济主战场、面向国家重大需求、面向人民生命健康，持续贡献“同济力量”。一代代同济土木人持续深耕城市功能提升、国土空间开发和疆域纵深拓展，南浦大桥、卢浦大桥、上海崇明越江桥隧工程、西部交通建设、南京长江大桥评估、国家体育场（鸟巢）、世博大型场馆、上海中心大厦、汶川地震灾后重建、港珠澳大桥、虎门大桥涡振处治、深中通道……处处烙下了建设人类美好家园的鲜明印记，践行着“与祖国同行，以科教济世”的铮铮誓言。杰出工作也被媒体记录下来，现摘取其中一些案例，以彰显土木工程师生报效国家的拳拳之心和卓越智慧。

卢浦大桥：科技作笔画彩虹[1]

卢浦大桥，这座横跨黄浦江的壮丽拱桥，曾是世界上主拱最长的拱桥、钢拱桥，不仅是上海的标志性建筑之一，更是同济土木工程学院在桥梁抗风抗震研究领

域的一座丰碑。卢浦大桥于2003年6月28日下午1时正式开放交通。在建设卢浦大桥的过程中，同济师生承担了多项科研项目，在大桥抗风抗震研究、施工设计监理、静动载试验和桥梁健康监测系统研制等方面作出了突出贡献，为同济大学赢得了荣誉。

上海卢浦大桥抗风抗震性能及振动控制研究是整个大桥科研项目中的关键节点，关系到整座大桥抵御百年一遇大风和强震的能力。由项海帆院士审定、葛耀君教授主持的抗风研究，在国际上首次提出并建立了涡振等效风荷载方法和涡振概率性评价方法，并成功采用分流膜方法有效控制了大桥风振；由范立础院士审定、胡世德教授具体主持的抗震研究，率先采用二水平设防和二阶段设计思想，研制生产并采用了油阻力器，在实际应用中取得了良好的减震效果。

桥梁静动载试验是大桥开放之前必不可少的一项“体格检查”，卢浦大桥静动载试验由史家钧教授主持，静载试验主要通过在桥面不同位置上布设加载车辆，分别测量主拱跨中、四分点变形和两个桥墩之间的相对位移以及主拱和主梁关键部分的应力；动载试验主要测量加载车辆以不同车速通过桥面及碾过模拟不良桥面障碍时主拱和主梁关键部位的动态应力增量。本次静动载试验的测试内容之多、试验难度之大都创下了上海黄浦江大桥的新纪录。

为了卢浦大桥工程建设的成功，桥梁工程系和设计研究院承担了主桥的施工设计监理和桥梁健康监测系统研制等工作，充分展示了同济大学科研人员的学术水平和精神风貌，为上海市政建设再立新功。

崇明桥隧：大兵团式参与建设

上海崇明越江桥隧工程是一项规模空前的世纪工程，其隧道号称“万里长江第一隧”，其桥号称“万里长江第一桥”，是当时世界上规模最大的桥隧结合工程。

这项世纪工程建设的现场指挥是同济校友黄融，其技术支撑是以同济大学土木工程学院为主体的科研团队。2006年初，从验证上海长江隧道衬砌管片承载能力和稳定性、把握施工荷载作用下的结构受力与变形的衬砌整环试验开始实施，试验由上海市长江隧桥建设总公司主持，由上海市隧道工程轨道交通设计研究院、上海市隧道工程股份公司和同济大学联合开展。据试验现场指挥鲁亮介绍，本次试验规模大、周期长，共有10多个试验工况，最后还进行了破坏工况的试验，试验规模为世界同类试验中最大。该试验不仅验证了隧道方案的可行性，还解决了衬砌结构设计参数确定等技术难题。

除了隧道衬砌管片承载能力和稳定性试验，同济团队还承担了诸多研究工作。同济大学专家开展了包括抗风抗震，桥梁结构，长大越江跨海盾构隧道的先进施工技术、质量控制，长大越江跨海盾构隧道的以人为本的综合防灾体系与风险控制在内的多项研究，在基本理论与方法、平台建设、工程应用、技术标准和指南编制等方面取得了一系列开创性成果。例如，李永盛教授带领同济大学隧道团队，针对复杂软土地层条件下超大直径特长距离盾构隧道设计、施工、安全与防灾等关键问题，形成了引领性、支撑性和综合性的科研成果，保证了上海长江隧道工程安全、优质贯通，并构建了我国超大特长复杂软土盾构隧道建设的技术体系。

上海崇明越江桥隧自2009年10月通车以来，目前通过隧道的车辆超过30 000辆/天。2012年11月29日，国际隧道协会2012年度国际隧道奖颁奖典礼在加拿大多伦多举行，上海长江隧道工程荣获2012年度国际隧道大奖，这是我国工程项目首次获此殊荣。

西部交通：科研排头兵的使命担当

在西部大开发的背景下，同济土木工程学院始终站在交通科研的最前沿，为西部地区的基础设施建设贡献着智慧和力量。

范立础院士团队提出的“基于全寿命与性态的大型桥梁抗震设计理论”，为西部桥梁抗震设计提供了新的思路和方法。该理论不仅考虑了桥梁结构在地震作用下的动力响应特性，还融入了全寿命周期的设计理念，确保桥梁在长期使用过程中始终保持良好的抗震性能。依托雅泸路栗子树大桥等实际工程项目，该理论得到了充分验证和应用推广。

薛伟辰教授团队2006年承担了“FRP（纤维增强复合材料）在混凝土桥梁预应力体系和构件中的应用技术研究”课题，通过大量试验和数据分析工作，他们成功地将FRP材料应用于重庆山区潮湿环境中的詹家湾1号桥等实际工程中，显著提升了桥梁的耐久性和承载能力。这些研究成果不仅为西部地区混凝土桥梁的加固改造提供了新途径，也为国内外同类工程提供了宝贵参考。

此外，同济大学土木工程学院桥梁工程系孙利民依托“桥梁索缆结构安全性、耐久性评价体系与维护技术”课题，将研究成果应用于广西南宁白沙大桥；徐栋承担的重点项目“体外预应力桥梁设计施工技术研究”是在归纳和总结国内外体外预应力桥梁发展应用的基础上，研究体外预应力桥梁的设计理论和方法、关键构造、施工技术、可靠的体外预应力体系等前沿问题，最终完成体外预应力桥梁设计和施工指南，同时推荐了较为成熟的体外预应力体系，该项研究以重庆新滩綦江公路大桥和辽宁省铁岭至朝阳高速公路一匝道桥为依托。通过不断创新和实践探索，同济人在西部交通科研领域树立了良好的口碑和品牌形象。

南京长江大桥："骨骼"状态良好

南京长江大桥，这座承载着无数国人记忆的大桥，自1968年通车以来，一直是连接南北的重要通道。然而，随着时间的推移，交通量剧增，大桥的结构状况也面临着严峻考验。为此，同济大学桥梁系吴定俊教授团队2007年承担了南京长江大桥的试验评估工作。

评估工作涵盖主桥和引桥两部分，通过裂缝普查、混凝土回弹、钻芯取样等多种手段，对大桥的钢梁、混凝土桥面板等关键部位进行了全面检测。检测结果显示，虽然大桥整体结构仍然牢固，但局部构件尤其是公路桥面的病害较多。针对这些问题，同济团队提出了多项整改建议，包括公路桥面的整体改造、加强裂缝监测与修复等。这些建议为大桥的后续维修和加固提供了科学依据和技术支持，确保了大桥的长期安全运营。

国家体育场（鸟巢）：自主站立没问题

2008年北京奥运会场馆国家体育场（鸟巢）的设计方案甫一问世便引起巨大关注。"鸟巢"钢结构自重4.5万吨，加上10余万人和其他负荷，总重量在5.5万吨以上，加之由24榀主桁架和桁架柱结构交叉布置的特殊"鸟巢"造型，如此巨大的无支撑钢结构能否健康而持久地站立着？自方案公布之日起，各种各样的怀疑声就没有停止过，焦点之一就是钢梁承重问题。

2005年初，中国建筑设计研究院将正在设计的国家体育场"钢结构节点系列试验研究"项目交给同济大学建筑工程系陈以一、童乐为、赵宪忠课题组。陈以一教授介绍说，同济大学的试验主要集中在检验预期的内力传递路径，通过破坏试验发现主要破坏形式并检查设计中是否考虑了必要和充分的对策。试验中，根据国家体育场的特点采取了直接加载、间接加载和组合加载三种形式。童乐为教授介绍，国家体育场结构复杂，节点周围杆件一般同时受到6个内力分量的作用，面对这样的结构，确立了"施荷以杆件轴力为主、应力效应考虑弯矩作用"的试验方针，使试验节点的荷载状态最大程度地接近设计院提出的最不利工况。经过半年多的努力，课题组完成了攻关。"鸟巢"顺利"站"了起来！

世博大型场馆：硬核技术解决安全难题

在2010年上海世博会期间，同济大学土木工程学院李国强课题组承担了世博中心、中国馆、主题馆、演艺中心等大型场馆的结构安全保障工作。这些场馆不仅建筑体量庞大、功能复杂，还面临着人流密集、火灾风险高等诸多挑战。

针对这些难题，李国强课题组采用了基于计算的现代结构抗火设计方法，对场馆进行了全面的抗火安全性评估与设计。通过CFD数值模拟分析火灾下空气升温过程，团队精确计算了钢构件在火灾下的升温情况，并进行了火灾下的结构反应全过程分析。在此基础上，团队制定了科学合理的防火保护措施，包括防火喷涂、设置避难通道等，以确保场馆内人员在火灾等紧急情况下的安全疏散。

此外，课题组还采用了屈曲约束支撑技术，有效提升了建筑的抗震性能。这种支撑构件在受拉受压时都能屈服，有效吸除地震能量，降低建筑在地震中的破坏风险。同时，该技术的应用还显著降低了工程造价，实现了经济效益和社会效益的双赢。

上海中心大厦：结构及节点抗震性能研究

上海中心大厦，这座高达632米的超高层建筑，不仅是上海的新地标，也是全球建筑界瞩目的焦点。为了确保这座巨构建筑的安全性，2009年底，同济大学振动台实验室承担了其抗震性能研究的重任。

经过长达7个月的精心准备与试验，振动台实验室通过1∶50的缩尺模型，对上海中心大厦进行了模拟地震振动台试验。试验结果表明，在7度多遇地震作用下，结构自振频率未发生变化，结构处于弹性阶段，能够满足“小震不坏”的性能要求。在7度基本烈度地震作用下，结构基本处于弹性阶段，没有可见的开裂、塑性变形等破坏现象，巨柱、核心筒剪力墙、伸臂桁架、环带桁架等关键构件保持弹性，满足“中震可修”的性能要求。在7度罕遇地震作用下，部分构件出现开裂，但巨柱、核心筒剪力墙、伸臂桁架、环带桁架等关键构件均未屈服，原型结构满足“大震不倒”的性能要求。负责此项试验的蒋欢军教授介绍，针对上海中心大厦的鞭梢效应及试验中发现的问题，建议采取针对性措施予以解决。

此外，由陈以一教授牵头在同济大学结构实验室对上海中心大厦的关键节点进行了受力性能试验。通过对大型加载机和伺服千斤顶等先进设备的应用，实验室对伸臂桁架–巨柱–环带桁架连接节点和伸臂桁架–剪力墙连接节点等关键部位进行了详尽的测试与分析。试验结果表明，这些节点在设计荷载及大震作用下均表现良好，能够有效连接相邻构件并可靠传力。

堰塞坝研究：守护生命的科技防线

我国高山大河众多，地质灾害频发，一旦滑坡、塌方，就极易堵塞山谷，形成堰塞湖，往往会造成重大人员伤亡和巨额财产损失。堰塞坝是由崩塌、滑坡、泥石流等斜坡失稳体堵塞河流而形成的天然坝体。同济大学地下建筑与工程系石振明教授团队承担了国家自然科学基金重点项目“堰塞坝全寿命过程对全流域影响课题”

的研究工作。

据悉，经过5年（2018—2022年）的研究，课题组揭示了崩滑型堰塞坝的形成机理，建立了流域范围堰塞坝发生区域和坝体关键参数预测模型；建立了考虑复杂渗流和溢流条件的堰塞坝稳定性和溃决分析模型，并提出溃坝程度预测方法；开发出考虑冲刷和沉积动态过程的堰塞坝水土物质运移分析模型；形成堰塞坝全寿命过程对全流域影响的风险评估与管控体系；开发出具有详细资料信息的大型堰塞坝案例数据库、堰塞坝形成机理分析和预测软件、堰塞坝失稳和溃坝机理分析软件；编制了堰塞坝灾害全寿命过程风险评估与管控指南；出版了堰塞坝全寿命过程对全流域影响的时空演化分析与风险管控专著；凝聚和培育了一支相对稳定的地质灾害领域的高水平研究队伍，培养了本领域的优秀科学家及创新团队。

在项目研究过程中，同济团队还积极邀请国内外专家学者进行交流与合作，共同推动堰塞坝灾害防控领域的科技进步和发展。他们的辛勤付出和卓越贡献不仅赢得了广泛赞誉和认可，也为我国乃至全球的防灾减灾事业作出了重要贡献。

虎门大桥："涡振不停，我不回上海"

2020年5月，虎门大桥发生的涡振事件引起了社会各界的广泛关注。面对这一突如其来的挑战，同济大学土木工程学院葛耀君教授团队迅速响应，奔赴现场开展应急处置工作。

在葛耀君教授的带领下，团队通过现场勘察、风洞试验等多种手段，迅速找出了涡振发生的原因，并提出了有效的控制措施。他们创新性地采用了在桥面两侧加装抑流板、在箱梁内安装水箱等临时措施，成功缓解了涡振现象。同时，团队还制订了长期解决方案，计划在大桥上安装阻尼器以彻底解决涡振问题。在整个处置过程中，同济团队展现出了高度的责任感和专业素养。

2020年7月29日，同济大学收到广东省交通运输厅、广东省交通集团有限公司发来的感谢信，信中感谢葛耀君教授团队在虎门大桥涡振处治工作中作出的突出贡献，希望同济大学继续大力关心支持虎门大桥的运营管养工作，更好地助力广东交通运输事业高质量发展。

深中通道：凝聚同济力量[2]

2024年6月30日，深圳至中山跨江通道（简称深中通道）建成开通，下午3时通车试运营。深中通道是继港珠澳大桥后粤港澳大湾区建成的又一超大型交通工程，是全球首个集"桥、岛、隧、水下互通"于一体的跨海集群工程，攻克了多个世界级技术难题，创造了多项世界纪录。通车后，深圳至中山的车程从约2小时缩短至30分钟。这一国家重大工程的建设，饱含着无数建设者的心血和汗水，其中也凝结着众多同济人的专业智慧和辛勤奉献。

从项目建设指挥长，到管理中心主任、总工程师，再到总工程师办公室主任，一批同济优秀校友担纲领衔、勇挑重担，在深中通道重大工程的关键岗位发挥着关键作用。广东交通集团党委书记、董事长邓小华（1986届本科、1989届硕士校友）亲自部署推动深中通道建设工作，经常带队深入施工现场，实地督导项目建设、安全生产等工作，协同各方，为高质高效完成好深中通道建设这一历史重任提供了坚实保障。广东省公路建设有限公司党委副书记兼总经理、深中通道项目建设指挥长陈伟乐（1994届本科校友）倾情投入，一路见证项目从筹备规划，到前期调研、设计、雏形初现，再到如今建成通车。深中通道管理中心主任、总工程师宋神友（1996届本科校友）作为深中通道前期办公室“1号员工”，将自己的一切都与深中通道融在一起，他带领建设团队创新求变，历时数年进行产学研攻关，为交通强国建设作出了突出贡献，并被授予“国家卓越工程师”称号。深中通道管理中心总工程师办公室原主任刘健（1999届本科、2002届硕士校友）为论证深中通道项目的必要性和可行性，带领青年技术团队，踏遍70千米的珠江两岸研究制订方案，在深中通道的每个建设环节，都能见到他带领的突击队青年队员忘我工作的身影。还有多名同济校友肩负深中通道项目设计师、项目负责人、结构设计负责人、施工监控负责人等重要职责使命，为深中通道建设贡献了智慧和力量。在深中通道的设计、科研、施工、监理、检测、管理等各环节，都有同济各专业校友留下的印记。

同济大学多个教授团队主动发挥学科优势和学术积淀，围绕深中通道工程中一系列关键技术问题奋力攻坚，为工程设计、建设和运营提供了有力的科技支撑。李永盛、谢雄耀、黄宏伟、胡群芳、肖汝诚、马险峰团队牵头组织了“深中通道项目工程方案总体安全风险评估”研究；闫治国团队在隧道通风优化、火灾防控技术领域助力深中通道建设与运维；李国强团队与招商局重庆交通科研设计院有限公司组成联合体共同承担完成了“深中通道超大跨钢壳混凝土沉管隧道管节结构及接头防火关键技术研究”课题；袁勇团队进行了组合管节构造的试验与设计方法研究；禹海涛团队分析了钢-混凝土组合整体式管节沉管隧道的地震安全性，提出了超宽沉管隧道因横向不均匀性所致附加地震效应，编制了《整体式钢-混凝土组合沉管隧道抗震设计指南》，研究成果为沉管隧道的设计和施工提供了有力支撑；风工程团队葛耀君和赵林课题组针对深中通道跨海桥梁抗风关键技术问题，研发了超大跨离岸整体式钢箱梁悬索桥最优气动布局，形成了可以有效降低来流风涡旋荷载强度的高透风率栏杆、削弱涡旋脱落的检修轨道布局和减缓涡旋发展的中央稳定板等综合气动减振措施；肖汝诚团队对比了超大跨度悬索桥平行索面和空间索面两种结构体系，重点研究了空间索面分离式主梁成桥结构的性能，对比了与常规竖直索面悬索桥性能的差异，团队还为深中通道伶仃主航道桥规划了合理、可行、简便、经济的施工方案，全面评估了施工各阶段桥梁的受力与稳定性，确保结构安全可靠。

国之所需，吾之所向；使命召唤，义不容辞。一批又一批同济土木人，在祖国最需要的地方大显身手，在大江南北刻下鲜亮的“同济印”！同济大学土木工程学院始终站在国家建设的前沿，以卓越的科研实力、项目执行力和无私的奉献精神，为国家基础设施的安全与发展贡献着力量。展望未来，同济人将继续秉承“严谨、求实、团结、创新”的校风精神，不断攀登新的科学高峰，为国家和社会作出更大的贡献。

五、国际交流合作——走深走实，共谋发展

国际交流合作是加强世界文明交流互鉴、应对全球共同挑战的重要途径。同济大学土木工程学院一直是国际交流合作的积极开拓者和重要实践者，系科在发展过程中，一直以全球视野谋划和推动事业发展，在不同的阶段，都为高等教育领域的国际交流合作作出了积极贡献，也为自身改革创新发展注入了源源不断的动力。

土木工程学院始终秉承开放创新、共谋发展的理念，全方位、深层次地推动开放合作，从平台搭建、项目合作和人才培养等方面，加强与相关国家和地区的交流合作，吸引国际师生，改善国际环境，增强国际联系纽带，完善国际合作平台，扩大国际项目合作，深化国际合作领域。随着国际交流合作的广度和深度的不断拓展，土木系科在各领域的发展水平也在不断提高，从跟随者、学习者，逐渐转变为重要的参与者、贡献者和部分领域的引领者。

夯实合作底蕴，提升合作质效

学院持续深入实施国际化发展战略、高层次国际人才引进、高素质国际化人才培养等，亮点纷呈、成果丰硕。

❶ 提升国际交流的规模和质量。同济大学土木工程学院不断拓展与美国、英国、欧盟、加拿大、澳大利亚、日本、韩国、新加坡、中国香港及中国台湾等国家和地区的交流与合作，形成了具有同济土木特色的主动型、高起点、多方位、本硕

博全覆盖的国际交流与合作体系，合作重点逐步从数量向质量转变。目前，土木工程学院已同境外20多所大学签署了双学位合作协议，与境外40多所大学签署了非学位的学生交流项目。学院每年举办各类课程学习、暑期学校、联合毕业设计、学术研讨会等交流项目，形成了本硕博全覆盖的国际交流合作平台，拓宽了学生的国际视野，促进了学生创新能力的培养，也吸引了越来越多的外国留学生来学院学习。2012年，土木工程学院设立了结构工程国际硕士研究生项目，采用全英文教学，具有完备的针对留学生的课程体系。2015年，同济大学土木工程学科获得上海市Ⅰ类高峰学科资助。为了更好地培养国际一流人才，扩大土木工程学科的国际影响力，学院设立了土木工程国际博士生项目，目前已具有完整的课程体系，采取全英文授课形式。2017年和2018年，学院成功从教育部申请到了面向“一带一路”合作伙伴的土木工程国际博士生培养项目，以更好地服务于“一带一路”合作伙伴的土木基础设施建设，培养高层次国际化人才。近年来，人才培养的国际化步伐蹄疾步稳，如2024年4月19日，同济大学土木工程学院代表团访问剑桥大学，与剑桥大学工程系在土木领域签署了首个院际谅解备忘录，明确双方将在学生交流、科研合作等领域探索多元合作模式。近年来，土木工程学院接收的留学生人数逐渐增长，目前学院共有留学生200余人。与此同时，“走出去”也成为学院国际交流合作的日常，持续支持和鼓励师生通过交流访问、合作研究等方式“走出去”，开展更高水平、更有实效的国际交流合作。

❷ 打造国际化师资队伍。做好高质量“走出去”和高水平“引进来”两篇大文章，不断开拓整合境内外优质教育科研资源，取得了显著的办学成效。学院后备人才队伍的中青年教师绝大部分具有国际教育背景，学院目前还拥有一定数量的国际师资。随着国际化团队建设的走深走实，以土木工程防灾减灾创新引智基地为例，近年来引进海外学术大师、学术骨干等40人来华工作、交流，邀请国外学者来访累计561人次。

土木工程学院在不断加强平台建设的同时，亦十分注重国际化团队的建设工作，目前，李杰、吕西林、朱合华、黄宏伟、葛耀君、袁勇、蒋明镜、顾祥林、李建中等均已组建了人员稳定的国际化学术团队。例如：李杰教授与斯潘诺斯（Pol D. Spanos）教授合作，共同建立起固定与流动人员相结合、国际与国内学者相结合的同济大学工程可靠性与随机力学研究团队；吕西林教授团队与加州大学伯克利分校教授、美国太平洋地震工程研究中心主任史蒂芬·马欣（Stephen A. Mahin）教授、加拿大不列颠哥伦比亚大学的卡洛斯·温图拉（Carlos Ventura）教授、东京工业大学的笠井和彦（Kazuhiko Kasai）教授等国际知名专家建立了长期合作关系，在高层建筑抗震、可恢复功能抗震结构、建筑抗震韧性评价、结构消能减震和隔震、非结构构件等方面开展了深入的合作交流；朱合华教授团队与加州大学洛杉矶分校朱建文（Woody Ju）教授、德国魏玛包豪斯大学讲席教授泰门·拉布祖克（Timon Rabczuk）、美国戴顿大学罗伯特·梁（Robert Y. Liang）教授、美国匹兹堡大学林真尚（Jeen-Shang Lin）副教授等建立了长期合作的学术团队，依托国家重点研发计划、国家自然科学基金重大仪器项目、国家自然科学基金重点项目、欧盟Rise项目、同济大学土木工程高峰学科一流国际合作项目等，围绕地下工程数值仿真、防灾减灾、智能建造等领域开展深度合作与交流。

❸ 营造国际化人才培养环境。学院围绕培养具有“全球意识、跨文化交流、通晓国际规则、参与国际合作与竞争能力”的卓越人才培养目标，依托地震工程国际联合实验室等5个国际合作平台，通过短期访学、科学考察等活动，与10所国际著名大学开展常态化研究生学术论坛、暑期学校等活动，赴国际企业见习、境外工程考察。同时，与欧洲、美国等土木学科世界知名高校和研究机构建立人才互派培养与研究生联合培养项目，共同开展国际前沿课题的合作研究，由此营造国际化人才培养环境。

土木工程学院与境外联合开展的双/合作学位项目多达27个，涵盖澳大利亚、英国、法国、意大利、奥地利、加拿大、西班牙、美国、日本、德国等国家，从本科生到博士生，形成了层次丰富的培养生态。近年来，学院相继主办了第13届同济-KAIST土木工程研讨会暨暑期学校，第5届、第7届、第9届同济－东京工业大学土木工程联合研讨会，中奥土木工程国际研究生论坛，ILEE暑期学校等各类暑期学校和研究生国际论坛数十次。平均每年来土木工程学院攻读学位的留学生及博士后、交流访问人数达220人左右。学院还开办了建筑与土木工程领域专业学位硕士双学位班，每年招生20人左右，采用双导师制（配备国内外导师各1位），与国外合作院校联合培养学生。学院创建了一套系统完整、特色鲜明的创新型、国际化人才多元培养体系，为学生提供了良好的国际交流平台。

不仅如此，学院还组织学生积极参加国际竞赛，让人才在国际竞争中脱颖而出。美国大学生数学建模竞赛特等奖、2018世界大学生桥梁设计大赛特等奖、美国ASCE土木工程竞赛一等奖、美国ASCE大学生钢桥竞赛一等奖、美国土木工程师学会中太平洋地区学生土木工程竞赛集体一等奖、美国ASCE土木工程师协会混凝土轻舟赛一等奖、SAMPE国际复合材料制造学生竞赛一等奖等奖项，都是近年来土木工程学院人才培养的一个个亮眼印记。

增强联系纽带，打造合作高地

土木工程学院不断完善与拓展已有的国际合作平台，加强实质性国际合作，完善已有的地震工程、风工程、工程可靠性与随机力学、全球智慧基础设施、中比工业化建造等国际合作平台，进一步扩大合作广度与深度，提升平台层级，逐步向国际研究中心迈进，不断提升国际科研合作项目的规模和质量，强化有研究经费往来的国际合作项目。

2013年，土木工程学院获批教育部高等学校学科创新引智计划，成立了“土木工程防灾减灾创新引智基地”（即111引智基地）。自2015年起，学院先后成立了地震工程国际合作联合实验室、风工程国际合作联合实验室、工程可靠性与随机力学国际联合研究中心、全球智慧基础设施研究中心、中比工业化建造联合实验室、国际韧性基础设施联合研究中心。这些国际合作平台的建立，进一步拓展了学科的国际合作空间和资源，推动了学科的创新和发展。学科的国际影响力也日益增强。学院目前是国际实验结构工程学会秘书处、国际桥梁与结构工程协会中国团组和中奥隧道与地下工程研究中心的常设基地。21世纪以来，学院不断加大包括土木工程防灾减灾创新引智基地在内的国家级平台建设，取得了喜人的成绩。

❶ 土木工程防灾减灾创新引智基地。土木工程防灾减灾创新引智基地以同济大学土木工程防灾减灾全国重点实验室及多个省部级重点实验室为依托，在重大建筑工程防灾减灾、长大桥梁结构防灾减灾和复杂隧道与地下空间防灾减灾三个方向上和国际一流学者进行深入的合作，提升我国重大基础设施防灾减灾的技术水平，支撑同济大学土木工程学科跨入世界先进行列，服务国家的重大战略需求。基地积极引进国外顶尖人才，形成中外融合的团队，开展多层次、全方位的国际交流与合作活动，着力培养具有“全球意识、跨文化交流、通晓国际规则、参与国际合作与竞争能力”的卓越人才。

❷ 地震工程国际合作联合实验室。地震工程国际合作联合实验室依托同济大学土木工程防灾减灾全国重点实验室、国家土建结构预制装配化工程技术研究中心、岩土及地下工程教育部重点实验室、土木工程防灾减灾学科创新引智基地，联合美国加州大学伯克利分校、日本东京工业大学、意大利欧洲地震工程研究中心等共同成立。2015年7月，实验室挂牌，同年12月通过教育部验收。该实验室由顾祥林教授担任中方主任，加州大学伯克利分校史蒂芬·马欣（Stephen A. Mahin）教授和伊力诺依大学香槟分校斯宾塞（B. F. Spencer）教授先后担任外方主任，同济

大学吕西林教授担任学术委员会主任。实验室围绕地震灾害这一人类共同面临的挑战，致力于建设具有时代特色的地震工程学科，联合开展国际前沿的重大抗震科学问题研究，培养具有国际视野且勇于创新的科学家及高水平卓越工程师，并探索建立国际化的运行体制和管理机制。2016年，依托该联合实验室成立的地震工程国际联合研究中心经科技部批准成为国家国际科技合作基地（国家级国际联合研究中心类）。

❸ 风工程国际合作联合实验室。风工程国际合作联合实验室依托土木工程防灾减灾全国重点实验室、桥梁结构抗风交通运输行业重点实验室、土木工程防灾减灾学科创新引智基地，联合美国佛罗里达大学、美国德州理工大学、美国爱荷华州立大学、加拿大西安大略大学、日本东京工艺大学和印度理工大学洛基分校等共同成立。联合实验室中方主任由葛耀君教授担任，外方主任由加拿大西安大略大学柯普（G. A. Kopp）教授担任。中国工程院院士项海帆教授和美国国家工程院院士、中国工程院外籍院士哈桑·卡雷姆（Ahsan Kareem）教授分别担任联合实验室指导委员会的中方主任和外方主任。葛耀君介绍，联合实验室致力于建设世界一流风工程学科，汇聚国际一流创新人才，并充分利用国际化人才培养手段，形成国际化实验室的运行体制和机制。

❹ 工程可靠性与随机力学国际联合研究中心。工程可靠性与随机力学国际联合研究中心于2016年5月成立，是同济大学联合美国莱斯大学、南加州大学、加拿大西安大略大学、德国汉诺威莱布尼兹大学、丹麦奥尔堡大学、爱尔兰都柏林三一学院、日本神奈川大学这7所国际知名大学共同组建的。李杰院士为中心的中方主任，美国莱斯大学教授、美国国家工程院院士斯帕诺斯（Pol D. Spanos）为外方主任，美国国家工程院院士昂（A. H-S. Ang）教授为中心顾问委员会主席。

❺ 全球智慧基础设施研究中心。2017年5月24日，全球智慧基础设施研究中心成立。研究中心由包括上海申通地铁、上海建工集团、上海隧道股份、美国加州大学伯克利分校、美国环境系统研究所公司（ESRI）等在内的141家国内外基础设施建设领域的企业、高校、科研院所及个人共同组建成立。研究中心主任由朱合华院士担任。中心致力于快速打造具有自主知识产权的基础设施智慧服务系统平台，推动基础设施全寿命智慧化管理和数据的互联互通，促进土木、交通、市政、水利、能源、核电、矿山、国防、民防、人防等基础设施建设领域相关信息化的学术水平和行业水平的整体提高，进而快速抢占国际制高点。

在研究中心成立大会上，全球第一个自主研发iS3平台发布，供成员单位免费使用，并基于这一平台合作开发产品、制定标准、共享数据。iS3平台能够实时、高效、完整地整合工程中的信息流，基于统一数据标准，融合现有BIM/GIS平台的图形数据和工程数据，并借助先进、高效、准确的数据采集技术和强大、快速、稳定的数据处理核心，实现工程管理的分析、应用和决策一体化功能，进而推进工程大数据的共享和挖掘，确保工程信息流全寿命周期的完整畅通。

❻ 中比工业化建造联合实验室。2017年11月，中比工业化建造联合实验室挂牌成立。该实验室依托土木工程防灾减灾全国重点实验室、国家土建结构预制装配化工程技术研究中心、岩土及地下工程教育部重点实验室、土木工程防灾减灾学科创新引智基地，联合比利时根特大学和上海建工集团共同建设。实验室中方主任由赵宪忠教授担任，外方主任由比利时皇家科学院院士卢克·塔尔卫（Luc Taerwe）教授担任。赵宪忠介绍，实验室将致力于新型建筑工业化建造技术研究，探索采用数字化与自动化技术控制的新型建造方式，深度融合建筑施工与信息化，推动建筑产业的转型升级与技术进步。同时，实验室还致力于促进研发高校之间的交流合作与校企之间的协同创新，培养一批具有国际视野且勇于创新的科学家及卓越工程师。

随后，2018年11月，浙江省交通运输科学研究院加盟中比工业化建造联合实验室；2019年6月，江西省交通科学研究院加盟中比工业化建造联合实验室。

❼ 国际韧性基础设施联合研究中心。2021年11月14日，国际韧性基础设施联合研究中心正式成立。中心由同济大学牵头，联合世界多所知名高校和科研机构共同建立。中心以基础设施韧性提升基础理论和工程应用为主要研究方向。美国、英国、德国、挪威、希腊、新加坡等国家与地区的工程系统韧性相关领域的国际顶尖权威学者纷纷加盟研究中心，支持研究中心的工作。研究中心的工作聚焦于生命线管网等网络系统工程、桥梁与结构工程、岩土与隧道工程、边坡与地质工程、道路与交通工程等方向，通过申请国际、国家（地区）、省部级相关项目资金支持，系统开展韧性基础设施相关理论及技术研究，定期开展学术交流活动，编写韧性基础设施相关研究进展报告、标准规范，培养韧性基础设施国际一流学术人才，服务国家需求，引领世界科技进步。

深化合作交流，增强国际话语权

学院逐步形成了一批具有领域引领力的品牌学术会议，开展具有国际影响力和学术声誉的交流合作活动；加强一流学术期刊建设，为国际学术交流互鉴提供更多渠道和载体；推动国际科研合作，彰显国际地位与影响力。

❶ 形成一批具有领域引领力的品牌学术会议。学院举办了一大批影响力显著的国际会议，如光华学术论坛、第八届钢结构抗震国际会议、第三届国际多尺度岩土力学与工程研讨会、第三届和第十五届东亚－太平洋结构工程及施工会议、GeoShanghai[3]、第十五届国际风工程学术会议等在内的重要国际会议。接连召开的国际会议，有些已成为同济特色鲜明、国际影响日隆的知名会议。如光华学术论坛现已获得国内外地震工程学界的广泛认可和高度关注，2023年12月8日至11日，第十届光华学术论坛在同济大学成功举办，论坛由同济大学土木工程学院、土木工程防灾减灾全国重点实验室、地震工程国际合作联合实验室、中国地震学会可恢复功能防震体系专业委员会及上海韧性城市与智能防灾工程技术研究中心联合主办，共邀请306名国内外地震工程领域知名专家参会。

❷ 加强一流学术期刊建设。得益于广泛的内外交往，土木工程学院的期刊现已成林。土木工程学院为了进一步统筹学院期刊集群式高水平发展，致力于打造土木工程学科高影响力传播平台，助推学科高质量内涵式发展，提升学科国际影响力，履行传播中国科技力量的使命担当，在2022年5月20日——同济大学115周年校庆之际，同济大学土木工程学院期刊中心正式成立。该中心是国内首个以学院名义成立的国内外期刊中心。目前，期刊中心刊群包括13种期刊（英文期刊9种，中文期刊4种），覆盖土木工程领域的重要学科分支，同时也包含“低碳、智能、韧性”等学科前沿方向。中心主办的中国工程院院刊 *Frontiers of Structural and Civil Engineering*（《结构与土木工程前沿》）已被SCI收录，新创的 *Elsevier* 期刊 *Resilient Cities and Structures*（《韧性城市和结构》）已被EI收录。另外，同济大学首本英文期刊 *Underground Space*（《地下空间》）已进入SCI 1区顶刊系列；中、日、韩三国建筑学会主办的国际期刊 *Journal of Asian Architecture and Building Engineering*（《亚洲建筑与建筑工程杂志》）秘书处移至同济大学土木工程学院，由土木工程学院负责管理；国际英文期刊 *Artificial Intelligence in Civil Engineering*（《土木工程中的人工智能》）是智能建造领域的新兴国际学术刊物。

❸ 国际科研合作纵深拓展。近年来，土木工程学院教师获批多项国家重点研发计划国际合作重点专项、国家自然科学基金重点国际（地区）合作研究项目、欧盟地平线2020计划等国际科研合作项目，地震工程国际合作联合实验室也发布了多个联合研究项目，由中外研究人员共同承担。土木工程学院教师近几年主持了多项国家自然科学基金国际合作项目，如“低损伤钢结构体系抗震设计理论与可恢复

性评估系统”（陈以一）、“高强钢焊接连接力学行为机理与模型及设计方法”（李国强）、“钢筋混凝土结构可穿戴式传感模块设计与损伤智慧诊断”（孔庆钊）；国家自然科学基金之国际组织间项目“结构动力作用的功率谱不确定性建模与高层建筑抗灾性能精细化分析”（陈建兵）、“快速城镇化影响下大河流域抗性基因的演化规律及多尺度控制技术研究”（刘曙光）、“强震作用下液化地层中浅埋隧道土结构相互作用研究”（袁勇）、“强烈地震诱发地质灾害链演化规律及动态风险调控研究”（彭铭）等。另外，赵宪忠教授与新西兰坎特伯雷大学格里高利·马克瑞（Gregory MacRae）教授获批国际合作项目“韧性建筑体系”；伊斯坦布尔科技大学阿尔泊·李奇（Alper Ilki）教授和顾祥林教授联合申请获批国家自然科学基金国际（地区）合作与交流项目“钢筋混凝土框架填充墙结构抗震评估与加固”；冯世进教授与英国工程院院士、英国南安普顿大学威廉·泊威尔（William Powire）教授合作申请英国皇家学会牛顿高级学者基金项目“生物反应器填埋场多场耦合机理及液气主动控制”等。

❹ 立足国际专业舞台，传递中国科技声音。学院通过深入参与重要国际科技组织等多边合作机制，持续提升在土木工程专业领域中的参与度和影响力。土木工程学院教师任国际重要学术组织的主席、副主席或秘书长（如国际桥梁与结构工程协会主席、国际结构安全性与可靠性协会主席、国际地质灾害与减灾协会主席、国际实验结构工程学会副主席、国际风工程协会秘书长等）22人次，任国际高影响力期刊主编/副主编16人次、编委49人次。

中外学者团队的紧密合作，极大地促进了土木工程学院的学科发展。土木工程学院教师相继获得重要国际学术组织的个人学术成就奖。例如：2014年，李杰教授获得美国土木工程师学会颁发的弗洛伊登瑟尔奖（该奖成立以来首位获奖的亚洲学者）；2015年，朱合华教授获得了德国洪堡基金会洪堡研究奖（当时中国土木工程领域的唯一获奖者），庄晓莹教授获得了德国洪堡基金会索菲亚·科瓦雷夫斯卡亚奖（中国工程领域第一获奖人）；2016年，葛耀君教授获得了国际T. Y. Lin大奖；2017年，吕西林教授获得了美国土木工程师学会颁发的纽马克奖（第一位获得此项个人学术成就奖的中国人），陈建兵教授获得国际结构安全性与可靠性协会青年学术成就奖；2018年，庄晓莹获得海因茨·迈耶-莱布尼茨奖；2019年，黄宏伟教授获得国际岩土安全协会GEOSnet Award突出贡献奖；2021年，夏烨副教授获得国际桥协青年奖；2022年，李国强教授获得国际消防工程师学会John L. Bryan奖，葛耀君教授获得国际风工程协会Davenport奖，操金鑫副教授获得国际风工程协会青年奖，张洁教授获得国际结构安全性与可靠性协会青年学术成就奖；2023年，陈建兵教授获得德国洪堡基金会洪堡研究奖；等等。同时，海外学术大师、同济大学讲座教授斯潘诺斯（Pol D. Spanos）当选中国科学院外籍院士，同济大学教授赫伯特·芒（Herbert A. Mang）当选中国工程院外籍院士，同济大学教授贝斯科斯（Dimitri E. Beskos）当选中国工程院外籍院士。斯潘诺斯（Pol D. Spanos）、赫伯特·芒（Herbert A. Mang）两位教授又先后获得了中华人民共和国国际科技合作奖，赫伯特·芒（Herbert A. Mang）教授获评2023年度中国政府友谊奖。同济大学讲座教授塔尔卫（Luc Taerwe）获得了上海市国际科学技术合作奖。同济大学合作教授和田章获得2022年度上海市国际科学技术合作奖。

六、文化传承——弦歌不辍，赓续荣光

高校肩负着立德树人的根本任务，是培养堪当民族复兴大任时代新人的重要阵地，也是传承文化、创造文化的高地。同济大学土木工程学院在党建引领下，坚持社会主义核心价值观，用中华优秀传统文化、革命文化、社会主义先进文化培根铸魂，全面涵养和践行新时代同济文化，凝聚师生，推动学院文化事业繁荣发展，为奋力开拓中国特色世界一流大学建设新局面提供了强大的精神动力和文化支撑。学院持续强化文化育人、丰富文化实践，培育涵养校园文化、学科文化和特色文化，全方位构建落实立德树人根本任务的文化格局，不断推动新时代、新征程背景下的学院文化建设工作取得新成绩、再上新台阶。

涵养校园文化，赓续土木文脉

❶ 党建引领为文化建设注入动能和指引方向。在党建引领下，紧密围绕党和国家的发展战略，立足学院的学科特色和人才培养目标，形成了以服务国家建设为使命、以追求卓越学术为目标、以培养高素质创新人才为核心的文化共识，为学院的高质量发展提供了坚实的思想保障和精神动力，学院文化建设呈现出蓬勃发展、积极向上的良好态势。积极推动学院将思想政治教育融入日常教学和实践活动中，在潜移默化中增强师生对党的忠诚、对国家的热爱以及对专业的责任感；通过开展各类主题活动，激发师生的爱国热情和奋斗精神，为学院文化注入深厚的红色基因；注重引导发挥党员的先锋模范作用，鼓励党员教师在教学科研中勇攀高峰，带头参与社会服务和公益活动，为广大师生树立榜样；通过建立健全师德师风

建设机制，倡导严谨治学、关爱学生的教育风尚，营造尊师重教、教学相长的良好氛围，并通过评选和表彰优秀教师和先进典型，以他们的先进事迹和感人故事激励广大师生奋发向上、追求卓越；学院内部的民主管理和监督，保障了师生的合法权益，增强了师生对学院的信任感和归属感；学院文化注重人文关怀，关注师生的全面发展和身心健康，定期开展丰富多彩的文体活动和心理健康辅导等；积极推动文化交流与合作，通过与国内外高校和企业的交流合作，不断丰富和完善自身的文化内涵，并在国际学术舞台上展示中国土木工程领域的成就和文化自信。学院传承与发展同济土木“兼容并蓄、求实创新”的精神，培育了数万名具有家国情怀和国际视野的优秀毕业生，为国家建设输送了大量社会栋梁和专业精英。学院陆续涌现出或获评全国百名党员标兵、党建工作样板支部、党建工作标杆学院、党建工作示范高校。

❷ 用好宣传资源，发挥正向引领作用。建立一体化联动工作机制，不断提高宣传思想文化工作的质量和水平，把握好时、度、效，增强吸引力和感染力。通过校友论坛、专业讲坛、学生活动、新媒体等方式，加强对学院优秀学科文化的凝练和宣传。例如，通过学院人才培养专题展示、“桥梁故事，从红色历史到金色辉煌——向新中国成立70周年献礼”图片展、“历史上的这一周——土木学科发展历程”等宣传方式，讲好土木故事，让师生有更多的学院荣誉感和自豪感，推进继承和发扬学院优良传统，助力学科发展和学院发展。综合运营管理学院的“同济土木人”和“未之加油站”微信公众号、学院网站、院史馆、视频以及平面宣传资料等，多平台、多渠道、多方式地向全体教职工、学生和校友及时报道学院各方面的工作，弘扬“兼容并蓄、求实创新”的学院精神，传承同济大学土木工程系科的百年传统和文化基因。新媒体平台的关注人数持续上升，影响力不断加强。此外，学院进一步拓展学院的新媒体矩阵，开通微信视频号、小红书等新媒体社交账号，激发学院文化建设新动能，展现同济土木学院风采。

❸ 在加强校园精神文化建设方面持续发力。学院构建校内协同联动机制，营造浓郁、健康的人才培养和科研环境，构建充满活力、积极向上的校园文化氛围。学院通过举办各类学术讲座和教学科研活动，激发师生的科研兴趣和创新能力，师生们在学术上相互学习、相互借鉴，形成了浓厚的学术氛围和科研风气；定期举办各类文体活动、社团活动等，增强凝聚力，丰富职工业余文化生活，为师生提供展示自我、交流思想的平台；举办或参加具有专业特色的学术交流、创新竞赛等，搭建培养创新精神的各类平台；大力支持

学生社团的发展，为学生提供更多学习与交流的机会，培养学生的创新思维和实践能力；积极引导学生参与社会服务、公益活动等，将所学知识应用于社会实践，培养学生的社会责任感和公民意识；注重校园环境的建设和美化工作，打造优美的工作环境，同时加强文化设施建设，如院史馆、文化长廊等，展示学院的发展历程和成就风采；参与各类社会服务活动和学术交流活动，扩大学院的知名度和影响力，为学院的发展赢得更多机遇和资源。学院获评同济大学首批“三全育人”综合改革试点学院，获批上海市“三全育人”示范项目，并持续推进同济大学“三全育人”示范学院建设，构建更加系统、全面、深入的“三全育人”格局。

培育学科文化，厚植科学精神

学科发展过程中沉淀的精神是学科持续发展的强大动力和根基血脉，是打造具有鲜明特色的院本文化的精神内核。土木工程学院历来重视凝练学科内涵，发展院本文化，总结办学成功经验，使师生感悟领略学院的独特文化魅力。

❶ 深挖院史资源。同济土木院史馆于2014年同济土木系科百年华诞之际建成开放，位于土木大楼一楼东侧。院史馆以土木系科百年发展为主线，整合了同济土木百年的探索与创新，为参观者提供了一个全面了解同济土木各阶段发展史的文化平台。自建成以来，院史馆作为学院的一张名片，承接了众多领导来访和项目考察参观活动；作为党建引领的展示平台、课程思政的教育基地，院史馆让师生们通过学习校史院史系科史，了解优秀名师和卓越校友，激发师生们的专业自豪感，“把论文写在祖国的大地上”，为祖国的发展和建设事业贡献坚实的力量。

❷ 弘扬践行科学家精神。科学成就离不开精神支撑。科学家精神是科技工作者在长期科学实践中积累的宝贵精神财富，同济大学土木工程学科百十年励精图治，已成为同济大学办学成就的一面旗帜、一张名片，世界第一大穹顶建筑，国内第一座跨海大桥、第一条高速公路、第一条高速铁路，每个“第一”的背后都有同济土木强大的科技支撑。而在这些成就背后，是以李国豪等为代表的科学家，为同济土木的创立与发展，为同济大学的建设与腾飞，为国家的科技事业和人才培养作出了卓越贡献，科学家精神也激励和鼓舞了一代又一代同济土木人。2023年5月，同济大学土木工程学院院史馆入选中国科协、教育部、科技部等7部委联合发布的第二批“科学家精神教育基地”名单。场馆全年对校内外公众免费开放，有稳定的志愿者讲解队伍，年均接待超过2万人次。通过图片、实物和视频等展示李国豪先生的科学家精神，编写李国豪科教思想书籍8部。同济大学创编排演原创大师剧《国之英

豪》，介绍李国豪先生爱国、创新、奋斗的故事，该剧入选“共和国的脊梁——科学大师名校宣传工程”、教育部2023年度高校原创文化精品，线上线下观演人次超50万，辐射全国高校、科研院所、上海及外省市中学等，引导激励广大科技工作者坚定创新自信。学院依托科学家精神基地，扎实推进弘扬科学家精神，加强作风学风建设，持续开展内容丰富、形式多样、特色鲜明的系统研究与实践活动，打造体现土木特色和时代内涵、突出精神血脉传承、突出时代使命感召、突出贴近科研实际的文化品牌。

❸ 发挥专业优势展社会担当。以专业所长奉献服务社会所需，在工程项目实践、校企（地）、面向国家发展战略等领域贡献同济土木智慧。例如，近年来，学院吴明儿教授参研“天平二号B星C星”发射任务圆满成功；何敏娟教授、闫治国教授、郭小农教授、禹海涛教授等团队全力落实北京2022年冬奥会“智慧冬奥”战略布局；中国工程院院士吕西林一行到雄安新区考察调研并任“雄安新区引才大使”，更多校友及师生在服务长三角一体化、雄安新区建设、粤港澳大湾区建设等过程中发挥了重要作用。在人才培养过程中加强思想引领，近年来持续推进上海市高校课程思政教育改革，包括课程思政、课程思政链、课程思政示范专业、课程思政领航计划；开展土木工程科普讲座、开放实验室等活动，普及科学知识，提高公众对专业知识的认识和理解；人才培养向中学与社会延伸，做好科学普及和社会公共服务工作，在中学开设创新课程、建设创新实验室，举办全国中学生结构设计邀请赛，并在多所中学设立“苗圃”，引导兴趣、发掘潜质；加强与企业的合作，促进科技成果转化，同时传播学院文化；服务国家需要，选派优秀教师赴新疆大学、西藏农牧学院进行援建，选派教师赴云南脱贫攻坚一线任第一书记，毕业生主动要求到西藏等地工作。

打造特色文化，塑造土木品牌

❶ 土木精神凝练及院徽设计。学院在全面梳理学科发展历史的基础上，凝练形成了“兼容并蓄、求实创新”的土木精神，这一精神不仅体现了学院在学术上的开放包容和严谨求实，也彰显了师生在追求卓越过程中的勇气和决心。

设计以院徽为核心的视觉体系。2011年土木工程学院发布院徽。院徽主色调为红色，象征学科蓬勃发展、充满活力。结构上表达的是传统文化中匠人营国的内容，院徽以古代中华大地上常见的城池为意象；厚重的城墙每边开一道深深的城门，共四扇；城门内，上位“土”，下位“木”，意蕴中国古代的营造活动、营造的主要材料，同样蕴含土木工程学院的学科门类，简而言之即“营造”——筑土为屋，架木为桥。院徽借鉴了古代关防的意象，意味着从事土木工程的人肩上的责任。关防者，一诺千金，责任如山。一诺千金是同济土木学术活动和社会服务的一贯追求，随着院徽——关防印的定型，学院文化得到了一次极好的提炼和升华。至此，文化与科技相碰撞，历史与现代相结合，这个简洁且富有创意的院徽便成为学院最重要的文化标识，激励着学院每一名成员不断追求卓越与创新。

❷ 提升学院文化和学科软实力。在保证经费、项目、基地等硬实力的基础上，学科持续谋划在文化氛围、人文情怀、学科声誉、导向力、吸引力、影响力等软实力上的建设。营造追求真理、科学精神、学术志趣的学术氛围，建设理论与实践并重的成果转化体系；践行“同济天下，崇尚科学，创新引领，追求卓越”的新时代同济文化，进行兼容并蓄、求实创新的文化建设，打造以学术和育人为第一价值追求的师生共同家园；提升学术氛围以及对学生的吸引力，珍视并提升学科声誉、社会声誉，支持校友终身发展，提升校友影响力，持续荣校爱校的宣传；创办高水平国际会议、国际期刊中心、国际合作平台，提升学科影响力；出版科普读物，推进大中小一体化教育实践；提升技术标准的制定能力、专利成果的转化能力，科学规划学科发展和专业设置，顺应时代发展，做好学科的巩固、发展、转型、提升；主动服务国家战略，聚焦国家战略开展科学研究，在奉献服务社会中提升影响力等。

传承发展，接续奋进。目前，全面建设社会主义现代化国家新征程已经开启，向第二个百年奋斗目标进军的号角已经吹响。奋进新征程，土木工程学院将继续秉持初心使命，勇攀科技高峰，积极推进开辟改革发展新领域新赛道、塑造新动能新优势的具体实践，重塑培养体系，培育一流人才；重组科研架构，拓展平台建设；汇聚高端人才，改革资源配置；夯实合作底蕴，打造合作高地；传承弘扬精神，提升软硬实力。紧密结合国家及区域中长期规划和教育、科技、经济、社会发展规划，面向世界科技前沿、面向经济主战场、面向国家重大需求、面向人民生命健康，遵循大学发展和教育规律，立足当下、着眼长远、统筹谋划，秉承百年历史积淀，坚持以立德树人为根本，以“内涵式发展、高质量发展、可持续发展”为重点，坚持工程科学本色，创新发展体制与机制，扎根中国大地，推进世界一流的精英人才培养和学术创新引领，加快中国土木工程学科从跟跑、并跑到领跑的进程，以全面支撑同济大学建设中国特色的世界一流大学。我们相信，在全体师生的共同努力下，同济大学土木工程学院必将迎来更加辉煌的明天，为中华民族的伟大复兴贡献更加坚实的力量！

1 原载于同济大学新闻网，《我校师生在卢浦大桥工程中再创辉煌》(https://news.tongji.edu.cn/info/1003/21248.htm)。

2 原载于同济大学新闻网，《“同济智慧”，闪耀国家重大工程深中通道》(https://news.tongji.edu.cn/info/1003/87881.htm)。

3 GeoShanghai是每四年一次在上海举办的国际岩土工程系列会议，旨在为岩土工程中的最新研究成果、新技术的开发和应用提供一个讨论、评估和传播的平台。

矢志建造中国塔

记高耸钢结构设计理论研究及工程应用

“获奖以后的20多年，马人乐、何敏娟老师带领的高耸钢结构团队一直从事电视塔、通信塔、输电塔、风力发电塔的理论研究和工程应用。”建筑工程系系副主任李征教授介绍。王肇民、马人乐、何敏娟、邓洪洲等的“高耸钢结构设计理论研究及工程应用”获得2000年度国家科技进步奖二等奖。

一、研究始于改革开放之初

改革开放以来，随着广播电视和通信事业的迅速发展，高耸钢结构建设进入了一个新时期。各地兴建新的广播电视塔时，普遍对当时千篇一律的功能单一、防腐性差的钢塔提出了改造需求。与此同时，新材料、新技术不断涌现并在经济社会中逐步得到应用，使得钢结构更趋高、柔。

“这对设计理论的发展提出了更高的要求。”马人乐介绍，“我们在王肇民先生的带领下，1985年起对高耸钢结构设计理论进行了深入研究。”

❶ 提出了钢结构电视塔整体空间桁架非线性静、动力分析方法，并通过模型试验和工程实践验证其正确性。

❷ 在国际上首次全面系统地开展对钢结构塔风振和地震控制理论、试验及控制技术的研究，提出了一系列结构振动控制的实用设计方法。

❸ 系统地研究了桅杆结构顺风向随机振动响应和横风向涡振及弛振响应的空间振动非线性分析方法，提出了桅杆振动简化计算的实用方法，进行了桅杆模型风洞试验，揭示了桅杆参数振动及混沌现象[1]。

❹ 创造性地提出了一大批钢结构塔的新结构体系，并解决了设计、施工等一系列关键技术。

“上述成果已成功应用于几百座高耸结构的设计，并将继续对工程项目的设计和生产发挥巨大的理论指导作用。”马人乐介绍。以研究的理论为基础，团队主编写了高耸钢结构方面的规范及规程、专著、手册，撰写论文近百篇，这些理论研究成果近年来一直指导着国内高耸钢结构的设计和施工，产生了巨大的社会效益和经济效益。课题组直接主持设计了百余座广播电视塔和千余座微波塔、通信塔，并将新的研究成果融入这些工程的建设中；课题组编制的塔桅结构设计程序已转让给国内多家设计院，在输电塔、微波塔和通信塔的设计中发挥了积极的作用；课题组用新的理论和技术指导生产实践，与国内多家大中型钢塔加工企业建立了良好的合作关系。

二、成果丰硕

马人乐介绍，同济大学高耸钢结构课题组“高耸钢结构设计理论研究及其工程应用”研究成果及其应用主要体现在以下几个方面。

团队以理论研究成果为基础，主编了《塔桅结构》(同济大学出版社1989年12月版)、《高耸结构振动控制》(同济大学出版社1997年5月版)、《高耸结构设计手册》(中国建筑工业出版社1995年版)、《高耸结构设计规范》(GBJ 135—90)、《塔桅钢结构施工及验收规程》(CECS 80：96）等，公开发表学术论文近百篇。

课题组主持设计了国内大部分多功能钢结构电视塔，将“高寒地区多功能钢结构电视塔的温度效应研究”“高耸结构振动控制的研究”成果与336米高的黑龙江省广播电视塔的设计相结合；将“电视塔塔楼结构竖向地震作用研究”成果用于直径32米的青岛广播电视塔塔楼、直径40米的黑龙江省广播电视塔塔楼悬挑钢桁架的设计；将“球形空间网壳结构研究”成果用于徐州广播电视塔、青岛广播电视塔、佛山广播电视塔、奉贤广播电视塔、青浦广播电视塔、洛阳广播电视塔、焦作广播电视塔的塔楼设计；将“双曲抛物面塔形研究”成果用于河源广播电视塔、黄岛广播电视塔的设计；将“塔楼悬挂结构研究”成果用于泰州广播电视塔和松江广播电视塔塔楼的设计；等等。

与此同时，课题组将编制的塔桅结构设计程序转让给国内电力系统（中南电力设计院、西北电力设计院)、邮电系统(上海邮电设计院、邮电部设计院)、化工系统（上海医药工业设计院）等多家大中型设计院，在输电塔、微波塔、通信塔、火炬塔等设计中发挥了积极作用。

课题组还用新的理论和技术来指导生产实践，与当时国内生产钢结构电视塔的三家大中型企业——青岛东方铁塔集团公司、广播电影电视部设备制造厂、江西矿山机械厂等都建立了良好的合作关系。课题组的新成果、新设计通过工厂迅速变为生产力，工厂既提高了产品的技术含量，也提高了经济效益。

三、龙的传人上“龙塔”

龙的传人上“龙塔”，让黑龙江电视塔成为热门打卡地。这座塔就与团队的成果密不可分。

“哈尔滨市位于我国东北边陲的松辽平原，气候干燥寒冷，年最低温度在-40℃以下，最大冻土深度超过2米，每年10月开始结冰，次年5月方能解冻，加上风季，施工期极短。黑龙江电视塔方案经过调研及专家们深入讨论，最后决定采用全钢结构。按常温下制作安装、低温下使用的原则进行设计。”马人乐等撰写的《黑龙江电视塔设计中的温度效应研究》[2]中写道。黑龙江电视塔总高度336米，塔身高度211米，天线高度99米。天线按工艺要求分为5段，截面边宽分别为0.7米、1.2米、2.5米、3.5米、5.0米 的四边形空间桁架结构，从上到下长度分别为11米、12米、20米、26米、30米。各段之间设有检修平台，在塔顶处设有航空灯及避雷针。塔身为正八边形空间桁架结构，结构受力合理、经济性好、造型优美。

根据多年研究，马人乐等建议，在低温-40℃环境下，钢材和焊接的低温冷脆是设计中需要重点考虑的问题，宜采用工厂焊接、现场螺栓连接的方式。经过计算和比较分析，马人乐等就温度效应对塔楼及其围护结构、电梯井道的温度效应、温度效应对地基及钢结构的影响一一展开分析。如对于电梯井道，文章分析说：“黑龙江电视塔的电梯井道高达200米以上，由于考虑保温需求，要将电梯井道围护起来，因此井道内外有着明显的温度差异。井道温度升高，钢结构必然向上伸长，在连接井道一端的横隔自然随之抬起，从而使横隔拉长，由此产生的温度应力极有可能成为横隔设计的控制应力。因此，在此温度应力作用下，分析横隔的受力状态是十分必要的。”

文章最后介绍，温度效应对塔体主柱一般不起控制作用，主要起控制作用的还是风荷载。但对于高寒地区的广播电视塔来说，在温度效应状况下，塔楼外窗框和玻璃幕墙设计时要在窗框和玻璃之间留适当的空隙，以免相互挤压造成玻璃破碎，因此将铝合金窗框改成塑钢窗框来减少相对变形；同时，地基处理要充分考虑冻土地基和回填土的不利影响，所有基础埋深应在冻深以下，在基础梁侧和底部加填非冻胀材料；等等。

既然对高耸电视塔影响最大的是风，

那么如何减轻336米钢塔在风中的摇晃？何敏娟、马人乐在《336米高黑龙江广播电视塔悬挂水箱振动控制及其实测》[3]一文中写道：“塔楼标高206米处利用消防水箱及消防水做一个悬挂水箱减振器。水箱用四根吊索悬挂于塔体上，故水箱可自由摆动；利用垂直软管作为进水管和出水管，解决水箱的功能问题；水箱四周各用一根液压阻尼杆与塔架相连以调节减振器阻尼比[4]。试验采取人工激振的方法测试塔上悬挂水箱减振器的减振效果，得出结论：对于黑龙江电视塔这样的高柔结构，采用悬挂水箱减振器能有效减小结构的振动，增大结构阻尼比，加速结构振动的衰减；悬挂水箱减振器对塔体结构振动控制的效果与塔体本身的振动有关，当塔体振动较大时，水箱阻尼系统能较充分地发挥作用，减振效果更显著。事实上，风载较大时塔体振动更大些，因此悬挂水箱摆动更大，阻尼比会增大得更多一些。当然，由于液压阻尼系统的作用，水箱振动不会无限增大。”

黑龙江电视塔（即“龙塔”）于1998年5月30日正式举行奠基仪式，到1999年8月16日，塔的钢结构主体最后一节安装完毕，并进行主体封顶。2000年对外开放。2024年龙年到来时，这里再次成为百姓祈福之地。2024年3月11日晚，龙塔广场举办了一场“舞龙祈福”引龙仪式，“画龙点睛，万事和顺”、“龙凤呈祥”飞天秀、二月二“龙抬头”等民俗文化活动精彩纷呈。

四、进入风电领域做高塔

何敏娟、马人乐两位教授在国内外高耸结构、木结构研究领域有很大的影响力，科研成果应用于实际工程建设、国家和地方规范编制及人才培养。他们都是王肇民的入室弟子，王先生带领他们获得2000年度国家科技进步奖后，二人在继续深耕以电视塔为代表的高耸钢结构的同时，又开始了风力发电塔等的研究，最近20年发表的研究成果芬芳累累压枝头。“近20年来，高耸结构教研室主要在可再生能源-风力发电塔结构方面开展了一系列的创新研发和工程应用。”第二代传人李征教授介绍二人成绩时说。针对风电钢塔筒在持续强动载下易发生疲劳破坏的问题，团队发明了反向平衡法兰连接技术，提出了基于液压双缸高强螺栓张拉器的直接张拉安装方法，实现了大管径钢结构抗疲劳性能的提升。

❶ 反向平衡法兰连接技术。根据风电塔筒的构造和受力特点，团队通过“反向”设置法兰板和加劲板在塔筒内侧向心设置“平衡面”，发明了由法兰板、加劲板和高强螺栓组成的反向平衡法兰。与传

统法兰连接钢结构相比，持续强动载下钢结构螺栓疲劳应力幅降低60%~70%，防松性能大大提高，使用维护周期延长3倍以上。

❷ 液压双缸高强螺栓张拉器。马人乐介绍，这样可有效减小螺栓与筒壁的距离，使连接节点传力更合理。使用中，通过直接张拉高强度螺栓，可准确地施加螺栓预拉力，并使螺杆处于简单轴向应力状态，在动力拉压交变作用下螺栓不易松动。

马人乐介绍，反向平衡法兰2007年试制成功，2008年初在调兵山风场的两台风机塔筒上试装。随后，装机量逐年上升，市场反馈良好。2013年，团队与北京京能新能源有限公司合作的“风力发电机组反向平衡法兰开发及应用”项目获得电力建设科学技术成果一等奖。截至2023年底，反向平衡法兰装机量达一万余台，涉及金风、明阳、联合动力等十余个风电主机厂的750千瓦、1.5~6兆瓦等系列机型，社会效益和经济效益均较为显著。

“风电钢塔筒基础受力大，基础刚度和强度突变，容易发生动力疲劳破坏。”马人乐说。针对这一问题，团队发明了预应力锚栓组合件，可对钢结构基础施加预应力，实现钢结构与基础的可靠连接，较好地提高基础的抗疲劳性能，同时简化施工、节约生产成本。他指着一幅像张开的手风琴风箱样的图说，该装置主要由上锚板、下锚板、锚栓三部分组成。上、下锚板之间的锚栓外套塑料套管，阻止锚栓与混凝土接触；在上锚板底面安装用于调整上锚板水平度的调平螺母，同时不影响锚栓预应力的施加；下锚板底面设有密封固定的螺母盒以隔绝混凝土。一旦发现锚栓这些圆钢组件中有断的，便可无损且快速地取出并更换新的，先前断裂锚栓更换难的问题瞬间解决。

2009年，第一台梁板式预应力锚栓基础成功应用于内蒙古京能乌兰伊力更风电场，市场反馈良好。2016年初，可更换预应力锚栓正式推广使用。截至2023年底，预应力锚栓基础装机量超过两万台。“风力发电机组梁板式预应力锚栓基础开发及应用”项目获得2013年度电力建设科学技术成果一等奖；“内蒙古京能翁根山风电场一期49.5兆瓦工程”获2012—2013年度国家优质工程奖和2013年度中国电力优质工程奖，马人乐获评2012—2013年度国家优质工程奖突出贡献者荣誉称号。“可更换预应力锚栓基础+反向平衡法兰技术在风电场中的应用”获2017年度中国电力创新奖三等奖。

众所周知，随着我国风电产业的快速发展，优势风资源地区逐渐减少，风机大型化趋势、土地资源利用政策的限制等新态势不断出现，风电塔结构体系顺应环境的变化也在转型。

针对传统单管式钢塔结构刚度小、易

与风电机组发生共振等问题，团队提出了一种结构刚度大、材料用量少、占地面积小的构架式预应力抗疲劳钢管风电塔。该塔的上部沿用单管式钢塔筒，下部采用钢管构架式塔架，下部塔架与上部塔筒之间采用过渡段连接，塔架下部采用柱下独立基础加连梁的基础形式。风塔上部弯矩相对较小，单管式钢塔仍然具有较高的结构效率，且可以避免纯构架式塔架可能导致的叶片扫塔问题；风塔下部结构尺寸不受叶片限制。结构效率更高的构架式塔架可以提供足够的结构强度和刚度，满足风塔的架设高度需求，实现低风速区大型风塔的高度跨越。此外，构架式塔架柱下独立基础的实际外露面积小，有利于塔下土地的复耕。因此，2022年2月，自然资源部《节地技术与节地模式推荐目录》收录了“预应力构架式钢管风电塔节地技术”。

图1　160米高的鄄城风电塔。图片来源：受访者供图

2020年9月，全球首座160米高构架式预应力抗疲劳钢管风电塔在山东鄄城并网发电，该塔比同高度其他类型塔架综合成本降低了10%~20%，节约土地面积约85%，实现了低风速区高塔的高度突破。各地闻风而动。2021年，青岛融汇通铺集风电场、融创洋河风电场和华益里岔风电场等4个风电场的19座风塔采用构架式预应力抗疲劳钢管风电塔结构，塔高最高达170米。

“这种钢结构风电塔在发绿电的同时，还大幅度减少了土地的占用，结构的安全性、稳定性、经济性和可靠性也显著提升了，中国式现代化十分需要这种零碳技术。”业内专家评价说。

（资料收集：李征）

1　混沌现象：是指发生在确定性系统中的貌似随机的不规则运动，一个确定性理论描述的系统，其行为却表现为不确定性——不可重复、不可预测。

2　参见《上海力学》1999年12月号。

3　参见《建筑结构学报》2001年2月号。

4　阻尼比：阻尼就是使自由振动衰减的各种摩擦和其他阻碍作用。阻尼比在土木、机械、航天等领域是结构动力学的一个重要概念，指阻尼系数与临界阻尼系数之比，表达结构体标准化的阻尼大小。

让『关键』更稳健

“钢与轻型结构研究团队”速写

“国家体育场（鸟巢）的钢结构体系的外形犹如由钢制‘树枝’绑扎而成，从目前的情况来看，当年的试验和计算结果还是比较深入的，保证了其屹立如初。”土木工程学院陈以一教授说。2012年以来，他作为主要参与者的两个项目获得了国家科技进步奖二等奖。

一、国家体育场（鸟巢）

国家体育场（鸟巢）是2008年北京奥运会的主会场，可容纳观众9.1万人，它也是目前世界上特大跨度体育建筑之一。中国建筑设计研究院牵头的项目团队历时5年，完成了28个专题的系统研究，在特大跨度复杂钢结构、现浇异形混凝土框架结构、ETFE和PTFE[1]膜结构等成套建造技术方面，取得了重大的创新成果。

“我们承担的是‘鸟巢’钢结构节点的研究工作。”陈以一介绍。国家体育场建筑顶面呈鞍形，长轴为332.3米，短轴为296.4米，最高点高度为68.5米，最低点高度为40.1米，固定座席可容纳8万人，活动座席可容纳1.1万人，总建筑面积约为25.8万平方米。建筑的设计使用年限为100年，抗震设防烈度为8度，抗震设防分类为乙类。由于国家体育场大跨度钢结构大量采用由钢板焊接而成的箱形构件，交叉布置的主结构与屋面及次结构一起形成了“鸟巢”的特殊建筑造型。

陈以一介绍，国家体育场大跨度屋盖支撑在24根桁架柱上，柱距为37.958米。大跨度屋盖中间开洞长度为185.3米、宽度为127.5米。体育场屋盖结构的几何构型非常复杂，建筑造型与结构体系高度一致，屋盖结构跨度很大，构件主要采用由钢板焊接而成的箱形构件。主桁架的弦杆在轴线方向分段折线变化，且随着屋盖表面不断扭转，腹杆侧壁与弦杆内表面不再保持垂直关系。因需满足建筑造型要求，构件的外形尺寸受到较大限制。为了有效地减小用钢量，在设计箱形截面构件时应尽量采用较小的壁厚。由于大截面薄壁箱形构件截面的宽厚比较大，在受压时容易发生局部失稳，导致表面凹凸变形，导致承载能力降低。为此，陈以一带领的同济团队，对“鸟巢”的KX节点[2]性能、大尺寸焊接薄壁箱形截面桁架单K节点的几何构型方法、主桁架梁与桁架柱的连接节点等展开研究，先后形成了多份试验研究报告和据此写成的近十篇论文。

据《国家体育场桁架柱内柱多腹杆焊接节点性能研究》一文介绍，团队根据1∶5的缩尺模型进行有限元分析，针对该节点为主桁架梁与桁架柱的连接节点，由一根菱形内柱与11根箱形截面腹杆形成的复杂空间管节点，并且节点内布置了许多加劲肋的情况，通过试验和计算，描述了整个加载过程中节点行为和最后的破坏模式。从节点受力性质、构造、几何尺寸等角度，讨论了节点的破坏机理。研究表明，节点的薄弱环节出现在受压腹杆，发生局部屈曲。弦杆内设置加劲肋是防止弦杆板件塑性破坏和局部屈曲的有效构造措施。该篇文章提出了实际结构中该节点设计和制作时应采取的措施。

团队还针对“鸟巢”钢结构内柱有加劲板的焊接KK型管节点性能进行了模型试验和有限元分析，研究了荷载–位移曲线、节点区域应力状况、破坏模式和承载力，分析了破坏机理。团队指出，内部设置加劲板的节点具有高于杆件的承载力，但施工时必须保证优质的拼接焊缝质量，以免给杆件的局部稳定性带来不利影响。

“因为‘鸟巢’这样的异形结构，既没有先例，更没有规范，需要对不同的节点形式进行试验与计算。”陈以一说，“通过一一仔细‘体检’，我们也形成了系列的研究成果，并提出了针对性的改进意见。”

项目设计者、研究者等形成的所有成果经专家鉴定有8项达到国际领先水平、17项达到国际先进水平，获国家发明专利10项、实用新型专利18项，软件著作权6项，国家级工法4项，出版专著5部，在国内外核心期刊发表学术论文106篇。主要研究成果已被《建筑荷载设计规范》(GB 50009)、《钢结构设计规范》(GB 50017)、《钢结构工程施工质量验收规范》(GB 50205)、《钢结构焊接规范》(GB 50661)、《建筑结构用钢板》(GB/T 19879)、《建筑与小区雨水利用工程技术规范》(GB 50400）等国家标准采纳。

二、同济技术验证鸟巢“骨骼”很硬朗

“鸟巢”主体由一系列辐射式钢架围

绕碗状坐席区旋转而成，外面的“罩子”自重达4.5万吨，“鸟巢”会不会被自身压垮？如此巨大的无支撑钢结构能否健康而持久地站立？这是大家非常关心的问题，必须要有科学的解释。

自中标方案公布之日起，各种怀疑的声音就没有停止过，焦点之一就是钢梁承重问题。2005年初，中国建筑设计研究院将正在设计的国家体育场“钢结构节点系列试验研究”项目交给同济大学建筑工程系陈以一、童乐为、赵宪忠课题组。

“对钢结构体系而言，节点的安全性至关重要。”赵宪忠介绍。同济大学的试验主要集中在检验预期的内力传递路径；通过破坏试验发现主要破坏形式并检查设计中是否考虑了必要和充分的对策。

试验中，根据国家体育场的特点采取了直接加载、间接加载和组合加载三种加载形式。据了解，直接加载采用的是千斤顶直接施加荷载，或按静定要求设置约束；间接加载是将试验部位组合进一个便于控制加载的试验结构系统，通过对该系统的加载实现对其子结构——试验部位的加载。国家体育场结构复杂，节点周围杆件一般同时受到6个内力分量的作用。面对这样的结构，课题组确立了“施荷以杆件轴力为主、应力效应考虑弯矩作用”的试验方针，使试验节点的荷载状态最大程度接近中国建筑设计研究院提出的最不利的工况。

经过研究者们半年多的节点荷载试验和分析，课题组得出结论：主桁梁节点过渡性表现出良好的延伸性能，设计方案给定的承载力可行；主桁梁空间双弦杆节点整体极限承载力达到设计荷载的3倍；外柱节点极限承载力达到设计荷载的2.8倍；桁架内柱空间节点极限承载力达到设计荷载的2倍。

“试验表明，国家体育场的节点能够承载钢架的重量。”赵宪忠说。2006年9月17日，支撑国家体育场“鸟巢”的支架全部拆卸完毕，可容纳9.1万人的巨大“鸟巢”完全凭借自己的力量“站”了起来。

三、钢-混凝土组合结构与混合结构体系关键技术及其工程应用

“钢-混凝土组合结构与混合结构体系关键技术及其工程应用”获得2015年度国家科学技术进步奖二等奖，陈以一为第二完成人。

钢-混凝土组合结构与混合结构体系因具有刚度大、承载力高、抗震性能好及显著的技术经济综合优势，被广泛地应用于大型公共建筑及特殊、重载、复杂工业结构，如上海中心大厦、央视新大楼等。

20世纪90年代，陈以一等在沈祖炎先生的带领下，从矩形钢管混凝土入手，进入组合结构研究领域，历时近20年，通过大量试验、理论分析和工程实践，对钢-混凝土组合结构与混合结构体系关键技术及其应用开展了先导性、系统性的研究。获奖项目在型钢混凝土组合结构计算理论与设计方法、新型型钢混凝土组合结构体系、钢-混凝土混合承重空冷结构体系、型钢混凝土框排架混合结构体系等方面取得了一系列的创新成果。

“钢-混凝土组合结构在压（拉）、弯、剪、扭的复杂状态下表现如何？”陈以一介绍，“其复合作用下的受力行为和灾变响应规律，需要我们一一揭示。”西安建筑科技大学白国良教授团队与同济团队分工合作，分别开展了型钢混凝土界面共同工作机理和疲劳性能研究，建立了系统的计算理论与设计方法；提出了高含钢率结构承载力计算方法和性能协同要求；提出了超高层建筑与重大工业结构中钢-混凝土混合结构的关键构件和复杂受力节点的连接技术与计算方法；建立了型钢混凝土异形柱结构、型钢再生混凝土结构的抗震设计方法；研发了型钢混凝土框架-钢筋混凝土分散剪力墙混合结构体系，建立了该混合体系的结构分析和抗震设计方法。

相关成果的主要技术创新点体现在以下方面：第一，开展了钢-混凝土组合结构构件设计与分析关键技术研究，丰富并发展了钢-混凝土组合结构及混合结构体系的设计计算理论；第二，开展钢-混凝土组合结构与混合结构关键构件、复杂节点连接技术研究，提出新型钢-混凝土组合结构体系；第三，研究型钢混凝土框架-钢筋混凝土分散剪力墙混合结构体系与设计方法，解决了高烈度区大型、复杂混凝土框排架工业结构体系应用的难题。

课题组介绍，项目成果受到了周福霖、沈祖炎、周绪红等院士的高度评价。周福霖说：“团队研发的型钢混凝土组合结构及混合结构体系的相关技术内容，广泛应用于超高层及大型复杂工业建筑，极大地促进了型钢混凝土结构在我国的发展。”沈祖炎院士评价：“科研团队关于实现直接空冷钢-混凝土混合结构体系的自主化设计和国产化应用的研究，填补了我国关于该项研究内容的空白，取得了多项创新性成果，具有重要的科学意义和应用价值。”周绪红表示：“团队在钢-混凝土组合结构与混合结构体系基本理论及结构形式的研究方面取得显著成果，广泛应用于大型、复杂、重载工业建筑，使钢-混凝土组合结构与混合结构技术的研究及应用取得了长足的进步，空冷结构体系和框排架结构体系相关的研究成果达到国际领先水平。”

采访获悉，这项成果在陕西法门寺合十舍利塔、北京央视新主楼、上海环球金融中心、京沪高铁上海虹桥站、西安咸阳国际机场2号航站楼等数十项重大工程中得到应用，解决了大量关键技术难题，累计新增产值、新增利润等均以亿元计，社会效益和经济效益十分显著。

研究成果已被纳入《型钢混凝土组合结构技术规程》等三部行业标准，被建筑设计院广泛应用，为在全国范围内推广和促进型钢混凝土结构在高烈度地震区大型公共建筑和复杂工业结构中应用，提供了重要的科学技术支持；钢-混凝土空冷混合结构体系、钢-混凝土框排架混合结构体系研究成果，实现了该结构体系在高烈度地震区的应用，填补了我国行业规程的空白；以项目为依托，先后培养硕士、博士研究生和博士后研究人员数十名。

（资料收集：方成）

1 ETFE：是乙烯-四氟乙烯共聚物的简称，它是一种具有高抗冲击、高电性能、高热稳定性和高耐化学腐蚀性的氟聚合物，具有轻质透明、韧性强、耐候性强、节能环保等特点。
PTFE：是聚四氟乙烯的简称，它是一种具有高耐温、低摩擦、高耐磨、高化学稳定性的不粘涂料，具有耐久、防污、防火和透光性能强等特点。

2 KX节点：指相交外形如K、X样貌的钢构件。

钢构建筑金刚不坏

走近钢结构及防灾团队

“最危险的三级预警发出时，系统预报倒塌剩余时间为10分钟，而真实的倒塌剩余时间约为12分钟，验证了该系统的理论和技术可行性。”这是2024年2月7日在哔哩哔哩网站发布的一个短视频，名为“中国钢结构协会防火与防腐分会理事长李国强教授团队最新研究进展”，说明以李国强为第一完成人的“大跨度钢结构防火防腐关键技术与工程应用”研究又有了新的收获。

20世纪90年代以来，李国强团队聚焦钢结构及其防灾领域，先后获得3个国家科学技术奖奖项。“李教授深耕钢结构建筑分析与设计理论，在抗震、抗火等领域造诣深厚。”业内专家评价李国强团队时说。

一、“大跨度钢结构防火防腐关键技术与工程应用”获2014年度国家科技进步奖二等奖

20世纪80年代，李国强跟随沈祖炎院士攻读博士学位，受沈先生指点开始了钢结构的抗震抗火等研究，深耕不辍，一干就是数十年。

2015年初，李国强牵头完成的“大跨度钢结构防火防腐关键技术与工程应用”项目荣获2014年度国家科技进步奖二等奖。

钢材的特点是强度高、自重轻、整体刚性好、变形能力强，特别适合建造大跨度和超高、超重型的建筑物。截至2023年，我国钢产量已经连续28年居世界第一，钢结构在建筑工程中的应用越来越广泛。“高温下钢材的强度和刚度急剧退化，极易遭到火灾破坏。摸清其实际情形并采取相应措施，是我们要做的。”李国强介绍。20世纪80年代，李国强在沈祖炎先生的安排与引导下，开始了钢结构建筑防火研究，经过多年的摸索，逐渐创建了我国钢结构抗火安全评估理论与防火性能化设计方法，在国内外率先解决了钢结构防火涂料性能定量评定的问题，与团队成员蒋首超、楼国彪于2000年主持编制了我国首部钢结构防火技术标准，弥补了传统钢结构设计方法不考虑实际火灾升温、结构受力水平、构件截面特性的重大不足，解决了在安全、经济方面存在的问题，研

究成果受到国内外结构防火领域专家的高度认可，团队主编的国家标准《建筑钢结构防火技术规范》（GB 51249—2017）于2017年7月颁布并在全国施行。

“钢结构都有耐火极限。”李国强说，“作为防火分隔的防火墙靠结构支承，如果火灾中支承结构破坏，那么防火墙也起不了防火分隔作用；还有避难层下的结构如果达不到耐火时间要求而破坏，造成的人员伤亡将更为严重；此外，建筑结构构件（如梁、楼板、楼梯等）在火灾中如果破坏，会影响人员的疏散和消防人员进入建筑内灭火。因此，各国建筑防火设计规范都有建筑结构构件耐火时间（或耐火极限）的规定。一般而言，超过600℃时，钢结构就会变软，承载性能就会变差。”

李国强团队经过长期持续的研究，基于结构高温承载力极限状态思想，建立了钢结构抗火安全评估与防火设计理论与方法，出版了4部中英文专著，解决了传统设计方法在安全、经济方面存在的问题。

据了解，研究形成的理论、方法与技术标准已经用于包括北京奥运会和上海世博会等大型场馆、会展中心、机场航站楼、高铁车站、大跨桥梁等近千项国内外大型钢结构工程之中，取得了显著的社会效益和经济效益。由于李国强在工程结构火灾安全的研究与应用普及方面的贡献，2022年他被国际消防工程师学会（SFPE）授予John L. Bryan奖[1]（年度唯一获奖人）。

二、“消能-承载双功能金属构件及其高性能减震结构”获2017年度国家技术发明奖二等奖

凭借具有“消能＋承载”双功能的关键构件及其高性能减震结构项目成果，李国强教授和团队成员孙飞飞教授获得2017年度国家技术发明奖二等奖。“深耕25年，李国强教授团队坚韧不拔攻关，使我国成为金属消能减震结构应用最多、技术领先的国家。”业内专家评价道。

强震之下，钢结构怎样才能屹立不倒、完好无损？传统抗震技术主要靠增大结构构件“硬抗”，这样做既不安全也不经济。20世纪80年代，国际上开始探索高性能减震结构技术，其中包括采用消能阻尼器实现结构减震，但消能阻尼器功能单一，维护费用昂贵，于是平时承载、震时消能的双功能免维护构件迫切被需要；此外，由于地震发生的随机性，迫切需要一种承载能力大、消能能力强、成本低的高性能减震结构。

20世纪90年代，李国强团队开始了结构抗震新技术探索。他带领团队对建筑钢结构抗震技术开展了一系列技术攻关，解决了多高层建筑钢结构非线性分析与设计、钢结构抗震理论中的一些关键问题，研发出高性能金属减震结构体系的成套技术。通过满足钢构件承载和金属阻尼

器消能的双重要求，发明了消能－承载双功能系列钢构件，包括基于多种线约束和单侧面约束机制的屈曲约束钢支撑、基于点－线－面结合的螺栓－骨架－面板夹层约束机制的屈曲约束钢板墙等，同时根据分散承载、协同消能的工作机制，发明了消能－承载双功能金属构件与典型结构的连接节点，从而构建了损伤可控、刚度可调、消能可设定的高性能框－撑、框－墙、框－筒减震结构。

团队还研发了消能－承载金属构件预张拉安装及巨型双功能构件分段制造和现场空间拼装技术，可有效释放安装阶段的附加应力，突破了消能构件与主体结构不能同步安装的瓶颈，大大提高了施工效率，为该技术在我国建筑中推广应用提供了重要的抗震新理论与新技术支撑。

据悉，25年间，李国强带领团队围绕钢结构高性能减震理论与技术开展系统研究，获45项知识产权，其中包括国际专利3项和中国发明专利26项；出版专著7部，发表论文275篇，其中被SCI、EI收录170篇。主要技术被国家标准《建筑抗震设计规范》等8部技术规范采纳。项目成果在上海世博中心、中国博览会综合体、天津高银金融117大厦、上海虹桥T1航站楼加固等千余项工程中得到应用，取得重大的社会效益和经济效益。

三、“热轧H型钢产品开发与应用技术研究”获2006年度国家科技进步奖二等奖

H型钢因其具有良好的抗弯性能、结构刚性和耐腐蚀性，被广泛应用于建筑、机械制造、桥梁、船舶等领域。在建筑领域，H型钢可以应用于房屋、公共建筑和工业厂房等。

李国强（排名第九）会同马鞍山钢铁股份有限公司共同完成的“热轧H型钢产品开发与应用技术研究”获得2006年度国家科技进步奖二等奖。该项目对H型钢从冶炼、连铸、轧钢到H型钢应用的系统工艺装备技术进行了集成创新，形成了高效、优质、低成本热轧H型钢轧制生产系统技术；开发出了海洋石油平台用H型钢、高强耐火抗震H型钢、铁路车辆用H型钢等多个产品；制定了我国H型钢产品国家标准，编制了国内第一部H型钢设计应用手册，首次在钢结构设计规范、钢结构住宅设计规范中列入H型钢的应用部分内容。

“我们团队为该项目所做的工作，主要是针对各种用途的H型钢的力学性能提供分析与计算方法。”李国强说，“以这些工作为基础，我们获得了2006年度教育部自然科学奖一等奖”（李国强排名第一）。

为进一步发挥H型钢的优越性，提高

H型腹板的承载性能，减少用钢量，李国强带领团队继续开展了波纹腹板H型钢梁结构及其应用研究，建立了完整的波纹腹板钢结构设计理论，解决了这种新型钢结构腹板与翼缘局部稳定、梁整体稳定、局部承压、抗疲劳、组合梁等一系计算与设计理论问题，编制了国内外第一部专门设计规范《波纹腹板钢结构技术规程》(CECS 291：2011)，填补了我国腹板钢结构产品和设计技术标准的空白。项目技术应用于烟台蓬莱国际机场（世界最大波纹腹板钢结构建筑）、靖江体育中心（我国首个波纹腹板钢结构体育建筑）、南非博茨瓦纳达亨工业园等100余项重要工程，并在国际上率先推广用于桥式吊车，与采用传统平腹板钢结构相比，用钢量降低约20%，取得显著的社会和经济效益。“钢结构腹板波折轻量化关键技术与工程应用”项目成果获2014年山东省科技进步奖一等奖（李国强排名第一）。

（资料收集：王彦博）

1 John L. Bryan奖：2007年起，为了纪念著名消防工程专家John L. Bryan教授数十年在消防工程的教育与人才培养上的不懈努力和杰出贡献，以他的名字设立了John L. Bryan奖，以表彰长期从事消防工程研究、无私传授消防工程专业知识，为提升消防工程领域教育水平、促进消防工程师职业发展、扩展从业人员知识作出杰出贡献的人士，该奖项每年授予一人。

为了再生混凝土

再生混凝土团队创新成果追踪

“再生混凝土有诸多优势，是中国式现代化背景下的理想生态低碳建筑材料。”同济大学土木工程学院再生混凝土结构与建造研究室学术带头人肖建庄教授说，“‘吃进’的是废混凝土和砖瓦等建筑固体废物，‘吐出’的却是再生建材。”肖建庄教授牵头完成的“建筑固体废物资源化共性关键技术及产业化应用”项目荣获2018年度国家科技进步奖二等奖。

“以获奖为契机，不断深入研究理论、推广应用关键技术，我们日夜兼程，马不停蹄。”肖建庄表示。

一、我国面临的建筑固废资源化形势严峻

众所周知，随着我国基建规模的不断扩大，由此产生的城镇建筑垃圾也在迅速增加。2022年，我国的建筑垃圾年产生量已超34亿吨，其中建筑拆除垃圾的占比约为49.61%，建筑施工垃圾的占比约为30.33%，建筑装修垃圾的占比约为20.06%[1]。我国的建筑固废具有量大、面广、成分复杂等特点。把这些放错地方的“财富”捡回来，并进行高效的资源化处置，已成为国家高质量发展的迫切需求。

如今，建筑垃圾已成为我国城市单一品种排放数量最大、最集中的固体废弃物，此类垃圾随处堆放不仅会污染水体、土壤和空气，还会破坏良田[2]。建筑垃圾随意堆放占用的土地，按堆高5米计算，每5 000吨建筑垃圾就占地1亩（约667平方米）。同时，建筑垃圾在产生和清运过程中产生的粉尘和灰沙是空气中可吸入颗粒物（$PM_{2.5}$和PM_{10}）的重要来源之一。根据相关调研统计，未经资源化处理的建筑垃圾中可能含有20多种有害物质，堆放或填埋会破坏植被、改变土壤结构和性质、影响土壤中微生物活动、阻断土壤生物链，进而污染水体、土壤和大气，并且很难消解。我国每年因此被破坏的良田约为10.5万亩（约70平方千米）。

与此同时，增长迅速的建筑市场使得天然砂石变得越来越稀缺。以上海为例，

2017年开始至今，天然砂的价格一路上涨，由50~60元/吨上涨至160~180元/吨；2022年均价在183元/吨；2023年虽略有下降，均价也仍在160元/吨左右。

二、走上了建筑固废资源化道路

1985年，肖建庄以优异成绩考入同济大学。博士毕业后，他留校从事结构工程专业的教学、科研工作，研究方向主要有：混凝土结构火安全与可恢复性、再生混凝土材料、结构与建造等。

“建筑垃圾是放错地方的资源。”这是业界广为流传的一句话。在肖建庄眼里，全球建材资源的日渐紧缺，建筑垃圾的运输和处置还将消耗大量的人力、物力和财力。从国际上来看，第二次世界大战以后，随着经济的不断发展，高速公路翻修等产生了大量的废弃混凝土，处理这些废弃混凝土的代价和资源紧缺推动了再生混凝土产业的形成。中国的情况更为突出，大规模建设需要消耗大量的建材，这便导致了优质天然砂石等资源越来越紧缺。这些客观因素推动着再生混凝土产业的发展。

正是基于上述情况，肖建庄和他的研究小组把工作重心逐渐聚集到再生混凝土。经过多年努力，他们对再生混凝土的结构和材料的研究处于国际领先水平。

理论研究与实践操作齐头并进向来是同济大学土木工程学院的传统。肖建庄的工作模式也一样，在从事理论研究的同时，他和他的研究小组还全力以赴推动这一产业的发展。在他们的直接推动下，同济大学校内就铺设了一段“再生路”，其材料全为再生混凝土。这段“再生路”怎么看都其貌不扬，淡灰色的路面，20米长、6米宽。2004年11月7日，肖建庄为《文汇报》记者揭开了它的“身世”，它是由原江湾机场跑道的废弃混凝土“再生”而建成的。

最初，肖建庄的“废弃混凝土再生及高效利用关键技术研究”在2002年得到了上海市科委立项支持。经过两年多的科技攻关，再生混凝土的综合指标已可与普通混凝土媲美，保温、隔热和隔声等性能则更胜一筹，攻克了再生混凝土推广的第一个难关。

接着到了2003年7月，运用这一成果的“再生路”在同济大学诞生。为考验新材料的“耐力”，学校决定把它安排在车流量最大处——赤峰路200号校门：进出校园的重型卡车都从这儿经过，“再生路”每天都要经受数百次大大小小车辆的碾压，日积月累依然平整如初。

科研的脚步继续铿锵。再生混凝土做成柱、砖、梁，能否胜任重楼高阁的重任？这与再生混凝土结构的性能密切相关。此项研究在国外也鲜有学者涉足。肖建庄团队开始第一个“吃螃蟹”，主编了国内第一本《再生混凝土应用技术规程》。

三、要走的路很长，坚持走就对了

肖建庄算了一笔账：采用再生混凝土技术，上海每年可节约建筑垃圾处置费1亿元以上，综合节能潜力可达74.78万吨标准煤/年，相当于减少排放二氧化碳199万吨、二氧化硫0.46万吨、烟尘0.19万吨……按照他的设想，上海的市政工地今后将不必大量运进沙子、石子，只需将开挖马路产生的废渣就地加工成再生混凝土，就可重新铺上路面。

在肖建庄看来，再生混凝土的综合效益远远超过传统混凝土：按规定10万立方米废弃混凝土的处置费为1 485万元，如果将其加工成再生混凝土，只需800万元左右。即使不计算再生混凝土的环境效益，单就回收建筑垃圾而言，也能节省约一半的处置费用。只需将节省的费用部分补贴再生混凝土生产厂商，就能使其价格降到传统混凝土之下，轻松破除价格瓶颈。但谁来“削峰填谷”推动这一转变？肖建庄希望有关部门能为再生建材的推广建立相应规范，引导环保技术尽快进入产业，实现可持续发展。

再生混凝土作为一种新型材料，其推广的第二个难关是相关技术标准未建立和统一。没有相关技术标准，就无法确保在大量生产应用中的质量稳定，再生混凝土就很难被大多数建筑承包商所接受。而在当时，国内这些领域的标准几乎是空白。

变废为宝需要科技、政策的支撑。肖建庄团队深知，要让再生混凝土和一般混凝土一样得到广泛应用，必须闯过技术、质量和体制制度难关。

肖建庄团队于21世纪初开始的攻关一直未曾停步。他们瞄准“再生混凝土”共性基础问题，在国家杰出青年科学基金等项目的资助下，不断收获成功的喜悦。

建筑拆除后所产生的大量建筑固废，包括混凝土、钢筋、砖瓦、轻物质、渣土等，应当如何处置？国内传统工艺和国际先进技术大多采用“先破后筛”，肖建庄研究团队基于对我国建筑固废现状的深入分析，在专家学者的指导下，提出了“先筛、再分、后破”的新工艺，解决了我国成分复杂的建筑固废的资源化处置难题。“先筛”可以筛除建筑固废中的渣土和灰分；“再分”则是对不同成分的建筑固废进行分离、分拣，比如钢筋的分离、砖瓦以及轻物质与废混凝土的分离；“后破”能将废混凝土、废砖石破碎为粗细骨料、再生粉料等适合国情且产业化应用的环境友好型再生原料，在此基础上生产出具有一定强度等级的再生混凝土、再生砂浆等，用于制作墙板、地砖等多路径再生产品，建筑固废就从当初的垃圾化身为再次利用的建材，获得了第二次生命。

再生原料、再生建材如何生产和制备？再生建材长期性能和时变规律怎样控制？如何保障再生混凝土结构的安全可靠？肖建庄团队经过多年研究攻关，提出了针对建筑固废的一整套再生资源化处理的共性理论和关键技术，奠定了再生建材安全应用的科学基础。

中国建筑材料联合会在推荐“建筑固体废物资源化共性关键技术及产业化应用”备选国家科技进步奖的“提名单位意见”中说道：

该项目立足国内建筑固体废物（简称建筑固废，也称建筑垃圾）资源化处置的重大社会需求，以“建筑固废加工成的再生骨料和再生粉体，制备再生建材，与传统建材‘无缝对接’，实现全组分利用和完整产业链”为目标，减少天然资源开采和降低生态破坏。从揭示再生和天然骨料差异机理入手，形成共性关键技术，经十余载产学研开发与工程实践，取得的技术创新有：发明再生骨料颗粒整形强化技术，开发再生粉体技术；研发适合我国建筑固废特点处置工艺及核心设备，保障建筑固废高效连续处置；建立再生混凝土配合比设计方法，发明性能调控和施工技术，实现再生混凝土安全应用；提出建筑固废全组分多路径利用模式，形成完整产业链，社会、经济和生态效益显著，对节能减排有重要推动作用，彰显其公益性，提名该项目为国家科技进步奖二等奖。

肖建庄解释说，为了实现全组分利用和完整产业链的目标，他们针对再生骨料性能差异机理、适合国内建筑固废的资源化工艺与核心设备、性能良好和应用安全的再生混凝土、多途径和建筑固废全组分利用方式展开深入研究，并取得了以下技术创新：

❶ 揭示建筑固废复杂组分对再生骨料品质的影响规律，厘清了再生骨料与天然骨料的差异及劣化机理，建立了分类与等级划分标准。

❷ 发明颗粒整形强化核心设备，设计建筑固废高效连续处置工艺，首次建成从建筑固废入场至各类建筑制成品出厂的资源化清洁生产工厂。

❸ 明晰再生混凝土应力应变关系特点，提出再生混凝土材料和构件设计方法，发明施工性能调控技术，揭示再生混凝土阻尼规律，实现再生混凝土安全应用。

❹ 揭示再生细骨料和再生粉体的增稠、保水机理，研发再生砂浆、无机混合料、透水砖等系列产品，建立全产业链信

息化平台，实现建筑固废资源化多路径利用。

四、研究继续向纵深推进

肖建庄说，中国的砂石和水泥用量都已占到世界的50%以上，每生产一吨水泥就要排放一吨左右的二氧化碳。我国是建筑大国，建筑业是支柱产业。建筑拆除时若不加区分、不做拆解，一股脑地把所有的建筑废弃物混在一起称其为垃圾。若将建筑废弃物转化好、利用好，就是绿色发展、高质量发展。

肖建庄还说，从理论建构的角度来看，团队的工作是对传统混凝土材料与结构理论的传承与发展。由于建筑废弃物再生骨料与天然砂石在物理结构、材料组分、力学性能等方面都有很大的差异，因而采用建筑固废资源化产品作为原料制备混凝土时需要修正和发展原有的混凝土基本理论。

通过多年探索实践，肖建庄教授团队提出了再生混凝土的基本思想：依据普通混凝土和再生混凝土的相同性和差异性，揭示两种混凝土的内在统一性。

肖建庄教授对这一思想的凝练和认识的成熟经历了两个阶段：第一阶段的研究挖掘了普通混凝土和再生混凝土的区别；第二阶段则是找出了二者的相同点，并在此基础上提出了普通混凝土和再生混凝土的统一理论。

在建筑固废资源化技术日渐成熟的基础上，肖建庄教授团队近年来又将研究重心瞄准了再生混凝土在结构工程中的应用，解决了诸如再生混凝土的材料高性能化、结构设计和施工等关键技术瓶颈。如团队在上海市科委创新行动计划项目支持下，与上海城建集团合作，完成了从材料、设计到施工的再生混凝土高层建筑(位于五角场地区)。连续多年的监测结果表明：该结构完全满足国家有关设计规范的要求。

再生混凝土的广泛应用，必须要有政策、制度的支持。早在21世纪初，肖建庄领衔，向有关部门提交了《废弃混凝土回收与再生混凝土应用技术标准研究》的申请报告，希望以此为突破口，让再生混凝土获得推广空间。之后，就有了团队联合主编的国内第一本再生混凝土结构设计行业规程《再生混凝土结构技术标准》(JGJ/T 443—2018)，团队还参与编写了《再生骨料混凝土技术要求》(DB31/T 1128—2019)。随后，团队又对2007年主编的全国第一本再生混凝土应用技术规程进行了修订，修订版为《再生骨料混凝土应用技术标准》(DG/TJ 08—2018—2020)，该标准已在上海颁布实施。

系列工作的“硬核”当然靠的是核心

技术。

肖建庄教授团队根据“模型化再生骨料混凝土”概念，分别制备了含有天然骨料、废混凝土骨料和废砖骨料的“模型再生骨料混凝土”，考虑到骨料形状（圆形和方形）以及放置方位影响，借助数字图像相关技术，归纳总结了不同类型再生骨料对混凝土裂缝开展以及损伤演化的影响规律和机理。基于此，明确了再生骨料分级分类细则以保障再生混凝土的性能，成果体现在上海市标准《再生骨料混凝土技术要求》(DB31/T 1128—2019）中。

❶ 再生混凝土力学性能和耐久性能。精确调控投料顺序、有效用水量和搅拌工艺，优化再生混凝土制备技术，制备的C30、C40和C50等结构再生混凝土，其强度标准差分别降低了42.6%、10.4%和23.8%，从而有效控制了结构再生混凝土的性能波动。同时，提出再生混凝土耐久性提升方法，不仅显著改善了界面过渡区微观结构，还减少了再生混凝土内部的有害介质传输通道，提高了再生混凝土的后期强度和耐久性能。肖建庄教授团队主编修订了上海市标准《再生骨料混凝土应用技术标准》(DG/TJ 08—2018—2020)。

❷ 再生混凝土结构抗震性能研究。肖建庄教授团队结合近年来对再生混凝土结构抗震性能的试验研究和现场监测结果，进行了非线性分析，提出了再生混凝土结构设计及非线性分析过程中的关键参数，包括力学参数、本构关系、阻尼比等输入参数，以及轴压比[3]限值和层间位移角[4]限值等控制指标，确定了再生混凝土结构的阻尼比按普通混凝土结构的1.1倍取值，其轴压比限值按普通混凝土结构减小0.05取值，为推广再生混凝土结构抗震设计技术提供了理论和实践依据，同时，联合主编了行业规程《再生混凝土结构技术标准》(JGJ/T 443—2018)。相关成果指导了上海地区某栋12层再生混凝土结构的全过程设计、施工以及长期监测，该项目的各项结构抗震性能参数均满足标准规定。

❸ 再生混凝土构件时变可靠度研究。肖建庄教授团队基于对再生混凝土性能离散性和随时间变化规律的研究，合理量化了结构再生混凝土构件性能的“变异性”和“时变性”。考虑到再生混凝土的强度发展、碳化速率和钢筋锈蚀率等时变因素影响，数值模拟了再生混凝土梁的时变抗弯承载力，提出基于时变可靠度的再生混凝土结构设计方法。预测了再生混凝土结构可靠度指标随服役时间的变化规律，保证了再生混凝土结构在服役期内具有与普通混凝土结构相同的可靠度指标，给出了建议的再生混凝土构件承载力计算公式，以用于指导结构用再生混凝土构件的设计和使用。

❹ 再生混凝土流变性能与施工技术研究。肖建庄教授团队针对新拌再生混凝土坍落度损失过快、流动性与稳定性难以调

控、流变性难以预测等难题，通过系列流变性试验，揭示了再生粗（细）骨料含水率、取代率、级配、再生微粉来源、需水量比、活性指数等品质特征参数，相对于天然骨料和粉煤灰影响新拌混凝土流变性能的差异。通过专用泵送剂，显著减少再生骨料对自由水[5]的吸附作用，提高了泵送效率，使再生混凝土可应用于高层泵送施工。肖建庄教授团队参与编制了《再生骨料泵送混凝土应用技术规程》(DBJ 61/T 155—2019)。

❺ 再生混凝土结构健康监测。肖建庄教授团队通过在再生混凝土高层结构中布置健康监测系统，基于非线性阻尼行为和大数据技术的损伤识别方法，对示范工程进行健康监测。他们发现，相比普通混凝土结构，再生混凝土结构的整体刚度降低约8.59%，而阻尼比增大21.65%（整体性能显著优化）；再生混凝土结构的动力模态参数受环境温度、结构响应幅值等因素的影响；再生混凝土结构在远场地震[6]作用后仍保持完好状态。同时，通过对再生混凝土高层结构的监测，验证了结构设计参数选取的有效性，并证实了在实际荷载和工况条件下，将再生混凝土安全应用于高层建筑结构的可行性和可靠性。

随着科研和实践成果的不断涌现，肖建庄教授当选为国际再生混凝土结构行为与创新技术委员会主席，主持了中日、中巴、中英、中韩等国际合作项目。其中，中日国际合作项目主要是结合建筑固废再生骨料的特点，与国内高校、研究院、企业以及日本的相关高校一起合作将建筑固废资源化应用于海绵城市建设中；中巴国际合作项目是贯彻“一带一路”倡议，将中国开发的再生混凝土结构设计方法推广应用至巴基斯坦的工程中。

接下来如何继续往前走，还有哪些瓶颈要攻克？肖建庄教授坦言，过去的成果只是新的工作起点，他们团队继续探索再生混凝土技术，并已获得了2019年度山东省科技进步奖一等奖和2020年度中国建筑材料联合会基础研究类一等奖。尽管在建筑固废资源化领域上海已走在国内前列，一个标志是上海自2019年已经规定C25[7]及以下强度等级混凝土再生骨料取代率不得低于15%，交通基础设施工程使用再生骨料取代率不得低于30%。但在工程设计、监理、验收等环节仍存在一定程度的困难，其中最核心的还是需要得到投资方和业主的认可。

这就是为什么近年来肖建庄教授不断呼吁需要更多科普的原因，他想向业主和施工方讲清楚用再生料的好处究竟在哪里，让业内人士和用户放心。

肖建庄教授对比普通混凝土和再生混凝土这两种物料算了一笔账：

在上海，2023年天然石子的价格已达到每吨160元左右的高价位，采用再生石子则每吨可节约90元左右，采用再生细骨料的成本还会更低。当然，用了再生骨料，水泥的用量会略有增加，但综合考量下来，再生混凝土的总体成本还是小于普通混凝土的。

肖建庄教授说，经济账是一种算法，但更需要算的是建筑固废资源化利用的资源账、环境账和生态效益账。他说，我们平地起一栋建筑，一定会干扰这个地块上的动植物和微生物。但作为人类，具体到建筑设计者、施工者和使用者现在很少会考虑在这块地域上其他生物的感受。而我们的祖先实际上对此是有忌讳的。如今重提敬畏大自然，则应尽可能地减少对大自然的干扰。“可持续发展”一定是人类社会与自然的同步可持续，人类已经欠大自然太多了，一味地向大自然索取并不可持续。肖建庄教授从土木工程专业研究者的角度理解，所谓敬畏自然就是要把大自然的资源充分利用好，切忌随意用之、随意弃之，减少索取、避免污染。

“团队通过对再生混凝土结构从材料开采、建造施工、使用维护到拆除处置的全生命周期进行可持续性评价，证实了建筑固废资源化利用具有显著的环境效益及社会效益。”肖建庄教授说，“2020年底召开的中央经济工作会议把减碳降耗，做好碳达峰、碳中和作为重要任务之一。我们团队20多年的研究证明了，采用再生混凝土且经过合理设计的建筑是安全可靠的，经济上也不会增加支出。更重要的是，再生材料的意义主要体现在环境友好，不仅减少了对天然矿山的开采、填埋成本，以及建造过程中的碳排放，还大幅降低了运输能耗，这是我国实现高质量发展的一条重要路径。”

肖建庄教授介绍，20多年来，在国内外专家的支持和指导下，研究团队初步构建了再生粗骨料混凝土结构设计技术体系。2015年1月，肖建庄团队再生混凝土结构与建造研究室成立，开展再生混凝土、预制装配式混凝土结构、建筑固废资源化、海水海砂再生混凝土、再生混凝土抗火等研究。未来的研究方向将从单一的粗骨料再生原料取代发展为再生粗骨料、细骨料与粉体的共同取代，并探索3D打印技术等新型“再生混凝土油墨”和绿色建造模式，以拓宽再生原料的应用场景，进一步推动废弃混凝土资源化产品的工程应用，完善再生混凝土结构生命周期设计理论体系，促进建筑业可持续和高质量发展，为人与自然的和谐共生作出贡献。

（资料收集：段珍华）

1 参见智研咨询发布的《2023年中国建筑垃圾处理行业前景趋势预测报告》。

2 参见《形势严峻，建筑垃圾围城！一年产生15亿吨，利用量不足1亿吨》，新华社客户端2019年10月15日。

3 轴压比：指柱（墙）的轴压力设计值与柱（墙）的全截面面积和混凝土轴心抗压强度设计值乘积之比值。它反映了柱（墙）的受压情况。轴压比一般在0.6~0.95。

4 层间位移角：是指按弹性方法计算的风荷载或多遇地震标准值作用下的楼层层间最大水平位移与层高之比。

5 自由水：是指在生物体内或细胞内可以自由流动的水，是良好的溶剂和运输工具，可溶解许多物质和化合物，参与物质代谢，如输送新陈代谢所需营养物质和代谢的废物等。此处为借用。

6 远场地震：是指离震中较远的地振动。一次地震发生后，距离震中1 000千米以内的叫近震，而距离震中大于1 000千米的称为远场地震。

7 C25：指混凝土的强度等级，它代表着混凝土的抗压强度。其中，C代表混凝土的抗压强度等级，25代表着混凝土的设计抗压强度值，单位为兆帕。因此，C25混凝土的设计抗压强度为25兆帕。

『我看主意应该定了』

李国豪带领同济桥梁人奋斗纪实

20世纪八九十年代，随着中国改革开放的不断深入，交通基础设施的制约越来越显著，有着东方“魔都”之称的上海也一样。“宁要浦西一张床，不要浦东一间房”就是当时的真实写照。浦东百姓要看个病、生个孩子，都需要坐轮渡到浦西来，所以那一代人的名字里，“江生”“路生”很普遍。

一、南浦大桥，中国人可以自己建

20世纪80年代初，上海就决定修建连通浦东、浦西的大桥，这让上海市民兴奋不已，没桥的日子太不方便了！

1979年5月16日，上海市城市建设局根据市建委《关于黄浦江建桥问题进行调研并提出方案的通知》，邀请市规划建设管理局、上海市政工程设计院、上海港务局、上海航道局、同济大学等单位，就编制大桥方案的准备事项交换意见，会议决定1980年4月完成《黄浦江大桥初步方案报告》。1981年9月正式报送《黄浦江大桥可行性研究报告》。1982年，党中央和上海市委决定在黄浦江上建造大桥。

早在1958年，同济大学就以"黄浦江上造大桥"为课题进行毕业设计。唐山大地震揭开了同济大学桥梁人奋斗岁月的序幕，从桥梁抗震、抗风开始，同济大学师生在李国豪的带领下，一步一个脚印，奋力追赶世界桥梁先进水平。

1981年，上海市建委委托上海市政工程设计院对南浦大桥进行可行性研究，设计院凭借当时正在建设的重庆石门大桥积累的经验，建议采取400米的预应力混凝土斜拉桥方案。时任上海市科协主席的李国豪校长得知这一消息后，建议上海市科委委托同济大学做一个可行性研究，这项研究的负责人是项海帆。

一年后，两家单位的方案均在广州举

行的第三届全国桥梁会议上亮相。

同济大学的可行性报告递了上去，但几年都没有音讯。

1986年7月4日，上海市人民政府向国务院报送《关于建设黄浦江大桥工程项目建议书的请示》。同年8月4日，国务院批复“原则同意你市关于建设黄浦江大桥工程项目建议”，并要求“认真进行调查研究，广泛听取各方面意见，做好建设方案的技术经济论证。在此基础上，抓紧编制项目的可行性研究报告，报国务院审批”。

《上海市政工程志》“南浦大桥”载：1986年11月3日，上海市科学技术委员会与日本国际协力事业团（JICA）在上海签订《关于中华人民共和国上海市黄浦江大桥建设计划调查事前调查会议纪要》，委托日本国际协力事业团提供黄浦江大桥的可行性研究报告，由中方予以合作协助。

1986年底，项海帆受日本桥梁专家伊藤学的邀请，从美国转道前往日本东京大学访问，他从日本专家口里知道了南浦大桥将由日本人设计建造的消息！伊藤学介绍了日本正在进行的南浦大桥设计工作。原来，1986年倪天增副市长率团访问日本，接受了日本提出的免费设计、低息贷款帮助上海市建造南浦大桥的建议，并草签了协议。日方组织了由设计、科研、施工单位组成的联合体，正在热火朝天地忙着。

回国后，项海帆立即找到李国豪。

听闻此讯，时任上海市政协主席的李国豪如坐针毡，夜不能寐，“我想，抗战时期，日本军舰在黄浦江上耀武扬威，今天，我们不能再让日本人在黄浦江上设计、建造大桥。中国桥梁界完全有信心有能力在黄浦江上架桥”。[1]

于是，利用某一次各大班子领导聚到一起的机会，早有准备的李国豪走到江泽民市长面前，原原本本地讲述了中国人自己建造南浦大桥的理由和已经完成的工作，并建议他“抽空到同济去看看，同济正在进行大桥的抗风试验。”

1987年8月，江泽民市长如约来到同济大学，听取同济大学桥梁专家的汇报。项海帆的汇报简明扼要，从结合梁方案到抗风、抗震研究进展，简短而条理清晰。

“自己来做有没有把握？如果做了一半再请日本人来帮忙收场，就更被动了。”江泽民同志面色凝重。

大家意识到还没有说服江市长，市长心头的疑虑还未消除。

江泽民市长走后，李国豪指示项海帆代表桥梁工程系给江泽民同志写信：“中国桥梁工程界完全有能力自己设计和建造像黄浦江大桥这样规模和技术难度的大跨度桥梁。”“由外国人在国际桥梁会议的讲坛上演讲有关中国大桥的论文是难以想象的，中国工程界需要用实践来提高自己的水平。”

1988年初，上海市建委召开会议，南浦大桥建设的大幕拉开，由中国人自主建造、同济大学结合梁桥面的斜拉桥方案被定为实施方案。

1988年冬天，刚刚成立的南浦大桥指挥部转来江泽民市长批复的复印件："我看主意应该定了，就以中国人为主设计，集思广益，至多请个把美籍华人当当顾问。"

二、南浦大桥，志气桥

江泽民同志的这个批示，启动了中国桥梁建设科技的一个新时代，一个从学习到全面追赶的新时代。

南浦大桥浦东桥址地名南码头，东接浦东南路及杨高路、西接浦西南市区（后归入黄浦区）陆家浜路与中山南路，因此名为南浦大桥。大桥总长8 629米，由主桥和东、西引桥三部分组成。主桥为全漂浮钢-混凝土叠合梁斜拉桥，宽30.35米，两侧各设2米宽观光人行道，设计车速为每小时40千米，中孔跨径423米，主塔高154米，桥下通航净高46米，可通行5万吨级船舶。主桥长846米，设6条机动车道，日通行能力设计为4.5万~5万辆机动车。两岸引桥全长7 500米，其中浦西段引桥长3 754米，桥型采用复曲线呈螺旋形，上、下两环分岔衔接中山南路、内环线高架和陆家浜路；浦东段引桥长3 746米，采用复曲线长圆形与浦东南路相连接，引桥还直通内环线浦东段和杨高路，设计车速为每小时40千米。引桥根据车流量分别设置6条、4条和2条车道，上桥最大坡度为4%，下桥最大坡度为3.5%。

南浦大桥主桥为一跨过江的双塔双索面斜拉桥，主梁为钢-混凝土叠合梁结构。桥塔为折线H形钢筋混凝土结构，塔顶设置航空标志灯和避雷针。塔柱内设有照明、排水、供电、自然通风系统，并布置供检修人员上、下的爬梯平台及简易提升装置。全桥共有180根斜拉索，设计使用寿命不少于30年。

南浦大桥工程规模大，建设期短；主桥结构为同济大学设计的、当时世界上十分新颖的叠合梁斜拉桥。因为采用的是漂浮体系，即塔、墩固结，梁在塔处不设支座，而设竖直拉索，边墩上仅设纵向滑动支座，斜拉索在竖直面内布置成辐射形或扇形。

新颖的桥梁结构带来的可靠度、设计计算理论、制作工艺和施工方法等都是新的课题。大桥建设需要攻克的难题主要有：结构的可靠度研究和试验分析，内容包括主桥结构抗风稳定性、地震危险性分析、主桥结构荷载试验和动力特性测试；设计计算理论研究，内容包括桥面混凝土徐变、收缩及剪力带的综合分析研究，预应力曲线连续梁内力分析及合理配索研究；结构构造设计与试验；新材料、新产品及新设备研究和开发；钢结构加工工艺和生产技术准备研究。

同济大学承接了其中的多项“硬骨头”。学校非常重视南浦大桥的建设，组成以桥梁设计研究所为主，道路交通、建筑、电气等系专家和工程师为辅的南浦大桥设计组，同时组建了由桥梁、材料、地基、测量等系教师参与的工程监理组，尽遣精兵强将、全力以赴。李国豪教授担任专家组组长，同济大学承担了全桥建筑设计，东引桥主体设计，全桥电气照明设计，全桥科研总承包和西引桥三、五、六标段的施工监理任务，抗风、抗震、结构等方向的负责人更是勇挑重担。

1988年12月15日，在浦东工地，打桩机打下了南浦大桥的第一根钢管桩。8 000多名建设者夜以继日奋战在建设工地、车间工厂。

1991年6月20日，南浦大桥铺上了最后一块桥面板。其总投资8.2亿元，长8 364米，主跨423米，跨度名列当时世界同类型桥梁第三。南浦大桥全线贯通，汽车从浦西的中山南路开到浦东南路只需7分钟，浦江两岸一桥飞越。

祁谷《档案，凝结在南浦大桥》[2]一文中描述：“双塔双索面叠合梁斜拉结构，主跨423米，这样大跨径的斜拉桥和这种新型梁，在我国桥梁史上是第一座，在国际上也屈指可数。”“当设计南浦大桥的号令一下达，在短短两年时间里，118名设计师奋斗700多个日夜，绘出了2 500张图纸，向施工单位献上了最大胆、最先进、最新颖的技术和构思。这批珍贵的设计图纸，如今亦已形成了大桥工程1 000卷档案中珍贵的一部分，并在大桥建设的过程中发挥了极大的作用。”

图1　施工中的南浦大桥。图片来源：受访者供图

三、大桥挺起“中国脊梁”

改革开放后，中国广阔的桥梁建设市场敞开了大门，西方技术、资金跃跃欲试，准备饕餮一场，但中国桥梁姓“中”还是姓“西”，在李国豪等带领的中国桥梁人自立自强、砥柱中流之下，打开国门

之初便自信地挺起了“中国脊梁”。

当初江泽民市长的批示，开启了中国桥梁自主建设的新时代，启动了中国桥梁人从学习到全面追赶的新时代。南浦大桥建设工作由副市长倪天增主持，同济大学除了参与部分设计工作，还义不容辞地承担了科研项目总承包的任务。

双索面叠合梁斜拉桥，双索面就是大桥被两座桥塔上的斜拉索挽住，从黄浦江中流迎面看去，大桥就像两张优雅成对的竖琴，因此称为双索面；叠合梁就是分两次浇捣混凝土的梁，第一次在预制场做成预制梁，第二次在施工现场进行，当预制梁吊装安放完成后，再浇捣上部的混凝土，使其连成整体；斜拉桥又称斜张桥，是将主梁用许多拉索直接拉在桥塔上的一种桥梁，是由承压的塔、受拉的索和承弯的梁体组合起来的一种结构体系。

当南浦大桥决定采取叠合梁斜拉桥样式时，世界上可供参考的建成桥梁稀少，仅有加拿大的安娜西斯桥。最初，南浦大桥的桥式就是比照安娜西斯桥设计的，当时受命前去考察的人带回来的照片显示：1986年建成的安娜西斯桥已经出现了裂缝。紧接着，考察人员再次走上安娜西斯桥，细细观察发现，这些裂缝的形成，大多与施工有关，前一阶段叠合梁刚浇筑完成，后一阶段随即叠加上去，导致混凝土强度达不到设计要求，承受不住钢梁的重量，从而产生裂隙。裂隙分为横向水平裂缝、拉索与桥面连接处的45°裂缝等类型。

于是，南浦大桥的科研人员根据混凝土属脆性材料经得起压、受不了拉的特点，适当增加预应力，解决横向裂缝问题；制作三脚架，用一根钢柱加二根钢缆支撑，解决桥面板与梁叠合过程中产生的裂缝；移动锚头在钢梁上的位置，拉开桥面板与拉索锚头的距离，减少锚头周围产生的应力对混凝土桥面板的影响。

南浦大桥“顶梁柱”——两座桥塔约55层大楼的高度，是整座大桥的“命根子”，塔型设计至关重要，且鲜有成例，老专家的建议就成了定海神针。指挥部征集到22种桥塔的设计造型方案，最后送至

图2　同济大学科研人员在刚建成的南浦大桥上进行动载试验。图片来源：受访者供图

李国豪、陈植等专家的手里，经过反复验证计算、仿真模拟，最后确定为折线“H”形：基座至顶，下收上放成倒置的梯形，宽阔处放置大桥桥面；往上再收，约七分之四处，用横梁挽住两根立柱；横梁往上，就是修长的“凹”字了。大桥桥塔整体样貌就犹如一只造型优雅的大瓷瓶，淡定地拉着一根根缆索，向桥面撒开了一张大网。这种桥塔的优点是施工简便，可加快建桥速度，又不影响质量。

1991年12月1日，南浦大桥通车。新华社发布题为《我国最大斜拉索桥在上海建成》的报道，其中写道：“随着最后一盏桥灯的安装、最后一道桥面行车线的漆就，我国最大斜拉索桥——南浦大桥，在上海黄浦江上正式建成。邓小平同志题写的‘南浦大桥’手迹，镶嵌在巍巍桥塔之上。”南浦大桥通车，结束了上海市区居民只能依靠轮渡和隧道过江的历史。

南浦大桥主塔的垂直度，按照设计要求，垂直偏差不超过1/3 000，也就是说3 000米的高度，垂直偏差必须在1米以内。最后的建造结果是主塔的垂直偏差达到了1/12 500，精度比设计要求整整提高了4倍多。桥塔站得直，腰杆儿当然就硬，挽缆索提桥面的力气自然就均匀。

1991年2月，邓小平到南浦大桥工地考察。时隔一年，1992年2月，邓小平再次来到这里，冒着凛冽的寒风，站在桥上欣然留影。

日本桥梁界权威伊藤学参观南浦大桥时感慨地说：“我们本以为中国工程师不敢自主建设这一工程，但是你们不仅完成了，而且做得很好。你们会了，我们就很难竞争了，按照你们的造价我们做不下来。”南浦大桥的造价不足日本概算的一半。雄伟的大桥飘逸、优雅地挽起浦东、浦西，长久以来上海人乘车过江的夙愿一朝实现。南浦大桥咨询顾问邓文中博士在写给大桥指挥部的信中说道：“看到南浦大桥成功建造，我感到很兴奋，我觉得这充分说明中国人的潜力很大，可以参与和完成世界上任何的工程项目。南浦大桥在设计、选材和施工各方面都可说是成功的，可以媲美任何其他各国的桥梁工程。”

南浦大桥建设，李国豪的突出贡献有两点：拉开了中国人自主建设大跨度桥梁的序幕，从此外国桥梁建筑公司全面退出

图3 刚竣工的南浦大桥。图片来源：受访者供图

中国；拉开了一种先进的桥梁技术——叠合梁桥梁技术在中国广泛应用的序幕。这两点对于我国桥梁工程建设和科技进步具有里程碑式的重要意义。

2008年9月17日在河南郑州召开的第十届中国科协年会上，交通部总工程师凤懋润兴奋地说：“在‘五一’国际劳动节和‘七一’党的生日前夕，有两座世界一流的桥梁建成通车投入运营，一座是被国外同行称为建筑奇观的长36千米的杭州湾跨海大桥，这座大桥把上海和宁波联系在一起，缩短了陆路交通运输120千米。另一座是被国际上称为无与伦比工程的世界上首座跨径超过千米的斜拉大桥——苏通长江公路大桥。它把长江北岸的南通和长江南岸的苏州联系在一起，汽车运输只需5分钟便可飞渡长江。”[3]

在谈到中国桥梁公路的自主创新之路时，凤懋润说：“我们应该回忆到在中国公路和桥梁发展过程中的三件大事，有历史意义的大事。第一件就是在20世纪90年代初，当中国桥梁的跨度已经突破200米向400米迈进时，桥梁建设者和领导者面对着中国人有没有能力建设400米以上的特大跨径的桥梁工程。在质疑和挑战面前，老一代桥梁工作者李国豪，时任上海市政协主席，强烈呼吁由中国人自己设计，时任上海市市长的江泽民同志作出了由上海市桥梁界合作南浦大桥的决策，这才使得我们有了实践的机会，有了中国发展自己桥梁技术的机会。1991年上海南浦大桥，中国第一座跨径423米的大桥建设成功。两年多以后跨径超过600米的杨浦大桥建成，当时是世界第一跨径大桥。两座特大跨径斜拉桥的建成极大地鼓舞了中国的桥梁建设者，掀起了全国建设跨越大江大河大跨径桥梁的热潮。”

《上海市政工程志》称，南浦大桥是一座特大型城市桥梁，体现大跨度叠合梁斜拉桥设计、施工、制造、科研、组织管理等方面跻身国际先进行列的重大建设项目。南浦大桥的建成，使浦江两岸陆家浜路、中山南路、浦东南路、杨高路等主要干道联结贯通，缓解了“过江难”问题，对开发开放浦东具有重要作用。由渡口过江的货车，一般候渡2小时以上，而驱车过桥只需7分钟，南浦大桥发挥了重要的过江交通枢纽作用。1995年，南浦大桥全年通行车辆达1 714.70万辆次。南浦大桥已成为上海一个新的景观标志和建设标志。

南浦大桥获1993年度国家优秀工程勘察设计金质奖（一等奖）、1994年度中国建筑工程鲁班奖、1995年度国家科学技术进步奖一等奖。

四、杨浦大桥

就在南浦大桥热火朝天建设的同时，

杨浦大桥也在紧锣密鼓地筹划中。

1990年4月，国务院总理李鹏来上海宣布中央开发、开放浦东的决定，上海市政府在考虑了各种因素后，正式决定采取桥梁方案，建造黄浦江上第二座大型桥梁。1990年9月，国家计划委员会批复同意上海建设宁浦大桥（后改名杨浦大桥）。10月，联合设计组对桥位、桥轴线、主桥跨径及结构形式、主桥基础、引桥及引道等进行了多方案分析比较和论证，并完成了可行性研究报告。12月，组织包括李国豪在内的27位专家对这份可行性研究报告进行评估。时任上海市市长朱镕基在专家评估会上指出，杨浦大桥是上海的窗口、上海的景观，因此大桥建设要好中求快、好中求省，桥形一定要美观，要从国际一流城市水平着眼，精心设计。

1991年，李国豪任上海杨浦大桥顾问。有了南浦大桥的先例，杨浦大桥由谁建设已经不是问题，但对于建隧道还是建桥，工程方案论证过程中有过争论。李国豪等认为综合考虑我国桥梁技术、上海的实际情况以及隧道技术的条件限制，建议按照南浦大桥成功经验编制杨浦大桥桥梁技术方案较为稳妥。

杨浦大桥总长7 658米，主桥长1 172米，采用双塔空间双索面全漂浮钢-混凝土叠合梁结构，主跨跨径602米，为当时世界同类型桥梁之最；主桥桥面宽30.35米，六车道，两侧各为宽2米的观光人行道；引桥亦为六车道，宽25.5米；分引桥为定向单车道，宽6.5~9.05米；桥下通航净高为50米，可通行5万吨级船舶。

杨浦大桥结构设计为塔、墩固结纵向漂浮体系。叠合梁由主梁、横梁、小纵梁及人行道挑梁组成平面钢框架，与其上叠合的混凝土桥面板构成结合体系。大桥主塔柱为钢筋混凝土空心结构，塔柱高220米（不包括避雷针高度），外形呈钻石状。

杨浦大桥于1991年5月1日开工，上海市政工程设计院、同济大学建筑设计研究院等40多家单位参与设计施工。1993年9月15日，杨浦大桥建成，工期2年5个月，比南浦大桥缩短半年，创造了世界斜拉桥工程施工工期的最短纪录。杨浦大桥主桥工程获1995年度国家优秀工程勘察设计金质奖（一等奖）及1995年度中国建筑工程鲁班奖。

同济大学承担主桥抗风、抗震分析并进行控制性的设计计算。设计中采用钻石形主塔柱、空间斜拉索面布置，桥面结构采用箱形钢主梁，大大改善了斜拉桥结构的抗风、抗震动力特性。抗风计算分析和风洞模型试验结果表明，杨浦大桥主桥的抗风能力远优于南浦大桥，临界风速为每秒80米以上，结构有足够的安全度。抗震分析表明，主塔柱等结构能满足抗震7度设防要求。结构限位构造措施也增强了结构的抗震能力。

同济大学桥梁工程系的一份材料中显示，与亚洲开发银行国际专家组审查南浦大桥的情形相比，中国桥梁工程师的技术水平和能力在杨浦大桥得到了更高的认可和尊重，从而确立了中国桥梁的自主地位，彻底打消了国际桥梁界企图占领中国大桥建设市场的想法。

五、“这是虎门销烟的地方”

1981年6月，广东省公路建设公司与香港合和中国发展有限公司共同签署合建虎门大桥高速公路意向书。

香港合和是由名叫何应湘（毕业于美国普林斯顿大学土木工程系）的香港人（祖籍广州花都）开设的公司。改革开放之初，何应湘成为第一批进入内地投资的企业家之一，他把先进的金融、投资理念和管理经验带给了内地的企业家们。与其他人不同的是，何应湘把投资重心放在了能源和交通方面。

在珠江口两岸造一座连接粤港澳三地的大桥，让珠江口三地所呈“A”字形中的一横立起来，让“一水隔天涯”（未有桥时，从香港过江到澳门，须绕行120千米以上）的三地陆路交通可以快捷、有效地连成一个整体。作为主要投资商之一，何应湘想到的自然是欧美等桥梁整体实力强劲国家的桥梁设计师。

1984年，国家计委批准连接深圳—广州—珠海高速公路中的重要工程—虎门珠江大桥立项。同济大学桥梁工程系撰写的《同济大学与桥梁工程》一文中说道：“第一次考察虎门桥位时来了二十余名英国专家，他们似乎认为此桥非由他们来建不可。”一同考察的李国豪心里泛起了嘀咕。果然不久之后便传来一家英国公司将承担大桥设计任务的消息，对此李国豪忧心如焚，他说：“虎门不是别的地方，是林则徐焚烧坑害中国老百姓的鸦片之地，贩卖鸦片的就是当年的英国殖民者。在这样一个特殊的地方请英国人来设计大桥，那不是莫大的讽刺吗？由中国人设计的南浦大桥已经开始建造，我们有能力、有信心建造这座虎门大桥！”

1988年11月26日，李国豪致函当时的广东省省长叶选平。

选平省长：

举世瞩目的广深珠高速公路枢纽工程——虎门大桥的建设已经提到了议事日程上。虎门是中国的南大门，又是当年林则徐焚烟之处。虎门大桥的建设不但有着经济意义，而且包含着特殊的政治意义。我国桥梁工程界，尤其是广东省的有关工程技术人员都十分关心此事，盼望着能为大桥建设出力，能为国争光。我作为桥梁界的一员，对家乡这座大桥的建设自然也很关切。

近年来，广东省和我国各地的桥梁建设均取得了巨大的成就。通过实践我们也积累了不少经验，技术水平有了很大提高，可以说，我国桥梁界已经具备了建造大跨度桥梁的能力。

……

1992年10月，几经曲折，由中国人自己设计的虎门大桥终于破土动工。这是一座全长4 588米，主航道上为一座跨径888米的钢箱梁悬索桥，李国豪担任大桥顾问组组长。与此同时，李国豪还担任了先期开工的深珠高速上另一座大桥——汕头大桥的专家顾问组长。原本采用斜拉桥方案的汕头大桥为了给虎门大桥积累大跨度悬索桥经验，改为三跨预应力混凝土加劲梁悬索桥。

虎门大桥于1997年6月9日开通运营。大桥飞架珠江口，全长15.76千米，是一座集多处桥隧为一体的群体工程，全路段共有23座大（小）桥梁（包含3座特大桥）、3座隧道、2座大型互通立交桥等。虎门大桥的主桥长4.58千米，主航道跨度888米，净空高60米；主缆直径68.7厘米，相当于一般书桌的高度，每根主缆由13 970根直径为5.2毫米的镀锌高强钢丝组成。虎门大桥建成时，被誉为“世界第一跨”。

六、中国，速度飞快造大桥

孙中山先生在《国民政府建国大纲》（又称《建国大纲》）中说“惟发展之权，操之在我则存，操之在人则亡”，并认为这是“中国存亡之关键”。今天，我们应当实行开放，吸引外国资本、海外人才和先进技术来建设祖国、振兴中华，但不应放弃主权。

李国豪在《中国科学院院士自述》[4]中，对那一时期自己参与的大桥建设进行了回忆。他说：“20世纪80年代以来，国家在改革开放的新形势下，桥梁建设事业突飞猛进。我又有机会担任上海南浦大桥、上海杨浦大桥、汕头海湾大桥、虎门珠江大桥、江阴长江大桥等的技术顾问，十分庆幸。特别是后面三座大桥都是现代化悬索桥，而且江阴长江大桥的主跨1 385米列居现在世界第四。半个多世纪前，我在德国时盼望祖国大江、大河上能造起大跨度悬索桥的梦想实现了，真是高兴。”

何止李院士所提的桥，那一时期计划和正在建设的大桥，几乎都有他的足迹。

曾任江苏省发改委的张振刚回忆说[5]，江苏苏通长江公路大桥工程，从项目论证、立项到建设，都留下了李院士的串串脚印，凝聚了李院士对八百万江海儿女跨越天堑的千年夙愿和百年期盼的关爱。他说："早在1993年，在上海市长江口越江通道专家论证会上，我有幸聆听了李院士的发言。李院士指出，建设长江口越江通道非常之迫切，它有两重任务，一个任务是长江三角洲整个地区经济发展所需的，第二个任务是开发浦东所需的。随着我国经济的发展，长江三角洲地区经济的发展和浦东、崇明经济的发展，长江口越江通道不止一个通道而应该有两个通道。李院士的发言是有份量的，他敏锐地注意到南通长江过江通道项目（即现在的苏通大桥）的重要性。现在关于长江口不同功能多通道的设想已成为我们南通沿江开发的重要工程，苏通大桥在建，崇启大桥、崇海大桥也正在加紧开展项目前期工作。这些越江通道的建成，将从根本上解决南通到上海的交通问题，作为北上海的南通将建成上海都市圈的副中心城市。"

李院士直接关心苏通大桥是在1998年。是年，在南京翠屏山培训中心和东郊宾馆，李院士听取了南通项目的汇报，审阅了南通长江公路通道的预可报告。他谆谆告诫，要认真分析风力荷载，特别要注意振动问题，搞好风洞试验。1999年2月下旬，李院士写信给南通市计委的分管负责人，肯定了南通长江公路通道预可行性研究报告的深度，认为据此可初步作出桥隧方案的比选，也可初步作出优选东线桥位和跨主航道的斜拉桥方案，并阐述了对大桥抗风设计的初步意见。李院士在信中还表示，当条件允许时将如约到南通考察。其后，市计委有关人员多次向他汇报南通市苏通大桥项目前期工作的进展情况。

应南通市委、市政府多次邀请，2000年10月底李院士和夫人从繁杂的公务中抽出时间专程来到南通，考察苏通大桥项目。中交公路规划设计院冯仲异院长、袁洪副总经理、省交通厅规划处金凌处长等也专程赶到南通参加汇报。李院士尽管已87岁高龄，他仍认真听取了项目前期工作情况的汇报，并仔细询问了有关问题。李院士思路敏捷不减当年，旁征博引，侃侃而谈。对于苏通大桥建设方案，他首先肯定了建桥的必要性；关于工程方案，又肯定了桥梁方案是合理的；关于主跨桥型，认为采用双塔斜拉桥比较好，建1 100米左右的斜拉桥是可行的。李院士指出，在动力、静力和风荷载等分析方面，我国的研究水平、设计水平并不低；自力更生可以长中国人的志气，我们完全有能力、有信心把苏通大桥建设好。

李院士来南通考察后，一直记挂着我国桥梁史上新的里程碑。此后，在苏通大桥项目的前期工作中又连续多次提出真知灼见，为大桥项目的顺利立项做了大量工作。2001年6月22日，国家计委发文批准苏通大桥立项。2002年10月30日苏通大桥奠基，李院士专程应邀来南通参加奠基仪式。2003年9月，江苏省人民政府、国家交通部发文聘请李国豪院士为苏通大桥技术顾问。

2002年12月2日张振刚在撰写《苏通大桥立项纪事》并内部印发时，李国豪欣然为该书题名：跨越天堑。如今，江苏省内跨江大桥，除了南京长江大桥外，已经通车、在建的跨长江大桥超过10座。

七、东海大桥：中国桥梁从河到海

李国豪的桥梁顾问生涯还在继续。

洋山深水港选址确定之后，需要建设一条从大、小洋山到陆地的通道，这条通道后来被命名为东海大桥。东海大桥是连接上海市浦东新区南汇新城镇与浙江省舟山市嵊泗县洋山镇的跨海通道，位于中国浙江省杭州湾洋山深水港海域内，为洋山深水港的重点配套性工程之一。东海大桥北起上海市芦潮港，向南经东海杭州湾东北部至浙江省洋山深水港，线路全长32.5千米，主桥全长25.3千米；桥面为双向六车道高速公路，设计速度80千米/小时。

在汪洋大海上架设一座大桥，谈何容易。

岸上风息树静，东海大桥上的风可达5级。海水、风浪、恶劣天气、复杂的外海水文地质环境，加上40个月的工期、32.5千米的长度、不到20个月的有效施工工期、千军万马的会战、100年的使用寿命……2002年6月正式开工的东海大桥工程面临太高的要求、太多的难题。通常在国外，像这样的大桥，仅前期准备，掌握水文气象资料，就得20年；造，还得10年。风、浪、流、潮、雾、雨是东海的“常客”，要在20个月的有效施工期内打下8 712根桩、架起670片单跨60~70米且每片重达1 800~2 000吨的箱梁，难度可想而知。“但有以李校长为首的一流专家的指导，有团队的通力合作，尤其有党中央和全国人民的支持，我们还是有信心的。”黄融，这位毕业于同济大学的东海大桥建设总指挥回忆起当年的情况时仍十分感慨。

国务院批准洋山深水港方案后，李国豪又被推举为东海大桥专家组组长。在上海市委市政府就深水港和东海大桥的建设问题举行的专家座谈会上，李国豪语气平稳而淡定地说道：“我们中国的建设队伍，已经有了多年在大江大河上造桥的经验，在东海建造一座跨海大桥，技术上没有什么克服不了的问题。建造东海大桥的困难主要是外海施工，海上风急浪高，海底地质情况复杂，战线那么长、工期那么短，一年内海上可以施工的时间只有180天。许多重大考验在后头。”

杨雄回忆说，港口分指挥部指挥是归墨，总经理是诸葛宇杰；大桥分指挥部指挥是黄融；临港这一块是配套区，指挥是白文华。

杨雄清晰地记得，最初，大家对恶劣的海上施工环境缺乏充分估计，打桩用的还是混凝土桩，结果桩头打坏了很多个，后来全部换成钢管桩，以提高抗击打能力。常规打桩用8吨的锤就能够打得到，但在这个地方不行，要换成15吨的锤，同时打桩速度也要明显加快，才能把直径1.5米的钢管桩打到六七十米深处。另一个难题是定位不准。与在陆地上施工不同，在大海中没有参照物，如果采用常规的打桩方式，极有可能因桩位不准而影响大桥的合龙，因此，最后采用了GPS卫星定位技术，一个桩用3~5颗GPS卫星定位，这在当时是很不容易的一件事。

打东海大桥设计酝酿开始，大桥指挥长黄融等就跟李国豪建立了“热线”联系。大桥工程进入实质性阶段后，黄融等更是为总体设计、建设方案、工程质量等问题，频繁登门求教、汇报工程进展情况，当面请教李国豪解决难题的办法。如今，回忆起往昔的黄融打开了话匣子：“东海大桥是中国桥梁人在外海自主建设的第一座大桥，它标志着我们有能力在蔚蓝而宽阔的海上造桥了。李校长非常关心，就是因为中国造桥从江河走向大海，东海大桥是开创性的，得扶上马、送一程。”

如今黄融已记不清自己拿着东海大桥的各种图纸，往李国豪位于华山路的家中跑了多少趟了。只记得每次前脚进门，李国豪就迎出来了，让他们坐到自己身边，仔细地听、仔细地看，“话不多，句句点中要害。”黄融说，“在许多关键问题上，李校长为我们把握了方向。”

在李国豪校长的主持下，这一宏大跨海工程汇集了全国各地设计和施工队伍共同参与。同济大学桥梁工程系承担了多项科研工作，包括由葛耀君教授负责完成的抗风安全性研究、胡世德教授负责完成的抗震安全性研究、曾明根副教授负责的主通航孔斜拉桥钢-混凝土箱梁合理构造与受力性能研究、石雪飞教授负责的连续梁桥施工监控等，保障了大桥建设的顺利完成。

东海大桥指挥部要办一本反映桥梁建设生活的杂志，想请李国豪题写刊名，他不但欣然应命，还写了一篇《我说东海大桥》的文章，写下了他对大桥建设的重要指导意见：

按照100年的基准期要求，在桥梁基础的选择中，根据不同的区段，不同的受力情况，选择了不同的桩型：非通航孔低墩区采用防腐性能较好的PHC管桩；非通航孔高墩区由于受较大的水平荷载，采用钢管桩，同时采用保护措施以解决基础防腐问题；对通航孔主墩基础则采用了大直径钻孔灌注桩。对于基础形式的选择，除了考虑防腐耐久性要求外，也兼顾了快速施工的要求，应该说考虑得比较周全的……

在这篇文章中，李国豪详细介绍了东海大桥桥墩桩型、桥墩结构、大桥上部结构、通航孔梁体结构等的最终选择及理由，殷殷之情历历在目。李国豪的夫人林凤棣回忆："在他最后的那段日子里，什么杂志都不看了，就只是这本《东海大桥》，他每期都看。"病重住院期间，李国豪放不下的还是洋山深水港和东海大桥的建设，挂念的是东海大桥的施工进度。2004年台风季节里台风比往年少，有一天李国豪对其夫人说"黄融的日子好过些了，老天也给建设帮忙呀！"

2005年1月30日，华东医院。病中的李国豪穿着西装，打着领带，缓缓移坐到轮椅上，点滴一滴一滴不紧不慢地落下，李国豪的脸上写满了企盼之情，黄融、杨志方（时任上海洋山深水港工程指挥部大桥分指挥部副总经理，主要负责东海大桥的工程设计组织工作）今天又要来。

"大桥情况怎么样？"黄融和杨志方一进门，李国豪便急急地问。

"大桥箱梁已经架完80%，只剩下5千米桥面还没有接通。"黄融说。二人路上便商量好了，为了让老人安心养病，工程上有些困难情况暂时不汇报。

"东海大桥规模宏大，你们建得这么快，不容易啊。"李国豪怜惜地看着越来越瘦黑的两位弟子。顿了一会儿，又说："建设东海大桥是历史给你们的机遇。我们老了，没有机会了。你们是年轻人，要抓住这个机遇啊。"

"东海大桥是我这辈子最后关心的一座大桥，我真想到你们大桥上去走一走、看一看。"李国豪说。

"天气转暖了，一定来接您去！"

"我不知道还能不能看到大桥通车……"李国豪幽幽地说完这句话，沉默了。病房里寂静无声。

"一定能去的！"两位弟子安慰他。

10天后，李国豪离开了他心爱一生的大桥、学校和学生。

"我真想到东海大桥上去走一走、看一看……"

2005年5月25日，新华社播发《上海从此直接"上海"——记东海大桥全线贯通》的长篇通讯：

2002年6月26日正式开工建设的东海大桥，与海天共一色，是一座以新的理念、新的技术、新的工艺建设的以蓝色为基调的大桥。大桥长32.5千米，陆上段约3.7千米，芦潮港新大堤到大乌龟岛之间跨海段长25.3千米，大乌龟岛至小洋山岛之间的港桥连接段约3.5千米，全桥设5 000吨级单孔双向主通航孔一处，通航净高40米。

海天一色的大桥，凸显时尚之风。桥的两侧全线采用蓝色LED发光二极管照明灯，勾画出桥的轮廓，远在10千米以外就能看到。设计者说，灯光照明为了用于海上警示。蓝色是海洋的主题色，大桥通体透亮的蓝光映衬海洋的雄壮之美。

海天一色的大桥，浓缩科技精华。建设东海大桥缺少现成的海上桥梁施工规范与工艺标准，科技人员经过科技攻关解决了海上大桥的防腐、超大体积混凝土箱梁预制和吊装、全球卫星定位系统定位打桩等一系列难题。

海天一色的大桥，经受安全考验。两座高159米的主塔耸立在海中，呈雄伟的“人”字形。主塔创造了海上大体积混凝土浇筑的国内最新纪录，并成功地经受了“蒲公英”“云娜”两次大台风的袭扰。主塔的支撑192根极长的钢缆如同有力的臂膀，拉起了桥面。这些钢缆都是国产的。

海天一色的东海大桥还是一项环保工程。由于大桥建在海上，处于海上盐雾的常年包围中，防腐对于大桥的使用寿命至关重要。设计技术人员经过专题研究，对海水中部分采取包裹玻璃钢外加环氧层措施；对承台和立柱等结构加大保护层厚度；对钢结构采用重防腐涂料外加牺牲阳极的防护办法。同时，建设者巧妙地采用了工业废料浇注混凝土，用粉煤灰、矿渣微粉工业废料添加等技术，改善了混凝土的性能，确保了大桥是“大海之友”，让桥与海共呼吸！

“李国豪先生为什么这么关心东海大桥，就是因为这是中国造桥从河到海的第一座超级工程，容不得半点闪失！”今年夏天，黄融接受采访时再次表示。正因为如此，在东海大桥建设问题上，李校长也有严厉的时候。东海大桥招标，他就很严厉，当时主管此事的韩正副市长认为，第一次做这么大的工程，要带动地方设计院。李校长从造桥专业的角度，强调一定要用最好的，如果把桥梁的设计整体交给市政院，以他们的经验和设计水平，做不了。黄融说：“我想从中撮合，但‘捣糨糊’在老人家面前是捣不过去的。”

动议出来的那天的傍晚，会议结束后，黄融就回去了。到了夜里两点，李校长给他打电话：“你到我房间来一下。”他说他一夜没睡，一直在想这个问题。黄融说：“我没在西郊宾馆，到这里大概也需要一个多小时，您先睡一会儿。”其实，黄融也是一夜没睡，在想招儿。他5点到了老人家的房间，便见老先生坐在沙发上，没睡，看着他，一脸严肃地说道：“我认为市政院不行，会出事情的。”黄融把他想的招儿告诉老先生，大桥总体给市政院，设计监理给大桥院（武汉）。大桥院组成一支四五十人的队伍，市政院的图纸一出来，就交给他们审定。

听了这个方案，李校长的脸色缓和下

来，人也变得轻松起来。早饭时，他就很高兴了，像个小孩一样喜形于色，跟大家一一打招呼，说："你们听黄融的。"

上海航运中心建设意义何在？时任交通部部长的黄镇东说："我亲身经历了上海港港口布局的'三级跳'，从中华人民共和国成立一直到20世纪80年代，上海港的港口泊位都集中在黄浦江沿线。20世纪90年代酝酿跳出黄浦江，开发利用长江岸线，建设了宝钢铁矿石中转码头、罗泾煤码头、外高桥集装箱港区。进入21世纪，跳出长江口，往海上跳，建设了洋山深水港区，标志着上海国际航运中心的主体上海港完成由河口港向海港的转变。"

2022年，上海港集装箱吞吐量突破4 730万TEU（标准箱）大关，连续第13年蝉联全球第一，上海已经昂首成为国际航运中心！

1 李国豪：《老知识分子的心声》，载同济大学文明网。
2 祁谷：《档案，凝结在南浦大桥》，载《上海档案工作》，1992（1），第9页。
3 凤懋润：《架桥铺路，造福民生——中国公路桥梁自主创新之路》，见新浪科技网站。
4 中国科学院学部联合办公室：《中国科学院院士自述》，上海：上海教育出版社，1996年。
5 程国政：《李国豪院士和苏通大桥》，载《李国豪与同济大学》，上海：同济大学出版社，2007年。

向海而兴：国际航运中心

洋山深水港、东海大桥建设的同济力量

中国中央电视台2024年1月3日报道，截至2023年底，上海港集装箱吞吐量突破4 900万标箱大关，连续14年蝉联全球第一。其中，洋山深水港集装箱吞吐量突破2 500万标准箱，占比攀升至51%，在上海港14年蝉联全球第一的进程中发挥了重要作用，有力支撑了上海国际航运中心航运能级的不断提升。

一、洋山深水港决策落地

洋山深水港位于杭州湾口外的崎岖列岛，由小洋山岛域、东海大桥、洋山保税港区组成。

20世纪90年代，随着改革开放逐步深入，我国对外贸易快速发展，这对沿海港口通行能力提出了更大需求。为确保我国经济加速发展、对外贸易顺利进行，党中央筹划加快建立和完善我国港口国际运输体系，建设自己的国际航运中心。

上海拥有“襟海带江”的地理条件和沟通国内国外的独特优势，城市和港口的国际影响力比较突出。长三角地区外向型经济发展，贸易运输量快速增长，迫切需要加快提高港口通过能力和综合服务水平。更重要的是，上海市委、市政府已组织开展促进港口发展的一系列研讨、研究，提出推进加快航运产业集聚的政策措施，配合国家有关部门解决航运产业布局调整，解决机构、公司入驻上海的实际问题。

交通部通过组织调研座谈论证，从自然条件、经营环境、综合优势、港口所在城市支持力度等方面进行了分析，站在国家经济利益、经济安全、国家经济运行全局等方面考虑，基本形成率先在上海建设国际航运中心的重点工作方案。1995年2月，交通部正式下达关于“建立上海国际航运中心的研究”课题，明确由上海市共同承担这一课题。在编写《建立上海国际航运中心的研究》报告过程中，课题组分析了上海建成国际航运中心的必要性，并论证了上海建成国际航运中心的可能性。同时，课题组考察了英国伦敦、荷兰鹿特丹等世界一流港口。通过调研考察，课题组分析梳理了上海港在航运市场、航道水深、港区布置与吞吐能力、集疏运、服务和管理等方面存在的问题、差距，提出了发展目标和建设步骤。《建立上海国际航运中心的研究》报告于当年12月完成，绘制了国际航运中心的首张蓝图。同时，党中央、国务院作出了建设上海国际航运中心的战略决策。

党中央、国务院领导高度重视上海国际航运中心建设。1994年5月，国务院总理李鹏在上海调研时就提到了建设国际航运中心问题。1995年5月，李鹏在关于上海港口建设工作的一次谈话中，又提到了“航运中心”。他指出，上海如果没有深水港，就不可能成为交通运输的中心。有了航运中心，就能使上海成为贸易中心、金融中心，三者之间是密切联系的。今后在“九五”规划中，要把这个问题定下来。

1995年12月，李鹏在浙江省委、省政府《关于建议组建上海—宁波—舟山组合港、加快建成上海国际航运中心》报告上作出明确批示：“我一直认为把上海建成国际航运中心是开发浦东，使其成为远东经济中心，开发整个长江的关键。”1996年1月，李鹏在上海主持召开浙江、江苏、上海和国务院有关部门负责人会议，研究把上海建成国际航运中心的有关问题。这标志着将建设以上海为中心、以苏浙为两翼的上海国际航运中心正式上升为国家经济发展的重大战略。

上海市委、市政府经过深入思考，在20世纪90年代中期创造性地提出跳出上海、到外海建设深水港的大胆思路。为此，上海市委、市政府把深水港课题列为1995年十大调研课题之首。

1995年8月和9月间，市委、市政府主要领导多次就建设国际航运中心深水枢纽港港址进行调研和实地考察。8月，上海市委书记黄菊带领市委、市政府相关部门负责人深入长江口、杭州湾等海域进行调研踏勘。他们乘船环岛考察大、小洋山，在船上听取有关部门对长江口和杭州湾口水文气象资料的分析汇报。通过对长江口、崇明外海、衢黄岛、大小洋山岛几个备选地的综合比较，考虑到航道深度、涌浪、码头腹地和陆桥联结等各方面因素，最终大家倾向于选择浙江舟山嵊泗崎岖列岛的大、小洋山作为港址。

国际航运中心的论证、选址，李国豪等科学家一直参与其中。

2000年11月，江泽民总书记对李国豪等院士关于建设洋山深水港的联名信[1]作出重要批示，要求有关各方要有全局观念，从建设东北亚国际航运中心的国家利益出发，统筹考虑、通力协作、认真比选、科学决策，力求决策正确，经得起历史考验。

为落实批示要求，2001年1月，国务院副总理吴邦国会同国家计委、经贸委、交通部等部委主要负责人，在上海、浙江主要负责人陪同下，从芦潮港乘船前往大、小洋山进行实地考察。调研队登上小洋山岛，实地勘察深水港址，并乘船察看大、小洋山岛的海域情况。最终，一致认为可以总体规划、分步实施，先行开发小洋山港区。

当天下午，参与洋山港区考察的各单位负责同志在上海西郊宾馆参加了座谈会。吴邦国主持会议，再次听取交通部、上海市、浙江省等有关方面的意见。最终，这次会议达成了三点共识：第一，建设洋山深水港是必要的、紧迫的；第二，建设洋山深水港在技术上是可行的、立得住脚的；第三，要处理好长江口深水航道治理、北仑港和洋山港三者之间的关系。

在党中央、国务院领导的关心下，2002年3月，国务院第56次总理办公会议审议通过洋山深水港区一期工程可行性研究报告和开工报告，随后洋山深水港工程建设正式启动。

一场规模空前的大“会战”拉开了序幕。

二、洋山深水港会长成什么样?

洋山港港区规划总面积超过25平方千米，包括东、西、南、北四个港区，按“一次规划、分期实施”原则，工程总投资超过700亿元，其中三分之二为填海工程投资，装卸集装箱的桥吊机械等投资200多亿元。

东港区为能源作业港区，分二期建设。一期工程包括液化天然气（Liquefied Natural Gas，LNG）接收站和海底输气干线，建设规模为每年进口300万吨LNG，每年可向上海市区供应约40亿立方米LNG。东港区成为国际先进水平的清洁能源供应基地，与西气东输、东海天然气形成多气源供应局面，共同保障上海的能源安全。其中，LNG接收站位于洋山深水港区中西门堂岛，主要建设3座16万立方米的LNG储罐、3台LNG卸料臂及其他相应的回收、输送、气化设施和公用配套工程，占地396 000平方米，并预留二期扩建场地。LNG专用船码头包括一座8万~20万立方米的LNG专用船码头及重件码头配套设施等。用LNG船运来的进口天然气将通过东海大桥预设的40千米长的海底输气管线送到临港新城输气站，进入上海城市天然气高压主干网系统。

东港区还是远东最大的成品油中转基地，规划建设1 900米长的油品码头作业区，这是一座国家战略储备油库，分三期建设，一期工程是成品油库和生产生活设施区，可储存42万立方米成品油；工程完成后可储存270万立方米成品油，它们将被中小型油轮转运至上海等地。

南港区以大洋山本岛为中心，西至双连山、大山塘一带，东至马鞍山，是洋山港2012年以后的规划发展预留岸线。

北港区、西港区为集装箱装卸区，是洋山港的核心区域，规划深水岸线10千米，可布置大小泊位30多个，可以装卸世界上最大的超巴拿马型集装箱货轮和巨型油轮，全部建成吞吐能力可达1 300万标箱以上，约占上海港集装箱总吞吐量的30%，单独计算可跻身世界第五大集装箱港。

北港区以小洋山本岛为中心，西至小乌龟岛、东至沈家湾岛，平均水深15米，岸线全长5.6千米，分三期建设。

北港区一期工程由港区、东海大桥、沪芦高速公路和临港新城四部分组成，2002年6月开工，2005年12月竣工，总投资143亿元，共建设5个10万吨级深水泊位，前沿水深15.5米，码头岸线长1 600米，陆域面积为1.53平方千米，堆场87万平方米，年吞吐能力为220万标准箱。作为配套工程的东海大桥于2002年6月开工，2005年5月25日实现结构贯通，全长43千米。北港区二期工程东端与一期工期相连，2005年6月开工，2006年12月竣工，总投资57亿元。共建设4个10万吨级泊位，前沿水深15.5米，码头岸线长1 400米，陆域面积为0.8平方千米，吹填砂400万立方米，堆场86.1万平方米，年吞吐能力为210万标准箱。北港区三期工程分两个阶段建设，一阶段工程于2007年12月竣工，二阶段工程于2008年12月竣工，总投资170亿元，共建7个10万吨级泊位，前沿水深17.5米，码头岸线长2 650米，其最东端可停泊15万吨油轮，陆域面积5.9平方千米，年设计能力为500万标准箱。三期工程顺利竣工，标志着洋山深水港北港区全面建成。

三、吹填海区成码头岸线，找同济人

洋山深水港港区建设中最难的当属一期工程。一期工程中，要把崎岖、厚薄、软硬不一的岸线变成码头，地基处理最为重要。洋山深水港港区分指挥归墨说："关键时刻，找同济大学，有他们强大的技术支撑，'精卫填海'就容易多了。"归墨找的这个人就是地下建筑与工程系的周健教授。

洋山深水港区一期工程陆域总面积134.64万平方米，一部分在小洋山及镬盖塘的山丘与滩地上，大部分建在小洋山—

镬盖塘间的水域通道上，水域面积占总面积的90%以上。

港区陆域原始地质地形条件比较复杂，部分区域下卧软土层厚度变化很大，局部地段高差可达35米左右，回填层平均厚度约20米，最大厚度在40米以上，厚度与变化之大属国内外罕见。周健教授课题组调查发现，承载力、液化和不均匀沉降是工程施工中存在的主要问题，“如果港区受力后出现较大的不均匀沉降，这项国字号工程会有怎样的后果？”周健说，“加上工期太紧，我们既然已经接受了任务，就只有拼了。”课题组克服了荒岛上缺水、缺电、沙尘、恶劣气候等困难，坚持在第一线解决技术问题。

巨大的海区吹填关键是要遵循科学合理的施工工艺流程及施工参数。怎样才能确定针对性强的技术参数？周健教授课题组确定了先进行小区试验，然后再按照浅区、深区推进的工作方案，力争用较短的时间给出回填粉细砂无填料振冲处理的可行性、施工工艺和参数、地基处理深度等标准，预测总沉降、工后沉降和沉降差等，以确保工程施工的优质高效。

可是，工作进行得并不顺利。小区外的试振表明地面沉降量并不大。那么究竟是什么原因？课题组经过仔细甄别、反复比较，终于发现：地下水位处在地面以下2米左右，而上部的砂土相当于一个硬壳层，致使振冲没有破坏这层保护壳，难以发生液化。原因找出来后，课题组便立即着手寻找解决方案，针对性地提出硬壳层事先灌水、增加上部振留时间和次数等方法，边试验、边改进，初步确立了试验区较大规模试验的施工工艺和参数。

从小区试验到深区试验，课题组解决了多少个难题，周健教授自己也记不清了。他说：“2003年12月1日前，我们必须提交实际施工方案。这个日子就是我们的‘红线’。”在周健教授课题组的一份资料中可以看到，厚厚的报告包括场区地质条件及陆域形成方案、1号试验区现场小规模试验研究、2号试验区现场小规模试验研究、离心机模型试验研究与分析、沉降计算与分析、无填料振冲加固细观颗粒流模拟、大面积无填料振冲加固实践和跟踪检测9个章节，从试验、计算，一直到跟踪检测，形成的文字就达10万字以上，而这些内容全部是由一个个试验构成的。“仅解决1号试验区的泥浆护壁问题，我们就想了好几套方案。”周健教授说，最终选择了其中的一种方案。

经过近一年的反复试验和比较，洋山深水港填海部分加固处理课题终于结出了喜人的成果。

课题提出了适用于加固饱和、疏松吹填粉细砂的无填料低水压振冲技术及有关工艺参数，并在大面积实践中得到成功验证；结合试验和理论研究成果，对无填料振冲法受振冲深度、激振功率及水量等多种因素影响下的性能指标进行了优化选择；探讨了振冲结束后静力作用的周期特性；首次引入散体介质的颗粒流理论及其分析方法，建立了模拟砂土振冲加固的颗粒流模型，并利用该模型模拟砂土振冲密实过程，研究了粉细砂土无外加填料振冲密实的细观力学机理等。周健说："随着施工工艺水平的提高、施工现场经验的丰富和施工方法的不断完善，无填料振冲加固方法的加固效果在实际施工中日渐显现出来。"

"洋山深水港区粉细砂高填土地基处理研究及其应用"被立为上海市科委重大项目子项目。吹填粉细砂的无填料低水压振冲技术为洋山深水港工程节约了1亿多元地基处理费用。

洋山深水港分指挥归墨说："这项成果有效地确保了工程进度、施工质量，更重要的是，大大降低了施工难度。"

四、抗风抗震研究

葛耀君、黄融牵头的"东海大桥斜拉桥抗风性能及颤振控制研究"[2]课题针对东海大桥主航道桥和颗珠山桥的斜拉桥抗风研究，先后完成了桥位边界层风特性分析、结构动力特性分析计算、节段模型测力风洞试验、节段模型测振风洞试验、静风稳定性数值分析、全桥气弹模型风洞试验、等效风荷载组合分析和颤振失稳概率性评价等八方面的研究工作。东海大桥斜拉桥抗风性能及颤振控制研究课题的研究成果确保了全桥建设的顺利进行，取得了显著的经济效益和社会效益，并可以推广应用到以后的外海桥梁建设中。研究成果被鉴定为达到国际先进水平。

由葛耀君、杨詠昕等所撰写的《东海大桥抗风性能及风振控制研究》在2006年4月的第十七届全国桥梁学术会议上被宣读，其中提到"由于桥址处基本风速很高，颤振检验风速要求相对严格，受拉索空间布置和主梁气动外形的影响，两座斜拉桥原设计主梁断面均不能满足颤振检验风速要求。为了提高结构颤振稳定性能，课题组进行了一系列颤振控制措施研究，其中包括设置中央稳定板、调整检查车轨道位置和设置风嘴等，并在此基础上确定了最合理的颤振控制方案。"

葛耀君还指导研究生朱志虎以东海大桥为对象完成硕士学位论文《东海大桥主航道桥风致响应分析研究》，对东海大桥的主航道桥的抗风性能，尤其是风振响应进行了深入研究。

王志强在范立础、胡世德的指导下，对东海大桥的抗震性能展开研究，先后发表了《东海大桥预应力混凝土桥墩抗震性能分析》《东海大桥抗震性能分析研究》《东海大桥粘滞阻尼器参数研究》等论文。

《东海大桥预应力混凝土桥墩抗震性能分析》建立了可以在循环荷载作用下考虑有、无黏结预应力筋影响的纤维模型分析方法并进行了验证。《东海大桥抗震性能分析研究》针对东海大桥主桥的抗震性能进行分析研究，基于两水准设防、两阶段抗震设计思想，对主桥进行了抗震分析；同时，考虑了支座的非线性、拉索的几何非线性和墩柱的非线性等对结构抗震性能的影响。研究结果表明，东海大桥主桥的抗震性能满足预期的设计性能目标。为了增强大桥的抗震性能，王志强还专项研究了黏滞阻尼器。《东海大桥粘滞阻尼器参数研究》以东海大桥为实际工程背景，研究非线性黏滞阻尼器对该桥抗震性能的影响。

五、东海大桥建设总指挥回忆建桥点滴

作为中国第一座真正意义上的跨海大桥，东海大桥面临着太多的难题。

上海港集装箱吞吐量高速发展，2002年底跻身世界第四大港，而上海港的集装箱泊位严重不足，已严重制约了上海港集装箱吞吐量的增长。这距“东北亚枢纽港”的国家战略要求相差甚远。国家要求必须在2005年底建成并投入使用洋山深水港，而深水港的使用必须要有配套的跨海大桥。

东海大桥工程于2002年6月正式开工，工期只有40个月左右。所有的建设者都是第一次在外海海域施工。由于气候、风浪的影响，一年的有效作业时间少于50%。

大桥的设计使用寿命为100年，也就是说，100年内必须保证东海大桥不用大修。加之海水、风浪、恶劣天气、复杂的外海水文地质环境等，太高的要求、太多的难题、太复杂的协调，全部横亘在黄融和他的队友们面前。

千军万马看主帅。2003年春节将临，有两个人开来一辆面包车，把一箱箱新鲜水产往东海大桥指挥部楼里搬。门口正好站着一个男子，问：“你们这是干什么？”那两人说：“一点水产，我们总经理安排的。”男子脸一沉，回道：“回去跟你们总经理说，心意领了，东西不要。”“你是谁？”“我是大桥指挥部负责人。”

这个人就是黄融。

黄融是同济大学道路与桥梁专业1983届毕业生，先后参加过南浦大桥、上海外滩综合改造工程等重大市政工程建设，2002年调任上海市深水港工程建设指挥部党组成员兼大桥分指挥部指挥，全面负责上海国际航运中心洋山深水港工程的重要组成部分——东海大桥工程。

黄融干的第一件事就是把指挥部设在

一个前不着村后不着店的地方。指挥部离工地近在咫尺，指挥、管理、服务尤为方便。这最对黄融和他的同事们的胃口，扎扎实实干活。

“把一切放在阳光下”是黄融常常挂在嘴边的一句话；“我是总指挥，可我不批一分钱的条子。所有工程都要竞争。”也是他常说的一句话。之后，“把一切放在阳光下”变成了一项项制度：招投标必须摊在桌面说话，得凭实力；指挥部成员绝不准自定项目、自定队伍；重大材料全部由政府采购；各部门环环紧扣相互制约……建设期内指挥部过手资金近百亿元，审计没发现一分钱问题。黄融常说：“百年工程的一切都要经得起考验。”

仅有铁面无私是不够的。2002年下半年，东海给了大桥建设者一个“下马威”：打桩工程严重受阻，最糟糕的时候一星期连一根桩都打不了。承建单位中港集团破釜沉舟，决定向日本购买世界上最先进的打桩船，但苦于资金不足无法办成。黄融了解情况后，二话不说，带着该集团负责人到北京，垫资1.2亿元，买下了威力巨大的“天威号”。果然，难题迎刃而解。中港集团副总工程师司元政说：“大桥指挥部帮了我们大忙啊！”

2003年春天，台风还没见影子，黄融就开始带领大家忙着为施工船只寻找避风港了。同事们深知此举深意。“老海事”周志坚自告奋勇引着指挥部领导找到了最佳的避风港——长涂岛。当“云娜”等强台风袭击东海时，大桥施工单位近百艘船只早已进港安顿，无一受损。工友们至今还记得，2004年国庆节黄融顶着巨大的风浪坐船去了外海，沈家湾岛、颗珠山岛一路行船一路住，陪伴那些假日里不能回家的建设者。

大桥开工以来，指挥部还揽下了一件大事：采购供应重大原材料。黄融定下规矩：指挥部只负责与材料供应商签订总合同，锁定单价，其他由施工单位与材料供应商直接联系。数年来，这个规矩成了大家自觉遵守的铁律。某个施工单位的一位领导说：“我们走南闯北那么多年，这样当业主的只有你们一家。”

经过近两年的海上拼搏，全长32.5千米的东海大桥在茫茫东海上站稳了“脚跟”。2004年5月22日，随着中港一航局的打桩船“天威号”将一根钢管桩打到设计标高，东海大桥工程的5 697根海上沉桩全部就位，比原计划提前了40天完成任务。

我国沉桩史上，东海大桥海上沉桩工程首次使用GPS沉桩定位系统，解决了海上沉桩快速定位的关键技术难题，整个沉桩工程偏位控制在30厘米误差的正位率达96%以上，保证了大桥轴线准确无误，同时标高误差控制在3厘米以内。海上沉桩施工还采用了围令式的夹桩方法（一种桩基施工工艺），加快了夹桩速度，保证了桩基的稳固；改进了吊桩工艺，优化吊点的数量和位置，使吊桩作业更快速、更安全、更有效；改进了替打结构形式，采用开敞放射型替打和分离活动式替打，有效缓解了涌浪对替打的损坏程度，使原先一个替打只能打十几根桩，到一个替打可以沉桩200~320根的良好效果，不仅提高了沉桩效率，也降低了工程成本。

东海大桥建造在水深达30米的复杂海域内，由于海水中所含的氯离子具有腐蚀性，因此，为保证深入海底的4 000多根大桥桩基、墩身能经受住海水的冲击并能抵御海水的浸泡，对所有用于大桥建设的混凝土以及钢材等材料都进行了特殊的防腐处理。黄融说，为减少海水对桥梁的侵蚀，除对钢筋混凝土桩基、墩身、立柱等结构加厚保护层外，还将混凝土桩处于海水中的部分包裹上玻璃钢再外加环氧涂层。作为“重点保护对象”的大桥钢结构，则采取了“牺牲阳极”的化学保护方法。

黄融在回忆这段历史时说：“东海大桥我接手的时候概算是40亿元，批准的时候是70多亿元，到桥全部建完决算的时候是105亿元。原因是设计人员在设计这座桥的时候是按照江河大桥的设计规范和设计标准去做的，最终导致经费的巨大落差。这说明在江河上建桥与在大海上造桥，在理念、技术标准和技术规范等方面都有本质的不同。”

黄融提到大桥使用寿命问题。“东海大桥建设之前，我国内陆桥梁的寿命标准是50年，跨海大桥的投资那么大，所以我们提出把跨海大桥的寿命标准提到100年。”黄融以外白渡桥为例，“我在市政局工作时看到英国人给了一个证明，说外白渡桥已经到100年了，他们已经不负责任了。可见那个时候造桥的标准就已经是100年了，我们现在建桥标准怎么可能更低呢？”

经过艰苦的摸索，东海大桥成了技术创新的榜样：第一，外海超长桥梁精确测量定位技术。第二，整体化、大型化的施工技术。所以业内有“东海大桥是陆上制造”的说法。第三，外海桥梁综合防腐技术。第四，外海超大型桥梁的基础性研究与技术。这些技术的成功运用都离不开包括同济大学在内的众多科研、生产单位的通力合作、齐心协力。

六、“建造东海大桥，要的就是这份真切！”

建造东海大桥的近万名建设者都知道，在这里，谁要是质量上有点瑕疵、速度出现问题，那肯定就成为重点“呵护”对象了，而“呵护”他们的人中就有设计部经理杨志方。

杨志方是同济大学桥梁专业1986届毕业生，他的严格在东海大桥项目上是人尽皆知的。有一次，一座桥墩发现有裂缝，他当场提出返工。虽然承建单位心痛十几万元打了水漂，但也只好推倒重来。还有一次，一榀箱梁被发现有质量问题，恰巧碰上他和指挥部人员在巡查。最终，承建单位足足动用了70把风镐，花了10天时间才把那榀箱梁捣碎，重新浇筑了一榀。

杨志方说起大桥最后一个缺口的合龙仍情绪激动，布满血丝的眼睛快速地眨巴："合龙最怕温度高，每上升或下降1℃，钢梁就要伸缩3~4毫米；而施工的精度要求是误差小于2毫米。难！"

9点45分，总指挥黄融一声令下，合龙开始。"两个月前，我们就准备好了最近5年的气候情况。"杨志方介绍。10点半，钢梁与桥面齐平。90位工人人手一把电动扳手，冲向钢梁一侧衔接处的3 986个高强螺栓孔，一拧就是5小时，一直干到下午4点。

剩下另一侧，就得等最佳温度了。这一等就等到第二天凌晨。备用的螺栓孔全打好了，辅助的连接板也全装好了，工人一直不敢停下来，杨志方也不敢停下来，生怕错过了合龙最佳时机。直到次日凌晨3点，气温仍然偏高，最后这3 986个连接孔，三分之二对不齐。

太阳要出来了，再等下去，气温更高。"调整24号斜拉索。"杨志方急中生智。24号斜拉索，慢慢松了15厘米。只见圆孔的误差，慢慢地、慢慢地缩小到2毫米，工友们一拥而上，纷纷敲打冲钉。凌晨4点半，冲钉全部进位，大桥全部钢梁紧紧"握手"。震天响、大炮仗，把蒙蒙亮的大海"叫"得欢天喜地！

"干东海大桥，要的就是这份真切！"杨志方说，他以前一直做研究工作，从来没有搞过实地施工。在这里，许多技术难题需要技术人员去解决。比如一个浪过来，浪头多高？波浪在什么条件下对桥梁有影响？……有了这些宝贵的外海施工资料，下次再干心里就有底了。双眼通红的杨志方说："现在，我终于可以回家睡个安心觉了。"

说起恩师李国豪，杨志方深情地说："东海大桥是老校长最后的牵挂"。

20世纪90年代中期，关于建设上海国际航运中心洋山深水港的论证拉开序幕。全国各地专家一致推选李国豪担任专家组组长。2000年秋天，李国豪与14位院士一起给中央领导写联名信，呼吁尽快建设上海国际航运中心洋山深水港。

大桥开始建设，李国豪就成了造桥人的主心骨。作为同行、学生的黄融、杨志方三天两头往李国豪的寓所跑。造一座跨海大桥，技术上没有什么问题，困难主要是外海施工。海上风急浪高，海底地质情况复杂，战线那么长、工期那么短，一年海上施工时间只有180天。"许多重大的考验等着你们那，你们要有心理准备。”李国豪语重心长地叮嘱他们。

杨志方说：“在许多关键问题上，李校长为我们把握了方向。”中国第一次在海上造这么长的桥，本身就是最大的创新，“尽量采用成熟的技术，要经得住时间的考验。”李国豪说。正是受李国豪的影响，大桥指挥部确立了不尚奢华、不图虚名、简朴实用、经得起历史考验的设计思想。主通航孔是东海大桥中心部位，设计部门当初考虑采用80米跨径的钢筋混凝土叠合梁，组成连续9千米长的钢结构主梁桥面。李国豪提出反对意见，认为9千米长的钢结构，海上补漆难度又大，将来防腐工作不好做，劳民伤财、费时费力！这可是要坚持100年的大桥！现在，主航孔钢结构桥面长度不到880米，连原来的十分之一都不到。

七、“我们喜欢造大桥”

“桥伸一小步，科技一大步。”这是2002年6月26日东海大桥在芦潮港打下第一根桩那天，一位专家的感言。3年不到，上海向茫茫东海深处延伸了32.502千米，中国第一座跨越外海的大桥虬龙出海，为中国造桥史树起了一座科技的丰碑。

东海大桥的建设，从决策咨询、项目攻关到科技管理、现场施工，数不清的同济人忙忙碌碌……

“虽苦虽累，但我们喜欢造桥。”这是奋战在建设工地的毕桂平和吉青克共同的声音。

毕桂平和吉青克都是同济大学的博士毕业生，他们分别出自范立础和姚祖康门下。

“我喜欢造大桥。”毕桂平说，那时候还没毕业，就跑了不少造桥的地方，“在东海大桥指挥部，找到了感觉，这样巨大的工程，指挥部才40多人。喜欢这里干事的气氛。”于是，毕桂平偷偷在这里干了一段时间，那感觉用一个字来形容，叫“爽”！正式上班后，毕桂平提了一个匪夷所思的条件：“先不告诉范先生我来这里了。”指挥部领导很爽快地同意了，一个劲乐：天底下居然还有这么奇怪的条件！其实，早有耳目将此事传到范立础院士的耳朵里，范院士也佯装不知，他理解年轻人的心情：谁不想真刀真枪地上战场拼杀呀。毕桂平后来跟范立础院士说起这事，老爷子一直微笑着，说：“你去东海大桥，我高兴得很呢！”

如今，毕桂平在东海大桥摸爬滚打了4年。4年中，他跟着老高工、老师傅，风雨兼程、日夜操心。4年来，他最怕半夜手机铃响，因为这时手机响多半不是好事，不是船舶“走锚”撞了施工平台，就是别的事情。他说，造桥真是过瘾，有时想干完这一段，再也不干了；可干完后看着自己的作品，心里特自豪："干大桥，我上瘾！"

"桥建成后，我们的工作就要开始忙了。为了保证通航孔的安全，桥上将要安装雷达。"吉青克站在合龙的桥面上，眼里露出的是造桥人特有的企盼，"大桥结构完工后，摊铺沥青、安装路灯、搭管线桥、监控装置、标志标线……都是我负责。"大桥的安全是个大问题，不能出一点差错，为此东海大桥按照"三道防线体系"进行了防碰撞演习：在东海大桥主桥墩约7海里水域处，一艘千吨级货船以每小时12节的航速失控撞向大桥……35分钟内，脱缰野马般的大船被牢牢控制，大桥桥墩安然无恙。

"吉博士很好接近、很友善。"熟悉他的工人众口一词。吉青克则认为，他本来就是一个普普通通的建设者，只是分工不同而已。

吉青克说，3年前到这里时，这儿还是"雪花"满天的芦苇荡，荒凉得他几乎落泪。而现在，中国最长的海上大桥就要建成了。吉青克说起这些，高兴得就像个孩子，本就圆圆的脸早就笑成了一朵花。

八、东海大桥的健康护士

作为洋山深水港重要配套工程之一的东海大桥自开通以来，日车流量已经达到5万辆。而这座主要部分处于茫茫大海的超长桥梁怎样才能确保健康运行100年？"采用光纤光栅及无线智能传感技术的桥梁结构健康监测系统研究"及"外海跨海大桥健康监测系统研究"课题负责人孙利民教授为我们详细解读。

东海大桥起于上海南汇芦潮港客运码头东北侧，向南越东海宽阔海面到达小乌龟山、颗珠山，至小城子山小洋山港区一期交接点，全长约32千米，其中陆上段约2.4千米、跨海段约25.5千米、桥港连接段约3.6千米。大桥共有斜拉桥2座；变高度预应力混凝土连续箱梁桥4座；50米预应力混凝土等高度连续箱梁83跨，59米预应力混凝土等高度连续箱梁43跨；60米预应力混凝土等高度连续箱梁136跨；70米预应力混凝土等高度连续箱梁154跨。

大桥按双向六车道高速公路标准设计，分上下行双幅桥面，桥面宽度31.5米，设计行车速度80千米/小时，大桥年通行能力500余万标准集装箱，设计基准期100年。

孙利民说，东海大桥桥区地形地貌复杂，西端芦潮港是泥沙滩地，东侧所经岛屿及东端小洋山为一系列小岛屿，基础容易发生不均匀沉降；大桥位于北亚热带南缘，气候变化复杂，环境温度及湿度较高，历年最高温度37.5℃。雷暴多，平均每年有雷暴日18~26天。风速较高，实测最大风速达到35米/秒。海水中的氯离子极其丰富，易引起混凝土和钢材腐蚀。这些问题，都需要在课题中有针对性地确定监测方案和技术手段。

监测系统如何组成？孙利民说，大桥监测采取的是实时监测与定期检测相结合、现代技术与传统手段相结合的方法，以实现大桥健康的评估式、预测式维护。这个健康监测系统综合了现代传感技术、网络通信技术、信号分析与处理技术、数据管理方法、预测技术及结构分析理论等多个领域的最新成果，系统主要由传感器、数据采集和传输、数据处理和控制、结构健康评估四个子系统组成。具体来说，传感器系统将采集各类信号并传输到附近的工作站；工作站根据需要对各类信号进行解调和预处理，并通过传输系统将传感器的信号送到数据处理和控制系统；数据处理和控制系统对数据进行二次预处理（数据的时域、频域和幅值域显示，频度计数等）、结果显示、存档和数据入库等；结构健康评估系统对监测数据进行在线评估（如预警、初步评估等）及离线评估（如模态分析、数据融合、信息提取和挖掘、损伤识别、结构的安全性和耐久性评估）。另外，设检查与维护系统对系统进行定期维护。

孙利民解释说，系统建成后具有长期、实时、同步、连续地进行数据采集的能力；强大的数据传输、处理、显示、存档和远程共享能力；自检、校准、控制功能；正常状态评估和突发事件评估的能力；良好的可更换性和升级能力。

系统对大桥如何实施监测？孙利民介绍，东海大桥健康监测系统分别对两座斜拉桥，三座辅助航道桥，三联50米、60米、70米等高度连续梁跨进行实时监测；对桥面变形及桥墩沉降采取人工定期测量的方式进行全桥检测；对桥墩基础冲刷选择有代表性的13个区域进行定期监测；另外在大乌龟岛建立腐蚀暴露站。监测内容主要包括桥址环境（温度、风、氯离子含量）、桥梁静动态响应（结构变形、结构应力、结构动力、索力、阻尼器的位移）、钢结构疲劳、结构腐蚀、基础冲刷、水文波浪、桥墩沉降、桥面变形等，分实时监测和定期监测。

按照这一思路，全桥共布设583个传感器，14个工作站和2个沉降采集站。孙利民说，对监测取得的数据进行结构评估又分为在线评估及离线评估两大模块。在线评估是对实时采集的数据进行统计分析，绘制趋势图，作出预警提示，并根据同类传感器的评估结果，对监测内容给出初步结论；根据在线评估的结果结合其他监控系统（交通、航道等）及常规桥梁检查得出的信息来确定是否进行离线评估。

离线评估模块功能是指对系统采集的数据，使用各类专业软件，按照预定的分析方法，分别对桥梁正常使用和突发事件后，桥梁的安全性、耐久性和使用性进行综合评估。

根据评估结论结合专业人员的论证，对桥梁养护管理者提供指导意见，大桥的预测式维护管理就比较容易实现了。

2005年12月10日，洋山深水港开通仪式隆重举行。从此，上海航运中心驶入高速航道。洋山四期是目前全球最大的单体全自动化码头，也是全球综合自动化程度最高的码头之一。码头岸线长2 350米，拥有7个集装箱深水泊位，总面积223万平方米，共有61个自动化箱区。设计年吞吐量为630万标准箱。

1 李国豪先后两次给时任中共中央总书记的江泽民写信，这一举动对国际航运中心建设起到了重要作用。具体细节见《战略科学家李国豪》。

2 黄融、葛耀君：《东海大桥主航道桥抗风性能及颤振控制研究》，载《世界桥梁》，2004年。

我架津梁济沧海

20世纪90年代至21世纪10年代，同济桥梁人参与的桥梁建设撷英

“桥梁长一寸，我们就要去争。”这是21世纪初，时任桥梁工程系系主任的葛耀君告诉笔者的一句话。“我们现在已从一个个具体的桥，转向以普遍问题为导向、以未来发展为导向的桥梁科研。”这是现任桥梁工程系系主任王达磊告诉笔者的。

与葛耀君这句话相对应的是，截至2006年底，我国已建成主跨400米以上的桥梁38座，同济大学参与的有24座；在建的主跨400米以上的桥梁22座，同济大学参与19座，占86%。

一、社会服务面上情况

背靠桥梁工程系科研实力，借助自主建造南浦大桥等的巨大声望，1996年，桥梁工程系成立了上海同济桥梁市政工程技术服务公司，作为系办产业。在随后的20年里，桥梁工程系教师承担了100多项桥梁设计复核与设计咨询、桥梁抗震设计复核、桥梁施工控制、桥梁竣工试验、运营监测、既有桥梁鉴定与评估、旧桥改造与加固等技术咨询服务项目，如在桥梁设计复核方面先后完成香港青龙大桥（主跨1 418米悬索桥）、宁波大桥重建工程和上海卢浦大桥。在桥梁工程监理咨询服务方面，20世纪80年代末开始，先后承担上海南浦大桥浦西引桥、杨浦大桥浦西引桥、内环线龙阳路立交工程、福建青州闽江大桥等施工监理。近年来较多承担桥梁工程设计监理业务。

桥梁工程设计的历史更为悠久。20世纪50年代，桥梁隧道教研室曾参加杭州—宣城铁路中小桥的勘测设计。20世纪60年代，与广西壮族自治区交通厅合作进行邕江大桥设计，等等。

改革开放以来，为适应我国桥梁建设的新形势，促进教学科研和工程实践的结合，1985年，桥梁教研室抽调部分教师与工程技术人员成立桥梁设计室，专门从事桥梁设计工作。1989年，在桥梁设计室的基础上，成立与桥梁工程系合一的桥梁工程设计研究所，先后承担上海南浦大桥和杨浦大桥的科研总承包和联合设计任务。当时选留一批毕业生充实桥梁设计室。

1993年，桥梁工程设计研究所改为同济大学建筑设计研究院桥梁工程设计分院（与桥梁工程系实行双重领导），先后参与和主持了多项重大桥梁工程设计。

1999年3月，桥梁工程设计分院人员编制归口学校产业系统，划归同济规划建筑设计研究总院（后合并重组为同济大学建筑设计研究院）管理，在业务上实行与桥梁工程系双重领导体制。随后，桥梁工程设计分院的人员规模和产值不断快速发展。

目前，同济大学建筑设计研究院（集团）有限公司桥梁工程设计院拥有桥梁工程甲级设计资质，有工程技术专业人员百余人。改革开放以来，桥梁工程设计院承担、参与设计的桥梁工程主要有剑河大桥（1985年获贵州省科技成果一等奖，1988年获国家科技进步奖二等奖）、江界河大桥（1996年获贵州省科技进步奖一等奖，1997年获国家科技进步奖二等奖）；首创斜拉式预应力混凝土桁架桥型，1986年建成浙江长兴港口大桥，随后各地与该院合作已建成10多座类似桥梁，如京九铁路卫运河双轨铁路桥、福建洪塘大桥及河南沈丘大桥等；还承担上海南浦大桥东引桥、杨浦大桥东引桥、徐浦大桥西引桥、内环线高架道路之低高度连续箱梁桥及脊骨梁桥、杭州钱塘江第三大桥、江苏吴县太湖大桥、广东省江门连海大桥、福建省水口闽江大桥、江阴长江大桥、苏通长江大桥等。

近10年来，桥梁工程设计院设计（含合作设计）的桥梁包括各种结构形式的大跨径桥梁，如三塔两跨悬索桥——泰州长江大桥（联合设计）、新型组合梁斜拉桥——浙江台州椒江二桥等。设计了一大批城市景观桥梁和高架、立交工程，如广东惠州下角东江大桥、宁波庆丰、宁波琴桥、宁波长丰桥、桂林南州大桥、云南大理兴盛大桥、洛阳瀛洲大桥、太原祥云桥、太原南中环桥、太原跻汾桥、宜兴荆邑大桥、沈阳动漫桥、白山向江大桥、赣江公路大桥等。近年来还承担了国内外多座大桥的设计审查工作，如上海卢浦大桥、香港青马大桥、广西南宁大桥等。

桥梁工程设计院主挑社会服务担子，同时桥梁工程系部分教师也积极承担桥梁工程设计项目，如厦门高集海峡大桥可行性方案、阿拉伯也门共和国萨那市人行立交桥（1984年获萨那市建筑设计一等奖）、湖北黄陵矶大桥、福建乌龙江大桥、广东番禺沙溪大桥、江苏无锡青祁桥、广东汕头海湾大桥（参加设计）、安徽黄山太平湖大桥、预应力混凝土梁拱组合桥梁工程系列设计和绍兴鉴湖大桥等。

不仅如此，桥梁工程系颜义然和陆宗林教授从20世纪70年代起就与国内有关企业开展产学研合作，从事预应力工艺与设备的开发和研制。20世纪80年代末开始与广西柳州建筑机械总厂等企业合作，于1993年与该厂合作成立东方预应力股份有限公司，相继开发成功以OVM预应力体系为代表的系列成果，获得国家技术发明奖三等奖、广西壮族自治区科技进步奖一等奖、建设部发明二等奖和科技进步奖二等奖等7项科研成果奖和1项国家发明专利，使我国后张预应力桥梁技术及其施工工艺产生飞跃，其中“OVM200拉索体系”于1998年获国家表彰产学研联合开发工程优秀项目。

2001年8月，桥梁工程系与广西柳州市建筑机械总厂联合建立“同济OVM预应力研究中心”，并设立博士后工作岗位，由企业派驻技术人员开展长期合作开发研究，取得“体外预应力材料及体系”、智能数值化钢绞线拉索张拉系统、悬索桥跨缆吊机、高性能桥梁抗震支座等成果，先后获广西壮族自治区科技进步奖二等奖和10余项国家专利。

二、江阴长江大桥上的同济人

江阴长江公路大桥北起靖江南互通，上跨长江水道，南至江阴北互通。1994年11月22日动工兴建，1999年4月21日完成合龙工程，大桥全线贯通；1999年9月28日通车运营。线路全长3 071米，主桥全长1 385米；桥面为双向六车道高速公路，设计速度为100千米/小时。桥梁工程系承担了大桥的抗风科研工作。

葛耀君、项海帆《桥梁结构颤振稳定的概率性评价》[1]提出了以我国抗风设计指南为基础的设计风速效应模型、临界风速抗力模型和颤振稳定极限状态，运用一次二阶矩理论的中心点法和验算点法建立了基于实验加理论方法的桥梁颤振稳定的概率性分析方法，并对江阴长江大桥进行了颤振稳定的概率性评价。

丁泉顺、陈艾荣、项海帆2001年发表于《中国公路学报》的《大跨度桥梁结构气动耦合直接颤振分析》基于结构的有限元全物理模型，提出了用于分析大跨度桥梁耦合颤振新的直接分析方法。将系统的气动运动控制方程转化成广义特征值问题。此外，对具有理想平板截面的简支梁结构和江阴长江大桥进行了直接颤振分析，证实了此方法的可靠性和有效性。

程进、肖汝诚、项海帆2001年发表于《公路交通科技》的《大跨径悬索桥静风稳定性的参数研究》用作者导出的大跨径悬索非线性桥静风稳定性方法，编制相应的计算程序，对主跨1 385米的江阴长江大桥的静风稳定性进行参数分析与比较，给出影响大跨径悬索桥静风稳定性的主要参数。研究结论认为：对于悬索桥而言，非对称结构可能发生反对称空气静力失稳，且失稳风速要比对称结构的高；初始攻角增大，大跨径悬索桥的静风稳定性会有所下降；在计算大跨径悬索桥静风稳定性时，吊杆上的风荷载可以忽略，但是其主缆上的风荷载却不能忽略，否则偏于不安全；无论是否考虑大跨径悬索桥缆索的垂度效应，对结构的静风稳定性均不会产生影响，因此，在计算时可以不考虑缆索的垂度效应；对于同一座悬索桥而言（江阴长江大桥），在结构失稳处三分力系数中升力矩曲线斜率的大小会直接影响到该桥的静风稳定性，斜率大的静风稳定性低，反之，则静风稳定性高；通过分析表明主要影响悬索桥静风稳定性的参数有结构的对称性、主梁断面的三分力系数（特别是升力矩系数）、不同的初始攻角、主缆静风荷载的考虑与否。这些参数的正确选择和使用，将直接关系能否准确评估出悬索桥的抗静风能力。在今后的抗风设计中，须引起足够的重视。

丁泉顺、陈艾荣、项海帆2002年发表于《同济大学学报》的《大跨度桥梁耦合抖振正交组合分析方法的应用》结合耦合抖振分析有限元完全正交组合（CQC）方法，编制了大跨度桥梁结构三维抖振分析模块，并选择薄平板截面简支梁结构的耦合抖振问题作为算例进行验证。从分析中发现，此方法的分析结果与Scanlan方法的结果相当吻合。还对主跨跨度1 385米的江阴长江大桥的耦合抖振问题进行了分析和研究。分析结果表明，振动模态的气动耦合对系统复模态的阻尼比有较大的影响。在大跨度悬索桥中，对于主梁的竖向和扭转位移抖振响应多模态效应和模态耦合效应非常显著，在高风速区传统的SRSS方法将低估这些抖振响应。广义抖振力的交叉功率谱密度对大跨度桥梁结构耦合抖振响应的作用不可忽略。此外，对江阴悬索桥来说，在设计风速下纵向和竖向脉动风速的交叉风谱对结构抖振响应有明显的影响，在以后研究分析中应该给予重视。广义抖振力交叉功率谱对大跨度桥梁结构耦合抖振响应的影响不可忽略。

程进、江见鲸、肖汝诚、项海帆2002年发表于《中外公路》的《大跨度悬索桥空气静力稳定性研究》指出：悬索桥的空气静力稳定性已受到人们的广泛重视。虎门大桥和江阴长江大桥作为我国已建成的两座特大跨径悬索桥，有必要了解一下它们的抗静风稳定性。该文分别采用线性和非线性方法对这两座桥的空气静力稳定性进行分析与比较，并对计算结果中出现的一些现象作出了解释。

丁泉顺、陈艾荣、项海帆2002年发表于《土木工程学报》的《大跨度桥梁多模态耦合颤振的自动分析》指出：基于结构的固有模态坐标，提出了分析大跨度桥梁结构气动耦合颤振问题新的状态空间方法。为寻找颤振临界风速，采用了一种简单实用的单参数自动搜索过程。在合理假设前提下，将系统的一般气动运动方程转化为一种复矩阵的标准特征方程，通过求解该特征值问题进行耦合颤振分析。此外，还对主跨跨度1 385米的江阴长江大桥进行了颤振分析，证实了该方法在实际应用中的可靠性和有效性。

“当江总书记走向站在外围的外国工程技术人员，与他们亲切握手，并用英语交谈时，我们一步不落，抓拍到这组精彩动人的镜头。”[2]这是江苏电视台费如林回忆江阴大桥通车典礼时的一段话，其中提到的“外国工程技术人员”即是英国克瓦纳克里夫兰桥梁有限公司的工作人员，他们总承包江阴大桥上部结构（含缆索系统和箱梁），随即将其分包给上海基础工程公司，英国公司只是派代表进驻施工现场。

江阴长江大桥这项超级工程在国际国内获得不少奖项，2000年度英国建筑协会优质工程奖、2002年度中国建设工程鲁班奖（国家优质工程）、2003年度第三届中国土木工程詹天佑奖获奖工程、第十一届全国优秀工程设计金奖等。其获奖名单中就有同济大学桥梁工程系林长川教授。

1997年，时任建筑设计研究院桥梁分院院长项海帆给时任交通部公路规划设计院的总工程师、江阴大桥联合设计处的总工程师王建瑶写信，推荐林长川（当时任桥梁分院副总工程师），“希望王总给予江阴大桥联合设计的同济大学代表地位，作为您的副手之一参加工作”。同时还表示，“如有必要，我院还将派出原设计人员去工地协助林长川同志工作”。林长川承担的是缆索的总体设计工作，他带领的同济团队承担了缆索系统的全体系、全过程设计，并在施工阶段作为设计代表，又经历了图纸到实桥的实践过程。

江阴长江大桥为当时我国跨径最大的桥梁，也是世界第四长桥。作为悬索桥，其悬索系统由缆索、加劲梁、索塔和锚碇四个分系统组成。远远看过去，江阴大桥的缆索宛如一根晒衣绳，粗绳子拽着一根根垂直的细绳，众绳合力便挽住了下面宽宽长长的桥面这条“大扁担”。如何让大绳子更长，建设费用更省？“绳子更长，挽住的桥面就更长，在保证安全的前提下当然是越长越好。”林长川介绍，丹麦的大带东桥采用的主缆垂跨比是1∶9，取得了很好的经济效益。我们综合考虑江阴大桥的跨度比大带东桥小（大带东桥跨度1 624米）、加劲梁也较轻、重力刚度远小于大带东桥等各种因素后，采取了1∶10.5的垂跨比[3]。由于建造桥塔采用爬模技术，得益于技术进步，无论是钢塔还是混凝土塔，增加高度都不是难题，而增加垂跨比有利于节省钢丝用量，减小锚碇尺寸。

边缆主缆设计，林长川团队在北边跨采取336.5米、边缆倾角27.072°的设计方案，南边缆尺寸相近，林长川说，这样便于制造。为了节省钢丝用量，团队参考博斯普鲁斯桥、青马大桥经验，将原来16根长2 200米的长索改为32根380米的短索，这样一来就节省了钢丝507吨，效果一样，但制造和架设都更加方便了。

"由于是第一次采用索股锚头型式主缆，我们的做法比较谨慎。"林长川介绍，江阴长江大桥为配合螺杆式锚固系统，采用带锚板的主缆索股锚头。由于第一次设计这种形式的锚头，缺乏工程经验。设计中，考虑到索股安装使锚板容易转动，为便于孔眼与螺杆对准，锚板与锚头分开，锚板采用锻钢，以满足复杂受力要求；锚杯采用铸钢，以满足复杂形状的需要。事后，林长川总结说，从实际运营情况来看，采取铸钢制造效果是一样的，这样锚板与锚杯便成为一体，还可以节省锚头长度，减轻重量，节省材料，避免锚板刮伤钢丝。他说，随后的丰都大桥与海沧大桥都采用一体制造，证明了此方法的可行性。

众所周知，悬索桥的主缆一旦装上，便在大桥使用期内恒定且不可更换，是伴随大桥始终的永久性构件，因此它的钢丝强度、垂跨比及安全系数三大要素聚合为一怎样才能恰恰好?"钢丝强度的提高是需要付出代价的，垂跨比增大有整座桥梁的刚度制约，唯独安全系数的降低是免费的。"林长川介绍，江阴长江大桥主缆的安全系数取2.5，但综合考虑了钢丝的主次应力。英国自造塞文桥以来，随后的博斯普鲁斯两座桥、亨伯桥等的主缆安全系数始终保持在2.29；日本的明石大桥主缆安全系数为2.2，加之使用1 800兆帕超强钢丝，主缆效率系数达到0.74，遥遥领先于其他大桥；丹麦的大带东桥，主缆安全系数仅为2.0，是目前各悬索桥中最低的，加之采用1∶9的垂跨比，尽管仍使用1 570兆帕强度的钢丝，主缆效率仍能达到0.80。林长川说，这些大桥敢于采用如此低的安全系数，是基于大跨悬索桥的恒载占85%，通行时的活载超载率很小。因此，江阴大桥建议采用1 670兆帕钢丝，既不增加成本，还可节省4.3%的钢丝用量。

对于吊索，林长川团队经历了初步设计、扩大初步设计、技术设计和施工设计多次、多方案反复比较推敲，最后选用的是上下销接方案，长吊索索股设计为平行钢丝索股的吊索，短吊索（长度小于9米）采用钢丝绳索股。林长川指出，钢丝绳因钢丝较细，容易锈蚀，弹性不够且不稳定。加上江阴大桥在跨中处主缆重心至加劲梁重心的距离仅2.5米，扣除锚头等器件长度后，钢丝绳索股净长度仅0.63米，横向弯折的柔度很难保证，因此短吊索是江阴桥缆索系统中比较薄弱的环节。但好在吊索可随时更换，短吊索更换较容易。

团队在缆索系统设计、施工过程中对

短吊索、吊索的索长精度、索夹材料、主缆空隙率等一系列问题进行了深入细致的研究、设计，林长川在施工现场日夜看护、指导、监督。因此，他也获得1999年“江苏省先进工作者”称号。

江阴长江大桥通车后，《同济报》（1999年9月30日）刊发题为《为了建造中国第一大桥》一文：江阴长江大桥一开始建设，就瞄准了世界先进水平。林长川主持设计的缆索系统采用了当今世界上最先进的形式，预制索股法架设主缆质量好、工期短，高强度钢丝加PE材料防护的吊索不仅耐久、美观，而且结构性能好；独创的可调式锚头使索长相对误差仅有一毫米，铸焊结合的鞍座既轻巧又省材料，工艺可靠。得益于林长川的现场照护，江阴大桥的主缆垂度误差仅为31毫米，已属世界最好；两缆垂度相对误差仅为7毫米（国外一般为10毫米），主缆空隙率做到了14.6%（国外一般为18%~23%）。国外专家说：“等江阴大桥造好后，我们来取经。”

回忆这8年的经历，林长川感慨地说：“一路伴随成功的喜悦，也伴随着汗水和辛酸。”8年里，无论寒暑风雨，为了解决主缆索股安装问题，他在高空猫道上一待就是一整天。炎炎夏日里、凛冽寒风中，一位年已花甲的老者在空中一千多米长的（最高处距离地面197米）窄窄的猫道上走来走去，有时还要匍匐而行，是一幅怎样的情景？但检查主索鞍的安装质量是须臾不敢大意的事情。于是，很多工程难题他都要带回学校开展深入研究。一次回沪途中，他不幸被汽车撞倒，左臂骨折，打完钢板出院后，随即回到工地；还有，惊闻父亲病故，但因为汇报设计而不能赶回家，他自责内疚的同时也只有以“自古忠孝不能两全”来安慰自己。

报道说：“比江阴大桥跨度更大的润扬（当时叫“镇扬”）大桥正在设计，也需要他指导。他不停地穿梭于上海、江阴、常州和镇江之间。江阴大桥做荷载试验时，他在桥上熬了两个通宵，第二天一早就到常州工地指导主缆吊装。虽然苦并累，但他说工程完成时的成就感使一切都得到了补偿。”报道还说：“参与江阴大桥的同济人还包括项海帆、陆宗林老师的组织安排调度，龚纯明、贾丽君、李映、罗喜恒、徐跃等的倾情投入，肖汝诚教授研发的‘悬索桥专用程序系统’也在大桥计算中作出了很大的贡献。”

林长川在《为了突破千米跨度》[4]中说：“江阴大桥是我国自己设计的第一座超过千米跨度的大桥，同济大学建筑设计研究院桥梁分院在大桥联合设计处的人员分插在缆索、主梁、索塔三个设计组。我负责缆索组，主持缆索系统，包括主缆、吊索、索夹和鞍座的设计工作。当时，我国现代悬索桥还处于起步阶段，记得在日本考察时，日本同行得知我负责缆索系统设计时，关切地对我说，‘你的任务艰巨啊！’听闻此言，我深感责任重大。”

“设计期间，我碰到两次突发事件，一是车祸，在医院住了三个星期出院，伤口尚未愈合，正好女儿放暑假，就吊着石膏，带她回到江阴现场为我作护理。有一次被靖江电视台记者看到，回去做了报道，市政府特地派人来慰问我。这使我倍感责任重大，决心以更优良的设计报答大家的关怀和期盼。另一次，老家传来父亲病故的噩耗，当时正忙于准备设计评审会的汇报工作，我要汇报缆索具体设计，会后还要对专家意见进行处理。我毅然决定将父亲丧事托付给弟弟办理，照常参加设计评审会。父亲早已留下遗嘱，死后将骨灰撒在闽江的激流中。葬礼那天，我到长江边，向南默哀三分钟，采一束野花抛到江中，寄托哀思。”

2023年，林长川同志把江阴大桥的所有设计资料都交给了同济大学档案馆。他在“情况说明”中说：受我校设计院派遣，本人用了8年时间参加联合设计处设计和施工配合工作。设计阶段，担任缆索系统（含主缆、索夹、鞍座和吊索）负责人。结合设计工作，做了主缆中边跨比、缆用钢丝性能标准、主缆次应力、吊索选型、吊索无级调节锚头等研究。施工阶段，作为设计代表，负责缆索系统制造、安装施工配合工作，并做了悬索桥工程控制研究。

三、同济：给润扬大桥吃颗“定心丸”

2005年5月1日，中国第一、世界第三的润扬长江大桥通车了。“大桥创造了8项国内第一。”交通部总工程师、润扬大桥技术专家组副组长凤懋润说，长达1 490米的第一国内主跨、神州第一锚碇……这两项第一都与同济大学两位教授的名字连在一起，他们就是土木工程学院的孙钧院士和徐伟教授。

润扬南汊悬索桥两根主索每根长2 600米，自重便超过2万吨，桥成后要求南汊悬索桥的北锚碇承受68 000吨的主缆拉力。在镇江、扬州间的软土地基上，能竖起这么巨大、坚硬的锚碇吗？参加论证的专家们清楚，必须把6.8万吨重的缆绳压力传递到地下岩石上，否则，悬索就是空中楼阁。

做锚碇，就得挖深坑，用什么方式才能安全地把大坑挖成？2000年6月11日至19日，润扬大桥北锚碇基础技术设计审查会上，专家们天天争吵，冻结法施工国内只挖过直径8米的坑。北锚基础坑面积为3 500平方米，深50米，万一冻不住，江水奔涌而入，怎么办？那可是17万立方滔滔江水呀！

如何给大桥吃下合适的“定心丸”？直到最后一刻，专家意见仍不能统一。

润扬大桥指挥部着急，总指挥吴胜东更着急。会议开了8天后，大桥指挥部决定采用带案招标的方式，让施工队伍报上施工办法。吴胜东不安地对交通部和江苏省有关领导汇报说："让施工单位自己拿图纸自己施工，国内没有做过，有风险。但指挥部无路可走了，只有另辟新路，才可能成功。"

6家施工单位报出18种施工方案。中港二航局偕同同济大学等数家科研单位汇聚到大旗下，报出了地下连续墙的施工方案，经过专家评议，一举中标。这个方案的设计者就是孙钧院士和徐伟教授。

2001年1月，孙钧院士和徐伟教授课题组承担了江苏省润扬长江公路大桥南汊北锚锭基础工程的设计和施工理论研究任务。在滔滔长江中开挖巨型深坑，谈何容易！虽然同济1996年便在超深开挖面地下连续墙受力机理和施工技术应用研究领域开始了系统的研究和实践，成果在陆家嘴开发区浦项广场地下室工程、人民广场地区来福士广场地下室工程施工中均得到了很好的应用。但位于长江江中的锚碇基坑技术含量之高、方法之新、开挖之深在国内外处于领先地位，即使是国际上也仅有极少数国家尝试过。

"接受任务后，大家就没有了休息的概念。"徐伟教授说，"项目组全体人员没日没夜地试验、计算、模拟，尽可能想得困难些，再困难些。老师们没了春节，研究生们也主动提出不回家，大年夜的饭桌上，大家谈得最多的还是设计。"课题组的目光牢牢锁定锚碇技术的国际水平，在工程设计中大胆选用矩形锚锭结构方案，嵌岩地下连续墙、排水明挖、内支撑与锚锭结构结合的施工工艺，经过近4个月的顽强拼搏，提出了一系列新颖、可靠、经济、安全的锚锭施工方案。带案招标现场，孙钧、徐伟的方案材料重达200多千克。

以叶可明院士为首的专家组评价说，该课题创新点包括基于地下水渗流与土体、支护结构变形的共同作用分析原理，采用平面弹塑性和空间非线性弹性数值模拟计算，确定了地下连续墙厚度和嵌岩深度的设计取值标准；完整地提出了复杂地层超深嵌岩地下连续墙设计方法和成套施工工艺；针对支护结构随施工过程时变的特点，建立了支护结构动态强度可靠度和动态刚度可靠度两个安全评价指标，拓展了现有的信息化施工理念，"总体上达到了国际领先水平"。

不经火炼，哪有真金？

二航局带着同济方案进入大桥南汊悬索桥北锚锭工地。工人们4米一段地往下挖，挖4米，砌上一圈壁厚1.2米的墙，打上钢筋混凝土支撑，要这样连续挖上12层。

滔滔江水中施工，哪有不怕的？总指挥吴胜东的心揪到了嗓子眼。他对二港局北锚施工项目经理林鸣说："你必须做到万无一失。"可是，越担心越有事。挖到20多米深时，林鸣发现支撑四壁的钢筋混凝土架子变形到最大限度！

立即停工！徐伟、林鸣寸步不离。几天后，距地下连续墙23米处，一道高压旋喷桩修成，基坑内的变形消失了。"其实，钢筋水泥墙不像有人说的那样，它是非线性材料，有塑性的。"徐伟笑着对我们说，那个春节又在工地过啦！

可是，开工命令下达后，工人们却迟迟不下坑，眼中露出惶恐、迟疑的目光。林鸣指着徐伟说："大家不用害怕，专家已经进行过严格测算，我们施工是安全的。我先下！"说完，他第一个下到20米深的坑底，接着徐伟就下去了。

工人一个跟一个地下到作业面，机器重新"欢叫"起来。为确保施工安全，孙钧、徐伟课题组在锚碇基坑内埋设3 000多个监测点，对地下连续墙垂直沉降、平面位移、纵向变形、墙体钢筋应力、内支撑轴力、立柱桩内力、坑内外地下水位、坑外孔隙水压力、坑外地基沉降、长江大堤及附近建筑物变形等复杂情况进行监测。孙钧、徐伟，还有课题组的其他师生轮番下坑，连续不断地监视，最终汇集了数十万个数据，有效保证了施工技术的科学化、标准化、规范化。

2002年4月30日，北锚碇基础终于在汛期到来之前顺利封底。这道长236米、厚1.2米、深53米的嵌岩地下连续墙围成的矩形基坑，用事实回答了美国桥梁权威对中国人在软土上建锚锭的嘲笑。5月30日，国际桥梁协会主席伊藤学参观大桥施工时惊叹："如此规模的地下基础施工，在日本光开挖至少就要5年！"

大桥总指挥吴胜东说："锚碇成，大桥成。北锚碇顺利完工，同济功不可没！"孙钧、徐伟这项成果也获得了包括2004年江苏省科技进步奖一等奖在内的多个奖项，一批研究生以此为题完成了论文。

需要指出的是，因为江阴长江大桥缆索系统的杰出工作，2001年1月，江苏省交通设计规划院聘请林长川为润扬大桥建设顾问，具体参与润扬大桥建设过程中设计及施工中的配合工作。按照聘任合同约定，林长川的工作重点为润扬长江公路大桥缆索系统设计变更及施工配合，负责缆索系统设计实施全程中属于设计责任的重大技术问题决策、变更设计与计算及图纸的二审。

四、同济大学承担泰州长江大桥多项关键技术研究

2012年11月25日，全长62千米、双向六车道高速公路标准、主跨为世界首创的2×1 080米三塔双跨钢箱梁悬索桥泰州

长江大桥通车。

“这座大桥是由江苏省交通规划设计院及中铁大桥勘测设计院与同济大学建筑设计研究院（集团）有限公司联合设计的，桥梁工程系的许多学者承担了包括大桥的多塔连跨悬索结构原型设计、桥梁稳定问题、中间塔安全、抗震性能及结构体系优化，还有抗风性能的研究等，这些课题取得的成果都已运用到大桥的建设上了。”桥梁工程系有关负责人介绍。

泰州长江大桥是世界上首座跨径超千米的三塔悬索桥，建筑设计方案由同济大学桥梁工程系陈艾荣团队完成，其设计、技术在国内外创下三项纪录：

世界跨径最大的三塔悬索大桥。在泰州大桥之前，世界上最大跨径的三塔悬索桥在日本，跨径为176米。泰州长江大桥建成后，主桥边塔与中塔之间1 080米的跨径，将首次在世界上把三塔悬索桥塔跨径由百米一跃迈向千米。

大桥采用国内最大的水中沉井，基础沉井平面尺寸长约58米、宽44米，整个沉井基础将下沉到标高−70米的深度。

大桥采用“人”字形钢塔。为何要采用这种结构？“与两塔悬索桥不同，由于三塔悬索桥用边、中、边三个主塔，中主塔将主桥划分成两个跨径，极端情况下可能出现一个桥跨布满车辆而另一个桥跨没有车辆的情况，此时，如果中塔刚度不足，则塔顶会产生较大位移，桥面必然出现明显的变形，对行车及人产生不利影响。与此相反，若中塔刚度过大，势必会使大桥的主缆在中塔两侧存在巨大的不平衡力作用，造成主缆在塔顶产生滑移的风险。这就要求中塔必须要有一定刚度，同时刚度又不能太大。我们的研究就是要对为这类桥型提供一个可以操作的规范。”设计组负责人之一罗喜恒说。

三项之最包含的是数不清的困难和问题。比如大桥跨越的长江江面宽达2.3千米，河床呈浅W形断面，是一跨过江，还是三塔两跨悬索桥？投资、河床特点、河势变化、船舶撞险都要考虑；而采用斜拉桥桥型，引桥过多、过密的桥墩，将会影响两岸港口码头间船舶的航行，不利于两岸岸线的开发利用。“造桥有难题，得去找同济。”业内广为流传的话在泰州长江大桥上再次应验。

中间塔难题，交给同济

泰州长江大桥主缆从锚碇起经过一个边跨和一个主跨后才到达中间塔，主缆对中间塔塔顶的约束相对较弱。马如进副研究员牵头的“中间钢塔多尺度弹塑性稳定分析及安全评价”课题对泰州长江大桥中间钢塔的弹塑性稳定展开详尽的研究，获得了中间钢塔结构在多种荷载作用下的失稳形态及过程；首次利用多尺度方法，解决了大型钢塔结构稳定分析全尺度与局部细节尺度模拟差别很大的问题，揭示了构件局部失稳与整体失稳相互作用的关系；首次将随机车流模拟引入稳定分析，提出了实际状态下中塔的稳定安全概率评价方法，为桥梁结构稳定性分析提供了一种新的思路。“研究成果很好地指导了大桥的中塔建设，让我们的设计、施工吃了定心丸。”泰州长江公路大桥现场总指挥钟建驰如是说。

泰州长江大桥的中塔鞍座抗滑安全问题落到了同济大学桥梁工程系陈艾荣教授身上。“随着经济的发展，作为跨海工程理想结构形式的大跨径多塔悬索桥建设必然越来越多。”陈艾荣教授介绍，作为首座大跨三塔两跨悬索桥，中间塔的安全问题、抗滑评价与设计方法是三塔悬索桥结构体系安全的关键问题之一，目前的研究具有首创意义。采访获悉，陈艾荣教授等结合工程的具体特点，开展了随机车流模拟、极值外推、性能设计等方面的研究，明确了中间塔鞍座与主缆的相互作用机理，提出了中塔鞍座与主缆间的抗滑安全性评价方法和参数指标，开发出相应的分析手段和计算工具，探索建立了多塔悬索桥中间塔鞍座的性能设计方法。具体的创新性成果表现为：研究了基于实际运营状态的车辆荷载效应极值数值推定方法，实现了基于短时车辆荷载响应的长时间响应机制推定；提出了中塔鞍座与主缆抗滑安全性评价方法和参数指标，并对泰州塔桥进行了实例研究；提出基于性能设计方法的中塔鞍座设计过程与方法，创新了多设计水准设计状态的大跨径桥梁关键构件性能设计的规范格式，编制了《中间塔鞍座抗滑性能设计指南》。

抗风抗震，同济担当

泰州长江大桥的主桥部分有近10千米处于风力强大且飘忽的长江之中，如何保证三塔两跨悬索桥在狂风面前泰然自若？陈艾荣牵头开展了大桥抗风性能及减振技术研究，“我们采用理论分析结合有限元数值模拟分析和风洞试验研究的方法，以泰州长江大桥主桥为工程背景，进行了针对中间钢塔的节段模型风洞试验研究、气动参数数值模拟研究和气动弹性模型的风洞试验研究，以及主梁节段模型风洞试验研究和全桥气弹模型风洞试验研究，首次系统地研究了三塔两跨悬索桥的抗风性能。”陈艾荣介绍，以节段模型测力试验、气弹模型试验、结合数值模拟的手段，获得了中间人形钢塔的风荷载参数、振动特性，针对施工阶段中间人形钢塔涡激振动的特点，提出了基于性能的设计方法并建议了涡激振动的控制措施，为中间钢塔的施工组织提供了依据；还首次系统地研究了三塔两跨悬索桥的成桥与施工阶段的颤振稳定性能，为大桥主梁架设工况组织安排提供了技术支撑。

泰州大桥的抗震性能研究，当然也是同济大学挑起大梁。李建中教授牵头的抗震研究首次以寿命期与性能的大型桥梁抗震设计理论，针对泰州长江公路大桥明确提出了4水平地震作用和相应的3级性能目标；首次系统地研究了三塔两跨悬索桥的地震反应特性，分析探索了滑动支座摩擦耗能作用、承台质量等对结构地震反应的影响；首次对大型沉井基础的抗震计算模型进行了研究，建立了相应的计算模型；首次对三塔两跨悬索桥合理抗震体系进行了研究，分析、比较了塔梁间采用弹性索、阻尼器以及中央扣等对结构地震反应的影响规律，并对大桥的抗震合理体系给出了相关建议，已被泰州长江大桥的施工阶段采用。

长江航道运输繁忙，加上各种自然因素的综合作用，大桥的建设面临各种各样的风险，陈艾荣教授还牵头承担了大桥的风险评估研究。该项研究针对优选方案，就风作用、地震作用、船撞作用、蓄意破坏这四部分关键性设计作用对大桥设计、施工、运营期间可能产生的影响进行了风险评估，确定其风险等级，并综合考虑工程技术手段、管理手段、工程保险等各种方法，提出风险控制和风险管理对策。“陈教授的研究建立了大型桥梁设计、施工、运营风险评估的系统方法，科学地将现有的定量数值分析方法与实际设计、施工、运营中的管理对策结合起来，有效提升了大桥规划、建设的管理水平。”钟建驰说，研究成果还可供以后类似桥梁规划、建设借鉴使用。

2016年5月12日，国际桥梁及结构工程协会2014年度杰出结构工程奖揭牌仪式在泰州大桥现场举行。此次泰州大桥获奖，是我国继卢浦大桥、水立方后第三个获此殊荣的项目。

五、杭州湾大桥的“驯风师”

2008年5月19日，奥运火炬境内传递将在5月1日新开通的杭州湾大桥上举行。赤橙黄绿青蓝紫……防撞护栏上的透明风障条就是同济大学桥梁工程系陈艾荣教授课题组的成果，“看似不起眼的椭圆形障条却能够把11级以上的狂风‘驯’得服服帖帖，威风全无。”杭州湾大桥副总工程师方明山评价。

钱塘潮的威力世人皆知，而杭州湾跨海大桥横跨在钱塘江的大喇叭口上。东风或东南风刮起时，喇叭口便形成了“窄管”效应——风力迅速被放大。同时，大桥南北航道桥的高度近60米，海上风力随着高度的增加也将增大。兼之杭州湾跨海大桥所跨越水域的气象条件复杂，台风、龙卷风、雷暴及突发性小范围灾害性天气时有发生。杭州湾跨海大桥的通行采取路桥一致原则，即只要高速公路能通车，大桥就能通车。要做到这个，必须要解决风对行车安全的影响。

目前，国内没有此类风障，而国外也只有法国米约、英国赛文二桥等少数桥梁设了风障。“可借鉴的经验不多，一切必须从头做起。”陈艾荣说。

如何设置风障？采用什么样的材料？全桥遍设还是局部设置……2002年，课题组第一次接触杭州湾大桥开始，便着了魔似的一干就是6年。“虽然不是天天盯着它，但这些年‘杭州湾’几个字就像‘紧箍咒’——那是沉甸甸的责任。”陈艾荣说。

杭州湾的风究竟有哪些特点，在大桥上将是怎样的走向？课题组一遍又一遍地实地勘察，一遍又一遍地进行风洞试验，一遍又一遍地仿真模拟。“上了多少次桥记不清了。”课题组王达磊博士说，最初的研究结论是“减风措施只需针对上游车道；3米高风障就能够明显减弱桥面风速，70%透风率风障减风效率约35%，50%透风率风障减风效率接近60%。”

经过反复论证，课题组提出了透明椭圆弧板、带有弧线形的钢制扁桶、风障与防撞栏杆结合这三种风障结构，总高3米，透风率在65%左右，“可以与高速公路匹配满足海上行车要求。但根据斜拉索走向，风障只能设置在防撞栏杆上。”陈艾荣说。

经过反复比选，大桥最终采用加高至1.5米护栏加主桥与高墩区加高护栏上另加设弧形风障，北航道桥北引桥高墩区起点的区域再加设弧形风障的方案。“风障桥面总长约6千米。”王达磊介绍，指挥部最后采用的是我们建议的方案五，这个方案性价比较高，行车安全风险较小。据了解，风障布设好后，当地气象部门选择了一个大风天，开着“追风车”上桥测试，结果南侧没装风障部分风力10级时，南北主航道桥面风力只有8级左右。

“这毕竟不是实际的行车环境，但相信我们的风障能够经受住杭州湾大风的考验。”王达磊说。

六、西堠门大桥抗风：第三代钢箱梁桥“改容”

“我们的工作是站在巨人的肩上进行的。”2011年国家自然科学进步奖二等奖得主葛耀君教授开门见山地说。“特大桥梁颤振和抖振精细化理论”因为成功地解决了各种大跨桥梁在大风下的诸多颤振和抖振等问题，让我国的桥梁从高山峡谷建到茫茫大海，在风口浪尖上巍然屹立，而成功捧得这一国家级殊荣，葛耀君却一如既往地平淡说道：“这是几代同济桥梁人努力的结果。”

同济老一代桥梁人，以李国豪为杰出代表。新中国成立之初，李国豪就担当起武汉长江大桥的顾问。虽然那时候，武汉长江大桥的建设以苏联专家为主，但这座大桥建设的工地就成为同济大学土木专业学生实践、实习的基地。通车时成群结队的人们涌上桥头大桥莫名其妙地晃动，更是一直萦绕在李国豪的心头。是什么原因导致晃动？

这个问题存在了十几年，最终，李国豪在“文化大革命”时期的隔离室中解决了这个问题，基于该研究成果，1975年出版了《桁梁扭转理论——桁梁的扭转、稳定和振动》一书，解决了作为第一代钢梁的钢桁梁扭转振动问题。1983年，这一成果获得了国家自然科学奖三等奖。

唐山大地震让同济人在李国豪的带领下系统地开始了桥梁抗风、抗震和CAD设计研究。项海帆负责桥梁的抗风研究，用他们的话说，就是“学习、追赶世界桥梁研究的步伐”。追赶的历程中标志性的事件就是南浦大桥的自主建设。同济桥梁人除了参与部分设计工作，还义不容辞地肩负了科研项目总承包的任务，这些任务包括抗震、抗风、桥型设计等。

拿下了南浦大桥，外国桥梁设计者便开始全线退出中国桥梁市场。杨浦大桥、虎门大桥、江阴长江大桥、润扬长江大桥、卢浦大桥、东海大桥、杭州湾大桥……“只要桥梁长一寸、高一分，同济桥梁人就要去争。”这是挂在一代又一代桥梁人嘴边的话。数十年来，中国的桥越造越长、越造越高，桥型越来越丰富，同济桥梁人也在不断提供服务的过程中一茬接一茬地成长起来，同济大学的抗风等研究也越来越深入，越来越精细，当初的学习、追赶的步伐也渐渐变成了部分领域领跑者的身影。各地桥梁建设中碰到“疑难杂症”自然想到的就是今天同济的桥梁人。

“西堠门大桥，不做桁架梁”，这是浙江交通厅、舟山人找上门来说的第一句话。为何？所谓桁架梁桥，上海的外白渡桥、武汉长江大桥是典型的例子。其双层钢结构至少要比钢箱梁桥多用钢材50%以上，精明的舟山人要省钱。

西堠门大桥是连接舟山本岛与宁波的五座跨海大桥中技术要求最高的特大型跨海桥梁。按照设计，主桥为两跨连续钢箱梁悬索桥，主跨1 650米，是目前世界上最大跨度的钢箱梁悬索桥。设计通航等级3万吨，使用年限100年。

关键是西堠门大桥位于受台风影响频繁的海域，桥位所在地的水文、地质、气候条件复杂，“形象地说，此桥所在位置是‘风喉’区，风到这里被勒了一下。”葛耀君介绍，一般气象预报的12级台风，风速就是36米/秒，但这里百年一遇极端风速为41.12米/秒，达到14级。要在这里建超大跨度悬索桥，谈何容易！

作为浙江省的重要地级市，舟山长期悬于海中，与大陆连为一体是当地百姓强烈的夙愿。全长50千米的舟山连岛工程近年被列为浙江省重点工程和“五大百亿”工程之一，工程完工后将使舟山交通完全融入长江三角洲高速公路网络。

2005年2月，舟山大陆连岛工程最为关键的一环——西堠门大桥、金塘大桥项目获国家正式立项。作为大陆连岛工程二期工程，西堠门大桥等工程是舟山有史以来最大的基础设施建设项目，总投资超过100亿元。

抗风：钢箱梁采用分体式。“在风速巨大的西堠门大桥处，桁架梁应是最省心的桥型，但多出近两万吨钢，多花近三个亿的资金确实让人犯难。”葛耀君介绍，不做桁架梁，那就采用较为成熟的钢箱梁。紧接着跟进的问题是：双向四车道(桥宽不到30米)、悬索长度1 650米的大桥悬在50余米高的海峡半空，狂风中会是怎样一幅情景？“肯定会像一挽孤零零的秋千，飘来荡去。”葛耀君说。

“桥型的抗风研究公开招标了没？”

“没有。浙江省交通厅和舟山直接找到我们，然后提要求。”葛耀君介绍，钢箱梁，又叫作闭口钢箱梁，是大跨径桥梁常用的结构形式，因为外形像一个箱子故叫作钢箱梁。它是钢梁中的第二代，一般用在跨度较大的水域上。世界上第一座钢箱梁桥是英国的威尔士塞文桥，其主跨988米，采用扁平钢箱梁，1960年建成。此后，从日本的多多罗大桥到我国的苏通大桥，钢箱梁桥越来越多。钢箱梁结构轻、经济性好，大量采用斜拉索或悬索等缆绳将其吊在空中用于通行车辆，它的抗风性能可谓是至关重要。

“一般桥梁抗风能力都按照实际风速的1.2到2倍设计，也就是说41.12米/秒的风速，西堠门大桥的颤振检验风速必须达到78.7米/秒以上。但西堠门1 650米的悬索拉起30米宽的整体桥面，狂风到来时，其颤振临界风速只有50米/秒，非常危险。”葛耀君分析说，风洞试验表明，传统的整体式钢箱梁无法保证桥梁的正常使用，更不用说使用100年了，必须另辟蹊径。

2005年后的那些日子里，葛耀君带领的团队天天泡在风洞实验室，在桥中间增加隔离挡风板？试验表明，要取得理想的挡风效果，挡风板必须达到2.2米高度。“这样一来，桥上行车，视线就被完全挡住了。”葛耀君说，此方案在课题组就无法通过。

加风嘴、导流板……能不能把桥分开？一个大胆的想法蹦出来。说做就做，风洞试验开始。经过反复试验、改进、完善，最后，课题组将桥面分开的宽度定格在6米，“也就是说，在双向四车道的桥中间，留出的空隙差不多是两条车道的宽度。这样一分，颤振问题解决了，桥也变宽了，比例到点了，桥型也好看了。”葛耀君说。这就是分体式钢箱梁，也被称为第三代钢梁，西堠门大桥是全世界第一座采用分体式钢箱梁进行抗风的。

风障设置，一举两得。“还需要拦侧风。”葛耀君说，“如果不拦侧风，西堠门大桥将会有30%的日子无法正常通车，这样就无法达到‘除了台风期封闭’外，其他时段保证通行的设计目标。”葛耀君等决定采用风障。经过反复比选，最后采用耐候钢，6片叠在一起，中间留有适当的缝隙，刷上油漆，就成了风障。“这种风障比有机玻璃的耐久性好，不会因风吹日晒从透明变为白纸，顶多刷点油漆就又新鲜如初了。”葛耀君说，“再者就是便宜，造价不到有机玻璃的一半。”

一般的桥梁除了大风日的颤振、抖振外，还有一种风振叫涡振，也就是微风或小风时，桥面上形成一个个风的漩涡。西堠门大桥采用双箱断面方案，桥面中间的缝隙宽达6米，更加大了涡振发生的概率和强度。“风洞试验表明，涡振不会对桥梁造成伤害，只是行走在桥面上的人和车感觉不太舒服。”葛耀君介绍，消除涡振的方法可以在桥腹转角处加设导流板，但课题组想到也可以利用风障下部的加速气流。“让风从拦风板下部的大缝隙中吹向桥面，吹散旋涡，降低涡振发生频率，减小涡振振幅。”葛耀君介绍。

“西堠门大桥的抗风研究和设计是‘精细化理论’这次获得国家奖的最新实践。”葛耀君如是说。据悉，西堠门大桥建成通车后，国外媒体纷纷报道了这种新颖的桥型。不久，韩国也将建设分体式钢箱梁悬索桥，国内外桥梁界正迎来第三代钢箱梁桥的新时代。

七、闵浦二桥公路桥，同济桥梁人提供全面的技术保障

2010年5月21日，上海黄浦江上第9座大桥公轨两用桥——闵浦二桥公路桥通车。闵浦二桥位于黄浦江上游闵行奉贤境内，全长4.8千米，上层为干线公路，双向四车道，下层预留双线轻轨（上海轨道交通5号线闵奉段），主桥是国内跨度最大的公路、轨道两用一体化双层独塔斜拉桥，主跨251.4米。此次通车的公路层设双向四车道，设计时速60千米/小时，北起闵行区沪闵路、剑川路路口，向南跨越黄浦江后，至奉贤区沪杭公路、西闸路路口以南落地。

作为黄浦江上首座公路与轨道交通两用桥，自然引起同济大学相关科研人员的极大关注。闵浦二桥采用上下双层一体化结构形式，其引桥采用独柱桥墩方案，结构设计成上宽下窄的“干”字形，很好地避免了上海地区不均匀沉降对结构的影响。但“干”字形桥墩在活荷载作用下偏心较大、结构受力复杂，其抗风、抗震等

均需作专题研究。“有特点的桥型，积极参与竞标是我们桥梁科研的一贯传统。”桥梁工程系系主任葛耀君告诉记者。

不仅如此，公轨两用独塔斜拉桥——闵浦二桥主梁节段采取九江工厂制造，拼装成整体后运到桥位安装、焊接。因此，现场的钢桁梁施工无疑是施工难点和关键节点。主梁采用全焊结构，主梁墩顶及锚跨大节段重量大，安装时吊装难度大。“主桥采用大节段双层全焊钢板桁组合梁，整体节段悬臂施工。对钢桁梁吊装、焊接要求很高，施工难度大。”参与第三方施工控制计算的我校桥梁工程系余华老师接受采访时说。

闵浦二桥的抗风抗震研究首先交给同济桥梁人。葛耀君牵头的闵浦二桥抗风课题组2006年起就在风洞中开始试验、计算，一年多以后，课题组得出结论：闵浦二桥新建工程主桥的颤振稳定性和静风稳定性满足抗风设计要求。“即使是百年一遇的台风，这座独塔也非常坚强。”课题组成员杨咏昕说。胡世德牵头的“闵浦二桥抗震性能研究”课题组也得出结果，闵浦二桥的抗震性能十分优秀。

与这些研究齐头并进的还有同济大学祁德庆、薛伟辰指导的研究生曹辉以此桥为对象，开展的“大型全焊接预应力锚固节点试验研究”。曹辉通过1∶3缩尺模型试验、非线性有限元分析、参数分析与优化设计等，提出优化设计建议：增大节点板弦杆与腹杆之间圆弧半径节点板宽度之比、腹板之间圆弧半径与节点板宽度之比，能改善圆弧转角处的Mises应力（基于剪切应变能的一种等效应力）集中现象；增加腹板、上翼板、下翼板的厚度能有效减小其Mises应力。

“斜拉桥理想的几何线形与内力状态不仅与设计有关，还依赖于科学合理的施工方法。通过施工过程中调整斜拉索索力和主梁标高，获得预先设计的应力状态和几何线形，在桥梁施工中非常关键。”从《上海闵浦二桥主桥第三方监控方案》中可以看到，桥梁工程系吴定俊、余华等在主桥从施工到合龙的一年时间内，连续不断地对现场传来的各种测量数据进行分析、复核、计算，严格履行第三方监控责任。“闵浦二桥主桥是国内在建跨度最大的公轨两用一体化双层斜拉桥，主桥节段吊装时要对黄浦江封航，业主对主桥的施工特别重视，为确保施工安全，请我们做第三方施工监控复核。我们本着认真、负责的态度，协助施工单位——中铁大桥局顺利完成主桥施工，主桥应力与线形均比较理想。”余华说。

随着大桥建设的进展，公轨车辆通过时车桥耦合振动的研究越来越紧迫。吴定俊、李奇、黄晓彬、顾萍在广泛收集国内外资料、实例的基础上，深入研究主桥以及不同跨度和不同类型引桥的竖向、横向设计刚度值对车桥动力响应的影响；分析主桥、引桥在不同的道路、轨道车辆荷载工况作用下的动力响应；分析轻轨车辆过桥的走行性；研究强风对列车走行性的影响。课题组建议：闵浦二桥合理设计刚度为梁端竖向折角4.5‰，梁端横向折角1.0‰；桥梁整体动力系数为1.05，桥面板局部动力系数为1.25；通过车桥风耦合动力分析，确定设计车速下列车安全运营临界风速为25米/秒。

“闵浦二桥顺利通车，与同济大学桥梁工程系等科研人员提供的全面保障是分不开的。”上海市建交委有关专家说。

1 参见《同济大学学报（自然科学版）》2001年1月号。
2 参见《8分钟的典礼　百倍的投入》，载《新闻写作》，1999年11月号。
3 悬索桥垂跨比（f/l）是指主缆在主孔内的垂度和主孔跨度的比值。从力学分析得知，在跨径为定值的情况下，垂跨比变大，主缆中的拉力就变小，相应地，用主缆钢量便愈小，但这样做桥塔需要增高，而且悬索桥竖向整体刚度变小，加劲梁容易挠曲，因此，工程设计中需要通过多个方案的比较后，从中选出最优的垂跨比。
4 丁洁民：《累土集——同济大学建筑设计研究院五十周年纪念文集》，北京：中国建筑工业出版社，2008年。

折冲浩瀚树新碑

同济大学科研“大兵团”与苏通大桥建设的故事

“同济大学以桥梁人为主体、各相关学科全面参与的苏通大桥科研建设，是学校历史上第一次大规模兵团作战，加上张喜刚等校友的团结一心、勠力拼搏，这座世纪工程的建设得以顺利进行，成功运营。应该说，苏通大桥为中国桥梁建设树立了一座丰碑。”同济大学原常务副校长李永盛满怀深情地说。

一、跨千禧的苏通大桥建设面临太多的难题

2008年5月26日，历经8年论证、建设的苏通大桥通车试运营。消息传来，同济大学桥梁工程系教授、苏通大桥设计副总负责人陈艾荣抑制不住内心的激动："同济大学与这座桥的缘分太深了！"

苏通大桥在当时创下了很多第一：斜拉桥主孔跨度1 088米，位列世界第一；主塔高度300.4米，位列世界第一；最长一根斜拉索长度577米，位列世界第一；群桩基础平面尺寸113.75米×48.1米，位列世界第一。该桥是我国建桥史上工程规模最大、综合建设条件最复杂的特大型桥梁工程……众多第一的背后是数不清的工程难题。

苏通大桥位于江苏省东部的南通市和苏州（常熟）市之间，是原交通部规划的黑龙江嘉荫至福建南平国家重点干线公路跨越长江的重要通道。大桥工程路线全长32.4千米，其中跨江大桥工程总长8 206米，主桥为主跨1 088米的双塔双索面钢箱梁斜拉桥，专用航道桥为140+268+140=548米的T形刚构桥，大桥工程总投资约64.5亿元，建设工期为6年。

那些闻所未闻的数字背后，却是大桥建设面临的无数难题：

其一，一年中江面风力6级以上的天数有179天，年平均降雨天数超过120天，雾天31天，还面临着台风、季风、龙卷风

的威胁，气象条件极差。

其二，江面宽6千米，主桥墩所在位置水深30多米，无风时浪高1~3米；每天两潮，潮差2~4米；桥位处水流速度常年在2.0米/秒以上，最大流速为4.47米/秒，水文条件极为复杂。

其三，因为泥沙覆盖层厚、土性软弱，河床极易受到水流冲刷而变形，基岩深度在300米以下。

其四，施工区域航运密度高，船舶吨位大。据估算，该区域平均日通过船只2 300多艘；高峰时，日通过船只接近5 000艘，航运与施工的安全矛盾尤为突出。

这还只是初步评估时的难题，一旦工程开工，如团如麻的问题还会接踵而至。怎么办？去找同济大学桥梁、土木、交通专家。

二、同济“大兵团”深度参与苏通大桥建设

陈艾荣表示，1997年他从德国归来不久，得知江苏省交通厅与南通市政府共同完成了苏通大桥预可研究，这预示着苏通大桥项目将进入预定轨道[1]。但一等就是4年。这期间，中交公路规划设计院总工张喜刚负责“苏通长江公路大桥工程可行性研究”的总体工作。张喜刚与陈艾荣是同济大学路桥工程系桥梁工程专业1979级的同班同学，陈艾荣接受了张喜刚的邀请，加入苏通大桥工可研究课题组，任副总负责人。2001年，课题组提交了最终研究报告，相关成果获得2002年度全国优秀工程咨询成果一等奖。

同济大学在苏通大桥工程可行性研究阶段的积极参与和不懈努力，奠定了大桥方案竞赛联合体中标的基础。2001年7月至11月，在江苏省交通厅组织的苏通大桥设计方案招标中，中交公路规划设计院、江苏省交通规划设计院（院长缪玉玲与张喜刚、陈艾荣为大学同班同学）与同济大学建筑设计研究总院桥梁设计分院（以下简称同济桥梁设计分院）组成的联合体中标。自此，同济大学开始全面、深入地参与苏通大桥工程设计和研究工作。

2002年初，桥梁工程系系主任兼同济桥梁设计分院院长的陈艾荣委托桥梁分院总工徐利平带队进驻苏通大桥南京翠屏山设计项目组，全面参与苏通大桥设计联合体的工作。学校里，由桥梁工程系牵头，组织相关院系全面启动苏通大桥的科研立项等工作，成立了专门的苏通大桥同济科研工作组，项海帆和范立础两位院士担任顾问并参与重大方案的讨论，陈艾荣负责牵头联络工作，各院系学术带头人承担各个课题，学校科研处等行政部门积极协调、运作。技术上的充分准备、科研上的

强强联合、组织上的有力保障，让同济大学在苏通大桥科研项目立项过程中捷报频传，先后获得阶段科研立项54项，获得研究经费达1 672.6万元。

据统计，同济大学直接参与苏通大桥科研工作的在职科研人员包括中国工程院院士4人、正高级职称65人、副高级职称76人、中级职称54人、博士和硕士研究生逾200人。用“史无前例”来形容同济大学参与苏通大桥科研工作，一点也不夸张。李永盛介绍，苏通大桥是同济大学参与国内外同一工程建设投入人力、物力、财力最多，系统最庞大，组织协调最完善的一次。

三、难题首推千米级斜拉桥

苏通大桥开工时，世界上尚无千米级斜拉桥，当时最长跨径的多多罗大桥主跨890米。

在软土地基上建设跨江大桥，首先要解决的是千米级斜拉桥的结构体系选择问题。当时，因为世界上还没有千米级斜拉桥的成功案例，抗风、抗震两大动力问题都没有可参照的标准和规范。斜拉桥主跨跨径突破千米之后，其结构风致动力性能会发生怎样的变化？桥梁的抗震设防标准如何确定？在控制设计的关键指标中如何权衡风荷载与地震荷载的作用？索塔锚固区的合理构造应该是什么样的？问题成堆，但都必须逐一攻克。

陈艾荣指出，苏通大桥与相同跨径的悬索桥相比，其颤振稳定性更好，但顺桥向风荷载效应引起主梁顺桥向位移距离最大达到了2.32米，会把大桥桥面挤变形甚至折断，这是令人难以接受的；在抗震性能方面，如采用常规的漂浮体系，会导致地震下主梁的纵向位移过大，从而对伸缩缝的伸缩量提出过高要求，在工程上也难以实现。

陈艾荣带领团队进行苏通大桥的抗风研究，他们采用虚拟风洞和物理风洞试验技术，开展塔、梁和斜拉索等关键构件风荷载精细化及加载模式研究，获得了准确的顺桥向风荷载位移响应结果。叶爱君带领的抗震团队，开展多种体系的深入比较研究，最终提出液压黏滞阻尼器增加桥梁的耗能能力，并给出了阻尼器的合理设置方式和参数，将主梁地震位移减小了60%，同时将塔底弯矩减小了20%。最终，结合抗风和抗震研究成果，总设计师张喜刚提出大型塔梁连接阻尼装置，即当主梁纵向位移达到0.75米后，约束纵向位移。陈艾荣说，这种方案能够将顺桥向位移降到0.975米，很好地平衡了地震、风、温度的综合荷载效应，也解决了过大主梁纵向位移情况下伸缩缝设置的难题。目前，这一新型塔梁约束体系已在国内外大型桥梁结构设计中广泛应用。

采访获悉，同济大学桥梁工程系多个学科组参与的“苏通大桥建设关键技术研究”课题很快被科技部确立为“十一五”国家科技支撑计划重大研究专项。2003年开始，学科组针对千米级斜拉桥的设计标准与方法、集成施工技术、安全与减灾技术、施工与运营控制技术等进行深入的攻关，逐步形成了具有自主知识产权的千米级斜拉桥建设核心技术群，这些核心技术的取得，极大地提升了我国参与国际重大桥梁工程项目竞争的能力。

桥梁建成后，在百年时间里要经受风雨雷电的考验，千米级斜拉桥的风致动力性能与传统斜拉桥之间有何差别？陈艾荣带领团队针对主桥的颤振稳定性、涡激振动、超长拉索风雨激振及减震等关键问题展开系列研究。

“当桥梁跨径增大后，结构振动的频率降低较为明显。我们通过多次试验，确定了苏通大桥的风嘴形状、检修轨道位置。”陈艾荣说。最终节段模型试验与全桥气弹模型试验都验证了桥梁可以经受17级以上的强风冲击。然而在试验中，团队发现桥梁在常见风速中会发生涡激共振现象，这种振动虽不会破坏桥梁，但车辆在桥面行驶时会有颠簸、摇晃的感觉，会引起不适。经过深入试验和研究，团队最终采取了检修轨道内移、加设导流板等措施，有效地控制了主梁涡激共振现象的发生。

四、长索一挽过大江

你知道世界上最高的桥塔是多高吗？你见过长577米、自重59吨的一根长索吗？苏通大桥的一对300.4米桥塔高耸入云，塔身拴4组、136对“须”手，轻盈地挽起长1 088米、重5万多吨的主桥面。上桥看了，你就知道什么叫“天地有大美”。“要在宽6千米的江面建起如此规模的斜拉桥，减振研究至关重要。”“千米级斜拉桥超长斜拉索减振研究”课题牵头人陈艾荣说。

课题组骨干王达磊介绍，一年中，南通段江面风力达6级以上的天数有179天，年平均降雨天数超过120天，雾天31天，还面临着台风、季风、龙卷风的威胁。超长斜拉索的风雨激振、参数振动和线性内部共振等是关乎桥梁使用寿命和安全而必须解决的问题。

“那时候，陈老师一天一个来回往返于大桥建设指挥部和学校是经常的事，那时候全体课题组人员都拼进去了。”王达磊说，“他们是陈艾荣、孙利民、林志兴、徐利平、周志勇、杨素哲、李文勃、周海俊、周亚刚……”

在两年多的时间里，课题组采用理论分析、数值模拟和试验研究等方法，获得了超长斜拉索参数振动和线性内部共振分析方法；计算了苏通大桥全桥及拉索的振动特性，研究了拉索发生参数振动及线性内部共振的可能性以及减振措施和要求；给出了拉索风雨激振的新解释；通过风洞试验研究比较了不同气动措施的减振效果，揭示了拉索发生风雨激振的一般规律，并提出了气动措施的等效阻尼评价方法；研究了油阻尼器（包括MR阻尼器）、黏性剪切材料阻尼器、摩擦型阻尼器和高阻尼橡胶阻尼器等的减振效果，得出了阻尼器减振的基本规律和苏通大桥斜拉索减振的基本方针、控制指标；获得了拉索减振辅助索设置的一般规律；提出了苏通大桥斜拉索减振的阻尼器和辅助索布设方案。“这些客观而枯燥的语言背后的甜酸苦辣，课题组成员是感同身受、刻骨铭心的。”陈艾荣说道。

细细观察碗口般粗细、斜斜攀住入云高塔的拉索，我们发现拉索上不规则分布着大小不一的浅浅的坑……“这就是消减风雨振的措施之一。”王达磊介绍，“平时不被我们注意的雨水，在这些每根都超出百米的拉索上一聚集，就会改变拉索的气动外形，从而对拉索风振稳定性形成巨大的威胁。课题组在拉索参数振动和线性内部共振分析方法、拉索风雨激振的机理解释、气动减振措施的一般规律、长索减振阻尼器技术性能指标和苏通大桥拉索阻尼器技术参数和设置方案等方面形成了一系列创新成果。”

王达磊介绍，课题组通过人工降雨雨振试验，再现了拉索风雨激振现象；通过人工水线雨振试验，研究了水线的大小和位置、斜拉索动力参数及偏转角等对风雨激振的影响。试验结果表明：在拉索表面形成一定大小的上水线是拉索发生风雨激振的必要条件，且上水线要在拉索表面特定的范围内形成；增大阻尼和自振频率可有效减小拉索的风雨激振振幅；拉索的风雨激振现象只能发生在一个特定的偏转角范围内。

在驰振理论的基础上，课题组运用带有运动水线的二维拉索模型对风雨激振进行理论分析，得到了拉索发生风雨激振的充分条件、必要条件及临界发散风速，并将此分析方法运用到设有气动措施的拉索上，引入等效阻尼比指标对气动措施减振效果进行定量分析。结合拉索静气动三分力试验和分析计算，对螺旋线、纵向肋条和椭圆环三种气动措施的减振效果进行评价分析，得出螺旋线、纵向肋条的减振效果要好于椭圆环。通过人工降雨试验，对气动措施减振效果的分析方法进行检验。这些研究成果已形成代表性论文4篇。

通过人工激振后测自由振动衰减，得到了拉索——摩擦型阻尼器系统的对数衰减率。试验结果表明，在安装摩擦型阻尼器后，拉索阻尼有了很大的提高。相关研究成果已形成了代表性论文3篇。

利用三维有限元模型计算了苏通大桥的全桥动力特性和单根拉索的动力特性，

得出了可能发生参数振动的拉索。课题组指出，在大跨桥梁中，由于拉索和主梁的低频特性，非常有可能发生参数振动。这是大跨斜拉桥设计中出现的一个新的研究趋势。此类研究成果已形成代表性论文1篇。“根据这些研究结论，课题组提出了拉索表面设置凹坑、设计主梁气动外形、设置拉索阻尼器设置等一系列安全保证措施。”陈艾荣介绍，“这些成果除了在苏通大桥，还在济南黄河大桥等桥梁建设中得到了广泛应用。”

陈艾荣说，通过试验、模拟、计算等研究，团队设计出了一套可模拟风雨共同作用的实验装置，并通过情景再现，摸清了大桥斜拉索风雨激振状态下的长索情况，还摸清了何种情况下会发生风雨激振，以及其振动有何特点。团队通过选择合适的外置阻尼器等一系列相关研究，为大桥斜拉索减振控制提供了成套解决方案。“千米级斜拉桥超长斜拉索减振研究”成果获得了2007年江苏省科技进步奖二等奖。

五、千米长桥站在泥巴里，地震了怎么办？

苏通大桥是一座特大型桥梁工程，所处位置的地质环境很不好，泥土层厚度约300米，如何确保其抗震安全性？

大型高桩承台群桩基础的抗震设计是苏通大桥结构设计中的另一技术难题。首先，苏通大桥所在水域河床冲刷问题非常突出，300年一遇最大冲刷深度为27.2米；其次，桥梁场地基岩埋藏深度270米以下，深厚覆盖土层对地震动有着显著的放大作用，桩－土相互作用机理更加复杂。主塔基础采用131根直径为2.8/2.5米变截面超大型群桩基础，桩长120米，承台平面尺寸为113.75米×48.1米，是当时世界上最大规模的桥梁超大型群桩基础。

“一个承台的质量相当于半座桥面，地震条件下承台振动产生的巨大惯性力给桩基础的设计带来了很大的困难。”陈艾荣说。桩基础的结构设计，地震成为主要的控制荷载，高桩承台群桩基础也是全桥抗震的薄弱部位。同济抗震团队在范立础院士的带领下，叶爱君教授等建立了高桩承台基础的实用理论模型，研究了冲刷深度、承台质量等因素的影响，揭示了冲刷效应对大型桩基桥梁地震反应的影响规律。在此基础上，通过优化承台的造型和构造设计、桩的布置形式和桩身配筋，最终成功解决了高桩承台基础的抗震问题。

苏通大桥引桥5 000余米，引桥的抗震安全对于震后恢复交通功能非常重要。其引桥采用超长多跨连续梁桥结构形式，单联跨数超过10跨，最长一联为750米，各桩基础抗震问题突出。“如果采用常规设计方案，想满足抗震要求，各桩基础均要增加桩数，工程造价将要翻倍。”叶爱君教授提出了新的减隔震方案，采用新研发的双曲面减震耗能支座，优化了支座设置方式和技术参数，无需增加基座数量，在造价不变的情况下很好地解决了超长多跨连续梁桥的抗震问题。

“苏通大桥抗震性能研究”课题牵头人叶爱君介绍，课题组对斜拉桥工程场地的多点地震动输入参数、千米级斜拉桥的地震反应特性、地震易损性、抗震概念设计、减震机理和方法进行了大量测算、试验、分析，取得了多项开创性成果。

六、问题成堆，同济人一一开出“方子”

苏通大桥问题成堆，同济人一一开出“方子”，大桥成为同济大学土木学科大显身手的大舞台。

苏通大桥之前，斜拉桥的索塔锚固结构简单，设计计算很方便，但苏通大桥塔高300.4米、约100层楼高，跨度1 088米的主桥钢箱梁重约4.6万吨，采用何种方式把斜拉索固定在桥塔上，成为摆在苏通大桥建设者们面前的一道必须攻克的难题。若采用以往的方式，就会带来塔壁混凝土浇筑质量低、高空预应力作业困难、混凝土塔壁开裂等一系列问题，团队最终采用了内置式钢锚箱组合索塔锚固方案。

内置式钢锚箱组合索塔锚固方案由同济大学刘玉擎教授带领的团队提出，他们研究出一套完整的钢锚箱式组合索塔锚固结构设计计算方法，通过建立索塔锚固区有限元模型、采用混凝土实体单位与空间板壳单元相结合的有限元分析方法等进行计算。其工作细到通过计算每一个焊钉连接件受力的情况，指出沿端板外侧一列的焊钉连接件受力最大，需要合理设计布置。“发展在于组合。”刘玉擎说。由于钢锚箱式组合索塔锚固结构在苏通大桥上的成功应用，此后的黄河三桥、上海长江大桥和鄂东长江大桥等都采用了类似钢锚箱锚固体系，成为大跨度斜拉桥最常用的索塔锚固区方案。

苏通大桥辅航道桥主桥跨度268米，在其建设时，我国同期建成的大跨径连续刚构桥不时出现开裂、下挠、凹陷病害。同济大学桥梁工程系徐栋教授承担辅航道桥“连续刚构桥箱梁截面抗剪设计方法和空间受力特性研究”课题，针对已建成大桥的开裂问题采用更为精细化的分析方法，对下挠问题采用基于应力的剪切配筋理论，首次提出纵向分布配筋的抗剪钢筋特性，强调只要纵横向钢筋网格能够承担混凝土各种开裂传递而来的主拉应力，就不会破坏结构的抗剪机理，结构就不会持续下挠。苏通大桥应用徐栋团队的成果很好地避免了下挠、凹陷问题。

土木工程学院徐伟教授的“苏通大桥主4#、5#钢吊箱结构复核”“苏通大桥建设关键技术研究”课题，提出了临时结构的荷载取值标准，揭示了特大型钢吊箱结构的施工力学变化规律，解决了特大型钢吊箱在急流强潮条件下安装的高精度定位难题，自流平混凝土技术成功实现了大面积水下封底混凝土的浇筑，为大桥顺利施工创造了有利条件。

“钢套（吊）箱的位置，长江宽度5千米，钢套箱的体量，面积就如一个足球场大小。”徐伟介绍说，“这是国内第一次在长江水深50米、水流湍急的地方做这么大的钢套箱[2]。我们选择在平潮时打钢桩，先用2.5米直径的钢管，试图打到-300米的基岩上。但是，钢管打下去，没多大一会儿，湍急的江水便把它冲歪了，它在水中的样子好比汤里的面条，软塌塌地乱晃。于是，将钢管直径加到2.8米，但还是一样的结局。大家急红了眼，这样下去，怎么行?！”徐伟声音沙哑而高亢，仿佛又回到了苏通大桥建设现场，“直径再往上加，加到3.5米，这下不弯了。我们终于战胜了深水激流！接下来，便是一根根桩插入基岩，开始在巨大的‘箱’内浇筑混凝土，绑扎钢筋；再浇筑混凝土，采取的是自流平的办法。”“苏通大桥后，中国造桥普遍不再搭平台，而是一根根桩打下去，成桩后，在围堰内绑扎钢筋，直接浇筑混凝土。”

未雨绸缪，苏通大桥在一年里几乎有三分之一的时间受到风雨侵袭，行驶在大桥上的车辆能否确保安全？博士生王达磊在陈艾荣指导下，开展“风环境对行车安全的影响和对策研究”课题，针对强风多发区桥梁风致行车安全问题，以行车安全临界风速和桥面风环境研究为重点，给出了不同路面条件、车速和风环境下桥面行车安全的风速标准，建立了桥面风致行车安全概率评估方法，并结合桥位气象环境要素，给出了苏通大桥风天行车安全控制标准。该成果被吸收进入《公路桥梁抗风设计规范》(JTG/T 3360-01—2018)。

据了解，苏通大桥在长达6年的建设中取得了包括“千米级斜拉桥结构体系”等13项世界级核心技术，其中1项获省部级科技进步奖特等奖，6项获科技进步奖；申报专利10多项。科技人员还完成了23项工法编制，其中6项被颁布为国家工法，9项为省级工法。“没有同济大学专家们的深入参与，这些都是不可能完成的任务。”大桥指挥部评价。

七、擎天一柱出自同济

站在苏通大桥高高的索塔下，只见巨大的塔座安静地“站”在浩瀚的江面，长长的缆索一根接一根“撒”出去……“长发”垂髫，长1 088米、重5万吨的桥面就这样被优雅地挽起。“这两座巨塔从江底‘长’出来，同济大学‘苏通大桥索塔桩基课题组’的专家们功不可没。”苏通大桥建设现场总指挥游庆仲说。

苏通大桥主墩桩基由131根长约120米、直径2.5/2.8米的钻孔灌注桩组成，托起长114米、宽48米、厚约9米、大小如足球场般的巨大承台，其上竖起高300.4米的高塔……“也就是说，南北桥墩的262根桩将支撑起主桥承台、索塔、上部结构共约50万吨的重量。”游庆仲告诉记者，“同济的专家是我们的‘主心骨’。”

“群桩效应十分明显，属于超规范的设计难题。”“苏通大桥之索塔结构、群桩基础与土体共同作用的数值模拟分析”课题组牵头人李永盛教授毫不掩饰对这一世界性难题的担心，由于大直径、超长度以及土层扰动等情况，桩基础设计肯定会遇到很多前所未遇的难题。为此，课题组分别针对南北塔，将索塔结构、群桩基础、土层等看作三维共同作用体，将课题分为地层模型的构建以及力学参数的取值、索塔结构、群桩基础与土体共同作用的三维力学建模分析，共同作用受力体系的模拟分析，特殊情况下共同作用体系的模拟分析等数个子项，开展地层条件、土性特点、水文条件、桩土接触等研究，深入分析了群桩效应、侧摩阻力、索塔稳定性及群桩基础不均匀轴力分布规律等，建立起群桩基础受力体系力学模型，上部结构、群桩基础及地基土体共同作用三维受力及边界模型，冲刷条件下的桩基力学模型等。

在深入研究的基础上，课题组认为，南北索塔桩基采用哑铃形方案，其沉降和受力状态较为理想。课题组建议，采取适当的桩底注浆加固措施，以使群桩基础受力均匀，提高承载力，发挥群桩承载效率；稍微减小角桩或增加内部桩的桩长，以减小群桩的不均匀沉降和弯矩，使群桩的受力分布趋于均匀；适当加强桩基的防撞能力；施工与设计相配合，充分考虑施工工序对群桩基础的影响。

游庆仲介绍，大桥主桥基础采用高桩承台加钻孔灌注桩的形式。主塔桩基的131根变直径钻孔灌注桩采用的是梅花形布置。按照同济专家们的建议，摩擦桩长度分别为114米和117米。主塔基础施工的主要步骤有：对主塔基础河床进行冲刷防护施工；下沉钢护筒，架设钢结构钻孔施工平台；钻孔施工，下钢筋笼，浇筑混凝土。“施工与设计人员全程密切配合，方案在进行中不断得到优化。”游庆仲说。

“主塔基础承台也采取了专家们建议的哑铃形方案。”游庆仲介绍，施工中采用双壁钢套箱围堰，其施工的主要步骤有：分三次安装、下沉钢吊箱，封底，大体积混凝土分层分块浇筑。各墩基础的承台四周均设置防撞消能装置。他说："有了这些世界一流的专家们撑腰，我们要做的就是严格按照准则、遵循工序进行作业。"

那些年，担任常务副校长的李永盛日常工作极为繁忙，可是坚持去苏通大桥工地却是他雷打不动的安排。"到工地看看，大家一丝不苟的作业态度、创造性劳动的主人翁精神不止一次感动着我们，也让大家先前的种种担心烟消云散。"李永盛还清楚地记得，按照设计方案，2003年7月二航局试着打下12根、每根14吨的钢管桩（前述徐伟所讲的情形），一夜之间就被江涛摇晃、拔取，甚至冲走了。"运用钻孔平台打桩，采用钻孔桩钢护筒支撑的办法搭建施工平台。"会诊后，专家们一致同意二航局采取这一方法。随后的施工果然进展神速。

"应该说，苏通大桥的建设者们创造性地运用了我们的研究成果。"李永盛介绍，"262根灌注桩施工，水下基础施工看不见摸不着，国际上通常允许钻孔桩有2%的缺陷率，而我们是零缺陷率，因为建设者们提出的理念是'$N-1=0$'。有这样一群高水平的建设者，我们心里非常踏实。"

擎天一柱，稳若磐石，为其贡献了智慧的同济大学学者有陈艾荣、李永盛、黄宏伟、张子新、谢雄耀、赖允瑾等。

八、规模空前的大会战没有高度协调性是不可想象的

"高起点，高标准，高效率"，这是大桥指挥部负责人对同济大学科研团队的评价。"两个月一次的苏通大桥科研工作研讨会雷打不动，我们一直坚持到大桥科研任务全部完成。"研讨会协调人陈艾荣介绍，"会上，各课题负责人向院士顾问及其他课题主要参研人员汇报工作，并听取意见。有时，意见是很尖锐的，但大家都明白'良药苦口'的道理。""争论中，研究思路和步骤总能得到及时调整，下一阶段的研究工作重点和难点总能很快变得清晰。更为重要的是，得益于各课题负责人间的沟通紧密性增强，不同课题组研究生之间的学术交流和讨论氛围也很快浓厚起来，人才培养的效果也超出我们的预期。"

不仅如此，苏通大桥还为同济大学科研交流的出圈、升级提供了难得的机遇。业主、设计单位、建设单位、咨询审查单位……同济大学紧密地与大桥建设指挥部、中交公路规划设计院、江苏省交通规划设计院以及丹麦科威公司（COWI）进行积极的沟通和配合，按时通报研究工作进展，邀请相关专家指导检查工作，多次到设计现场开展科研工作，积极配合初步设计阶段的方案比选和优化工作……这一切都极大地提高了大桥设计和科研工作的

效率。

2006年底，经过4年多的奋力拼搏，所有的课题都已按工作大纲的要求，按时、按项、高质量地完成了研究工作，全部课题都顺利通过了专家严格的评审，其中一些重大课题的专家鉴定结论为“总体达到国际先进水平，部分达到国际领先”。

九、大桥通车后，研究还在继续

2008年苏通大桥通车后，千米级斜拉桥的抗震研究还在继续。叶爱君团队以苏通大桥为背景，对斜拉桥倒Y形桥塔和高桩承台基础的屈服后性能进行了系统的研究。在刚建成的多功能振动台上完成了千米级斜拉桥模型的振动台试验，再次验证了大桥的良好性能。

周连绪、叶爱君等针对工程中常采用的斜拉桥横向固定体系带来的增大桥墩、桥塔及其基础的抗震需求，同时也增大斜拉桥在地震作用下的损伤破坏风险这一问题，以已研发的桥梁新型横向钢阻尼器为减震耗能装置，采用振动台试验方法，研究大跨度斜拉桥横向减震体系在近、远场地震作用下的减震效果。团队以苏通大桥为背景，设计1 ∶ 35的斜拉桥全桥试验模型，分别进行横向减震体系和传统的横向固定体系的振动台试验。团队将钢阻尼器与滑动型球钢支座并联布置于桥墩处，将钢阻尼器布置于桥塔处，形成横向减震体系。在试验结果基础上研究分析减震体系的减震行为，结果表明：在近、远场地震作用下，减震体系均能显著地减小主梁传递给桥墩和桥塔的地震力，其中墩梁、塔梁连接横向传力均减小50%以上，且将主梁位移限制在可接受范围内；减震体系也显著减小了塔身位移、曲率以及墩底曲率需求，其中，塔底截面曲率平均减小了34%，近塔辅助墩墩底曲率平均减小了67%；钢阻尼器拥有饱满的滞回曲线，但其滞回特性与地震输入有关；相对于支座的摩擦耗能，钢阻尼器的耗能能力更显著；在带有速度脉冲的近场地震作用下，钢阻尼器以及支座的位移响应具有明显的脉冲特点[3]。

李建中团队在苏通大桥建成运营后，为了研究千米级斜拉桥纵向采用黏滞性阻尼器的减震效果，设计制作了一座几何缩尺比为1 ∶ 35的全桥振动台试验模型。团队通过改变塔梁间的连接方式，建立了塔梁间纵向无约束的非减震体系和塔梁间纵向采用黏滞性阻尼器的减震体系，选用4条具有代表性的地震动曲线进行了4个振动台纵向一致激励的全桥振动台试验，然后将不同地震动输入下两种体系的试验结果进行对比分析。试验结果表明：千米级斜拉桥纵向无约束体系的地震响应受输入地震动的特性影响较大，对于长周期成分丰富，特别是对应于结构一阶周期[4]的加速度谱和位移谱谱值较大的地震动，结构的地震响应较大；千米级斜拉桥非减震体系的地震响应同样也受输入地震动特性的影响较大；纵向采用黏滞性阻尼器的减震体系可以减小结构的梁端位移、塔顶位移以及塔底钢筋应变，但输入地震动的特性会影响黏滞性阻尼器的减震效果，对于特征周期较长、长周期成分丰富的地震动，黏滞性阻尼器的减震效果较好，而对于有明显速度脉冲的地震动，黏滞性阻尼器的减震效果相对较差；对于有明显速度脉冲的地震动，需要选择阻尼系数更大的黏滞性阻尼器[5]。

大桥运行后，如何养护好苏通大桥？陈艾荣团队继续研究，针对缆索承重桥梁养护管理策略开展持续跟踪研究，马如进博士、王达磊博士为主要技术负责人。从小到一条条焊缝，大到桥梁整体结构，摸底桥梁实际荷载与环境，针对不同构件制订相应的养护管理策略。陈艾荣表示，苏通大桥让中国桥梁人面对一个前所未有的挑战，其建成也竖起了我国桥梁的一个里程碑。得益于苏通大桥建设，同济桥梁及相关学科的发展也得到了有力的推动，培养了包括马如进、王达磊在内的一批年轻学者。

苏通大桥通车后，还在继续研究的有同济大学桥梁工程系孙利民教授团队。孙利民带领科研人员对斜拉索减振开展长期深入研究，他们瞄准减振效率50%的目标，分析比较国内外5类11种阻尼器的阻尼效果，开展苏通大桥的两处分布阻尼器测试，验证了两端阻尼效果叠加、同端不变化的阻尼规律。关于外置阻尼器的更换，孙利民团队监测发现，桥梁整体变形引起阻尼器变形大，超过索振动的幅值极限，其中32号索达到4厘米、26号索达到2厘米，这样导致外置阻尼器的移动距离从设计的8厘米变成了实际的10厘米；团队还发现，超长斜拉索采取气动措施和单点设置阻尼器后出现了高阶高频振动现象。“我们通过长期监测显示，外阻尼器安装的位置不能提供阻尼作用。”孙利民说，“这是因为拉索高频振动自身阻尼极小，不足以抑制涡振。我们从可实施性和美观的角度选择同端安装内置阻尼器方案。团队利用现有的支撑系统，开展了试验性安装，结果发现，安装后，高频振动的幅值变化轻微，可忽略不计；而未采用我们阻尼器安装方案的斜拉索出现了大幅涡振。我们在562米的长索上安装了高阻尼橡胶阻尼器后，经过长期监测发现，高阶涡振出现的频次和振幅大幅降低。547米的那根长索安装后，经过长期监测发现涡振同样得到了良好控制。”孙利民总结说，“组合减振措施是千米级斜拉桥减振设计的必然选择。实践中，斜拉索阻尼器的行程设计需要考虑整个桥梁变形的影响。苏通大桥斜拉索采取的同端分布、合理设计的外置和内置阻尼器，能够有效控制风雨振和高阶涡振。斜拉索减振体系的设计、维护以及更换升级应该引起国家足够的重视；国内急需斜拉索减振设计、维护与振动处置标准。”

2023年11月23日，孙利民教授在南通举行的苏通大桥通车运营15周年大会暨苏式养护技术论坛上报告了这一研究成果。

1 陈艾荣：《苏通大桥的同济情缘：写在苏通大桥通车10周年之际》，载《苏通大桥10周年特刊》，2018（6）。

2 钢套箱顾名思义是套在永久结构外面的临时结构，起到围堰作用。钢套箱为桥梁基础及下部构造水上施工作业中常用的一类围护结构形式，尤其适合于大河流中的深水基础，能承受较大的水压，保证基础全年施工安全度汛。特别是在一些施工条件困难或受水文、地形、地质条件限制而无法采用钢板桩、筑岛围堰等围护结构的条件下，钢套箱更显示出了其优越性。常用的钢套箱分单壁和双壁两种，由于单壁钢套箱刚度差，一般深水基础较少采用，实际工程中大部分情况下采用双壁钢套箱。

3 周连绪、叶爱君：《千米级斜拉桥横向减震体系振动台试验》，载《中国公路学报》，2019（9），第71-79页。

4 结构周期是指结构按基本振型完成一次自由振动所需的时间。基本周期应该取决于建筑物的结构形式，各种结构形式都是定数。振型是指弹性体或弹性系统自身固有的振动形式。可用质点在振动时的相对位置即振动曲线来描述。由于多质点体系有多个自由度，故可出现多种振型，同时有多个自振频率，其中与最小自振频率（又称基本频率）相应的振型为基本振型，又称第一振型。

5 郭葳、李建中、管仲国：《黏滞性阻尼器对千米级斜拉桥纵向减震效果的振动台试验研究》，载《中国公路学报》，2019年11月。

『已经签署新合同』

同济人海外造桥掠影

“前不久，尼泊尔交通部通过邮件通知我签署新的合同，继续履行世界银行提供的尼泊尔交通部特聘专家的职责，我于2023年10月飞赴尼泊尔首都加德满都进行技术培训工作，目前正进行工程设计的前期工作。”桥梁工程系陈德伟教授介绍。改革开放，尤其是21世纪以来，以同济大学桥梁工程系为代表的专家、校友不断走向海外，走向埃及、印度、马尔代夫、巴拿马、尼泊尔，参与建设一座又一座桥梁，取得了骄人的成绩。

一、埃及建成世界最宽斜拉桥

埃及是我国“一带一路”倡议的重要支点国家之一，它的首都开罗是非洲及阿拉伯世界最大的城市。开罗位于埃及的东北部，坐落在尼罗河两侧，拥有2 280万人口，散漫、无序而混乱的交通秩序，使得这座本来就拥堵的城市更加拥挤，急需增加跨越尼罗河的通道。罗德法拉格轴线工程连接开罗北部、东部与西部，旨在缓解开罗市内交通压力，带动经济发展。该项目总长17.2千米，耗资960万美元，为埃及国内建成的最大基础设施项目之一。

2019年5月，位于开罗的罗德法拉格轴线大桥（Rod El Farag Axis Bridge）建成通车，桥宽67.3米，双向六车道设计。大桥被正式命名为“埃及万岁大桥（Tahya Misr Bridge）”，并成功入选吉尼斯世界最宽斜拉桥纪录。Tahya Misr Bridge是埃及罗德法拉格轴线的控制性工程，跨径布置为3×40米+300米+3×40米=540米，为埃及第一座自主设计和施工的斜拉桥。该桥分别是由埃及本国的“阿拉伯设计公司”和“阿拉伯承包商公司”设计和建造，耗时4年，大约有4 000名工程师、技术人员和工人参与建设，消耗了1 400千米钢丝和100多万立方米混凝土。

以同济大学桥梁工程系陈德伟教授为首的技术团队，在与欧美等国家的同行竞争中胜出，远赴埃及2年，为Tahya Misr Bridge提供技术服务。同济团队2017年

图1　埃及Tahya Misr Bridge。图片来源：受访者供图

11月进驻该项目，陈德伟教授和于祥敏博士、丁祥文硕士、余国山硕士常驻工地，为该桥提供全面的技术支持，保障了该桥安全顺利建成，得到埃及总统及各参建方的一致肯定和好评，展示了中国现代化的桥梁技术。埃及Tahya Misr Bridge为中国先进的桥梁技术走出国门，输出我国的桥梁设计、施工和控制技术提供了机会，同时也展示了中国现代桥梁技术的发展，为中埃两国工程技术人员的技术交流提供了舞台。

Tahya Misr Bridge独具匠心地采取了双幅七跨连续叠合梁混合结构、联体塔斜拉桥结构，该结构非常少见。双幅联体塔的方案极大地增加了设计、施工和控制的难度。陈德伟教授坦言："由于当地的工业和相应的造桥技术落后、实践机会少，工程设计和施工人员存在缺乏经验且民族情结强烈等因素，起初阶段我们的技术指导工作开展很困难。我们最初提出的合理化建议并没有被其完全接受，导致该桥很多结构设计不合理、施工难度加大等现象频频出现。"

"在总体布置上，受引桥和主桥边跨喇叭口连接多个匝道的影响，该桥边跨和主跨分别采用普通钢筋混凝土梁和组合梁，使得边主跨的主梁无法采用平衡悬臂施工，边跨普通钢筋混凝土梁也不适合采用挂篮悬臂浇筑施工，只能采用支架现场浇筑，极大地增加了施工风险和造价。”陈德伟教授说。斜拉索的外侧索有向内倾的趋势，因此该桥主塔施工时除了需要设置竖向和纵向预拱度外，还应设置横向预拱度，这增加了施工难度。此外，为了节约费用，该桥面吊机利用旧桁架梁组装而成，自重高达237吨，对结构受力和施工非常不利，必须采用相应的技术措施。

“这些在最初的设计和施工中留下的问题，都需要我们一一予以化解。”陈德伟教授说。为防止被暴力恐怖分子破坏，该桥斜拉索上第一次尝试增设了防爆防火的结构设计，以确保该桥结构安全，并在国内进行了相应的抗爆试验。最终采取主跨斜拉索锚头增加无缝钢管，并在外侧缠包防火毯，外面再套防爆护罩等措施，以有效阻止和延缓大火及爆炸对桥梁结构的破坏，相当于给斜拉索穿了层“防爆衣”。

进入埃及后，团队首先从技术培训开始，手把手地教埃方的设计、施工人员，并逐一解决设计和施工中遇到的技术难题。“为了确保施工质量，我们每天去桥梁现场工地办公。每个主梁节段拼装时，陈老师都会到现场指导主梁安装，节段间高强螺栓终拧完后、桥面吊机松钩之前，陈老师会拿着工具校核每个接头的高强螺栓施拧情况。”于祥敏博士说，“陈老

图2 陈德伟教授指导埃及的工程技术人员。图片来源：受访者供图

师身着工装，弯着腰，逐个检查每一节段钢梁的接头、仔细校核高强螺栓施工质量的背影已经刻在我脑海里。陈老师专业诚挚、认真负责、身体力行的工作态度和敬业精神，深深地影响了我和师弟。动之以言者，其感不深；动之以行者，其应必速。”陈德伟教授说，每一根钢筋、每一处混凝土浇筑、每一次混凝土养护都要仔细检查，看到质量合格才放心。

陈德伟教授介绍，共塔肢斜拉桥最理想的施工方案是南桥和北桥完全同步施工，但设备、人力和资源的投入会成倍增加。做不到，怎么办？陈德伟团队采用国际认可的桥梁有限元软件建立该桥有限元模型，模拟施工全过程以趋利避害，最终制订合理的施工方案并实施。虽然在工程开始施工不久后，业主就决定完全由中国技术人员主持大桥的设计、施工和控制等工作，但因原先设计单位坚持了一部分不合理的原设计，已导致部分结构受力不利、施工不便、工期延长和造价增加等后果，最终也为此付出了较沉重的代价。随着全球经济的飞速发展，许多发展中国家对基础设施建设有着迫切而强烈的需求。就桥梁工程领域而言，过去20多年里我国修建了大量的各种类型的大跨径及超大跨径桥梁，经历了技术和质量上由量变到质变的过程，积累了很多宝贵的经验、教

图3　埃及总统塞西亲切接见陈德伟教授（2018年12月17日）。图片来源：受访者供图

训，这是其他任何国家所不具备的，这为我们走向海外市场提供了满满的自信心和竞争能力。

2018年12月27日，埃及总统塞西考察了Tahya Misr Bridge项目，接见了陈德伟教授，充分认可中国的建桥技术，并感谢同济大学团队为推进项目建设付出的巨大心血和努力，为项目建设作出了巨大贡献。2019年4月14日，埃及总统塞西与总理、国防部部长等国家领导人再次视察工程，并参加了主桥合龙仪式，又一次接见了陈德伟教授，当面提出了希望陈德伟教授帮助埃及再建造两座大桥的要求，并与大家一起合影。

他这样走上海外建桥之路

他是怎么走上海外造桥之路的呢？

陈德伟教授说："20多年前，中国已经开始大规模修建大跨径桥梁了。1995年我去了香港大学做高级访问学者，赶上英国管理者从香港全面退去的前夜，当时的港英政府搞了新机场等建设的项目，即在香港的大屿山岛修建新机场，同时就需要修建好几座大跨径跨海大桥以建立交通联络线，如汲水门大桥、青马大桥和汀九桥等。去香港之前，我已经参与了内地多座斜拉桥的工程建设，因此对内地的设计和施工情况非常了解，比如宁波甬江大桥、吉林临江门大桥、上虞人民路大桥、杭州文晖大桥等。当我了解了香港的大桥工程后，与英国人修建的香港大桥工程相比，我们的施工技术和工程质量确实相差很多。因此就希望了解他们设计、施工和管理工程的理念，如果想要在海外获得承包工程权，必须参与相对公平、公正的竞争，你的工程设计、施工质量和技术水平必须过硬才行。"

香港回归之前，1997年6月，陈德伟教授从香港回到内地。当时香港路政署刘正光署长希望陈德伟教授留在香港，参与香港路政署的管理工作。英国管理香港时，尽量不让当地人参与管理工作，当他们撤走时对香港各方面的管理能力是一种考验，因此香港方也希望内地有能力的人加入他们的管理队伍。陈德伟教授说："我觉得香港的市场还是小了一些，应该回到同济，参与到整个国家大桥的建设浪潮中去。一回来就拿到了宁波招宝山大桥、重庆大佛寺长江大桥、海口世纪大桥等国家重大工程的施工监控合同，其中经历了招宝山大桥的失败，那话就更长了。我觉得问题出在对土木工程的理解之上，所以有了希望出国与国外工程师一起工作的想法，当时还是一种去学习的想法。1999年，印度孟买海湾大桥工程提供了这样的机会，我外语较好，再加上当时已在国内做了多座斜拉桥工程，积累了一些工程经验，中国港湾工程公司就找到了我。巧的是，我的老师项海帆院士支持我出国参与国外工程，也是要我去更多地学习国外修建桥梁的理念。”

于是，陈德伟教授就在印度孟买海湾大桥工程中代表中方承担了负责主桥的施工图设计和施工技术的工作。该桥为花瓶造型主塔的预应力混凝土双幅斜拉桥，主塔高128米，为当时印度国内最大的桥梁工程。由于工作表现突出，陈德伟教授受到了时任总书记胡锦涛访印期间的接见，同时得到了工程的业主（印度马哈拉施特拉邦政府）、总包方和技术分包商中国港湾工程公司的高度好评。

二、印度新祖阿里大桥

新祖阿里（Zuari）大桥，又称Manohar Setu，位于印度西南部沿海的果阿（Goa）邦，跨越Zuari河，为主跨360米的钢-混组合梁双幅斜拉桥。由于原有的旧桥已经被判为危桥，因此急需建一座新桥来维持印度国家的南北主要通道的运行。

陈德伟教授作为中国桥梁工程技术专家于1999年至2009年在印度工作，主持位于孟买的班德拉-沃利海上连接项目（Bandra-Worli Sea Link Project）工程主桥的技术工作。其间，他还参与了印度首都签名大桥（Signature Bridge）的投标等工作，此桥横跨亚穆纳河，将新德里瓦茨拉巴德地区与西岸的1号国道连接起来。大桥仿照著名的英国伦敦桥设计，被设计为575米长、175米高，拥有弓形的钢主塔。“签名大桥还发生了印度总审计署在一份报告草案中反对从中国采购组合梁的钢主梁事件。此事，也促使我更加深入地了解了印度工程界。”陈德伟教授说，“21世纪初的那些年里，在印度各个领域里都发生了很多有趣的故事。比如在桥梁工程领域，多少受到中国桥梁建设飞速发展和建桥技术提升的一些影响，印度一直希望依靠自己的力量来修建大桥，以便能与中国相比较。但无奈于没有技术的积累和大桥工程相关的技术基础，因此多次组团来中国学习和考察，我陪同参观了苏通长江大桥、港珠澳大桥以及鸭池河大桥等工程。”

2016年，印度迪利普建筑公司（Dilip Buildcon Limited）中标新祖阿里大桥工程，专程来中国找陈德伟教授讨论合作事宜。由于项目采用EPC（设计、采购和施工）模式，因此投标阶段已经找了一家法国的设计公司Ingerop作为联合体进行设计。随后，陈德伟教授作为果阿邦政府授权的设计独立审核、批准和施工安全工程师（菲迪克条约模式）对工程设计、施工安全等负责。

“不看不知道，一看吓一跳。”陈德伟教授说，这家法国公司的设计问题非常多，多到几乎得推倒重来。陈德伟教授罗列了一些审核意见。关于总体布置：在常规的边主跨比范围内可以去掉边跨的辅助墩；主梁为边跨预应力混凝土梁，主跨靠近主塔45米为预应力混凝土梁，主跨其余为钢–混组合梁，施工方法不经济；主梁没法对称悬臂施工；柱墩比较矮，塔墩梁固结体系为容易产生温度应力等不利因素；一道上横梁即可；去掉塔顶餐厅设计；塔内采用钢横梁或钢箱组合结构锚固斜拉索；边跨与主跨采用相同的索距，组合梁索距宜采用12米（原来15米）；加强尾索设计，有利提高主跨刚度；不宜采用全漂浮体系，应采用半漂浮体系；主梁应全长采用相同的组合梁结构。“仅仅总体布置，伤筋动骨的不合理设计就达11处之多。”陈德伟教授感慨，熟悉桥梁工程的人都知道，这几乎是全盘推翻了原来的工程设计。更加有意思的是，法国公司看到他的审核意见之后，竟全部接受其意见，并让他指导进行了重新设计。

位于巴黎，具有60多年历史、拥有2 700多人的法国Ingerop公司，为何如此“谦虚”？陈德伟教授坦言：“40年之前法国人是我们桥梁工程的老师，更多年前，法国人是创建新一代密索体系斜拉桥并将其推广至全世界的国家，如今为什么会有如此低质量的设计？一次，在Ingerop公司开会讨论新祖阿里大桥的技术之后，我直接问了这样的问题。”该公司负责人说，主要是过去几十年里，西方国家几乎没有斜拉桥工程设计和施工的机会。这样一来，老一代的工程师基本上都退休了，年轻人没有工程实践，当然就没法胜任这样的技术工作。在多次参与非洲、亚洲国家斜拉桥工程的投标工作之后，他发现几乎每次投标中70%~80%都是中国公司，中国公司不仅技术过硬，而且中标价往往都很低，没有给欧洲公司留下多少机会，这也就回答了为什么那么著名的法国公司桥梁设计水平变差的问题。

新祖阿里大桥2023年底建成通车了，施工阶段在线形控制、施工质量等方面存在很多问题。尽管印度外交部、交通部特批了陈德伟教授的签证（2022年，当时印度停止了我国公民的普通签证），但终因疫情原因陈德伟教授无法到现场指导，只能通过在线的形式进行技术交流和讨论，经过波折终于解决了新祖阿里大桥存在的问题。

三、中马友谊大桥

中马友谊大桥犹如一张古琴横枕在湛蓝如璧的海上，那弓一样的桥洞宛如跳跃的音符；空中俯瞰，大桥又像一根丝带优雅地挽起机场和首都，它实现了马尔代夫民众拥有跨海大桥的百年夙愿。而为此桥提供技术支撑的，就有同济土木工程学院桥梁工程系2006届研究生游新鹏带领的中国团队。

马尔代夫地处“21世纪海上丝绸之路”的咽喉要道，是最先加入“一带一路”倡议的南亚国家之一。马尔代夫9万平方千米的海域内，星罗棋布地散落着约1 200个岛屿，其中约200个岛屿有人居住。由于自然环境的原因，这些岛屿之间没有铁路和公路，当地人只能靠小船摆渡、坐飞机，穿行于岛屿之间。

一个世纪以来，马尔代夫人一直梦想着修建一座大桥，但马尔代夫的上千个岛屿都是珊瑚岛：多孔洞、易碎、承载力不均。世界范围内，在远洋深海的珊瑚礁地质上建造跨海大桥，没有先例。

找中国去。

2015年初，中方桥梁勘探设计人员第一次来到马尔代夫，勘察后感慨：“干了十几年海外项目，从没遇到过建设条件这么复杂的工程。”要建桥的海域，周围几无遮掩，水深达46米，浪高超过3米，疯狂翻涌的海浪如野马奔腾。海底则是复杂的珊瑚礁地质，同时还存在陡峭的倾斜岩面。如何在这样的远洋深海——毫无遮掩的环境及珊瑚礁地质上设计一座跨海大桥，成为一项全新课题。中马友谊大桥施工技术组副组长兼总工游新鹏介绍：“第一个（难点）是如何让桥梁基础在珊瑚礁地层上生根，因为这个之前是没有先例的；第二个是在深海长周期涌浪的条件下，结构的安全怎么保证；第三个就是在强腐蚀的海洋环境下，如何保证大桥的耐久性。”

要建桥，必须解决这三大难题。

“桥址位于印度洋‘恶魔之海’，针对珊瑚礁复杂地质、中长周期波浪恶劣环境挑战，项目组主要开展了珊瑚礁地层大直径桩基础设计与施工、中长周期波浪对桥梁建设影响及对策、大跨钢混叠合混合梁桥上部结构快速施工等技术研究，构建了外海珊瑚礁上特大型桥梁建设成套技术体系。”游新鹏说。

2015年底，中马友谊大桥正式开始施工建设，上述三大难题让施工建设人员感受到了工程的不一般。2016年的一天，工人们将一根引桥的钢管桩振沉，遇到了珊瑚礁地质坚硬层，难以入岩。在底口加上桩靴、加工成“子弹头”结构等尝试均告失败。这在国内是一个再普通不过的工序，在这里竟成了大难题，项目团队只能通过一次次失败总结经验，不断更新分析数据，调整结构，终于使引桥钢管桩在珊瑚礁上得以施工。

“这项研究被称为珊瑚礁地层大直径桩基础设计与施工技术。”游新鹏介绍，“我们综合中国南海、马尔代夫共和国、北苏丹王国等地的珊瑚礁区地质勘探及室内测试分析成果，从矿物成分、生物成因等角度定义珊瑚礁沉积物，建立了系统的珊瑚礁沉积物工程分类方法及力学特性评价方法，修订了国家行业标准《水运工程岩土勘察规范》(JTS 133—2013)，填补了国际范围内珊瑚礁岩土工程勘察标准的

图4　中马友谊大桥施工中。图片来源：受访者供图

空白，为大桥建设提供了标准支撑。”

游新鹏介绍：“在中马友谊大桥建设之前，国际尚无珊瑚礁地层条件下建设特大型桥梁的先例。在桥梁桩基设计方面，珊瑚礁地层大直径桩基础的承载机理不明确，现有的桥梁桩基设计方法适用性较差。我们借助数值模拟、模型桩试验、现场打桩分析、高应变测试、黏结面显微硬度测试等研究手段，揭示了珊瑚礁地层大直径钢管打入桩、钻孔灌注桩竖向承载机理，以及波流荷载作用下桩周珊瑚礁原生结构损伤规律，完善了外海珊瑚礁地层大直径桩基竖向及水平承载力设计方法。”

桥梁桩基施工同样是个大难题。由于珊瑚礁具有软硬互层、脆性及多孔洞等特点，珊瑚礁地层大直径桩基施工难度极大。“大直径钢管桩及钢护筒在插打过程中极易出现‘溜桩’，钻孔灌注桩在成孔过程中易产生偏斜、塌孔等问题。”游新鹏说，“针对以上桩基施工难题，我们研发了珊瑚礁地层大直径桩基施工成套技术及装备，实现了外海珊瑚礁地层大直径桩基安全、高效施工；研发了带液压自动开合龙口的导向架，避免了钢护筒吊装进入龙口时，涌浪引发的大幅摆动带来的安全问题；研发了钢管桩导向架冲击熔断器，可吸收珊瑚礁地层钢管桩‘溜桩’过程中的巨大冲击能量，从而确保主体结构安全；

研发了提高竖向承载力的清水钻进成孔技术，确定了不同珊瑚礁地层的清水钻进控制参数，确保了安全高效成孔；提出了礁灰岩地层桩端后压浆关键参数（压浆量、压浆压力）建议值，保证桩基承载力。”

依托上述创新技术及装备，中马友谊大桥施工成桩偏位小于25厘米、倾斜度在1/200以内，通车三年后大桥主墩最大沉降仅2.8毫米，泥面处桩基最大水平位移仅2.2毫米，均远小于规范允许值。

“‘恶魔之海’的浪对我们的海上作业是个严重的制约。”游新鹏说，与国内近海的4~6秒短周期波浪环境不同，桥址海域的波浪多以8~14秒的中长周期波浪为主。同时季风期波高浪大，水上作业工程船舶横摇、纵摇等运动响应显著提升。因此在特殊复杂的中长周期波浪环境下，工程船舶的水上作业窗口数量少、时间短，且吊装施工风险大。

“如何确定船舶作业窗口期是一大难题。”游新鹏介绍，“我们首先监测实地波浪作用下的船舶运动响应数据，构建船舶数值波浪水池，分析得到了中长周期涌浪海域工程船舶姿态响应与波浪耦合规律，确定了不同船舶可作业的波浪参数阈值。同时研发了集海洋环境预报、实时监测、快速决策于一体的船舶作业窗口精细化预报与控制系统，实现了外海桥梁施工‘小时级’作业窗口的预测与捕捉，船舶施工作业有效窗口利用率达92%，很好地提高了工程建设效率。”

针对中长周期波浪作用下船舶摆动与吊钩、吊绳形成的单摆系统易形成共振，引起浮吊吊物发生大幅摆振的情况，游新鹏团队研发了模拟船舶运动响应的六自由度试验平台，提出了主动调整吊索固定端位置的时滞抑摆理论和控制方法，研制了大位移时滞抑摆机构，减摆率达到70%以上，提升了水上吊装作业的安全和效率。

游新鹏介绍，大跨钢混叠合混合梁桥上部结构施工若参照国内常规方案，跨中钢梁采用悬拼或者整跨吊装，在复杂的外海施工环境下，将存在工效低、吊装风险大、资源配置要求高等问题。针对这一情况，团队研发了一套适用于远洋深海环境的组合梁桥上部结构施工方法，创新性地提出了“悬浇+钢梁小节段吊装组拼+顶推下放合龙”的新思路，在波浪条件较好的时段将钢箱梁小节段集中吊装上混凝土桥面，在墩顶梁面拼接成整体向跨中顶推，然后整体下放合龙。钢梁吊装不占用关键路线，高效利用作业窗口期，总体克服了水运环境较差、风浪较大的复杂施工条件。同时，团队配套研制出系列核心装备：变截面箱梁自平衡顶推系统，可实现钢箱梁的快速顶推；集混凝土悬臂浇筑、节段钢梁吊装、大节段钢梁整体下放于一体的多功能架桥机，大幅提升了现场设备使用效率，降本增效；钢梁起吊快速脱离装置及落梁缓冲装置，确保了钢梁吊装的施工安全。

为了更好地攻克难题，游新鹏团队以“远洋深海珊瑚礁地层特大型桥梁建设关键技术”为题，申请了国家课题，依托中马友谊大桥研究得出系列技术创新成果，如珊瑚礁地层大直径桩基础设计与施工、集海洋环境预报-实时监测-快速评估于一体的外海桥梁施工窗口决策、大跨钢混叠合混合梁连续刚构桥快速施工技术及装备、三镍钢及低黏度超保坍的UHPC等一系列“四新技术”（指新材料、新工艺、新设备、新技术）。系列技术的成功应用，不仅解决了桥位处的珊瑚礁地质、中长周期涌浪及高温高湿高盐环境等恶劣自然条件给项目建设带来的巨大技术挑战，还为项目带来了可观的效益。该课题成果获得2019年中国公路学会科学技术进步奖一等奖，游新鹏也获得2021年度“中国交建十大杰出青年”称号。

2018年8月30日，由中国援建、中交第二航务工程局有限公司（以下简称中交二航局）承建的中马友谊大桥建成通车。大桥把马累、机场岛和胡鲁马累岛连接在一起，这是马尔代夫首座现代化桥梁，也是架设在印度洋上的第一座跨海大桥。从中马友谊大桥开工到建成通车，中交二航局仅用了短短33个月的时间。从高空俯瞰，整座大桥犹如一条玉带，线条舒展优美，如翻腾的海浪，与自然环境高度契合。主桥有三个V形墩，就像三只振翅翱翔的海鸥。同时，大桥在马累一侧的侧桥头还有穹顶、拱门和廊柱，充满了异域风情。

中马友谊大桥通车的第二天，在马尔代夫的首都马累，成百上千辆摩托车聚集在桥头，景象蔚为壮观。私家车、出租车、小货车熙熙攘攘。人们满怀期待，兴奋地等待着开上大桥的“首航”体验。当桥头的绿灯亮起，人们迫不及待地踩下油门，向着大桥蜂拥而去……夜幕降临，大桥上的车辆依旧穿梭如织，与白天的繁忙景象别无二致。

中马友谊大桥的通车，还让马尔代夫产生了一个与大桥相关的新职业——大桥交警。马尔代夫首都非常小，之前没有红绿交通信号灯，大桥开通后设置了交通信号灯，这在马尔代夫是一件很稀罕的事情。当时有名交警叫阿山，大桥通车第一天，他在现场维持交通。一个月后，大家都适应了，交通就变得非常流畅。

十多年的职业生涯，游新鹏始终坚持科技研发—工程实践—成果总结—技术创新的工作理念，先后获得各级别科技奖15项、发表科研论文34篇、授权专利40项，还荣获包括中国交建优秀共产党员、武汉市政府特殊津贴专家、中交二航局十大标兵等在内的系列荣誉。研究成果在20余座大桥中得到应用，有力支撑了苏通大桥、崇启大桥、泰州大桥、泉州湾跨海大桥、千厮门嘉陵江大桥、中马友谊大桥、常泰长江大桥、深中通道、张靖皋长江大桥等一大批重点工程。

四、巴拿马运河三桥

巴拿马运河三桥于2019年8月2日建成通车。大桥位于通船闸以北约3千米（1.9英里）处，跨越巴拿马运河在大西洋一侧的入海口，连接科隆省首府科隆市与城市西郊。巴拿马运河三桥是巴拿马运河上大西洋侧的第一座大桥，也是世界上最大跨径的混凝土斜拉桥之一。2011年6月，中交公路规划设计院竞标联合体成功中标巴拿马运河三桥设计项目。2012年，中交公路规划设计院竞标联合体继续中标巴拿马三桥的施工阶段技术服务及施工监理项目。

巴拿马运河三桥采用四车道“干线公路（Arterial highway）”标准建设，桥梁标准宽度为20.8米，设计速度为90为千米/小时。主桥为79米+181米+530米+181米+79米五跨连续混凝土梁斜拉桥，双索面、边跨设置一个辅助墩和一个过渡墩。全桥共设128对斜拉索，索面按扇形布置，每一索面由32对斜拉索组成，斜拉索采用钢绞线斜拉索。

该桥设计者中，就有同济大学土木工程学院毕业生罗晓瑜。罗晓瑜在同济大学桥梁工程系获得硕士、博士学位。他以第一作者发表在期刊《世界桥梁》（2017年第4期）上的《巴拿马运河三桥景观与造型设计》一文，系统阐述了巴拿马运河三桥的造型与景观设计思路。

文中说：巴拿马运河三桥是连接巴拿马北部、运河东岸科隆市的玻利瓦尔路和运河西岸加通路的一座跨运河大桥，全长2 667米，主跨530米，双向四车道，为双塔双索面斜拉桥，采用混凝土双箱主梁。通过对大桥桥址自然环境和地域文化的调查与分析，确定了大桥的造型设计元素——“V”形元素。在设计过程中，采用比例图解法，确定边跨与中跨比例为0.4，接近黄金分割比；在桥塔设计中，采用力线造型法，以环境调查获取的“V”形元素为桥塔的基本造型元素，创作出受力明确、视觉轻巧、造型新颖的塔型；辅助墩与过渡墩造型借鉴了桥塔下塔柱造型，造型简洁、承力明确；引桥桥墩造型同样借鉴桥塔下塔柱造型，并针对墩身比例效果进行高、中、低墩区的桥墩尺寸优化。全桥造型元素一致，景观风格统一，体现了当地自然与文化特征在现代桥梁景观与造型设计中的创新应用。罗晓瑜说：“巴拿马运河是世界七大工程奇迹之一，最能代表当地特色的建筑物为巴拿马运河的水闸，从水闸的开启与关闭的形态，可提取出与三角形元素相近的‘V’形元素，该元素具有较好的力度感与稳定感。”由于巴拿马地区位于南美地震活跃区域，桥塔的抗震性能是塔型比选的重要考虑因素之一，为保证桥塔整体刚度，选用了独柱式下塔柱方案。

在桥塔的细部造型设计中，采用线面分割法对下塔柱做中间挖槽，在桥面下横梁位置做三角体、面分割并加入“V”形设计元素，修改塔柱断面为梯形，进一步削减下塔柱视觉体量，提升了桥塔轻巧感。

为了进一步优化塔底与承台之间的受力性能，提升下塔柱与承台间的视觉过渡效果，在塔底设置了两层承台，以获得视觉体量与稳定感的效果提升。塔头部分同样考虑加入“V”形设计元素，并在中间刻槽，最终形成视觉轻盈、稳定、立体感较强的桥塔造型。然后对过渡墩与辅助墩、引桥桥墩进行一系列配套、深化设计，综合比例图解法、力线造型法等多种方法，完成了巴拿马运河三桥的景观与造型设计。业内专家评价说，该方案既与当地自然环境和地域人文相协调，又具有一定的造型特色。主桥比例良好，体量适中，桥塔形态简约，桥墩韵律工整，塔墩协调呼应，主梁梁底亦有良好韵律，视觉效果通透，全桥景观风格统一，造型元素一致，符合当代桥梁特征。

2019年8月2日，中交公路规划设计院有限公司参与设计的巴拿马运河三桥建成通车。巴拿马新任总统科尔蒂索出席通车典礼并致辞，他对项目参建单位为大桥建设所作出的贡献表示感谢，向因该桥建成通车而受益的巴拿马大西洋沿岸地区人民表示祝贺。

巴拿马运河三桥工程按照美国AASHTO标准设计，中交公路规划设计院有限公司作为设计联合体的牵头方承担了主桥的详细设计工作，该桥被列为“中国造”海外大桥十大名片之一，是我国勘察设计企业通过参加国际公开竞标首次中标的大型桥梁工程项目。

五、“已经签署新合同”

“2023年6月4日，尼泊尔交通部官员通过邮件通知我签署新的合同，继续履行世界银行提供的尼泊尔交通部特聘专家的职责。”陈德伟教授介绍。2016年世界银行通过全球招聘，我受邀成为尼泊尔交通部特聘专家，多次去尼泊尔执行世界银行给尼泊尔贷款交通设施建设项目的当地工程师的技术培训、指导工程规划和设计任务，疫情前最后一次是2019年6月在尼泊尔的加德满都进行了技术培训，所有费用均由世界银行承担。

“按照尼泊尔政府的规划，将在尼泊尔第二大城市博克拉（Pokhara）等城市建造两座大跨径的斜拉桥，但是由于疫情原因，中断了将近四年的工作。去年6月，我接受邀请后，于2023年10月2日飞赴尼泊尔首都加德满都，受到尼泊尔交通部部长的接见，他们举行了隆重的欢迎仪式。我后续进行了技术培训工作，目前正在进行这两座桥梁工程设计的前期工作。”陈德伟教授说，“春节之后我将再次去往尼泊尔，继续工作，直至大桥建成。”

附记

2024年6月初，传来同济大学土木工程学院桥梁工程系陈德伟教授作为设计和施工首席顾问的埃及万岁大桥工程（又称罗德·法拉格轴线大桥）获得国际预应力权威机构美国后张预应力协会（Post-Tensioining Institute，PTI）的2021年度大奖。项海帆院士闻讯后说：“12车道的斜拉桥获奖，这才是应该好好宣传的重要业绩，为国争光呀！”陈德伟说：“这座桥的抗风设计也是我们桥梁工程系做的。”据悉，此桥是埃及国内自己设计和施工的第一座斜拉桥工程。

此时，陈德伟已在尼泊尔工作一段时间了。陈德伟是世界银行通过全球竞争选定的尼泊尔交通部特聘的桥梁专家。他说，作为世界银行资助的项目，旨在培训和指导尼泊尔交通部的工程师，提高他们有关斜拉桥工程的设计、施工和管理的综

图5　陈德伟教授勘察2024年3月11日发生特大火灾的卡纳里大桥现场。图片来源：受访者供图

合能力。

“我希望帮助尼泊尔实现零的突破，修建自己的第一座现代斜拉桥，使得该国工程师可以具有设计、施工和管理复杂桥梁工程的能力。”陈德伟说。同时，他还受邀服务尼泊尔交通部、军队和大学等，参与当地的工程技术指导、教学和科研等工作。6月4日，他受邀到尼泊尔特里布文大学（Tribhuvan University）作了主题为“斜拉桥在中国的发展”的讲演，引起该校师生的强烈反响。特里布文大学是尼泊尔土木专业最好的一所大学，之前学校由尼泊尔国王亲自担任校长。该校领导告诉陈德伟教授：“之前都是邀请欧洲和美国的大学教授来作学术报告，偶然也请印度的。邀请中国的教授，您是第一位。”陈德伟说：“我很荣幸和开心，让尼泊尔大学师生有机会了解中国现代斜拉桥工程取得的伟大成就！”

『气动控制是个四两拨千斤的活』

大跨度桥梁结构和行车抗风安全的气动控制技术介绍

“这是同济18年参加工博会历史上第一次拿到大会金奖。”参加第十八届（2016年）中国国际工业博览会颁奖仪式并捧回奖杯的顾祥林副校长说。据悉，本届工博会最高奖——大会金奖只有4个，我校葛耀君教授牵头的“大跨度桥梁结构和行车抗风安全的气动控制技术”为此次参会高校所获的唯一大会金奖，可见其原创性之高。

一、“让桥梁安全、行车安全，这不应该是个问题”

随着造桥技术的飞速发展，跨度越来越大的桥梁在世界各地不断出现。“桥造出来不是问题，问题是如何让桥健康屹立，如何让汽车行驶得安全顺畅？”葛耀君开门见山。我国的高速公路里程已达11万千米，高速铁路里程也已超1.8万千米，均居世界第一；与此相适应的是公路桥梁76万座、铁路桥梁7.8万座，也是世界第一。按照我国“十三五”规划所确定的目标，这些数字还将继续增长。

大桥的跨度也在迅速增长，最近十余年来，杨浦大桥、苏通长江大桥创斜拉桥跨度世界纪录，上海卢浦大桥、重庆朝天门长江大桥创下拱式桥跨度世界纪录，重庆石板坡长江大桥创梁式桥跨度世界纪录，舟山西堠门大桥创下钢箱梁悬索桥世界纪录。“像苏通长江大桥主桥孔跨度1 088米，建成后一度居于世界第一；西堠门大桥主桥为两跨连续钢箱梁悬索桥，主跨1 650米，位居悬索桥世界第二、中国第一，其中钢箱梁全长在悬索桥中居世界第一。”葛耀君说。

世界桥梁界都知道，大跨度桥梁的建设首先是要确保桥梁在狂风暴雨下都要稳如泰山，其次是风狂雨骤但路桥未封闭时的行车安全。“以前世界桥梁界考虑较多的是桥自身的安全，在台风、地震中是否安如磐石。21世纪以来，车辆在桥上行驶得是否平稳越来越成为考虑的焦点。”葛耀君说。桥的跨度小还好办，跨度一大，甚至超过千米，桥梁就面临三大关键难关：一是可导致桥梁结构毁坏的“颤振失稳”，二是影响行车舒适性的“涡激共振”，三是危及行车安全的“侧向大风”。

什么叫颤振？心电图很多人都做过，那样的上下跳跃弧线就是由颤振形成的。专业上的解释是弹性结构在均匀气流中由于受到空气动力、弹性力和惯性力的耦合作用，发生振幅发散的自激振动，抖、颤并呈水波纹状连续前行，持续一段时间，飞机就会解体，桥梁就会断裂，后果不堪设想。涡激共振，顾名思义就是风过来了，经过了一个非直线的物体，风开始打转，形成漩涡，这个漩涡一大，不仅物体会不由自主地运动甚至被掀翻、刮走，而且桥面会发生很大振幅的振动。“你说这时恰巧行驶在桥面的车危险不危险？至少很不舒适。”葛耀君说。

二、针对难题，葛耀君提出七条措施

桥梁跨度越大，刚度就越小；桥梁越高，桥面风速就越大。跨度853米的塔科马大桥于1940年7月1日通车，绰号“舞动的格蒂”，结果四个月后就被大风吹毁了，原因是振动导致桥失稳，就垮了，后来重建的大桥就叫“强壮的格蒂”了。此外，还有伏尔加河桥因为涡振封桥等事件。针对这些问题，葛耀君团队结合中国各地桥梁建设经验，经过20多年的研究，成功研发出包括控制桥梁“颤振”的检修轨道结构、分体箱梁结构和稳定板结构三项技术，控制桥梁“涡振”的竖直风障结构、建筑膜结构和导流板结构三项技术，加上控制桥面“侧向大风”的竖直和水平姿态可变的活动风障技术，这七项气动控制技术成功解决了我国近年来建成的55座大跨度桥梁中5座最具抗风挑战性桥梁的抗风安全技术难题。

“桥梁越高，其风速就越大，而风速超过25米/秒，就要封路了；桥梁呢，桥面高度50米很常见。”葛耀君说，“现在的行车要求是路能通，桥就得通，当初杭州湾跨海大桥建设也是这个要求。”

“我们在西堠门大桥上加风障。”葛耀君说，“用什么形状的风障，圆的、椭圆，还是矩形？三根、四根，还是六根？风洞试验表明，矩形风障效果最佳，西堠门大桥必须采用五根。于是，现在行人走上大桥，就能见到大桥两边各五根的矩形风障了，每片3.6米长，全桥共950余片。”

“稍有桥梁常识的人都知道，桥梁在使用过程中是需要检修的，于是我们就能看到桥肚子上悬挂着检修轨道：一只长长的大钢篮扣在桥腹两侧轨道上，那就是检修作业架。一旦腹部装上了检修轨道，风洞试验就显示不符合标准了。”葛耀君说，“我们最后想出了把检修轨道从大桥腹部移到斜坎上的办法，这样钢架的底部与桥腹齐平，颤振临界风速就符合要求了。”

加风障现在已经普遍应用在风区的桥梁上了，但台风来临时风障往往又会极大地增加桥梁风荷载，有时甚至成为安全隐患，怎么办？“能不能台风来临时把它放平？”葛耀君带领团队人员开始做风洞试验，结果表明：可行。2011年8月6日强台风“梅花”袭击舟山地区时，活动风障按设计预定方案转换到水平状态，效果很好；2013年台风“韦帕”和“罗莎”侵袭舟山时，西堠门大桥桥面风力达到13级以上，风障放下，大桥安然无恙。“那是世界上第一次以调整风障姿态的方式抵御超强台风，950多片风障，电动着倒下来，就像士兵卧倒一样，很壮观。大桥到目前为止，风障倒下来过五次，效果都不错。”葛耀君笑眯眯地说。大桥的颤振及涡振隐患也都消失了。

抵御涡振还有一个法子，即加建筑膜。这项技术最先用在上海卢浦大桥上，20世纪90年代。上海不断有台风登陆，如此高矗、大跨度的卢浦大桥想在风中岿然如山岳，必须消除颤振和涡振隐患。“颤振问题，我们用加风嘴的方式，即在桥两侧迎风处加一个三角形的尖嘴，把风引走；大风来时，涡振了怎么办？”葛耀君说，“还是老办法，大胆设想并通过数值模拟和风洞试验验证。团队想出了在高高的桥拱上加一张与桥顶同大的薄膜型隔流板。薄膜用连接件固定到拱背上，顺着拱肋走过去能看到这些预留的埋件。现在行人在桥面仔细看就能看到那些整齐的、圆溜溜、黑黝黝的铁疙瘩预埋件。”

抵御颤振的办法还包括稳定板的采用，具体做法是在桥中间顶面一侧加一条一定高度的平板，其实就是两条防撞栏中间设竖桩固定，就满足了提高颤振临界风速的要求。“润扬长江公路大桥采用了这项技术，而且根据风速、桥长的需要，稳定板的高度、长度等均可调。”葛耀君说。安全、经济当然都是气动控制技术必须考虑的因素。

三、“西堠门大桥是应用七项技术中最多的桥梁”

“颤振和涡振很恼人，但困难再多，办法总比困难多，而且气动控制技术讲究的是四两拨千斤的巧劲。”葛耀君说。这种“巧劲”在西堠门大桥上得到较为充分的体现。

西堠门大桥，建设方一上来就说“不做桁架梁”。所谓桁架梁桥，上海的外白渡桥、武汉长江大桥就是典型的例子。其双层钢结构至少要比钢箱梁桥多用钢材50%以上，建设方要省钱。

西堠门大桥是连接舟山本岛与宁波的五座跨海大桥中技术要求最高的特大型跨海桥梁。按照设计，主桥为两跨连续钢箱梁悬索桥，主跨1 650米，设计通航等级3万吨，使用年限100年。关键是，西堠门大桥位于台风影响频繁的海域，桥位所在地水文、地质、气候条件复杂。“形象地说，此桥所在位置是‘风喉’区，风到这里被勒了一下。”葛耀君介绍。一般气象预报的12级台风，风速就是36米/秒，但这里百年一遇极端风速41.12米/秒，达到14级。浙江人还要求路通，桥就得通，谈何容易！

“在风速巨大的西堠门大桥处，桁架梁应是最常用的桥型，但需要多出近两万吨的钢，多花近3亿元的资金，而且抗风性能也不一定满足要求。”葛耀君介绍。不做桁架梁，那就采用钢箱梁。紧接着跟进的问题是：双向四车道（桥宽不到30米）、跨度1 650米的大桥悬在50余米高的海峡半空，狂风中会是怎样一幅情景？“如果做不好抗风设计，桥就会像一架孤零零的秋千，在狂风中飘来荡去。”

钢箱梁，又叫闭口钢箱梁，是大跨径桥梁常用的结构形式，因为外形像一个箱子故称钢箱梁。“一般桥梁抗风能力都按照实际风速的1.2倍设计，也就是10米高度处41.12米/秒的设计风速，换算到西堠门大桥桥面的颤振检验风速必须达到78.8米/秒以上。但西堠门大桥1 650米的悬索拉起30米宽的整体桥面，狂风到来时，其颤振临界风速只有50米/秒，无法满足抗风要求。”葛耀君分析说。风洞试验表明，传统的整体式钢箱梁无法保证桥梁的正常使用，更不用说使用100年了，必须另辟蹊径。

2005年后的那些日子里，葛耀君带领的团队天天泡在风洞实验室，加风嘴、导流板，加……能不能把桥分开？一个大胆的想法蹦出来。说做就做，风洞试验开始。经过反复试验、改进、完善，最后，团队将桥面分开的宽度定格在6米。“也就是说，在双向四车道的桥中间，留出的空隙差不多是两条车道的宽度。这样一来，颤振问题解决了，桥也变宽了，比例到点了，桥型也好看了。”葛耀君说。这就是分体式钢箱梁，也被称为第三代钢箱梁，西堠门大桥是全世界第一座采用分体式钢箱梁进行抗风的桥梁。

因为西堠门大桥采用分体式双箱梁断面方案，桥面中间的缝隙宽达6米，还会常常诱发涡振。风洞试验表明，涡振不会对桥梁造成伤害，只是行驶在桥面上的车会感觉不太舒服。让风从拦风板下部的大缝隙中吹向桥面，吹散旋涡，降低涡振发生频率、减小涡振振幅，这样一来大桥的风障就多了一个功能。

这七项技术成果直接应用于舟山西堠

门大桥、东海大桥、上海卢浦大桥、润扬长江公路大桥和肇庆西江特大桥等。西堠门大桥的分体箱梁式结构还流传到海外：韩国主跨1 545米的李舜臣大桥采用了分体钢箱梁，丹麦一座跨海大桥也将采用这一技术。此项成果先后获得上海市科技进步奖一等奖、2015年国家技术发明奖二等奖。“成果奠定了大跨度桥梁颤振、涡振和侧风等控制的技术基础，市场需求度高，具有广泛推广应用价值和国际竞争优势。”评审专家说。

港珠澳大桥：同济科研、人才培养大舞台

土木工程学院师生为大桥建设贡献“同济智慧”

2023年10月24日，是港珠澳大桥通车5周年的日子。新华社《同心共进　双向奔赴——港珠澳大桥通车5周年》报道：“有了这座‘同心桥’，三地车程大幅缩短、居民出行更加便利、物流运输成本明显降低，大大提升了粤港澳大湾区融合发展格局。港珠澳大桥5年累计客流达3 600万人次、车流750万辆次、大桥口岸进出口总值达7 187.5亿元……今年以来，经港珠澳大桥出入境已超过1 150万人次，较2019年同期增长6%；出入境车流量达235万辆次，是2019年同期的3.6倍。”

2018年10月23日，经过9年的建设，全长55千米、被称为“工程界的珠峰”的港珠澳大桥迎来正式通车的历史性时刻。通车仪式在广东珠海举行，中共中央总书记、国家主席、中央军委主席习近平出席仪式并宣布大桥正式开通。10月24日上午9时，港珠澳大桥正式通车。港珠澳大桥如一道彩虹横跨伶仃洋——它是当今世界最长的跨海通道，连接香港大屿山、澳门半岛和广东省珠海市。主体工程“海中桥隧”长度超过35千米，海底隧道长约6千米，桥梁长约22.9千米。

同济大学原常务副校长、岩土力学与工程专家李永盛教授介绍：“港珠澳大桥建设，同济啃的都是‘硬骨头’。在这个超级工程的大舞台上，同济大学的科研与人才培养收获满满。”采访获悉，在长达9年的时间里，同济大学以土木工程学院师生为主的科研队伍全面参与了人工岛、海底隧道、桥梁抗风及铺装等科研工作，大大小小的项目十数个，咨询更是随叫随到；令人欣喜的是，同济大学还把大桥工地当成了课堂，人才培养也饱吸地气；校友们更是成百上千地奋战在各个工地，不辞日夜。

一、同济成果，让茫茫海上生出岛

港珠澳大桥作为目前世界最长的跨海

大桥，采用的是桥隧组合设计方案。因为大桥必经的伶仃西、铜鼓主航道区，来往船只数量大、吨位高，必须采用隧道方案。这样一来，桥隧要实现顺利转换，就得在海中填筑东、西两个隧道人工岛，中间（即主航道处）用长约6千米的海底隧道连接。

东、西两个隧道人工岛的长度均为625米，最宽处分别为183米和225米，采用蚝贝外形。据介绍，岛隧工程是大桥建设中施工环境最复杂、技术难度最大、协调管理最具挑战性的关键工程。岛体采用主格及副格仓围闭形式，其中主格采用钢圆筒结构，副格采用直线型钢板桩结构。钢圆筒的加工建造在上海振华重工长兴岛基地完成。每只钢筒的直径为22米、高度在40米左右，最高的钢筒超过50米，每只钢筒重约500吨。它们在茫茫大海上被插入软土层，入泥深度超过20米，顶部高出水面约6米；钢筒内填沙以置换挤出淤泥。总计60个左右的钢筒围成一圈，就构成人工岛的挡水墙。施工人员可以在围成的岛上开展桥隧施工了。

建设人工岛采用钢筒围合，可以避免大挖大埋而污染环境。经过专家组论证，这种方法还可减小对航道通航的影响，对保护海域内的白海豚意义重大。同时，围合的钢筒结构可以保证彻底止水，岛上主体施工由水上作业转为“陆上”作业；此外，采用圆钢筒成岛还可大大缩短工期。“如果使用常规技术，建这样的两个人工岛起码要一年半，而采用圆钢筒成岛，东、西人工岛成岛仅用了7个月。”同济大学土木工程学院马险峰老师说。

国内首次采用这种钢筒围合式人工岛可行吗？马险峰介绍，为了工程的顺利进行，中交第三航务工程局有限公司和同济大学共同申请了国家科技支撑计划课题“外海厚软基桥隧转换人工岛设计与施工关键技术”，这种采用钢筒围合方式形成的人工岛，其关键就是钢筒打入淤泥并深入到20余米后其围合的地基如何加固，同时如何解决异常软弱的海底地基的稳定和沉降问题。为解决这一系列问题，研究团队在大课题中承担了“海上挤密砂桩地基处理关键技术”子课题，主要的研究任务是要得出挤密砂桩复合地基在加载之后的砂桩荷载与位移变化关系、桩土应力分配以及砂桩周围孔隙水压力的变化规律，以确定影响挤密砂桩复合地基承载力和变形的关键因素。

何谓挤密砂桩？挤密砂桩就是利用振动锤将套管振动打入至规定土深，向套管内投入砂子，通过套管的反复起拔和下压并施以振动，使砂子被振压密实，从而形成砂桩。由于砂桩的置入挤密了砂桩周围较为软弱的土层，砂桩与挤密过的软弱土层共同作用形成复合地基，从而增大地基强度，提高地基承载力，防止地基发生滑动破坏等。“人工岛所在地区属于深厚淤泥层，在挤密砂桩的打入过程中，桩的挤密和施工中的振动作用使桩周围的土体密实度增大，从而提高了地基承载力。”马险峰说，对挤密砂桩而言，无论采用锤击法还是振动法，由于在成桩过程中桩管对周围砂层产生很大的横向挤压力，桩管体内的砂挤向桩管周围的砂层，使桩管周围的砂层孔隙比减小，密实度增大，其有效挤密范围可达2~3倍桩径；挤密砂桩的振密效果同样显著，桩管进入土层过程中，四周的土体受到挤压，同时桩管的振动能量以波的形式在土体中传播，引起四周土体的振动。在挤密和振动作用下土的结构被逐渐破坏，土颗粒重新进行排列并向外围移动，于是钢筒周围的土便由松散变为密实状态，据测算，挤密砂桩的有效振密范围可达3~4.5倍桩径，振密作用比挤密作用更为显著。

“在总结国内外同行们开展此类工作经验的基础上，我们采用离心模型试验配合理论公式计算以模拟真实的工况。”马险峰介绍。离心模型试验主要是对不同工况下的挤密砂桩复合地基进行模拟和分析；仿照实际施工过程，团队开发出了一套在室内试验环境下的挤密砂桩制备设备；加载过程采用二维可编程控制机械手，在离心机高速运转过程中，即在不停机的情况下，对挤密砂桩复合地基进行加载，并精确控制机械手的运动，控制精度达到0.001毫米。同时，充分保证实验过程中复合地基的应力水平与现场一致；并采用粒子图像测速技术与传统位移传感器相结合的方式观测试验过程中土体的变形。据了解，实验的初步结果都在工程中得到了应用，成为设计与施工的重要参考数据。

“实验结果让工程设计与施工吃了定心丸。”人工岛工程指挥部现场指挥振沉的工程师说道，“这是国内首次采用钢圆筒作为海上人工岛的岛壁结构，新工艺的效果很好。”

首个钢圆筒的振沉还是费了不少功夫的。直径22米、高40.5米的钢筒，为当时世界上单体直径最大、高度最高的钢圆筒结构，也是全世界首次采用8台液压振动锤联动振沉体系施工的钢筒。但打入第一根钢圆筒费了好大劲儿，茫茫海上，洋流飘忽，振沉过程中要精确监控定位及垂直度，及时进行调整和纠偏，极为不易。钢圆筒进入淤泥一定深度之后，再也打不进去了，因为筒被泥紧紧黏住了。怎么办？经过反复琢磨，最后采取了进一段后回抽一次的方式，回抽过程中用高压水枪冲洗筒壁，就这样一寸寸将钢圆筒振挤到21米深的淤泥里。

第一根钢圆筒进去了，后面的就好办了，建设者们不断刷新纪录：两天一筒、一天一筒、一天两筒，后来实现了一天三筒的最快速度。“钢圆筒体量、钢圆筒振沉施工的垂直度偏差精确度，八台液压振动锤联动振沉体系都创下了世界工程史上的新纪录。”马险峰介绍。从2011年5月15日开始第一根钢圆筒施工，到9月11日，10万平方米的西人工岛围成；接着，10万平方米的东人工岛在9月22日开始施工，12月21日围成。

二、抗震：全力保障港珠澳大桥隧道工程安全

全长5 664米的海底隧道，由33节钢筋混凝土结构的管对接而成，除了4个位于接口处的沉管稍短些，其余29个沉管的长度为180米、宽38米、高11.4米，每节沉管的重量近8万吨。如此长大的沉管在深寂的海底连接起来，其中的空洞就构成了双向六车道的繁忙交通线。万一发生地震怎么办？同济大学的科研工作者们2011年开始对此展开研究，以全力保障港珠澳大桥隧道工程的抗震安全。

“超长沉管隧道在地震条件下的安全性相关试验研究，日本、欧美等国都相继开展过，但像港珠澳大桥这样长度的海底隧道的地震反应，还未见相似研究。”土木工程学院地下建筑与工程系教授袁勇介绍，随着港珠澳大桥的立项，国家将“外海厚软基大回淤超长沉管隧道设计与施工关键技术”列入科技支撑计划，全国范围内召集精兵强将对此展开研究。

国际工程界曾有一种普遍的认识，那就是隧道的抗震性能较好，其抗震性能随埋深的增加同步增加，未见有埋深超过300米的隧道受到地震的严重破坏。但是，1995年日本阪神大地震动摇了这种认识，那里的大型地下结构遭受严重破坏，神户市内两条地铁线路的18座车站中，神户高铁的大开站、长田站及它们之间的隧道部分，神户市营铁道的三宫站、上泽站、新长田站等都发生了十分严重的变形、破损，导致交通瘫痪，从那之后隧道的抗震研究便成了热门话题。

“港珠澳大桥隧道处于深厚软弱地层上，地层分布差异大，基岩埋藏在海床面下50米以上，这样的水下环境设计抗震设防标准高的沉管隧道，如何保证其抗震安全性，是课题研究的重点内容。”袁勇教授介绍，“针对港珠澳大桥的实际情况，我们把课题分成沉管隧道土—结构动力相互作用快速实用计算方法研究、多点非一致地震激励下超长沉管隧道地震响应快速分析方法、沉管隧道减震控制技术、沉管隧道振动台试验模拟技术研究四个专题展开研究。”

“地震发生时，其冲击波可能是纵向的，可能是横向的，也可能是纵横混合的。对物体的冲击力可能是挤压、抬升、扭曲，也可能是多点、多类型受力状态。”袁勇教授说，在平均水深超过40米、深厚

淤泥上的隧道要想在8度设防烈度地震的极端状态下不发生扭曲变形，就得有可靠的试验和精准的计算。

所以，沉管躺下的地方必须是平整坚硬的“床”，要做这样一张“床”，首先要在淤泥中均匀齐整地打入挤密砂桩，把“软豆腐”做成“硬豆腐”；然后，再铺上一条42米宽、30厘米厚的平坦“石褥子”，高低差必须保持在4厘米以内。“用于铺设的每个石子，2~6厘米直径，铺好这张‘褥子’非常难，我们用上了GPS定位系统，以保证其高差不超过2厘米。”岛隧项目部综合部负责人介绍，这些工作都要在40米的水下完成。

实验室中如何模拟隧道现场情景？袁勇教授团队想了很多办法，采用分层铺装的方法模拟海床纵横向坡度变化；为了模拟上部海水压力，试验将各种荷载进行折算以等效覆土压力代替。同时，为了使模拟更为真实，实验采取了可拼装式节段箱体，再输入各种地震波，以测试土体自由场地震响应，得出沉管场地的反应特点。

“最复杂、最难的就是多点输入振动台模型试验了。”袁勇教授说，用什么来模拟沉管环境，是运来当地的淤泥、海水，还是采取别的方式？沉管呢，用什么材料制作，采用什么样的振动方式，如何利用已有四个离散振动台面来实现实际的连续多点地震动输入？袁勇教授介绍，由于本工程中沉管隧道沉放于海底开挖基槽上，团队采用以一定比例拌和的砂子和锯末来模拟原状土的动力特性；沉管模型采用刚度和惯性力等效的铝材立模浇铸管段主体结构，接头处GINA止水带采用力学性能相近的硅胶产品代替；至于振动方式，因为港珠澳隧道的超长特点，将平日单独使用的4个独立振动台（台面尺寸为4米×6米，承重为30吨或70吨）并到一起，组成线状分布的多点台阵，这样就形成了长度40米的多点输入振动台，输入可以自由改变地震波的幅值、相位角、周期等关键控制因素，以便于获得长大沉管的地震响应规律。

有了振动台的支撑，团队对4个专题展开了深入研究。

经过近3年的不懈努力，团队深入探讨了沉管隧道在多种因素影响下土与结构间的动力相互作用，在结构形式不变、结构参数不变的情况下，通过改变结构埋深、土体模量，地震动输入水平、外部激励频率等参数来考察沉管隧道结构的地震反应，通过编程建立超长沉管隧道土-结构动力相互作用的快速实用计算方法。“我们的方法充分考虑了不同区段的不同地基和不同海底覆盖土层厚度对弹簧系数和阻尼系数的影响等，还有自由土层输入的影响等。”袁勇教授介绍，实验测试了150个地震工况下的隧道结构—地层动力响应。

“沉管隧道减震控制技术的关键在接头处。”袁勇教授告诉我们，“目前世界上隧道接头分为刚性接头、半刚性接头、半刚半柔性接头和柔性接头四大类，各有所长。我们针对四种接头情况进行了模拟试验和计算，得出柔性接头的效果最好。”这种柔性接头主要由端钢壳、GINA止水带、Ω止水带、连接预应力钢索、剪切键等组成。试验和计算结果表明，地震作用下，沉管的位移、滞回并不伤害管节，加上团队在管内布放减震钢索以增强其柔性，应该说，布置在这一海域的隧道的安全是有可靠保障的。

三、团队成果让沉管接头滴水不漏

深不见底的伶仃洋，巨大的沉管下去了，万一这节跟那节接不上怎么办，或者接上了但漏水呢，或刚接上时好好的，但过些日子因为沉降又歪了呢？同济大学土木工程学院丁文其教授团队研发了港珠澳大桥沉管隧道接头张开位移量控制技术，该技术可保证沉管对接严丝合缝、万无一失。

丁文其教授介绍，沉管隧道安装涉及的问题包括地基不均匀沉降、大回淤、高水压、沉船、车辆荷载、潮水变化、地震、温度作用、混凝土收缩徐变等，这些问题都会影响到沉管隧道接头处的状况；还有结构受力、防水要求、止水带选型和施工对管节接头和节段接头的影响。

2011年5月港珠澳大桥沉管隧道建设之初，丁文其教授团队承担的“沉管隧道接头张开位移量控制技术研究”也紧锣密鼓地开展起来。两年多的时间里，丁文其教授团队研究分析了沉管节段接头的横向和纵向力学特性及变形特性，建立了横向、纵向内力和位移计算模型，同时考虑了节段接头的不同构造对隧道力学及变形特性的影响；考虑到基槽开挖、碎石基础和不同地层条件等，建立了在不均匀沉降条件下的节段接头张开量计算方法，计算分析后再提出应对的方法；考虑水土压力、不均匀地基、回淤、沉船等多种施工及运营工况、温度应力变化和混凝土收缩条件下的沉管隧道节段接头张开变形量，计算分析这些影响因素作用下各接头的张开量及其变化；开展地震对不同连接情况下节段接头影响的计算分析等。

两年多的时间里，丁文其教授团队多次前往施工现场，通过理论分析和数值模拟，计算了数百种组合工况下节段式沉管隧道的接头张开位移量，确定了管节与节段变形特性与张开量控制指标，建立了考虑土层不确定性的地基基床系数确定方法。丁文其教授说，团队建立了基于荷载－结构法的三维沉管隧道管节精细化计算模型，该模型考虑了管节（4个）、管节接头（3个）、GINA止水带、节段、节段接头等细部构件；计算了7种不同地基处理情形下的沉管隧道整体沉降、不均匀沉降量和各管节与节段接头的张开与错位量。他们的计算充分考虑了节段接头的构造对管节接头的张开量影响规律，管节与节段接头的位移量控制标准，提高沉管隧道的安全性措施等，研究成果都在工程中被一一应用了。

据悉，丁文其教授团队还根据港珠澳大桥工程实际，提出了沉管隧道接头张开位移量的监测方案，制定了监测内容，建立了数字化远程监测平台以及确立了监测评价预警体系。其中，数字化监测平台通过监测数据采集模块来采集传感器的数据，然后通过GPRS数传模块传输至采集工作站，以获取采集数据。数字化监测平台中建立各种不同数据库和评价预警指标，对采集的数据实时分析和处理。

四、三个大跨度通航孔桥抗风没有问题

2009年开建的港珠澳大桥，桥梁部分很长，由于技术成熟，且采用工厂化预制海上安装的工法，工程进展神速。但是，在海况复杂、风高浪急的伶仃洋上，主航道桥梁抗风也是个大问题。

港珠澳大桥有3个大跨度通航孔桥，包括青州航道桥（主跨458米双塔空间索面钢箱梁斜拉桥）、江海直达船航道桥（主跨2×258米三塔中央索面钢箱梁斜拉桥）和九洲航道桥（主跨268米双塔中央索面钢箱梁斜拉桥）。它们在风高浪急的伶仃洋上能否稳稳地把港珠澳三地通行的使命扛在肩上？

港珠澳大桥的重要组成部分青州航道桥，就是现在大家看到的两个桥墩都有中国结的那座桥。青州航道桥采用斜拉桥方案，这样的桥塔及主梁对风的作用敏感。再加上桥梁结构特殊新颖、设计标准高（按120年寿命期），结构风荷载的确定没有现成的规范可依，从结构抗风角度考虑必须进行斜拉桥方案的颤振稳定性、非线性静风稳定性分析，以便采取相应的抗风措施。

同济大学土木工程学院桥梁工程系教授葛耀君说，针对青州航道桥的情况，团队采用主梁小、大比例节段模型测振风洞试验，主梁、桥塔节段模型测力风洞试验，桥塔自立状态气弹模型、全桥气弹模型风洞试验的方法对其进行抗风研究。试验内容包括桥位设计风速参数确定、结构动力特性计算分析、主梁小比例节段模型测振风洞试验、主梁节段模型测力风洞试验、桥塔节段模型测力风洞试验、桥塔自立状态气弹模型风洞试验、全桥气动弹性

模型风洞试验、斜拉索风雨激振及减振方案研究、风障设置等十数项。

桥塔试验表明，即使在风速65米/秒的风中（17级以上超强台风）桥塔也未出现自激和发散性的驰振现象。拉索试验显示，螺旋线拉索是一种优良的抗风雨振措施，而黏滞阻尼器和油阻尼器是应用广泛的拉索附加阻尼产品。试验建议青州航道桥斜拉索采用加螺旋肋条的斜拉索，并增加拉索附加阻尼的方法来抑制风雨激振。葛耀君教授说，试验结果表明桥塔局部风障措施是青州航道桥解决桥面大风对行车安全和舒适性影响的首选工程措施，通过合理设计的桥塔区域局部风障，改善桥塔附近的风环境，提高全桥的行车安全标准风速，便于全桥针对主桥跨中桥面制定统一的管理措施；建议结合实时气象观测和基于路网的桥梁运营管理系统，通过系列交通管理措施提高大风天气下青州航道桥的行车安全。

“三个大跨度通航孔桥抗风没有问题。”葛耀君教授介绍说。

2018年9月，被称为史上最强台风的“山竹”正面袭击珠三角，香港、澳门、深圳、珠海全线告急。“山竹”登陆时，最大持续风力为每小时205千米，中心瞬时风力高达每小时285千米，为“超强台风”级。港珠澳大桥经受住了飓风考验，安然无恙。

五、管幕冻结法，确保大桥连接线拱北隧道顺利开挖

2017年4月10日，随着最后一项控制性工程——拱北隧道的全隧贯通，港珠澳大桥珠海连接线主体工程全线贯通。

港珠澳大桥珠海连接线工程主线长约12.67千米，设计方案设大桥、隧道多座。其中，结构最复杂、施工难度最大、施工方法最特殊的是拱北隧道暗挖段。土木工程学院胡向东教授介绍，拱北隧道暗挖段是一座双层整体式隧道，上、下层各三车道，穿越繁华、繁忙的拱北口岸，地下水位较高，并与海水紧密相连。

“拱北口岸有多繁忙？”胡向东教授说了几个数字，“2011年，拱北口岸首次超越罗湖口岸成为全国第一大陆路口岸；2014年8月17日，拱北口岸一天的出入境旅客超过35.5万人。”如此繁忙的口岸，要开展隧道施工，显然不能“开膛破肚”，于是穿越拱北口岸段隧道采取暗挖法，暗挖总长度为255米。

因为地面人流密集，加上地下水水位高，隧道断面超大、覆土超浅，地质条件复杂，暗挖施工难度可想而知。“在熙来攘往的拱北口岸，隧道施工绝不能发生漏水和地面塌陷，无论采取何种方法施工首先要做的就是必须保证地面变形在可控范围内。”胡向东教授说。

用什么方法才能实现这一目标？胡向东教授与各方专家一起探索研究，最终敲定管幕冻结法。管幕冻结法是“管幕+冻结预支护、矿山法暗挖”的施工方法。其中，管幕是围绕隧道四周、沿隧道全长布置的大型钢管，以保护隧道施工安全；冻结则是把钢管之间及周围土体冻结成冻土，以形成止水帷幕。通俗地讲，这种方法是预先沿隧道开挖的轮廓打入一圈钢构保护筒，然后开挖就在保护筒内进行。保护圈层则是由一系列依次排列的大型钢管和人工冻土构成。胡向东教授介绍，这段暗挖工程最终确定的管幕由36根直径1.62米的钢管组成，围成一个宽18米、高22米的椭圆形隧道开挖断面，个头相当于7层楼的高度。

问题随之出现。一般的冻结法都是直接将冻结管打进土里，然后在管里循环冷冻液（一种降温到-30℃以下的盐水，冷而不冻），从而在冻结管周围形成冻土。可是，此处不行，因为隧道线路为曲线，无法在土层中布设冻结管。如何实施冻结？唯一可行的途径是把冻结管布置在管幕的大钢管里面。

这一国内外未曾使用过的方法面临着三大问题：首先，不与土体接触的冻结管是否能把土体冻住；其次，超大断面隧道开挖后，在亚热带炎热气候下冻土会逐渐融化，冻土如何抗弱化；最后，由于土体冻结体积膨胀的客观规律，冻结在超浅覆土的地下进行，冻胀可能导致地面严重隆起而影响拱北口岸的正常运行，甚至可能影响到地上地下相邻建（构）筑物的安全，能不能控制住地面隆起，即如何限制冻胀。

如何解决这三大难题？经过反复比较、测算、试验，胡向东教授设计出“冻起来、抗弱化、限冻胀”的方法，提出了一套解决上述三大技术难题的方案。“管幕冻结法具备了在积极冻结期形成有效的冻土止水帷幕，在隧道开挖期抵御开挖热扰动引起冻土弱化，在冻结全过程中限制冻胀的三大能力。”胡向东教授介绍，此方案摈弃传统的单种冻结管思路，用圆形冻结管、异形冻结管和冻土限位管三种管路构建了一套特殊的冻结系统。圆形冻结管和异形冻结管作为冻结的主要冷源，以冻结形成冻土并抵御冻土弱化；冻土限位管在需要时开启热盐水，用来限定冻土帷幕的范围从而实现冻胀控制。

但方案要付诸实施，尚有一系列理论和工程问题需要解决。为确保工程的万无一失，胡向东教授团队相继开展了大型物理模型试验研究、大量精细化数值模拟研究、实验室管幕-冻土复合结构力学性能研究和工程原位试验研究。

2011年，胡向东教授团队开始了大型物理模型试验研究。在南汇一家冻结法施工企业内，团队制作了一个48立方米（8米×2米×3米）的双管模型，对多种冻结方案进行反复测试，以确定冻结管布管的形式和位置。试验研究于2012年完成，确立了管幕冻结法理念。随后，沿着这一思路，团队成员分成2个小组，一组对冻结的温度场进行数值模拟，探索封水的有效性；另一组进行冻土实验研究，对冻土强度以及冻土和钢管之间的黏结强度进行缩尺试验，掌握了管幕-冻土复合结构的力学性能。

针对试验和数值模拟的简单化问题，团队利用拱北暗挖隧道已经完成的部分管幕钢管，开展了现场试验研究。胡向东教授说，试验从2014年下半年开始，试验成果将为实际工程实施提供重要依据。

胡向东教授接受采访时说，围绕“冻起来、抗弱化、限冻胀”的方案，我们用圆形冻结管、异形冻结管和冻土限位管三种管路，成功构建起一套特殊的冻结系统。于是，拱北隧道暗挖段在拱北口岸的地下最终变身成了一个长225米的椭圆形大“冰桶”。胡向东教授说，管幕冻结法目前在世界上尚无先例，因此在正式开挖阶段，团队还将根据工况等进一步调整具体方案，以确保工程圆满完工。

六、“修台阶”式开挖法成为工程利器

胡向东团队将暗挖段的255米的泥沙土壤冻起来之后，含水的沙土变成了“石头”，但施工时如何才能确保地表不塌陷（施工是在直径7层楼高的圆形截面洞里，洞上面覆盖一层4米的土层，土层上是道路、建筑），施工时还要保证地面日均超30万人的拱北口岸正常通行。拱北隧道成为了世界上施工难度最大、周边建筑最密集的隧道之一。

到底有多难？“施工过程中，管幕离澳门关闸大楼桩基最近距离为1.6米，离珠海免税商场回廊桩基仅46厘米。”建设指挥部称，其难度犹如在刀尖上行走。不请专家怎么行？

指挥部找到了同济大学的黄宏伟、张冬梅团队。在《港珠澳大桥珠海连接线拱北隧道建设关键技术与应用研究》这份合同里，团队比对了各种工法，且结合离心机试验等方法建立了各种施工模型，并展开分析。“我们建立的三维有限元模型重点分析隧道开挖过程中衬砌及临时支撑的安全和它对环境的影响程度，模拟管幕的力学行为是保证研究结果合理的关键。”张冬梅教授介绍，采取何种约束模型，是绑定约束还是群管之间接触的多点约束模型，最后我们选取三种力学模型展开方案比选。

再者，如何开挖？张冬梅教授说，全洞齐头并进的话，拱北隧道的开挖断面宽约19米、高约21米，开挖轮廓面积达336.8平方米，是同类型公路隧道的3倍

多，这样肯定不安全。但若分步开挖，如何才能保证施工安全以及减小对环境的影响？还有，开挖过程中的临时支撑是否安全……问题可谓多如牛毛。

经过反复的试验、比对，不断提出建议方案，最终，课题组采用了“5台阶14步”的开挖施工方案。工程研究的参与者、研究生马程翔介绍，在胡向东教授冻结管幕的保护之下，近340平方米的隧道断面被分为14个工作面，从上到下分成5个台阶，展开“修台阶”式开挖。其中，顶上第一层（高度约5米）分为两个工作面，接下来的4个台阶，每层高约4米，每层分为三个工作面。开挖方法是，从顶层左边开始，左边掘进5米后，右边开挖；顶层整体推进约20米后，第二层开挖，先挖两边高各6米的区块，后挖中间土体，两区块进深错开约4米的距离，第二层与第一层进深相距约20米；以下各层开挖方法与第二层相同，进深与上一层错开的距离15米；第五层错距稍短，为10米。

开挖工法确定了，如何保证安全？马程翔介绍：“黄宏伟、张冬梅老师带领我们从2014年展开研究，先后有张东明、刘德军、王飞、黄强、孙奕、聂欣尧、沈贤达、刘梓圣、张博恺等十几位研究生参与，针对复杂环境下浅埋超大断面隧道施工变形控制技术展开研究，内容涵盖建筑物承载能力评价方法、隧道施工影响、评价及控制技术等。”

随着开挖工作的进行，4层、14片网格化工字钢临时支护开始构筑，5个工作面的土层呈台阶式样貌，支护工字钢看上去就像密密匝匝的脚手架了。随着掘进的深入，逐步砌筑第二层环衬，隧道内逐渐形成了环形管状衬砌。“到了施工后期，临时支护需要被拆除，取而代之的是隧道的三次衬砌。”马程翔说，三次衬砌从底部开始，砌出净空约9米的三车道，实际上道路的雏形就出来了。然后，逐步拆除临时支护，砌筑上部环衬，最终形成上下两层、双向六车道的拱北隧道。

张冬梅教授介绍，珠海连接线拱北隧道2016年6月中旬开始开挖，2018年全隧贯通。施工过程中，建设者们结合施工现场的实际情况，通过试开挖不断优化施工机具设备组合，根据监控量测数据动态调整施工步距等参数，逐步磨合出一套流水作业顺序；课题组依托这个项目，培养出3名研究生。

七、为大桥做科研的同济学者还有……

早在2001年，李永盛教授便率隧道与地下工程系多名教授赴现场对工程筹建人员进行沉管隧道的技术交流和系统培训，还承担了相关的风险评价课题。旨在破解港珠澳大桥在设计、装备、工艺等方面面临的重大难题。

2010年9月，在科技部的大力支持下，国家科技支撑计划“港珠澳大桥跨海集群工程建设关键技术研究与示范”项目正式启动，项目共设5大课题、19个子课题、73项专题。作为具有良好技术储备和研究条件的同济大学科研团队，承担了隧道工程的诸多急难险重课题，包括隧道基础质量检测、沉管隧道的设计方法、沉管接头技术、桥隧转换人工岛设计与施工、跨海集群工程混凝土结构120年使用寿命保障、特长沉管隧道建设防灾减灾、沉管隧道防水灾技术等。

“大型沉管隧道的安放将伴随着大体积的基槽开挖，但无论采取何种挖泥设备，开挖后沟槽底面总留有少则几厘米，多则几十厘米的不平整度，这是影响隧道服务期内正常使用的最大隐患。”李永盛教授介绍，挖好后的基础都需要适当地处理，否则就可能出现管段不均匀沉降，进而导致管段接头开裂漏水等危害隧道安全的情况出现。谢雄耀教授提出并牵头的“沉管隧道基础质量检测关键技术专题”引起建设单位的高度重视，该研究采用激光扫描和雷达及表面波测试等非植入式综合手段来获取管段的全面信息；同时，运用雷达和弹性波图像解析、智能识别技术，摸清沉管隧道管段下方空洞及地基密实度等所有信息，为沉管作业和服役服务。其中，开发长大深埋沉管隧道全空间激光扫描动态监测技术及成套装备、手持式检测设备是这项课题的重点和难点。

港珠澳跨海大桥提出120年的使用寿命，如何保障?“港珠澳大桥工程所处的伶仃洋海域，具有气温高、湿度大、海水含盐度高等特点，受海水、海风、盐雾、潮汐、干湿循环等众多因素影响，混凝土结构的腐蚀环境恶劣，结构的耐久性问题突出。”李永盛教授介绍。地下建筑与工程系柳献老师参与了“保障120年使用寿命的施工与监控关键技术”课题的研究工作，具体包括全断面浇筑大截面沉管管段混凝土控裂技术、混凝土结构耐久性监控技术等。另外，白云教授等还承担了离岸特长沉管隧道防水灾技术研究，为隧道的安全运行提供先进的技术支持。

八、隧道结构设计复核，把住技术总关口

2017年3月，土木工程学院教授徐伟收到老战友、港珠澳大桥岛隧工程项目总经理林鸣发来的一则短信：“随着最后一节沉管顺利安放到位，同济大学承担的港珠澳大桥岛隧结构施工图复核及相关的科研任务即将顺利完成。”

何谓岛隧结构设计复核？由于港珠澳

大桥的沉管隧道深埋外海海底，其长度和埋置深度达到目前世界上最长、最深的规模，为了确保这项国家重点工程的顺利实施，施工部门先是找到荷兰一家公司。“经过最初比选之后，我们觉得荷兰公司经验较为丰富。”林鸣曾不止一次说过，荷兰这家老牌沉管公司接受邀请、表示愿意承担海底隧道的技术保障任务，但他们竟然开出了1.5亿欧元的价格。每每说起这一点，林鸣的语调就不大平稳：“1.5亿，相当于人民币15亿元。钱给了他们，我们就没钱干工程了。”

最后一次谈判时，林鸣让谈判员说：“你给他们说一个价，3亿元人民币。三个亿，一个框架，能不能提供给我们最重要的、风险最大的这部分的支持？”结果荷兰公司的人说：“我给你们唱首祈祷歌！”

“看来，只有自己想办法了。”走投无路的林鸣突然想起了老朋友、同济大学徐伟教授，他拨通电话：“徐老师，港珠澳大桥沉管隧道的施工图复核工作[1]，你可不可以干？”

“当然可以。”徐伟回答。

徐伟，究竟有何能耐能一口揽下这样的活？为什么林鸣能够凭一通电话，就把施工图复核工作交给徐伟？这是因为两人的战斗友谊从2000年开建的润扬大桥开始的，该桥是我国第一座由悬索桥和斜拉桥构成的组合型特大桥梁，需要开挖深基坑。深基坑有10个篮球场大小，里面要装6万吨混凝土，若是立在平地则有16层楼那么高。工人们每天都要在这越挖越深的大基坑里工作，头顶的天渐渐变小，最后变成了一方小小的田字格。如果支撑大坑四周的墙体抵不住坑外巨大的水土压力，坑内的作业人员就……更不要说基坑报废给国家造成的巨大损失了。

挖到地下二十六七米的位置，所有人的心一下子都提到嗓子眼了！基坑变形、渗水越来越明显！施工单位、中港集团第二航务工程局润扬大桥项目部负责人林鸣找到徐伟：“徐老师，地墙有问题吗？”因为他接到负责监测数据反演分析的第三方单位出具的报告，称地墙变形已达到失效的临界状态。

徐伟说，没事，属于正常现象。

随着开挖工作的继续，果然如徐伟所言，墙体渐渐稳定，变形最后消失了。我国大型超深基础施工由此创造了新的纪录。后来，徐伟还曾先后参与南京长江四桥、武汉阳逻长江大桥等深基坑锚碇开挖工作。正是基于多年的合作，林鸣和徐伟有着非常强的默契。于是，两位老友一通电话之后，便开始就港珠澳大桥沉管隧道的系列技术问题展开交流。心中装着国内外众多沉管隧道的徐伟，娓娓道来：“沉管隧道的建造历史有100多年，但全球数量总共不到200个，这么长的外海隧道没有先例，即使荷兰人干也只能摸着石头过河。”

不久后，徐伟在其老师——同济大学孙钧院士的指导下，成为港珠澳大桥工程图复核专家。

有一张照片如今还悬挂在同济大学土木工程学院，今天看来别有深意：一条横幅、一面白墙、一张会议桌、几位短袖T恤的人，坐在那儿签字的是林鸣、徐伟。这张签约照片乍看无奇，而内行人都知道，这相当于告诉国际同行："我们自己干了。"签约的金额，按照徐伟的说法是"连荷兰公司开价'九牛一毛'的'一毛'都没有，我们是严格参照国内类似的收费标准签约的"。

港珠澳大桥工程中的沉管隧道，由33个大管节对接而成，一个标准管节由8个22.5米长的小节段拼接、由钢绞线串起来；浮运安装过程中，这8个小管节组成一个整体；安放到位后，剪断钢绞线，整个沉管隧道就是一个柔性整体。这好比一串糖葫芦，"葫芦"到位之后，再剪断那根(隧道钢绞线有多根)"竹签"。

有一天，要不要剪断这个钢绞线，突然变成了一个大问题。试验表明，在40米的海底，沉管承受着巨大的压力，当地基发生不均匀沉降时，管节之间可能产生错位。随着工作的推进，这一风险越来越大。2012年底，中交建设者在实践中发现，潜在的风险已迫在眉睫。

徐伟介绍，当时世界上的沉管隧道分为刚性结构和柔性结构两种，刚性结构就是一个或者数个大管节构成一条隧道，柔性隧道则是用很多个节段拼接起来。

刚性隧道不用太担心漏水，但缺点是出现沉降，大体积沉管受力不均匀就有可能出大问题；柔性结构则与之相反。但这些都是在浅埋隧道里，像港珠澳大桥这样的深埋隧道世界上尚无柔性或刚性管节的经验，这是质的变化。再者，整个隧道在纵横两个方向上的地质条件也不均匀，管节左边和右边的地质不一样、承载力也不一样，且这个180米跟下一个180米之间地质不一样、承载力也不一样。如果两个管节之间存在不均匀沉降，它们的接头会张开或错位、漏水；两个管节之间若出现张口就出大事了。

模型试验和计算分析结果都表明柔性结构在深水的漏水可能性极大：40~50米的海底，双向六车道的沉管漏水了，谁能料想那可怕的后果！把柔性变成半刚性？可是，世界范围内的实践和理论只有两个，一刚一柔。林鸣说："面对这种焦灼的状态，大家都很痛苦。"最后，林鸣还是打算采用半刚性连接构造，他找到徐伟。

2013年开始，林鸣组织了5个平行的模拟实验。国内国外对岩土、水土、结构理解最深刻的团队同济大学、清华大学、日本公司团队、中交公规院和中交四航院悉数上阵，按照各自的理解背靠背模拟实验、计算。

2013年4月，就沉管结构优化召开的第一次专家会上，就有外国专家明确反对半刚性结构，而林鸣说："我们5个团队的实验初步结果都证明这是解决港珠澳深埋沉管的一条科学的出路。"2013年7月，5个背靠背小组模拟计算有了结论，半刚性结构是成立的。但是，7月的专家论证会上，反对的意见仍然是压倒性的。

到8月中旬，港珠澳大桥管理局组织了一个高规格的专家论证会议，邀请的专家包括孙钧、钱七虎等四位院士，交通运输部两位副部长、三位总工程师等。会上，林鸣说："国家专家委员制度有着足够的科学性，我们相信专家会根据自己的专业知识给出科学的判断。"

专家们对5个实验团队的数据进行了反复论证。直到2013年8月14日下午，最后拍板了——支持"半刚性结构"方案。

在"半刚性结构"的设计理念下，港珠澳大桥的沉管安装有序推进，直到2017年5月2日港珠澳大桥海底沉管隧道最终接头成功吊装到指定位置并完成临时止水作业。随后，长时间的监测表明，全长5.7千米的沉管隧道所有数据符合设计预期，滴水不漏。

隧道施工期间，往返于港珠澳大桥工地、会议室就成为同济专家的常态。"孙院士年已耄耋，但提出意见和技术方案，条条精湛、丝丝入扣。团队成员对包括修改细则等在内的所有内容，知无不言，言无不尽，对世界级工程负责是大家扛在肩上的光荣责任。"徐伟介绍。

沉管安放，最后一节最难。难在哪？徐伟介绍，海底隧道呈坡度较缓的弧形，就像一张弓的弓背，全长约6千米的港珠澳大桥海底隧道由33节巨型管节对接安装而成，包括28节直线段管节和5节曲线段管节，从东、西人工岛两端相对安装。海底隧道的合龙口是保证港珠澳大桥海底隧道全线成功安装的最后一道关口，该管节的安装施工作业空间最小，龙口水流最急，对接位置的精度要求最高。该管节的顺利沉放安装施工完成，奠定了港珠澳沉管隧道施工成功的基础。与沉管安装相对应，同济大学土木工程学院白云教授研发的接头红外探水系统，解决了人进不了接头部分和24小时全天候监测的难题，获得了国家发明专利。

"每次看到同济大学的孙钧院士坐在那里，我的心里就定定的。"林鸣说。

九、大桥工地，就是人才培养大课堂

同济大学素有"课堂就在工地上"的传统，结合实际工程、真题真做，工程专业学生培养向来很接地气。港珠澳大桥让多少同济学生惊叹，又让多少学生以工程中的问题作为自己的毕业设计、学位论文的对象，已经很难统计完全了。但是，2014年1月14日，同济大学土木工程学院李永盛、袁勇两位教授及其十几位博士、硕士生，走进港珠澳大桥工地，亲身感受了一次土木工程学院把建设中的港珠澳大桥当作课堂的景象[2]。

中国土木工程协会副会长、同济大学土木工程学院李永盛教授，袁勇教授等带领邵新刚、蒋至彦、申中原、沈丹、董云、黄伟东等博士、硕士生赴港珠澳大桥沉管预制工厂、桥梁预制工厂参观。从位于伶仃洋中的小岛到中山市的桥梁预制厂，一路上，同学们连连惊呼“震撼”“收获巨大”“场面壮观极了”。两天的参观学习，这些以港珠澳大桥为研究对象展开学位论文撰写的同学们，个个脸上洋溢着兴奋之情。

港珠澳大桥起自香港石散石湾，接香港口岸，经香港水域，向西穿（跨）越珠江口铜鼓航道、伶仃西航道、青州航道、九洲航道，止于珠海/澳门口岸人工岛。

整个港珠澳大桥，最难的是隧道。大洋之中，在极为复杂的海况之下，要将环境影响降到最低，如何施工就成为摆在建设者们面前的头号难题。“能在岸上解决的问题绝不放到海上。”中交集团港珠澳大桥岛隧项目部综合事务部部长钟辉虹带领大家参观沉管厂时，一直重复着这句话。伶仃洋、珠江入海口一带海况复杂多变，海上现场施工难度太大，作业时间被挤压得很少，为了保证建设的正常进行，指挥部将岛隧沉管预制放到桂山岛旁边的牛头岛。同济校友钟辉虹站在预制厂里巨大的沉管前比划着，港珠澳大桥岛隧工程海底隧道沉管由33个管节组成，其中直线段管节28个，曲线段管节5个。采用两孔一管廊的截面形式，管节宽37.95米、高11.40米、底板厚1.50米、侧墙及顶板厚1.50米，中隔墙厚80厘米。一般人可能想象不出它究竟有多宏伟，那就站在双向六车道的马路上体会一下，六车道是预制沉管的宽度，再往上数三层楼，就是港珠澳隧道的管节截面模样了。“学工程的，一定要到现场来。”带着同济师生穿行在巨大车间里的钟辉虹对学弟学妹们说。

参观过程中，身边一位博士生指着正在模具里绑扎钢筋的沉管钢架说：“看到钢架里的蓝色软管没，这就是伸缩管廊，它和管道一样长。这里面将来要插钢筋，以增强沉管的柔性。”原来180米一节的沉管分为8节预制，每节底部两侧各有8个这样的孔眼以放置钢缆束（后来，这些钢缆保留，让港珠澳大桥隧道成为世界首例半刚性沉管隧道）。每个节段在固定的台座上浇筑并养护72小时后，便向前顶推22.5米，直至浇筑完成，推入浅坞，最后运至安装现场。180米一节的巨大沉管如何应对海底湍流、风浪，同济的科研队伍为其提供了强大支撑。据了解，同济大学科研团队在多年的跟踪中，为这座大桥的建设攻克了数十个技术难题，而蓝色导管中放置钢索束就是“多点非一致地震激励下超长沉管隧道设计”中的一项解决方法。

沉管从钢筋绑扎，到浇筑，到下水，到舾装浮运，到沉放，其间存在的难题太多。“一根沉管8万吨，海上要走7海里；如果要转向，8万吨的庞然大物一旦转起来停也停不住，一点办法也没有。这头‘大象’没有动力，像头怪物！”钟辉虹语速极快，讲得传神。同学们听得入迷，大家纷纷表示“收获极大，感受良多”。制管装置的样子很粗陋，可是技术上不简单，仅仅水泥入模时，无论冬夏都保持25℃的温度，并且浇筑全程保持25℃，这就让人感到不可思议了。“做好的所有沉管都没有发现一条裂缝，简直就是奇迹！”业内人士都知道，一条裂缝就意味着一节沉管可能报废，而沉管的制作成本是一米100万元，22.5米就是2 250万元。

大桥如何架设？按照常规理解是扎围堰，抽水，浇筑混凝土桥墩，然后架设桥面板，铺设路面。可是到了香港屯门至赤腊角南连接线项目部的中山基地，脑子中的桥梁建设景象一切都改变了。这座位于中山市的桥梁预制厂制造的桥梁部件从墩台，到梁柱、桥面，全部实现了工厂化生产。和沉管预制一样，桥墩、桥面的制作从绑扎、浇筑，到成型、移运，再到装船、运至施工现场，流水线上一气呵成。大家前去参观的那天上午10时，首段钢箱梁在这里装船。这段长132.6米、宽33.1米、高4.5米、重约2 815吨的钢箱梁，远远望去仿佛一片方正而厚重的“叶片”，巨大的龙门吊缓缓地将巨大的“叶片”转移到专门的驳船上，“叶片”飘到哪儿，足球场大小的浓阴就遮到哪儿。“关键是看天气和海况。”中铁大桥局项目部的蒲伟岐书记告诉大家，钢箱梁何时起运要看天气，看海况，看涨潮退潮。“涨潮进，退潮出，错过一次窗口，就是一天过去了。而海上施工最怕台风，一次台风，70多条施工船要全部回港避风，损失就是几千万元。”他指着工厂里堆积如山的钢梁、桥面板说：“这都是老天爷挽留下来的，如果天气状况好，首片钢箱梁16日就启程前往目的地。”

“在学校的实验室，做的都是模型试验，现场的这种冲击、震撼的感觉是没有的。”“工程专业的学生就是要到施工现场来看。”“结合工程搞研究，现实意义很强。”同学们纷纷表示。

同行的教授们受到的启发也很大。石振明教授说：“这是非常精彩的一堂课。”黄茂松教授感慨：“一个地方的成功经验往往到了另一个地方就不好用了，比如钢桶围堰，做东、西人工岛很成功，但换到香港那头，因为飞机起降，不能整体压入，分片嵌入，就不行。”袁勇教授说：

“虽然在振动台模拟时，我们已经非常熟悉工程整体情况，但到厂里和工程现场，感受还是不一样，收获很大。”

十、耄耋之年孙钧院士，随叫随到

2018年2月，93岁高龄的中国科学院院士、土木工程教授孙钧的心情格外舒坦，站在港珠澳大桥东岛非通航孔桥的桥面上，眺望着大屿山与伶仃洋，他说道：“来了这么多次，这次心情最轻松。”

穿着薄薄的羽绒外套、拄着拐杖，沐浴在祖国南方温暖的阳光下，老院士神采奕奕。没有人能猜到，这位“90后”老先生，过去一年的工作强度是这样的：前后出差30多次，而今年春节来临前的最后两次出差，孙钧院士都是从上海赶往港珠澳大桥。

孙钧院士的心思都扑在了这座桥上。过去每次到这里出差，他都是以专家身份，为这座大桥施工建设中遇到的难题把脉、出谋划策。而这一次例外，他参加的是在中山市举行的港珠澳大桥岛隧工程沉管隧道技术总结交流咨询会。简单地说，这是一次技术专家们的“庆功会”。眼下，已经建成的港珠澳大桥，正式通车在即。孙钧院士饶有兴致地和学界同道们一起参观大桥，从主桥、东人工岛、沉管隧道到西人工岛，他走了个遍。

稍早的2017年4月，港珠澳大桥工程指挥部邀请包括同济大学孙钧院士、校友叶可明院士在内的近百位专家赴中山参加“港珠澳大桥岛隧工程沉管隧道最终接头安装合龙施工方案专家咨询（评审）会”，为最后12米沉管“望闻问切”[3]。

此前的3年时间内，共有11个课题的负责人分别在江苏、上海、浙江、广东等地开展攻关试验、研究，如安装风险课题组就提出槽床基础沉降不均匀、复杂海流、自重巨大、精度要求高、顶推止水、水下焊接等九大风险，并一一开出“药方”。

在全部课题汇报后，92岁的孙钧院士第一个发言。他说，自己已经在这家宾馆住了四回了，为的都是沉管隧道。12米连接沉管的安装需要水文窗口（4月至5月只有两个，5月后伶仃洋就不适宜安装作业了），需要海面风平浪静，需要晴空万里（能见度1 000米以上），所以天气的短期预报、实时预报都要跟上。“我想到的，你们都想到了；改进措施都跟上了，纸上、实战演练做得好。”孙院士说，“今天中午，自己仔细想了想，尽管大家做得慎之又慎，但以下风险还请同志们认真考虑：沉管最终接头下的基床土力学分析应该更深入研究，最终接头就位着床过程中的侧向水流力作用影响要受控，早期的结构沉降分析要准确。这些关键问题大家一定要研究透、把握好，用正确的结果来指导最终接头的安装施工。”

港珠澳大桥，千难万难，最难的是深埋的海底隧道。中国交建岛隧项目部在开始沉管安装施工后，提出了沉管结构连接方式改进的科研任务。围绕这一点，徐伟教授团队对改进节点的设计展开了系统的科研工作。团队经过模拟及计算，对调整后沉管结构在使用荷载和地震荷载作用下的应力状况展开分析，得出了沉管结构连接方式改进“不仅可行，而且必要”这一研究结论，并在项目建设单位的决策论证会上对外国公司的意见逐条做了解释，起到了很好的技术支撑作用。

让徐伟非常感慨的是，他的导师孙钧院士虽已至耄耋之年，但过去几年，他频繁地往来于上海和珠海，奔走于工地和会议室，前前后后参加各类技术风险评估会、咨询会达三四十次。“每次提技术方案，他都知无不言，剖析问题更是丝丝入扣，条理分明。”徐伟说道。

在成为交通部指定的技术顾问、为港珠澳大桥“专业护航”前，孙钧院士曾参与过很多“超级工程”，其中包括青藏公路、长江三峡水利枢纽、南水北调、洋山深水港、上海崇明长江隧桥等。“我这一辈子，经手的大项目大概就是这些。不是我有什么能耐，大概是我资格比较老吧。”接受采访时，孙钧院士如是说，然后哈哈大笑起来。

在孙钧院士的工作议程上，农历鸡年的最后一个学术会议，是关于港珠澳大桥桥梁美学的。港珠澳大桥，跨海段长度22.9千米，海底隧道长达5.9千米，还有两个10万平方米的人工岛。“这两个人工岛如何规划，人工岛的景色如何与海景协调，以吸引更多的香港同胞到这里来旅游，全桥景色怎么设计更好，这些都是桥梁美学关注的问题。”孙钧院士说。

十一、大桥建设中的同济校友

虽然说，随着技术的进步，早先那种建设工地动辄数万人的宏大场面已不多见，但是在超级工程港珠澳大桥的建设工地上，同济毕业生担纲一面的大有人在，朱永灵、方明山、李志宏、蒋树屏等就是其中的佼佼者。

朱永灵

朱永灵1982年毕业于同济大学土木工程学院公路与城市道路专业[4]，时任港珠澳大桥管理局局长。作为这项“超级工程”的总负责人，朱永灵为此倾注了14年的光阴。

2004年3月，朱永灵被聘为港珠澳大桥前期工作协调小组办公室主任，他带领团队通过大量的调研工作，充分了解三地的政策法规、管理体制、办事程序、技术标准，面对大桥方案中桥址的选择、通道线位的确定、口岸查验模式的论证、锚地的协调、融资方案分析确立等一系列重大事项，摸索总结出了项目协调决策机制的宝贵经验，提出的各种创新性建议，推动了三地政府各项重要决策的形成。他废寝忘食地奔波，终于换来2009年10月，港珠澳大桥工程可行性研究获得国务院常务会议正式批准。

2010年7月，朱永灵被聘为港珠澳大桥管理局局长，全面负责大桥主体工程的建设、运营和维护管理工作。自2011年开工令发布，朱永灵带领管理局全体员工和所有参建单位的建设者一起，战台风，斗酷暑，日夜拼搏，当年就完成了东、西两个离岸人工岛动工成岛的目标。

没有休息日，下班常常晚上10点后。在港珠澳大桥长达7年的建设期里，朱永灵牢记“120年使用寿命”的质量目标，发挥前期工作时期总结的经验，以“大型化、标准化、工厂化、装配化”为抓手，不断解决建设中遇到的各种难题，全力推进工程建设。

港珠澳大桥是一个史无前例的世界级项目，很多难题全世界都没有碰到过，以开放的心态吸收一切优秀成果就成为必需，这一点朱永灵做得很好：大桥采用的HSE管理体系指的是建康（Health）、安全（Safety）和环境（Environment）三位一体的管理体系，是从石油行业引进来的，质量管理则采用了香港的混凝土认证制度，养护维修设施的设计参考了香港和日本的经验。朱永灵还在建设理念、设计方案、施工技术、项目管理等方面开展了一系列创新。他带领管理局、依托三地政府，在现有法律法规基础上，对设计施工总承包管理模式、质量管理体系、应急安全与环保等持续进行管理创新。

港珠澳大桥最大的特点是“一国两制”背景下三地合作共建，如何处理好与三地政府的关系，取得各方的信任和支持，成了朱永灵肩负的重任。他坚持严格按协议和章程办事，认真执行三地委批准的一系列管理制度。管理局对三地政府完全透明，让三地政府及时了解决策过程、执行结果；在三地政府审核过程中，及时跟进和解释，用平和的心态做好工作。经过多年磨合，三地政府对管理局的信任大为提升。

桥面铺装是港珠澳大桥面临的又一项重大挑战，规模达70万平方米。其中，50万平方米为钢桥面，是目前世界上最大规模的钢桥面铺装工程。要在一年的工期内完成全部施工任务并保证其拥有15年的设计使用寿命，困难显而易见。朱永灵带领团队广泛调研、反复比较，团队足迹踏遍欧洲、日本以及中国香港和内地的数个省份，组织多方力量联合攻关，花费4年时间试验求证，确定了“GMA浇筑式+SMA沥青混凝土”铺装方案，采取“露天工厂化”施工理念，创建了世界一流的集料生产线，首次引进车载式抛丸机，研制了防水层机械化自动喷涂设备，有效提高了施工质量和效率。2016年6月，实桥试验段施工成功，组合梁和钢箱梁桥面铺装随即全面展开，至2017年7月27日，桥面铺装圆满收官。

2014年至2015年，大桥建设遇到不少难以解决的技术问题，加之团队人员的流动等一连串的挫折让即使很注意锻炼身体的朱永灵也出现了失眠、烦闷、心神不宁等情绪。当看到一些关键岗位上的同事承受的压力接近临界状态时，他用命令的方式强迫他们休假。他心里清楚，只有团队强大，才能确保项目渡过难关。他每晚下班都从楼梯一层层走下去，一间一间办公室看过去，看到同事们在加班或者学习，他总要说“早点休息”。他说：“很多人发现我说话声音洪亮，给人感觉底气十足，我要说，这都是因为我背后有个坚强的团队做后盾。”

朱永灵把伙伴关系理念贯穿到构建港珠澳大桥管理制度体系的始终。他提出，港珠澳大桥的建设、设计、施工、监理、咨询、科研、试验检测、材料供应方通过合同关系形成了工程共同体，一荣俱荣、一损俱损。“我们必须同舟共济，发挥各自的优势，共渡难关，过分强调某一方的重要性只会使工程蒙受损失。”他不止一次强调，“工程是人造物，造物先造人，人是工程实施中最活跃、最重要的因素。伙伴关系理念让大家产生一种互相信任、互相理解、互相尊重的情感，并共同享受项目带给我们的荣耀与满足，建设者有了荣誉感、自豪感和成就感，最终世人在港珠澳大桥上看到的高效的组织、文明的施工、创新的成果、可靠的质量便是伙伴关系带来的结果，港珠澳大桥实现了参建各方的多赢、共赢。”

同事们说，2011年起，朱局长在工地现场连续过了7个春节。2017年是港珠澳大桥建设的收官之年，5月5日，隧道最终接头精调到位；7月7日，岛隧工程贯通；7月27日，桥面铺装如期完工；8月31日，东人工岛房建工程封顶，硕果接踵而至。在朱永灵的带领下，成千上万的建设者无私奉献，不懈努力，港珠澳大桥最终得以横空出世，在无垠的海天之间，成了伶仃洋上一道亮丽的风景。

2017年8月，13号台风“天鸽”和14号台风“帕卡”在不到四天的时间内接连卷着狂风暴雨正面吹袭珠江口伶仃洋海域，而港珠澳大桥主体工程仍巍然屹立，毫发无损。

方明山

方明山，1994年9月考入同济大学桥梁工程系，师从项海帆院士攻读博士学位，时任港珠澳大桥局副总工程师。

高考那年，方明山父亲将报纸上“同济大学教授李国豪获得国际桥梁协会大奖”的新闻消息剪下来，特意用红纸裱在了方明山高中毕业相册的扉页上。从此，上同济大学就成为方明山的人生“小目标”，终于在1994年他如愿以偿。1998年初，方明山博士毕业，他全身心地投入到厦门海沧大桥建设中。在海沧西岸分部干了三个月后，他便被调到海沧大桥建设总指挥部，重点抓计算分析。不久便升任海沧大桥技术部经理、副总工。

从此他的人生进入“开挂”模式。杭州湾跨海大桥，总结海沧大桥建设成功经验，形成了“关于建好杭州湾大通道工程的建议”。从工程定位、景观设计和旅游开发及环保、工程设计准则等方面进行了阐述，提出重视桥梁结构耐久性设计、引入大桥景观设计、实行预制化工厂化、开展方案竞赛及信息化建设等九大设计与管理新理念，并全部被采纳。2010年方明山加入港珠澳大桥工程建设团队，担任管理局副总工程师，负责主体桥梁工程的施工图设计、科研攻关管理等工作。一项项难题、一次次攻坚，为2018年大桥最终建成通车扫清了一系列技术障碍。

方明山说：“港珠澳大桥设计和施工不仅在钢结构的加工制造上有了新的突破，在构件整体预制化及装配化、桥梁减隔震技术以及国产新材料的应用等方面也有了新的提升。”

港珠澳大桥主体桥梁工程的建设创新，首先表现在桥梁钢结构加工制造的新突破上——工厂化制造。港珠澳大桥钢结构制造按工序可分解为三个阶段：板单元制造、梁段拼装和现场连接。构成钢箱梁的各种板单元，分别在中铁山桥、武船重工、上海振华、中铁宝桥的位于山海关、武汉、南通、扬州的基地制造，而梁段拼装及钢箱梁总拼基地位于中山。钢结构加工制造技术的突破体现在：实现了板单元加工的工厂自动化生产；实现了“车间化”钢结构总拼作业；采用了无马装配[5]总拼装工艺；首次将数字化焊接机器人应用于钢结构总拼制造；采用了群控焊接数据管理系统等新技术和新工艺；配备了与产能配套的现代化打砂涂装车间。

虽然，数字化焊接机器人技术在汽车和轮船制造领域的应用已经很成熟了，但是在国内桥梁行业的应用还是首次。方明山说：“在港珠澳大桥施工过程中，这种技术的应用不仅仅局限于一个单位，而是诸多国内顶级桥梁钢结构制造厂家的全面应用。这对于我们国家钢结构加工制造技术而言是一个很大的提升。”

港珠澳大桥钢箱梁/组合梁的拼装采用“长线法”，在国内率先实现了大型钢箱梁拼装的“车间化”作业，大幅提高了生产效率，并保障了拼装质量和精度。

方明山介绍，港珠澳大桥构件整体预

制化和装配化有了新提高。港珠澳大桥混凝土结构的装配化，是把墩身和承台整体化预制，预制之后像搭积木一样把它们组装起来。港珠澳大桥在整体装配化方面又迈进了一步。方明山说："之前杭州湾大桥也使用预制化，但严格来讲只能说是半预制化，其中有一部分是在海上现浇，做好后再在海上组装。就预制构件的最大吨位而言，杭州湾大桥大概在2 000吨级，港珠澳大桥则是4 000吨级，在吨位上有了一个提升。"预制构件的吨位在大型化上又迈进了一步，在装配化上也更进了一步。

港珠澳大桥的另一大技术亮点就是桥梁减隔震技术的应用。从技术上来讲，应对地震基本分为三种策略：抗震、减震和隔震。港珠澳大桥采用了可以将地震能量消减的隔震支座，也就是在建筑物基础和地基之间安装可动式隔震装置，当像地震等外力来袭时，该装置就像打太极一样，将震动能量转换、消耗，从而"避免"建筑物受到震动的影响，大大降低建筑物承受的破坏力，而这种支座同时还具有延长桥梁结构周期的作用。同时，该大桥钢箱梁也是在全国范围内第一次大规模运用了桥梁减振系统，即在钢箱梁内安装调谐质量阻尼器，用于减小桥梁由于大风引起的"涡振"现象。

方明山说："由于港珠澳大桥所处位置特殊、建设条件复杂，不管是隧道还是桥梁的建设难度都非常大。与国内乃至国际上其他项目相比，都遇到了前所未有的挑战，尤其是复杂的地质条件对基础施工影响较大。"一方面，港珠澳大桥是世界上最长的跨海大桥，其钢结构制造难度堪称中国第一。港珠澳大桥是首次在桥梁上部结构大规模采用钢结构的桥梁，其用钢量达42.5万吨。另一方面，内地的大桥一般使用寿命都是五六十年，而港珠澳大桥的设计使用寿命是120年，也就是说，在120年内能够完全满足使用功能，可以放心使用，没有计划之外的大修。

李志宏

李志宏，1997年毕业于新疆交通学校（今新疆交通职业技术学院），同济大学2008届桥梁工程系博士。2011年，他进入了港珠澳大桥管理局，负责大桥建设的管理与协调工作。

李志宏曾担任港珠澳大桥项目的钢桥面铺装主管。钢桥面铺装有很大的挑战性，既需要追随钢箱梁进行协同变形，又要抵抗由于车轮荷载碾压产生的局部变形，两个需求缺一不可，却又互相矛盾。最终，大家集思广益，采用浇筑式沥青混凝土铺装，推进了工程进度。

2013年，大桥项目进入海底隧道施工关键阶段，李志宏担任海底沉管隧道主管。李志宏至今难忘在安装第15节沉管时先后遭遇的两次失败。第一次是在2014年

11月17日，安装第15节沉管时海况恶劣，工人都被海浪推倒在沉管顶上。第二次是在2015年2月24日，为了准备这次安装，几百人的团队在春节期间加班加点，然而这一次却因为沉管槽中发生泥沙沉积，大家只能再一次撤回。

“沉管安装进度还不到一半，如果就此停歇，大桥还能完工吗？当时大家压力都很大，我也有些低落。”李志宏说，“个人情绪不能影响团队进度，我强迫自己振作起来，再次上战马，去奋战。”

经过研究，大家发现问题与珠江口的采砂有关。经过多方协调，珠江口的采砂企业在沉管安放时段停了工，第15节沉管在历经了三次浮运两次返航后，终于成功对接。

2017年5月，到了港珠澳大桥最终接头合龙的时间，大家更忙了，不分白昼，李志宏和同事们吃住都在施工船舶上，只要满足施工作业条件，大家都自觉到现场工作。“当时大家只有一个念头，就是抓住每一分钟来推进工程进度。”他说。

2018年10月24日，港珠澳大桥正式通车了，看着项目通车，李志宏激动万分地说：“能为‘世纪工程’出份力，对每一位参建人员来说，都是值得骄傲的事。”

蒋树屏

蒋树屏，1993年同济大学地下建筑工程系毕业，获工学博士（导师孙钧）。招商局重庆交通科研设计院有限公司总经理（院长）。他带领团队在漳州港1∶1试验港珠澳大桥隧道的火灾试验，以助力“超级工程”。

港珠澳大桥海底隧道长6.7千米、最大水深46米，是世界上最长的沉管隧道，对耐火灾和耐渗水的要求很高。为此必须建一个近乎全真的模拟环境进行攻关设计，来解决沉管隧道的技术难题。

2011年至2016年蒋树屏带领招商局重庆交通科研设计院的科研人员，并从全国各地抽调上百人的科研队伍和漳州建设者一起投入到项目课题研究中。为了找到能真实模拟港珠澳大桥海洋环境，以获得最真实的试验数据，专家组考察了全国几个地方，充分考虑了“天时、地利、人和”多种因素，最终选择了漳州开发区汤洋工业园区的试验基地。

经过一年多的反复讨论，确定方案后，2011年他们在汤洋工业园区按1∶1的足尺比例，建设了长150米、高7.8米、宽15.95米的试验隧道模型和交通行业最大的高温试验炉。2013年4月，蒋树屏团队在隧道里，用汽油点燃了第一把火，燃烧热量为5兆瓦，相当于一辆小轿车燃烧的热量，以进行各项基本试验数据的标定（测试隧道关键性结构能否抵御1 200℃的高温）。为了获取真实可靠的实验数据，研究人员必须穿着厚厚的防火服，拖着真车到隧道内点火燃烧，就这样做了上百次中巴车、小轿车、货车的燃烧试验，以及油池火等不同火源类型的火灾试验，2015年2月8日，蒋树屏团队在隧道内进行最后一次真车燃烧火灾试验。为了港珠澳大桥的火灾试验，一辆辆真车被烧，累计燃油用量约6吨、木材用量约10吨。

蒋树屏团队在隧道内获取了火灾中的温度、烟雾流速、厚度等第一手数据，成功研发出沉管隧道防御火灾、通风排烟、火灾报警、逃生救援等六大综合试验系统和试验技术。这是我国首次对大断面沉管隧道开展的防灾减灾研究，多项成果填补了海底沉管隧道火灾防治技术的空白，解决了世界级难题。

"港珠澳海底隧道项目中所取得的技术，现已推广至广东、福建、重庆等地的跨海、跨江等水下交通隧道、高速公路隧道和地铁等地下交通工程，创造了超过2.5亿元的经济效益。"蒋树屏说。

同济校友还有：

宋二祥，1977级建筑结构专业本科生。

刘吉柱，1980级桥梁工程专业本科生、1984级桥梁工程专业硕士研究生、1989级桥梁工程专业博士研究生。曾任港珠澳大桥管理局总工办副总工程师。

周海涛，1982届，交通运输部原总工程师。

吉林，1980级桥梁工程专业本科生、1984级结构工程专业硕士研究生。

邵长宇，1980级桥梁工程专业本科生、2001级桥梁与隧道专业博士研究生(2007年毕业)。上海市政工程设计研究总院（集团）有限公司总工程师。

张世军，1981级道路工程专业本科生，曾任港珠澳大桥管理局工程管理部部长。

张建军，1984级公路与城市道路专业本科生。

王文州，1985级桥梁工程专业本科生、1989级桥梁工程专业硕士研究生。

时蓓玲，1986级工程力学专业本科生、1990级计算力学专业硕士研究生、1993级结构工程专业博士研究生。

刘千伟，1986级地下工程与隧道专业本科生、1995级地震及防护工程专业硕士研究生。现任上海市住房和城乡建设管理委员会总工程师。

张顺善，1987届桥梁工程系。曾任港珠澳大桥管理局工程管理部副部长。

柴瑞，1986级桥梁工程专业本科生。曾任港珠澳大桥建设指挥部副总工程师。

冯云成，1986级桥梁工程专业本科生。

柯家满，1987级桥梁工程。曾任港珠澳大桥观景山至香港口岸段设计经理。

吴清发，1988届地下建筑与工程系。曾任港珠澳大桥管理局工程管理部主管。

周荣峰，1987级交通工程专业本科生。

阮哲明，1989级公路与城市道路工程专业本科生、2002级城市规划与设计专业博士研究生。曾任华东建筑设计院项目管理中心主任。

柴瑞，1990届桥梁工程系。曾任港珠澳大桥管理局总工办副总工程师。

刘永忠，1990级桥梁工程专业本科生。

王彦林，1991级水文地质与工程地质专业本科生。

戴建国，1992级地下建筑工程与隧道工程专业本科生、1996级地下结构专业硕士研究生。

王彦林，1995届地下建筑与工程系。曾任港珠澳大桥管理局总工办副主任。

吴洪，1999届建筑工程系，曾任港珠澳大桥管理局副局长（澳门）。

吴洪，1995级工业与民用建筑专业本科生。

钱志昆，1997级建筑工程专业本科生。

钟辉虹，2002届地下建筑与工程系博士。曾任港珠澳大桥管理局总工办副总工程师。2017年，钟辉虹从港珠澳大桥来到深中通道，担任深中通道管理中心副主任，再次带领岛隧建设团队，奋战在伶仃洋上。

刘伟，2000级结构工程专业博士研究生。

陈红，2005级桥梁与隧道工程专业博士研究生。

王东晖，2002级建筑与土木工程专业硕士研究生。

曾毅，2001级土木工程专业本科生。

邓桃，2002级港口航道与海岸工程专业本科生。

任宇，2002级土木工程专业本科生、2006级隧道及地下建筑工程专业硕士研究生。

张洪，2003级土木工程专业本科生。

张军，2008级隧道及地下建筑工程专业硕士研究生。

任辉，2012级隧道及地下建筑工程专业硕士研究生。

蒋玮，1990级热能工程专业本科生。

姜宁，2009级建筑学专业硕士研究生。

王胜年，1982级材料结构与性能专门化专业本科生。

陈永青，2001级机械设计制造及其自动化专业本科生。

……

2019年10月29日，“同济人与港珠澳大桥建设专题展”在同济大学博物馆揭幕，120幅展板、420余张图片、39件（套）实物，系统回顾了港珠澳大桥的建设历程，集中展示了包括师生、校友在内的一大批同济人为港珠澳大桥建设所作出的贡献。港珠澳大桥管理局党委书记、同济大学杰出校友朱永灵，校党委书记方守恩出席此次展览，共同为展览揭幕并致辞。

朱永灵感谢母校的培养和支持，以及同济校友提供的智力支持。他说，在港珠澳大桥技术专家组41名中外专家中，同济校友有11人；在港珠澳大桥管理局建设期94名员工中，同济校友有10人。90多岁高龄的孙钧院士30多次深入大桥建设现场，为大桥建设排忧解难。同济大学一批知名教授在大桥建设的关键时期提供了重要的技术支撑。

方守恩书记致辞说，在港珠澳大桥这一世纪工程建设过程中，活跃着一大批同济师生和校友的身影。同济大学与港珠澳大桥管理局联合举办此次专题展览，是向这些为大桥建设作出重要贡献的同济人致敬。他们是同济人的杰出代表，彰显了同济大学始终践行“与祖国同行、以科教济世”的光荣传统。

业内人士表示，参与世界超级工程——港珠澳大桥建设，是同济工程科研与人才培养的又一次“超新星爆发”。

1 施工图复核工作即为施工保驾护航的意思，因为国内没有相应的名称，所以这样称呼。

2 参见《把建设中的港珠澳大桥当作课堂》，载《同济报》，2014年1月22日第2版。

3 参见《同济专家等为港珠澳大桥沉管安放“望闻问切”》，载同济大学新闻网2017年5月3日。

4 2000年以前，道路与交通工程系属土木工程学院。2000年，该系与原上海铁道大学运输管理工程系、电信工程等系科组建成为交通运输工程学院。

5 无马装配：是指无焊接马板装配，螺栓马板在行业中叫作活动马板。

『地下风吹草动它知道』

“长大地下基础设施安全风险的智慧感控”速写

“长大地下工程安全风险精细化感控的关键技术及应用”项目荣获上海市科技进步奖一等奖。“项目实现了理论、技术和产品的自主创新和国际超越，突破国外技术限制，实现了我国现代传感产业的行业性升级及跨行业性创新应用。”推荐专家如是评价该项目成果的重要科学意义与工程价值。

一、必须弄清复杂地下工程安全风险

“长大尺度地下基础设施穿越的复杂岩土介质变异性高，服役环境在地震、洪水、邻近施工扰动等复杂多灾害作用下，地下结构安全状态识别难、感知难、成本高，安全风险难以控制。”黄宏伟介绍。这常常导致灾害的发生。随着韧性城市概念的提出，作为城市的重要组成部分——地下工程，其安全、智能与韧性防灾也成为国家重大工程的现实需求。

“近年来，我国城市轨道交通、高铁及公路隧道勃兴。”黄宏伟说。截至2023年12月，31个省（自治区、直辖市）和新疆生产建设兵团共有55个城市开通运营城市轨道交通线路306条，运营里程10 165.7千米。2023年，我国铁路累计投产新线3 637千米，其中高铁2 776千米。截至2023年底，全国铁路运营里程达15.9万千米，其中高铁运营里程达4.5万千米；对74座长度10千米以上的特长公路隧道进行统计，其中已建成运营的有25座，正在建设的有31座，规划设计的有18座。这些长大隧道，由于所处岩土赋存条件的不确定性高、周边环境敏感脆弱、使用条件苛刻，往往存在巨大的安全风险。

采访获悉，十多年来，在国家自然科学基金、国家重点基础研究发展计划（973计划）、国家高技术研究发展计划（863计划）等基金和计划的支持下，黄宏伟教授带领团队围绕国家基础设施发展的重大需求，针对长大地下工程安全风险时空变异性强、感知预警难等难题，采用“产学研用”研究模式，通过大量现场数据统计、大型室内试验、数值模拟、现场试验分析等手段，揭示了复杂地下工程安全风险时空感知指标，研发出感知方法、技术与无线智慧传感网络，提出了可视化预警与可恢复控制技术，实现了长大地下工程安全风险“可感、可知、可控”。

“以往，长大地下工程安全风险管控主要依赖经验，难以做到精细化管控。如果发生安全事故，控制难度大，控制成本高。”黄宏伟说。针对地下工程安全风险精细化管控面临的“识不清、测不准、控不好”三大难题，黄宏伟团队开展了从基础理论到工程应用的系统研究，揭示了长大地下工程安全风险特征的演化机理，定量预测了邻近工程扰动引起的安全风险，建立了收敛变形、不均匀沉降、渗漏水与接头变形等风险感知指标，揭示了各项指标在灾变过程中的易损特征，实现了“安全精感”。

二、数据精知

确定了风险敏感指标后，能实时获得精准数据吗？黄宏伟的回答是肯定的。他介绍，团队引入无线传感技术，自主研发了隧道及地下工程安全状态的多参数无线感知、布设与数据网络传输方法和技术，实现了“数据精知”。黄宏伟团队针对长大地下工程特征与服役环境，建立敏感指标感知方法；提出鲁棒性[1]传感节点布设策略；自主研发高精度微机电系统(MEMS)[2]倾角、渗漏水等感知体。对获取的大量数据，提出时空压缩恢复算法、非均匀分簇路由算法[3]，同时，原创了低功耗地下工程无线传感网状网，实现了高效多层多点同步数据精传。据了解，黄宏伟团队自主研发的产品功耗优于国际同类产品3倍左右，中继层数提升2.5倍，时间同步精度提升20倍，最小尺寸支点仅5厘米，价格仅为国际同类产品的1/3，现已获得欧盟、英国、大洋洲等14项国际权威认证与5项国内权威认证。

“基于实时数据，可以让一线工人‘秒见’并及时预控工程风险。”黄宏伟介绍。他带领的团队研发了安全风险动态可视化预警技术，对感知数据进行动态评估，研发基于LED三色的现场无线可视化预警系统（安全、预警、危险等三个级别），从而第一时间可以获知风险。另外，黄宏伟团队还建立了安全风险可恢复性控制模型，研究了从施工参数调整、结构补强到地层加固等安全风险的可恢复性动态优化控制技术，通过“随机预报—数据更新—实时反馈”的风险精准控制技术，实现“风险精控”。

目前，项目研究成果已成功应用于20个国家和地区近800个项目，包括国内北京、上海、广州等10余个省、市的长距离地铁隧道、超大直径及寒区公路隧道、超大基坑群等安全风险管控项目。在目前世界运营地铁里程最长的上海地铁建立了全球监控线路最长（20.4千米）、监控时间最长（至今已7年，每20分钟采集一次）的地铁无线实时感控系统。黄宏伟团队研发的感知系统还走出国门，推广应用于国际上40余座城市，例如，对于有156年历史的伦敦地铁及英国境内其他隧道而言，无线感知系统的市场占有率高达60%。最终，相关理论技术形成国家标准1部、行业/学会标准3部、授权国家发明专利55项。

三、出成果，出人才

通过长期实践，黄宏伟等所在的同济大学隧道及地下工程研究所第五研究室（简称隧道五室）逐渐形成了独特的科研主攻方向，具体包括：多重复杂条件下基础设施安全风险管控理论；岩土体与地下结构多识智慧感知技术；多灾害耦合与基础设施韧性提升与评价方法。

作为中国土木工程学会工程风险与保险研究分会的创建人，黄宏伟充满激情地讲述了无线感知网络入隧道、进涵洞，跟着钻机、顺着岩壁，盯着土与石头的静与动，监视着铁路、边坡的蛛丝马迹的过程。他说：“我们要把汉字的‘智慧’活化到监测、检测中去，要对当代土木工程展开简便、快捷、高效的‘望闻问切’。”他的声音温和清亮，语气里带着北方人特有的爽朗。

“黄老师平时一直严格要求学生。他对于学术和专业问题一丝不苟，向我们传递了不懈求知、开拓进取的科学精神与坚定信念。除了每周都会进行的学术例会以外，黄老师还会定期与每位学生进行一对一的交流。”弟子张东明介绍。在交流过程中，黄宏伟教授主要了解学生有关课题研究的进展情况，发现学生遇到的困难，并与学生一起讨论分析，寻找可行的解决方案。他非常支持学生参加各类学术会议，并要求学生在听汇报的时候须不断思考，只有带着问题去聆听，才会有所收获，同时，积极鼓励学生多与汇报人交流。

张东明说，除了科研能力的培养，黄老师还格外重视学生综合素养的培养。隧道五室是他践行教育理念的最前线。在每次组会上，他都会强调在台上如何更好地展示，在台下如何更好地思考并提出问题。汇报人坐着汇报是会被批评的，汇报人不看下面的听众自顾自讲是会被打断的，汇报人时间把握得不好更是万万不行的——黄老师很看重时间掌控。当有的学生汇报情况令人不太满意时，他会把这些值得注意的问题重新讲一遍，讲到兴起时还会自己上台演示一番，如何协调肢体动作，如何与大家目光交流等。

四、张东明："我学着黄老师的样儿带学生"

说起黄宏伟教授，张东明便用"静水流深，润物无声"这几个字来概括。他说，从本科到今天，十余年间，自己从一名不谙世事的大学生，成长为一名年轻学者，其间每一步都离不开黄老师的耳提面命，更重要的是黄老师的以身示范。

"2007年读本科时，上'隧道工程'课，黄老师慷慨激昂的授课风格将我彻底折服。"张东明说。原本一个深奥晦涩的科学问题，黄老师打个比方、讲个笑话，用通俗的语言，再加上网络热词，便能使学生们豁然开朗。

于是，张东明表达了想跟着黄老师继续读研的愿望。最终，他如愿以偿地成了隧道五室的一员。保研成功后，黄老师约他谈话，给了一本英文教材《隧道与隧道力学》(*Tunnelling and Tunnel Mechanics*)。黄老师说道："好好看，期末和我聊聊里面都写了些什么，你有什么感想。"虽然不明白黄老师的用意，张东明还是老老实实、认认真真地将这本英文教材读完了。"现在我明白了，这是在教我'武功'。"张东明说。勤读、勤笔记、勤思考、勤交流，这是做研究的几个最基本、最核心的"招数"。

转眼到了2014年，张东明博士临近毕业，他跟随黄老师去开国际学术会议，会上听到一位美国专家所作的"系统工程可恢复性报告"。一回到学校，黄老师立刻指导他迅速整理相关文献，展开地下工程可恢复性研究。2016年1月，发表的论文见于隧道领域顶级期刊《国际隧道与地下空间技术》(*Tunnelling and Underground Space Technology*，TUST)。"这应是隧道领域第一篇有关结构可恢复性问题的研究成果，类似的还有深度学习图像识别的隧道病害检测应用研究，都开了国际先河。"张东明说。论文发了，可谓是别人的"引信"引爆了我们的学术"炸弹"，这种"他山之石"的敏锐嗅觉，是黄老师从他的导师孙钧院士那里学来的，如今他又身体力行地指导学生：鸟瞰学术前沿，洞悉未来趋势，保持高度警觉，别人的话题往往就是在为我们"敲门"。

张东明说，土木工程研究，离不开工地，如何与工人打交道，是门大学问。"黄老师告诉我们：到工程现场去！一定要和工人师傅打成一片！关在家里推公式、做计算，找不到真问题，更解决不了实际问题。”但是，怎么去？“带包烟撒一撒，买几瓶啤酒跟工人师傅一起喝一喝，你试试。”黄老师如是说。张东明试了，好使！读书期间，这一招让他尝到了不少甜头，正在施工的或已经运营的地铁隧道、公路隧道、输水隧道、综合管廊、基坑、地下空间……他跑的工地数不清，很快就和工人师傅们打成一片了。

五、常佳奇：“羞愧得想找个地缝钻进去”

如今已是黄宏伟博士生的常佳奇，记忆中与老师的第一次见面可谓狼狈。他回忆说：“那次是深度学习的导师制课题见面会，黄老师说了几个名词，看着我茫然疑惑的眼神，声渐高音渐大，我慌得只想赶快离开那个教室。”黄老师当时随即安排同学为他补课。

初次见面产生黄老师“严厉”印象的，在黄宏伟的研究生中还有不少。但随后，常佳奇便尝到了“严厉”的甜头，阅卷积、全卷积……深度了解了“深度学习”后，黄老师“不土不木的知识的掌握也如此明晰”深深地震住了他，他有了跟着黄老师读博的想法。于是，常佳奇怯怯地写了封邮件。“没想到当天就收到回复，黄老师明确表示欢迎到他的课题组学习，并邀请我到他办公室谈一谈。”常佳奇回忆说，那天上午谈了好久，有关学术的不多，关乎做人的倒不少：待人接物、个人形象的管理、EQ远比IQ重要……“黄老师问我家庭条件如何？读博是一件苦差事，要耐得住寂寞。黄老师还教导我要孝顺，孝顺是人最根本的东西，要经常给父母打电话。”常佳奇说道。

“学术交流时一定要记录，组内开会都要自觉带本和笔”“一定要快”“正式汇报之前自己至少要练习20遍，才能达到上台的要求”“隧道五室就是他践行教育理念的南山田亩”……初觉严厉的学生们心中的黄老师五彩斑斓。

当然，令常佳奇印象最深刻的还是黄老师对基础知识的重视。“基础不牢，地动山摇。干工程的，这意味着什么？”黄宏伟说，什么叫初心、什么叫使命、什么叫“一切为了人民”？一连串的发问、严厉的语气，直逼灵魂深处。主动土压力与被动土压力、土压平衡与泥水平衡的区别……常佳奇被问得哑口无言。面色凝重的黄老师说道：“本科生都知道的东西，你读研究生了还没弄清楚，而且这是你的研究领域。”“我羞愧得想找个地缝钻进去。”常佳奇说，“批评过后黄老师也会安慰我，然后耐心地讲解他对课题的理解，并且时不时地在他的笔记本上画个图来帮助我加深理解。”

六、周烨璐：“黄老师变成了严父”

跟常佳奇相比，周烨璐眼里的黄宏伟教授则是另外一副模样。她说，自己成为黄老师学生的四年里，见他穿休闲装的次数不超过3次；出国开会交流时，他也会去商场挑选几件帅气的西装。有样学样，周烨璐跟着黄老师得体着装，注意形象。

在周烨璐的记忆里，黄老师就像父亲一般。她说，同门都知道，向来严厉的黄老师对女生要温柔许多。分配课题的时候，女生都是做软土盾构、做设计计算的；男孩子嘛，才可以做山岭隧道、做现场监测。同样的错误，组会上被克得鼻青脸肿的男生也只有羡慕女生挨批时清风拂面的份，但女生们心里清楚：错不能再犯了！比如组会迟到，黄老师说了一句：“要早点睡，否则黑眼圈要出来，皮肤也要变差。”周烨璐说：“想起这句蜻蜓点水的批评，我如闻洪钟大吕，从此杜绝了迟到。”

在周烨璐的记忆里，每次寒假前的最后一次大组会，黄老师都会强调孝顺父母，“人不孝，无以行天下”“人无孝则不立”都是他常挂在嘴边的话。黄老师还曾说：“有谁帮父母洗过脚吗？能为父母洗脚，就能为国家干大事。”因为黄老师看

图1 2021年春节，留校学生在老师家包饺子。图片来源：受访者供图

重生活中司空见惯的细节，课题组成员们便都养成了进电梯后自动靠着按钮站的习惯，老师说小细节里有大乾坤，仪式感、敬畏心尽在日常细节里，人有敬畏之心，方能行有所止。

“我最不希望学生怕我，如果这样，我做老师就很失败。”这是周烨璐的文字里记录下的黄老师的话。她说，最开始和黄老师微信的时候，觉得老师惜字如金，说完还总喜欢加个感叹号，她感觉压力很大，每次都要对那个“！”思忖良久。渐渐地，她发现黄老师也发表情，也刷视频，也常点赞，甚至觉得那些感叹号也渐渐地可爱起来了。

经过长期的不懈努力，由20世纪60年代地下建筑教研室发展而来的隧道及地下建筑工程研究所第五研究室，已有教授5人、副教授1人、助理教授1人。团队先后深度参与港珠澳大桥拱北隧道、青岛胶州湾第二海底隧道、深中通道、上海长江隧道工程、上海世博500千伏地下变电站、上海轨道交通、苏州轨道交通、杭州钱江隧道、武汉长江隧道、山东胶州湾海底隧道、大连海底隧道、云南山区高速公路、妈湾跨海通道工程等重大建设工程，先后获得包括2项国家科技进步奖二等奖、6项省部级科技进步奖一等奖在内的各种奖项20余项。

“自从我们将目光锁定以智慧手段消弭工程风险以来，研究室制定了今后5至10年内学科研究的主攻方向：岩土及地下工程的安全风险预警、评估与控制，人工智能赋能地下基础设施性态的感知理论与技术、岩土多源数据的机器学习与大数据分析、多灾害作用下隧道易损性与可恢复性等。”团队成员张东明教授介绍。围绕着这些目标，团队常年有在读硕博研究生和博士后研究人员百余人。

（资料收集：张东明）

1 鲁棒性：是指系统在面对各种地下不确定环境等干扰时的抗干扰能力。

2 微机电系统（Micro-Electro-Mechanical System，MEMS），也叫作微电子机械系统、微系统、微机械等，指尺寸在几毫米乃至更小的高科技装置。

3 分簇路由算法：是一种将网络节点划分为多个簇并在簇内进行路由选择的算法。其基本原理是通过将网络节点划分为簇，使得簇内节点间的通信更加高效和可靠。

『我们的目标是零沉降』

记地下空间与工程安全控制理论与技术研究

2020年5月19日，上海公布了2019年度科学技术奖名单，地下建筑与工程系地下空间与工程安全控制理论与技术方向谢雄耀教授团队的“软土深埋盾构隧道近距离穿越微沉降控制技术与应用”获得科技进步奖一等奖。“我们的目标是让盾构隧道引起的沉降最后为零，为了这个目标，团队正在不断努力。”谢雄耀表示。

一、城市中，盾构引起建筑物的微沉降必须控制

当代社会，城市的立体化、集约化趋势发展越来越明显，如何让城市更加宜居、功能可以更加高效地发挥？包括地铁建设在内的地下空间开发势在必行。“盾构穿越，既有建筑物微沉降甚至零沉降日益成为工程的迫切需要。”谢雄耀介绍。但是，传统盾构模式的施工扰动、周边构筑物的基础尺寸样态、地层受损状况等，都存在认识盲区，施工人员只能凭借经验摸索前行，犹如黑夜里走路，跌倒甚至摔伤显然就很正常。

“针对传统技术的不足，项目以地层损失率精细化探测和控制为导向，以地上、地下数据实时联动控制为手段，以完善机理研究、开发技术与装备、构建协同管控平台为思路开展项目研究。”谢雄耀说，“我们通过建立施工扰动渐进破坏及环境相互作用分析模型，研究盾构隧道施工行为宏微观扰动机理及变形发展模式，确定地层损失及环境影响定量化指标，实现盾构隧道穿越周边环境影响精确预测。研发车架随行式盾构壁后注浆实时检测技术与装备、渣土实时称重出土量监测系统及装备、盾构及成型隧道变形非接触实时测量技术与装备，解决传统盾构穿越地层损失及沉降控制参量实时感知方法不足难题。发展基于深度学习的盾构安全穿越大数据预测模型及方法，建立基于移动互联

网的盾构穿越协同管控平台，协同新型同步注浆浆液材料及穿越控制工法，实现穿越工程风险的经济可控。”

二、用哪些办法控制穿越微沉降？

“想要控制微沉降，首先要弄清沉降现象及其原因。”谢雄耀说，“我们首先研发出施工扰动渐进破坏及环境相互作用分析模型，为盾构掘进的样态做‘CT’，让时序状态在分析模型中不断‘成长变化’；同时，我们还对静态的地面建筑物（尤其是那些没有建筑图纸数据的）根脚基础性质状态做出评估，以确定盾构机“拿捏”的分寸；我们还对盾构扰动后的地层损失及引起的环境变化定下量化指标。”

谢雄耀说：“做到这些基础数据心中有数之后，我们开始研发相应的盾构隧道穿越沉降控制参数实时量测装备和技术，比如车架随行式盾构壁后注浆实时监测技术与装备、渣土实时称重出土量监测系统级装备、盾构及成型隧道变形非接触实时测量技术与装备等。”

在上海市国有资产监督管理委员会提交的“进步奖提名书”中提及，此项目的创新点在于建立起盾构隧道穿越周边环境影响精确预测理论及方法。“建立宏微观融合的盾构开挖面及盾尾受力机制模拟方法，揭示隧道穿越施工行为全过程受力机制及变形模式，确定环境影响定量化指标，实现盾构穿越地层变形及周边环境影响规律的精确预测和可知可判。”谢雄耀介绍，项目为揭示盾构推进过程地层扰动及盾尾孔隙全过程演化、变形发展规律，综合颗粒流程序PFC（Particle Flow Code）及Abaqus[1]等有限元模拟等手段，建立了宏微观融合的盾构开挖面及盾尾受力机制模拟方法，研究了综合开挖面及盾尾扰动及变形机制，形成隧道穿越施工行为全过程受力及变形相互分析成套理论及方法。

具体而言，它通过不同维度微观模拟，通过颗粒流沉积及相互作用原理，揭示盾构开挖面泥膜支护形成规律及对周边介质微观作用机制，提出不同施工行为及埋深比条件下孔隙水压迁移及土层变形发展破坏模式；综合宏微观模拟方法，通过力链和参数过渡，寻找开挖面扰动及破坏模式，为建立科学合理的盾构施工参数提供科学依据；结合现场测试及精细化模拟，开展了管片脱出盾尾、同步注浆及地层再固结全过程模拟与分析，分析在外部水土压力、注浆压力等共同作用下盾尾力学性态变化，探究盾构盾尾水土压力及同步注浆作用模式及变形变化规律。

“还有，我们基于盾构隧道穿越环境

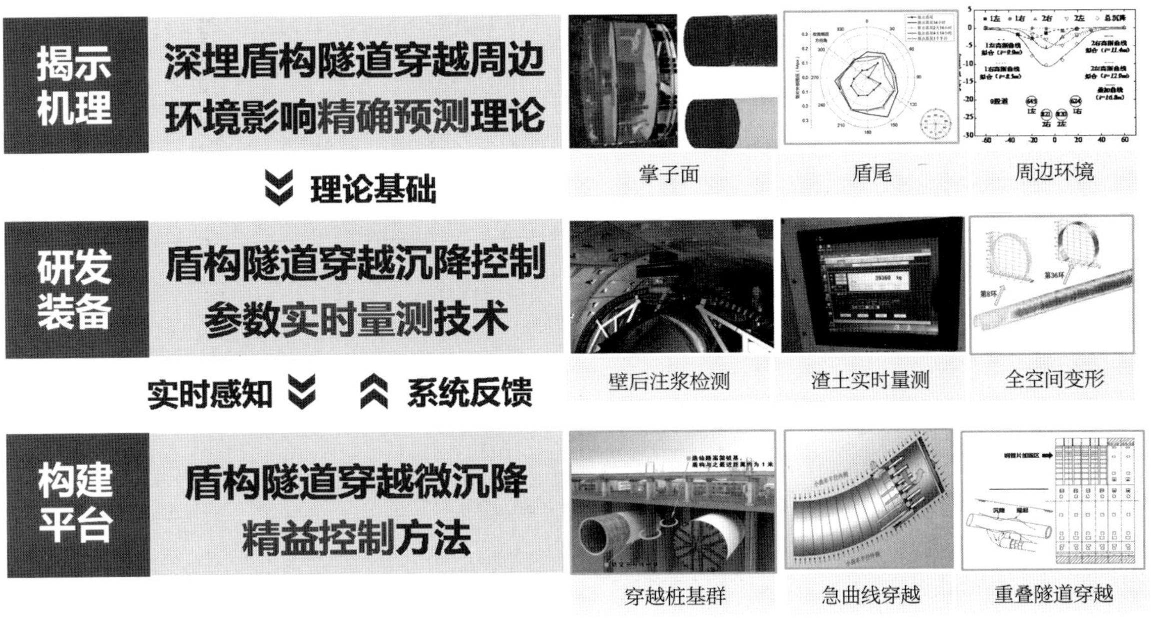

图1　总体思路图。图片来源：受访者供图

相互作用机理理论分析，综合现场测试及三维数值仿真，明确盾构穿越环境影响定量化指标。”谢雄耀说，“建立了地表沉降Peck公式修正模型，明确了地层损失率、沉降槽宽度系数及周边建筑物沉降控制指标；基于Pasternak地基梁模型，建立了盾构穿越引起的管线和隧道等线性结构变形理论解；设计了小尺寸盾构开挖模拟装置，进行了重叠隧道全过程推进模型试验，获得了近距离重叠盾构施工环境影响机理，明确提出了重叠盾构隧道应采用先下后上施工顺序，降低了重叠隧道施工对既有隧道和周边环境的影响；综合各类测试数据及精细化模拟结果，揭示了盾构隧道穿越既有隧道、桩基相互作用机理，确定了盾构隧道穿越施工控制指标。”

三、项目研发的利器有几何？

在以上理论和技术探索的基础上，团队进一步研发盾构隧道穿越沉降控制参数实时量测技术与装备。该项目的第二牵头人、同济大学结构工程专业博士、上海城投（集团）有限公司总工程师季倩倩介绍，他们以地层损失率精细化探测为目标，研发了车架随行式盾构壁后注浆雷达实时检测装备及注浆形态智能解析软件，研制了基于渣土车实时称重的土压平衡盾构出土量监测系统及装置，发展了基于三维激光扫描及图像识别的盾构隧道非接触实时测量技术。通过技术集成，实现了出渣量、同步注浆量及结构实时变形量等沉降控制关键参量的实时感知。

一是车架随行式盾构壁后注浆实时检测技术与装备。研究团队针对盾构穿越盾尾空隙及同步注浆填充质量实时检测需求，基于电磁波分层介质检测原理，研发了车架随行式盾构壁后注浆实时检测技术与装备，不仅实现了盾尾注浆层与土体分界层的实时探测，也推动了同步注浆施工由传统的人工经验为主模式向注浆形态实时检测、注浆量精确控制及注浆模式智能化选择模式的转变，为复杂环境下盾构隧道精细化施工提供了技术保障。业内专家评价该研究成果达到国际领先水平，填补了国内外同步注浆实时检测装置的空白。

二是渣土实时称重出土量监测系统及装备。针对皮带及吊机称重、渣土体积测量无法同时满足渣土称重实时性和精确性的问题，研究项目基于皮带落入渣土车重量实时变化机理，通过称重传感器和渣土车底盘一体化融合设计，开发出数据无线实时传输系统，在盾构出渣过程中实时监测渣土车的重量变化，从而解决了盾构出土量称重精确量测与实时反馈相统一的难题，为判定盾构出渣量提供了实时感知手段。通过示范工程应用得出，渣土车称重与吊车称重对比误差率小于5%。

三是根据盾构及成型隧道变形非接触实时测量技术与装备实时测量盾尾及成型管片变形需求，提出了基于点云规则网格化三维激光扫描的地下工程变形数据处理方法，通过布站设置及精度测试，基于规则网格化的点云除噪及拼接、数据智能搜索，实现成型隧道管片断面变形、错台量等特征参量的快速提取和全景式展现。椭圆变形长短轴误差率小于2‰。基于机器视觉检测原理，开发了非接触式盾尾变形测量方法，实现盾尾与管片分界面智能识别和变形测量，同时，通过技术融合实现了盾尾及成型管片全空间变形的动态采集。

采访获悉，这些创造发明为团队揽收了发明专利8项、实用新型专利2项，团队申请国内外发明专利5项，软件2项，发表论文18篇，编制地方性规范3项。

“盾构隧道穿越微沉降精益控制技术与平台。团队开发了基于移动互联网的地上地下数据沉降协同管控平台，建立了基于深度学习的盾构开挖面安全性大数据预测模型，协同同步注浆新材料研发及盾构穿越系列化工法创新，有效提升了盾构穿越的多源信息上下联动及参数实时反馈水平，实现了穿越工程风险经济可控。”谢雄耀说。首先，基于深度学习的盾构安全穿越大数据预测模型及方法。团队首次将深度学习方法引入盾构施工参数时变规律研究，为开展盾构穿越参数实时预测和反馈提供了技术支撑。其中主要的创新性成果包括：

❶ 在考虑岩土体性质的基础上，以长短时记忆（Long Short-Term Memory，LSTM）神经网络为基础开发深度学习模型，建立了考虑历史操作的瞬时盾构开挖面压力、掘进速度等参数的预测模型，得

到瞬时掘进参数的时变规律，分析各个预测模型的超参数选取规则及输入参数对模型预测结果的影响，得出兼顾准确率和计算资源的最优化预测模型；采用数据预处理方法将原始PLC[2]数据转换为适合深度学习的张量形式时间序列数据，通过训练层级优化，建立了基于深度学习的盾构开挖面稳定性大数据预测模型。

❷ 考虑隧道埋深、地下水位埋深、盾构开挖面内泥岩厚度、推进速度、刀盘扭矩、刀盘转速、刀盘总推力、进/排浆管线流量及密度等参数的影响，通过优化参数，使泥水压力差等的预测准确率达到90%。

其次，新型同步注浆浆液及抗浮工艺。团队研发了高重度、高稠度、高抗剪性和抗液化的新型同步注浆浆液，其12小时剪切强度大于或等于800帕。综合注浆设备更新及PLC数据集成，采用自动上料系统，实现6点均匀压注，注浆率小于120%，可节约20%成本。通过协同注浆检测及注浆控制，可实现大直径盾构上浮有效控制及后期沉降总量小于1厘米。

“我们还研发出盾构穿越敏感建（构）筑物精益化控制技术。”谢雄耀说。针对穿越保护性建筑、轨道交通线路和既有隧道等敏感建筑物，综合刀盘刀具、推进系统、压力系统、注浆系统、盾尾密封、螺旋机出土系统等的优化和改造，团队研究了水泥土加固微观机理，提出了微扰动注浆控制和既有建（构）筑物保护工艺，形成了超大直径盾构机隧道近距离穿越桩基、重叠隧道穿越、大直径隧道小半径穿越等系列化工法。相关技术成果创造了上海市及国内盾构隧道建设史上的多个纪录。

最后，研发出基于移动互联网的穿越施工协同管控平台。谢雄耀介绍，针对目前盾构穿越施工信息实时性及集成度要求高的特点，团队建立起以盾构机变量编码企业标准为核心的盾构施工管理系统，实现信息自动采集、快速集成分析、现场实施干预及应急处置的统一。主要成果有：提出多源盾构施工海量数据采集技术，该项技术综合了盾构隧道平纵断面数据、PLC数据、注浆及渣土称重信息和沉降自动化监测数据，全面掌控地铁隧道盾构近距离穿越敏感建筑物的施工信息；开发出基于即时通信的盾构施工沉降协同移动管控平台，通过盾构掘进过程中电脑和手机端与盾构操作室的实时互馈，协同盾构穿越实施工艺，实现盾构穿越施工的地上地下联动以及对穿越施工风险的实时有效控制。

据悉，这些研发成果使团队获得了发明专利6项、实用新型专利1项，申请发明专利2项，软件9项，发表论文21篇。

四、应用效果如何？

马儿跑得快不快、好不好，牵出去遛

遛就知道。自2015年以来，团队的研究成果在上海市大直径公路隧道、轨道交通隧道和电力隧道中得到了应用；同时，上海沪申高速公路、上海隧道工程、上海地铁监护管理、国网上海市电力公司检修公司、上海轨道交通申松线等建设方也在各类项目中应用了这项技术，具体包括上海北横通道工程、上海长江路隧道工程、轨道交通12号、13号、14号、18号线等，还有南宁地铁1号线和2号线、济南地铁R3线，大直径盾构穿越桩基、堤坝、河流、古建筑、轨道交通等，轨道交通重叠及相互穿越，轨道交通穿越电力隧道及敏感建筑等。用户纷纷表示，穿越起来十分丝滑，紧邻构筑物毫发无损。你知道最近的距离是多少吗？据上海18号地铁建设指挥部介绍，盾构穿越时，离地铁2号线的间距仅为1.27米。设想一下，盾构机的直径通常都在10米以上，旋转的刀头离隔壁才一米许！

不仅如此，应用方的大量工程实践表明，这套装备实现的最终沉降量小于3毫米。

专家们纷纷给予了高度评价。

"'超大型水底公路盾构隧道全断面快速检测及预警技术研究'成果为盾构隧道安全运营提供了技术保障，为盾构隧道自动化检测奠定了基础，提高了工程运营安全和维护信息化管理水平，实现了工程安全预警与运营效应的最大化，具有广泛的应用前景。研究成果总体达到国际先进水平，部分达到国际领先水平。"梁文灏院士说。

"'深埋近距离重叠地铁隧道穿越和切割桩基设计与施工技术研究'成果总体达到国际先进水平；所研制的盾构施工车架随行式雷达壁后注浆实时检测装备填补了国内外空白，达到国际领先水平。研究成果的实际应用，效果良好。"上海市城市建设设计研究总院（集团）有限公司专业总工程师徐正良等专家评价。

"'软土地层超深埋盾构公路隧道设计施工技术研究'相关成果具有推广性，建立了同时考虑结构纵向弯曲和剪切变形模式的三维衬砌结构数值计算模型，提出了大埋深盾构法隧道地表纵横向沉降预测方法，研发了激光扫描降噪、拟合、拼接和图形处理技术，开发了隧道断面紧密测量和数据处理系统。成果具有创新性，总体达到世界先进水平。"李永盛等评价说。

"'复杂环境下地铁盾构施工智能监控技术研究'成果总体达到国际先进水平，部分达到国际领先水平，显著提高了城市地铁隧道穿越建（构）筑物的科技水平。项目研究成果已在南宁地铁1、2、3、4号线等工程中得到应用，确保了盾构施工过程中周边环境的安全，减少了安全事故发生所带来的抢险费用，社会经济效益显著。"梅国雄等专家评价。

项目成果应用的经济效益十分显著。

业内人士表示，团队成果中的穿越变形规律为工程线路影响区范围提供了清晰可靠的界定，征地拆迁、建设方案调整等都免了，省下来的就是一大笔资金；团队提出的微沉降控制手段，在超大直径盾构隧道及轨道交通工程中的应用节约了检测、注浆加固、电力设备更换、轨道交通修复、后期维护、乘客接驳等费用。据测算，至2019年累计节省开支达9.01亿元。

上海申通地铁有关负责人表示，团队的研究成果为保障敏感建（构）筑物的安全提供了金钟罩。项目成果应用在盾构近距离穿越敏感建（构）筑物时，大家的眼睛紧盯着屏幕，不时微调着钻机，最终一切安好，大家悬着的心也落袋了。第二次、第三次……大家心里有底了，踏实！不仅上海申通地铁，还有上海机场（集团）有限公司等一众企业，纷纷予以好评。“盾构有了明亮的眼睛、聪明的大脑，灵巧的身手，盾构穿越建（构）筑物时对居民生活的影响几乎可以忽略不计。”谢雄耀说。老旧居民区的居民动迁、紧急疏散等状况都免了，自然就减少了社会矛盾，维护了社会的安定团结。

应用方纷纷表示，这项成果的应用大大节约了工期，推动了行业的科技进步，很好地提高了我国盾构产业的国际竞争力。团队在2018年国际隧道和地下空间协会（International Tunnelling Association，ITA）年会上发布了所开发的盾构沉降协同管控平台的相关报告，同济大学开设了“智能地下结构”研究生课程，2017年及2018年成功举办了两届国际智能地下空间国际会议，吸引美国、法国等十余个国家及地区的300余人参会，得到了国际施工领域顶级期刊《施工自动化》（*Automation in construction*）的大力支持，较好地推动了行业进步。据悉，项目成果已经在莫斯科地铁3号线开展应用，项目培养的技术人员在莫斯科担任地铁3号线总工程师；另外，车架随行式壁后注浆检测设备已申请国际专利。“参与单位已与中铁装备公司等厂商开展合作，在出厂盾构机上标配同步注浆检测设备，这将有力提升我国盾构产业的国际竞争力。”谢雄耀表示。

2023年9月，“地下工程风险云管控技术体系”参加了第二十三届中国国际工业博览会。媒体报道称：“有了这项技术的加持，长江隧道做到了‘滴水不漏’；上海北横通道与地铁11号线隧道最小垂直净距仅7.06米，可以做到这边穿越施工，那厢地铁不停运；在软土地带的硬X射线大科学装置40米超深基坑工程也可安然无虞。”

（资料收集：周彪）

1 Abaqus：一款统一的多物理场有限元仿真分析软件。

2 PLC：Programmable Logic Controller，是一种可编程逻辑控制器，它是为了满足工业自动化需求而发展起来的一种控制装置。

是他们在保障垃圾填埋场的高质量运行

“垃圾填埋场滑坡灾害演化机制及风险管控关键技术”探秘

冯世进教授牵头的“垃圾填埋场水气耦合运移机理及屏障阻隔关键技术”获得2019年度上海市科技进步奖一等奖；冯世进教授牵头的“垃圾填埋场滑坡灾害演化机制及风险管控关键技术”获得2020年度教育部科学技术奖科技进步奖一等奖。“项目提出的垃圾土本构模型、填埋场多场耦合计算模型、新型防污屏障和滑坡灾害防控技术，应用于上海、无锡等多个大型填埋场工程，并取得了良好的经济、社会和环境效益，保障了多个填埋场的高质量运行。”业内专家评价说。

一、填埋场高效和资源化运行，先要摸清脾气

统计显示，我国城市生活垃圾年产量超过2.4亿吨，且仍以每年6%~10%的速度在增长。20世纪90年代以来，我国生活垃圾处置历经了集中填埋、卫生填埋和生态封场等阶段，形成了2 000余座正规和2.7万座非正规填埋堆场。“填埋作为我国当前和未来的两大主要处置方式之一，填埋场既是各类垃圾的处置终端，也是城市安全运行的重要应急保障设施。”冯世进教授介绍道。如何实现垃圾“无害化、减量化、资源化”处置和填埋场安全运营，是一个重大的民生问题，关乎百姓对美好生活的向往。由于我国填埋场固废组分多样、多场耦合作用复杂且稳定化时间长，具有高液气、高污染和多层薄弱面等特征，因此在复杂服役环境下极易发生突发性滑坡、长历时污染等重大环境土工灾害，从而严重威胁居民生命健康、生态环境和城市运行安全。

冯世进教授介绍，复杂条件下垃圾填埋场的多场耦合[1]理论、试验设备和测试技术、堆体稳定性评价方法及风险防控技术，是当前极具挑战的前沿性课题。目前，亟待解决的难题包括：现有填埋场多场多相耦合理论大多只可实现三个物理场的耦合模拟，难以分析垃圾体骨架变形和堆体稳定性，更无法反映填埋场真实的固-液-气-化-热多场耦合机制；传统

土工测试技术不适用于成分复杂、大颗粒、可降解的垃圾土，衬垫界面剪切测试不能实现地震波真实输入和衬垫内部变形的测量，难以揭示界面物态演化与薄弱滑裂面迁移机制；填埋场稳定性评价方法多采用传统土质边坡分析方法，难以考虑填埋场复杂高液气压力的影响及底部衬垫系统的界面软化特征；在填埋场失稳流滑风险评价方面，现有评价方法未考虑失稳流滑灾害渐进破坏演化机制以及灾害与承灾体之间复杂的相互作用，缺乏合理的定量评价技术。

正是基于以上判断，冯世进团队在科技部和基金委等项目的支持下，开展垃圾填埋场环境土工灾害演化机制及风险管控关键技术的研究。

团队首先研发出大型垃圾土渗透仪、大型降解反应土柱和界面动力剪切仪等一系列环境土工仪器。“有了这些仪器，生活垃圾倾倒的软硬松紧不一、降解难易程度不一、干湿垃圾混同等导致的基本物理力学特性难以测试的诸多难题，一一得到了解决。”上海老港垃圾填埋场的技术人员介绍。“通过一系列试验可以发现填埋场中的垃圾堆体会发生复杂的变化。”冯世进说。生化降解、液气运移、骨架变形、热量传递等跨介质、多相态复杂过程都有其独特的规律，团队通过深入研究，建立了填埋场降解-渗流-固结-传热-传质多场多组分耦合模型。生化降解模块考虑了固、液、气相中复合物质的溶解反应及温度、挥发性脂肪酸VFA含量、pH值等影响；液气运移模块考虑了渗滤液水位以下气泡积聚迁移及液气非连续流；骨架变形模块考虑了垃圾体固结变形、降解变形和蠕变变形；同时，引入固液非平衡传热来定量表征垃圾体回灌降温过程。这样一来，理论上突破了垃圾土生化相变、碳氮元素迁移转化及填埋场内液气压力时空分布的求解方法，解决了填埋场内高液气压力形成机制的理论难题，理论与试验的结果一致性良好，为填埋场内多场相互作用分析奠定了重要的理论基础。

针对垃圾土生化降解、液气运移、骨架变形等高度非线性方程的求解难题，冯世进团队开发了填埋场多场多相耦合仿真平台。团队选取液相压力、气相压力、温度、骨架位移和孔隙率等作为基本未知量，建立了三维耦合模型复杂边界条件等价表征格式；采用有限体积法和耦合迭代进行理论模型数值离散和求解，基于OpenFOAM[2]开源程序研发了高精度数值求解软件，嵌构了多种材料模型库和灾变判别准则，突破了已有软件不能分析填埋场三维液气压力积聚和骨架大变形的限制，功能性、可扩展性和仿真效率得到了显著提升。

冯世进团队还研究了垃圾体降解程度、液气压力、骨架变形和微生物菌落等的时空演化特征，揭示了长期服役条件下垃圾体热–力–化–生耦合作用机制，实现了强降雨、地震、渗滤液回灌、曝气等各种复杂条件下填埋场内液气运移和堆体变形的定量描述，发现液气相互阻滞是我国填埋场高液气压力形成的核心机制，为填埋场稳定性分析和灾变防控关键技术研发奠定了基础；通过揭示我国垃圾填埋场内原生高液气压力对堆体稳定性的影响机制，结合已有工程事故统计和模糊数学方法，提出了填埋场坡体沿内部失稳破坏的评价方法和预警液气压力，攻克了高液气压力诱发填埋场沿内部失稳破坏定量评价的技术难题。

这些原创性成果受到多国学者的跟踪研究和高度评价。冯世进与英国皇家工程院院士William Powrie联合获批了英国皇家学会牛顿高级学者基金。

二、团队摸清了失稳机理，找到了应对失稳流滑之策

堆体底部衬垫界面力学特性对填埋场稳定性有何影响？冯世进团队自主研发了大型多功能界面剪切仪，集成了十余项创新技术，首次实现了地震波真实输入、水平–竖向耦合双向动力加载、衬垫内部变形监测等功能，系统测试了填埋场复合衬垫不同界面的静（动）力剪切特性，揭示了衬垫界面的物态演变和位移软化机制，提出了衬垫系统峰值和残余强度计算方法及衬垫界面弹塑性损伤本构模型。同时，为了从微观上揭示界面剪切破坏机制，冯世进团队在国际上首次发明了离散元颗粒叠加及簇分离技术，提出了考虑复杂材料细观结构的衬垫界面剪切三维离散元分析方法，揭示了材料表层颗粒磨损、内部纤维扰动和土–材料互锁解除等损伤机制，实现了从短期荷载到长期历时、从单因素到多因素的多尺度动态互馈耦合模拟。随后，通过三维稳定性分析，揭示了静（动）力作用下填埋场沿衬垫界面渐进累积破坏和衬垫拉裂破坏机制，建立了相应的判别准则和预警指标。

对于失稳流滑灾害渐进演化机制的研究，冯世进团队采用垃圾土固态液化和非牛顿流体本构关系，引入固流临界转化指标，考虑填埋场流滑体内物理相互作用和物态演化特征，构建了失稳流滑灾害三维数值仿真平台，解决了填埋场滑坡灾害全过程仿真难题，为填埋场灾害风险的定量评估奠定了基础。针对流滑灾害冲击下建筑物非线性大变形破坏的模拟难题，采用罚函数和单元侵蚀算法分别量化界面接触关系和大变形破坏，构建了光滑粒子流体动力学–有限单元的流固耦合算法，形成了复杂三维地形上失稳流滑灾害与建筑物相互作用精细化模拟技术，揭示了流滑体冲击建筑物破坏模式，提出了考虑流滑特

征、坝体类型和破坏模式等因素的易损性评价方法，突破了流滑体冲击建筑物破坏特征定量评价的技术瓶颈。团队基于上述研究识别了复杂环境耦合作用下填埋场失稳流滑灾变的主要控制因素，提出了流滑灾害模式判别准则和发生概率计算方法，提出了填埋场失稳流滑灾害多指标定量风险评价方法。“填埋场失稳破坏分析方法和预警指标的有关成果被纳入国家相关规范。”冯世进说。

三、团队研发的技术在各地得到了很好的应用

探明了灾变机制后，该如何防控填埋场失稳流滑灾变？冯世进介绍，团队针对填埋场内部液气相互阻滞问题，创新性地研发了水平盲沟毯与强力真空竖井联合加速抽排技术，解决了我国填埋场液气导排系统造价高、寿命短、效率低等问题，并构建了导排系统动态监测智能反馈系统，降低了建设运营成本，大幅提升了降水集气效率和堆体稳定性。针对填埋场底部衬垫界面破坏诱发的失稳问题，团队在揭示地震作用下衬垫系统的应力-应变关系和拉裂破坏机制后，提出了底部衬垫系统完整性评价方法，研发了基于土工格栅加筋的衬垫加固技术，解决了垃圾堆填导致衬垫系统变形破裂的难题，大幅提升了填埋场抗震安全性。针对填埋场失稳流滑灾变问题，团队优化了填埋场分区分阶段填埋、液气调控等主动控制措施，大幅提升了填埋场失稳流滑灾变防控水平。“这套填埋场失稳流滑灾变防控关键技术得到了很好的应用。”冯世进介绍，“无锡桃花山填埋场示范工程、上海老港填埋场示范工程都是成功的案例。”

项目研发的在役大型垃圾填埋场失稳灾变防控技术（土工格栅/水平盲沟毯加筋-压缩空气排水井联合抽排技术）成功应用于江苏某垃圾填埋场（库区面积约40万平方米），原始边坡经加筋材料嵌入坡体加固后形成复合边坡，再与压缩空气排水竖井联合导排，通过建设复合导排系统、提升填埋体抗剪强度并主动调控渗滤液水位的方式，使填埋场边坡安全系数提高了0.3~0.4，保障了堆填过程中堆体的稳定性，大幅提升了填埋场安全库容。

项目研发的大型垃圾填埋场失稳灾变防控预警技术成功应用于上海某垃圾填埋场（库区面积约81.7公顷，合0.817平方千米）。采用干涉合成孔径雷达（Interferometric Synthetic Aperture Radar，InSAR）测量技术，对填埋场边坡进行长期的、持续大面积变形监测，解决了常规监测存在的覆盖范围小、点位密度低、作业周期长、监测频率低、监测成本高等问题。InSAR监测与传统现场变形监测相比，测线误差约

压缩空气排水井成井施工

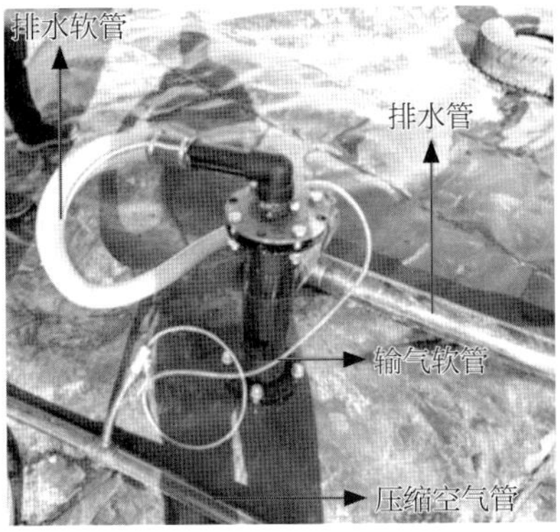

压缩空气排水井管线布置

压缩空气排水井现场效果

图1　施工现场照片。图片来源：受访者供图

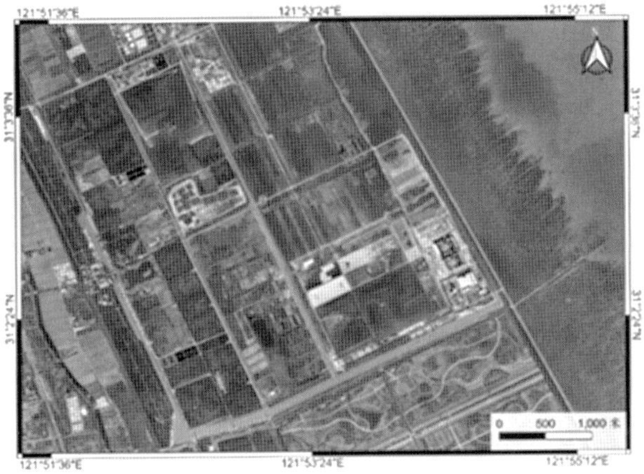

上海某生态环保基地

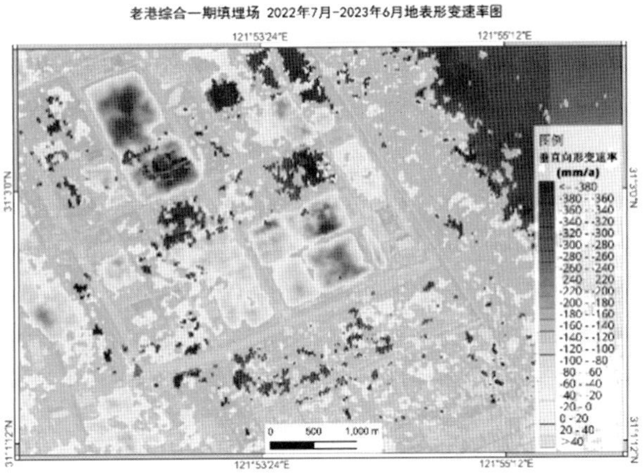

2022年7月至2023年6月上海某填埋场地表变形速率

图2　监测结果可视化。图片来源：受访者供图

6%~12%，整体误差3%，具有较高的可靠性，为填埋场安全和可持续运营提供了有力的技术支撑。

填埋场防污屏障劣化诱发的长历时环境污染问题是垃圾填埋场中亟待解决的另一个难题。当垃圾填满封土“收官”后，没多久封顶系统就可能出现开裂等状况。“一旦开裂，雨水不可避免地会顺着裂缝流进去，导致填埋场内渗滤液产量大大增加，这对于填埋场低碳运行极为不利。”冯世进说。填埋场内的部分填埋气体就从裂缝中逸出进入大气环境，不仅污染大气，还浪费能源。冯世进团队研发了基于生物协同的封顶系统阻隔技术，利用植被根系蓄水−蓄水循环与毛细阻滞防渗原理，提出新型绿色封顶系统，使降雨入渗量降低89%，成功保障了封顶系统的长效服役性能。同时，在封顶系统内埋置生物通风管道，提升甲烷生化降解效率，解决了填埋气收集不充分导致甲烷气体逸出的难题。

“垃圾填埋场必须设置底部衬垫系统，

以防污染。但填埋场下卧地基容易发生局部沉陷，导致衬垫系统变形破裂，丧失屏障功能；同时，高水位条件下的竖向隔离墙普遍存在服役寿命短、防污效率低等短板。现场调查发现，我国部分填埋场存在严重的渗漏问题。”冯世进介绍。团队研发的新型加筋复合衬垫结构，能够有效提升填埋场在复杂服役条件下衬垫系统的抗变形破裂能力，保障填埋场衬垫系统的长效防污性能；通过产学研合作研究，提出了衬垫结构全域渗漏监测方法；针对竖向防污屏障，团队研发了浅部增强型和新型防渗搭接型复合隔离墙技术，防污效率提升了数倍。

四、环境岩土工程学科已然形成

经过长期奋斗，冯世进团队逐渐建立起环境岩土工程学科。“环境岩土工程学科是将岩土力学与环境科学密切结合的一门新学科，除覆盖传统岩土工程问题外，这一领域还延伸到地质环境科学与工程以及生态环境科学与工程。”冯世进介绍。垃圾围城、水土污染、能源短缺等全球化环境问题的加剧对环境岩土学科提出了更为严峻的挑战，融合各学科全面进行动态交叉已成为新的发展趋势。

环境岩土工程学科是以最前沿的科学原理来指导环境保护、能源开发，实现理论指导工程，工程促进理论的良性互馈，有助于改善城市环境生态，促进城市高效管理，改善居民生活质量，提高人民生活幸福感。冯世进表示，环境岩土工程领域的研究走深走实，对建设生态文明社会和国家可持续发展具有重要意义，将会很好地助力中国式现代化建设。采访获悉，该团队牵头的2024年“环境岩土工程教育部工程研究中心”获批建设。

“从教学、科研到生活，冯老师对我们的影响是全方位的，他总能在我们迷茫、踟躇的时候给我们指点迷津。”同学们说。“是党员，就要事事站在前头。”这是同济大学优秀共产党员、环境岩土工程学科带头人冯世进听到的话。“固体废弃物堆场倒塌事故大多是因为缺乏敬畏之心。”他说，“我是一名普通的教师，在自己的工作岗位上，无论是科研，还是人才培养，都要时刻怀有敬畏之心。”

“垃圾填埋场的灾害问题，大家传统的思维都认为这是环境问题，但实际上是岩土与环境交叉问题。”冯世进说，“我跟随陈云敏院士做的博士论文就对垃圾特性及填埋场的各种稳定问题展开研究。”

陈院士长期从事软弱土静（动）力固结、降解固结理论和灾害防控技术的研究。在他的指导下，冯世进针对填埋场内水气运移和失稳滑坡展开研究。“刚开始时很苦恼。”冯世进坦言，“垃圾千差万别，特性各不相同，从何下手，通过什么路径才能达成目标？”垃圾填埋场常见的问题都是沉降、渗漏，甚至垮塌，它们都与垃圾的特性关系密切。于是，冯世进考虑不同地域垃圾的组分，配制不同尺寸的垃圾试样，开展了剪切变形试验，试样最大尺寸做到了30厘米×60厘米，失败了好多次，连做了50多个试样，最终得到了垃圾土静（动）力变形特性。

“中国的垃圾和国外的不一样。”冯世进介绍。传统的垃圾填埋场失稳破坏，采用的是条分法来分析边坡的稳定性，但该方法是假设条块之间的作用力。冯世进在前期垃圾体基本物理力学特性研究的基础上，将填埋场边坡分为三块，他称之为“楔形体法”。垃圾体为应变硬化材料，破坏应变的取值越大，垃圾体强度越高，填埋场的边坡安全系数就越大；反之，安全系数就越小。但边坡的安全系数只有一个，取多少才合适？经过大量计算，冯世进给出的结论是垃圾体破坏应变标准取值10%最为合理。这一结论目前已被写入国家规范。

硕果出自躬耕家。目前，冯世进团队的科研成果已在上海老港、无锡桃花山、深圳坂银通道等推广应用，并且由此形成了行业标准及专著6部、授权国家发明专利27项。由冯世进牵头的科研成果获得了教育部科技进步奖一等奖、上海市科技进步奖一等奖和上海市技术发明一等奖。团队在《岩土工程》(*Geotechnique*)、《工程地质学报》(*Engineering Geology*)、《废物管理》(*Waste Management*) 等国内外顶级期刊上发表填埋场相关论文近百篇；培养了国家杰青、领军人才、教育部“长江学者奖励计划”青年学者等国家级人才7人次，培养环境岩土工程领域青年教师、博士和硕士研究生50余人。团队的基础理论研究、技术装备研发、评价体系构建等已形成较为完整的体系，业内专家评价“研究成果总体达到国际先进水平，部分达到了国际领先”。

（资料收集：郑奇腾）

1 多场耦合：在一个系统中，两个或两个以上的物理场（如温度场、应力场、湿度场等）相互作用的问题叫作多场耦合问题。

2 OpenFOAM：是一个完全由C++编写，在Linux下运行，面向对象的计算流体力学（Computational Fluid Dynamics，CFD）类库。

『我们要弄清的就是岩土体「生病」的全过程』

“强震扰动区复杂孕灾环境下岩土体失稳演化机理与全过程灾变理论研究”观察

黄雨教授主持，陈之毅教授、陆平副教授、戴自立博士作为主要完成人的“强震扰动区复杂孕灾环境下岩土体失稳演化机理与全过程灾变理论研究”荣获2020年度上海市自然科学奖一等奖。

一、这个项目为什么能得奖?

采访获悉，此项目聚焦强震扰动区复杂孕灾环境下岩土体失稳演化与全过程灾变机理，以阐明成灾演化机理、构建全过程灾变理论、建立精细化防灾减灾方法为研究主线，团队历经十余年研究，揭示了强震作用下岩土体多阶段变形流动的“类液气”相变及多相态耦合致灾机制，形成了可定量描述强震扰动区岩土体灾害致灾效应的全过程灾变理论，提出了基于多源数据驱动与地质力学集成的岩土体灾害风险多层次多目标精细化分析方法。研究成果推动了地质灾害防治领域的进一步发展，为强震区灾后重建、重大工程防灾提供了科学的理论指导。

俗话说，病来如山倒，病去如抽丝。岩土体其实和人一样，比如汶川地震，我们感知的是一瞬间天崩地裂，但实际上岩土体“生病”也是一个长期积累的过程，只不过当它轰然倒下时，我们才感觉到了而已。十余年来，黄雨教授带领团队，聚焦强震扰动区复杂孕灾环境下岩土体失稳演化机理与全过程灾变理论，以“失稳演化机理揭示——全过程灾变理论构建——集成化预测分析应用”为研究主线，经过艰辛的努力，形成了一批具有重要科学意义的创新性成果，厘清了岩土体“生病”全过程的机理和样貌，并开出了“药方”。团队研究得出的系列成果已在国内外多地抗震减灾规划中发挥了重要作用，支撑了

图1 黄雨等在离心机室。图片来源：受访者供图

我国地震次生灾害防灾减灾理论、技术以及工程地质防灾学科的进一步发展。

团队成员毛无卫介绍，在强震扰动区域，地质灾害的孕育过程充满了不确定性和突发性，这种特性使得防范难度显著增加，传统的防灾减灾手段在很多时候都显得力不从心，难以达到预期效果。针对这一严峻的现实挑战，团队深入研究了基于物理机制的地质灾害防灾减灾方法体系，尤其是在强震扰动区复杂孕灾环境下的应对策略。这一体系涵盖了地质灾害从孕育到发展的全过程，包括了地质灾害演化全过程的定量化预测分析、受灾体特征的快速实时分析，以及基于这些分析的综合防灾减灾规划方案的制定和实施。“具体实践中，我们不仅仅局限于理论研究，更注重将理论转化为具体的防灾减灾技术。通过地质灾害演化全过程的定量化预测分析，我们能够精确地掌握地质灾害的发展动态，预测其可能的演变趋势；而受灾体特征的快速实时分析，则使得我们能够迅速识别出受灾体的类型和特征，为后续的防灾减灾工作提供有力的支持。”

二、团队是如何“看病”的？

“我国地震灾害极其严重，全球约35%的7级以上大陆地震发生在我国。”黄雨介绍。强震的影响范围常常以百公里或千公里计，对广阔境域内的天然斜坡、人工边坡造成扰动，引发大型滑坡、泥石流、砂土液化等次生岩土体灾害，其损失常常不亚于地震本身的危害。例如，汶川地震触发的北川王家岩滑坡，仅一处灾害就造成了近1 600人死亡。因此，解决强震扰动区的岩土体灾害防治问题以保障人民生命财产安全是学者们必须扛在肩上的使命担当。

地震触发滑坡、砂土液化会在哪里、何时发生，怎样演化，都是地质灾害科学领域的研究前沿热点及难点问题。多年来，课题组聚焦强震扰动区复杂孕灾环境下岩土体失稳演化与全过程灾变机理这一核心科学问题，以“阐明成灾演化机理、构建全过程灾变理论、建立精细化风险感知方法”为研究主线，形成了一系列具有重要科学意义的创新成果。

第一，针对演化机理不清的问题，团队基于同济大学超重力离心试验平台与多功能振动台设备，自主设计、研发了一系列关键试验系统，解决了强震地质灾害模拟困难、观测准度低等问题，并成功应用于复杂环境下岩土体破坏过程的模拟。研究揭示了强震触发下岩土体失稳—破碎解体—流态化运动—冲击致灾等全过程灾变模式，阐明了地震能量的非平稳特性与材料刚度退化控制的岩土体失稳演化机理。

第二，针对基础理论匮乏问题，从刚度非线性退化的力学机制出发，解决了“类固态”和“类液态”岩土材料由于不同状态而造成的连续性模拟困难问题，建立了可描述岩土体相态转变全过程的统一本构模型，并采用先进的光滑粒子流体动力学理论进行求解，实现了岩土体多阶段灾变过程的精准刻画，形成了强震扰动区复杂孕灾环境下地质灾害全过程灾变理论。

第三，针对防灾难度大的问题，从广域岩土体灾害隐蔽性强、早期识别困难的特点出发，揭示了基于多源多时相观测的多重致灾因子耦合表达机制，阐明了岩土体形变特征与成灾模式的协同机理，建立了震后广域隐蔽性岩土体灾害长期风险的动态感知方法。

汶川地震由于地震发生在山区，引起数万起山体滑坡，落石崩塌、泥石流和地表破裂等灾害，极大地增加了灾区重建的难度。团队通过对北川地震灾区的典型房屋建筑物、堤防、桥梁、公路等建（构）筑物地震破坏形式的现场调查，分析了地基基础破坏特征与岩土动力特性关系，探明了不同地质环境和工程结构条件下的地震破坏特征，并结合震区的滑坡、崩塌、泥石流等次生地质灾害分布规律，对次生地质灾害的动力过程进行了较为系统的研究，提出了北川国家地震遗址博物馆策划与整体方案设计的工程地质关键技术，成果主要包括：地震次生地质灾害概况与分

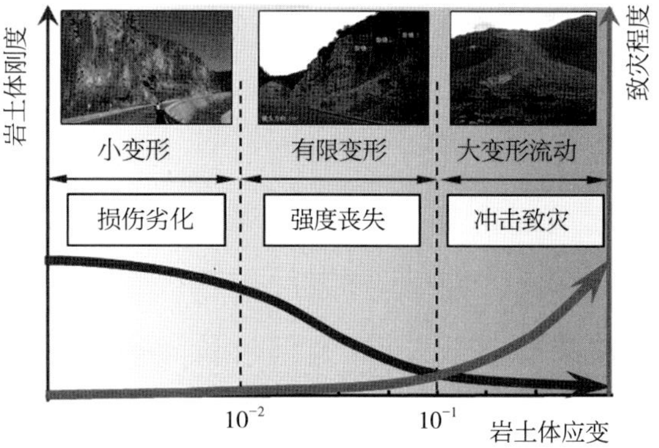

图2 岩土体灾害多阶段演化灾变示意图。图片来源：受访者供图

析；震后次生地质灾害的安全评价；地质环境安全保障及地质灾害控制等。研究成果已被上海市支援“北川国家地震遗址博物馆”规划策划项目组采纳，并得到良好的应用，为该项目的规划设计与防灾安全提供了重要的理论依据和技术保障，并取得了较好的经济社会效益。

团队毕业生陈蔚介绍，以北川地区（汶川地震扰动区）为例，黄雨老师带领团队精确地分析了该地区地质灾害的三维动态灾变过程，成功获取了岩土体大变形的流动速度和位移时程曲线，以及致灾范围。这些数据为团队准确预测地质灾害对拦挡建（构）筑物的冲击荷载提供了重要依据。在此基础上，团队为北川国家地震遗址博物馆策划与整体方案设计提供了重要的理论依据。因为杰出的工作，黄雨教授作为参与人获得了全国优秀城乡规划设计一等奖。

类似工作还在汶马高速公路工程项目中开展。该高速公路起于汶川县城以南凤坪坝，接映汶高速公路，经汶川、理县、古尔沟、米亚罗、梭磨、卓克基，止于马尔康市城东，全长170余千米。2015年5月开工建设，2020年12月全线通车运行。“汶马高速公路具有‘五个极其’的特点，即极其复杂的地形、极其复杂的地质、极其复杂的气候条件、极其脆弱的生态条件、极其复杂的工程建设环境。在项目建设过程中要着力解决长大纵坡、冰冻积雪、生态环境、地质灾害等建设难题。”黄雨介绍。仅2016年12月3日到2017年2月13日，两个多月的时间内，这里就发生了小沟、萝卜寨、桃坪、西山村、平石头、九子寨等6次滑坡事件。团队深入研究后，建议建设方改变先前的以高架桥沿沟谷蜿蜒架设的方案，改为以隧道穿越滑坡高风险区域，隧道埋深401米，这样车辆便可以畅行无忧了。最终，工程指挥部采纳了研究团队的建议。

郭桢老师介绍，团队在综合防灾减灾规划方案的制定过程中，充分考虑了多目标导向原则，确保规划方案既能有效地防范地质灾害的发生，又能最大限度地降低灾害带来的损失。在规划方案的实施过程中，我们更加注重多部门、多领域的协同合作，以确保各项工作能够有序推进，取得实效。

据了解，黄雨团队相关研究成果得到国内外同行专家的高度认可，美国岩石力学学会副主席安东尼奥·博倍特（Antonio Bobet）教授在综述长文中大篇幅引用了该项目的相关成果，肯定了该项目的重要贡献。

三、育人成绩斐然

2024年6月，同济大学第三届卓越研究生导学团队评选结果出炉，黄雨教授领衔的研究生导学团队获评“卓越研究生导学团队标兵”称号。长期以来，团队立足学科特色，积极探索地质工程专业研究生培养的改革方向与途径。先后主持了全国工程专业学位研究生教育指导委员会重大课题、中国学位与研究生教育学会面上课题等多项国家及省部级教学改革项目，构建了适用于地质工程专业的本硕博一体化创新人才培养体系，着重指导和培养学生的创新意识与创新能力，培养了一批基础扎实、视野开阔、素质全面、服务国家地质灾害防灾减灾重大需求的拔尖创新型人才。先后在《中国地质教育》《研究生教育研究》《高等建筑教育》等教育类核心期刊上发表教改论文20余篇。基于团队地质工程专业人才培养体系的理论研究与实践工作中的开拓创新成果，黄雨教授作为主要完成人的“基于多源优质资源协同，构建具有国际视野的创新型研究生培养体系”荣获中国学位与研究生教育学会研究生教育成果奖二等奖、“研究型大学工科类全日制专业学位研究生培养道路的求索与引领”荣获上海市级教学成果奖二等奖、“好机制、好教师、好学生——‘三箭齐发’推进试点改革、培养创新人才”荣获上海市级教学成果奖二等奖。

黄雨介绍：“人才培养与高水平科学研究相融合，面向国家重大需求与国际研究前沿选择科研课题是团队始终坚持的原则。”在指导研究生的学位论文选题时，团队老师非常注重培养研究生的自主创新能力。同时，团队指导教师深入科研、实践一线，与学生一起共同调研、共同参与试验。“因为长期坚持，我们较好地探索解决了一系列地质灾害成因机理中的关键科学技术问题，成功培养了一批具有国际学术视野的拔尖创新型人才。”黄雨说。

采访获悉，该团队中的研究生学位论文已连续七年荣获上海市研究生优秀成果奖，戴自立、于淼两位博士生因为在地震地质灾害研究中的突出成果，获得中美两国地震工程基金会面向全球联合设立的“刘恢先地震工程奖学金”。这些同学毕业后，不少都获得海外知名高校教职，如戴自立曾任日本国立岛根大学助理教授、朱崇强曾任英国邓迪大学讲师等；郑虎、朱崇强先后入选国家高层次青年人才；大批研究生已经在国家重要企事单位挑大梁，如周子舟任北京市勘察设计研究院副总工程师，薛龙任上海筑浦建筑科技有限公司创始人、总经理；培养的留学生近藤明彦任日本港湾空港技术研究所主任研究员；等等。指导教师们因为成果杰出，先后荣获“上海市育才奖”“宝钢优秀教师奖”“同济大学优秀班主任”“中国地质学会地质类工程专业优秀本科毕业设计指导教师”等荣誉。

四、学位论文都在研究什么？

笔者找来了黄雨团队几位研究生的学位论文，从中窥见团队学生的科研之路。

戴自立的博士论文题目为《基于SPH方法[1]的崩滑大变形流动灾害动力过程模拟研究》，看题目就让人感到不明觉厉。这篇论文的研究内容是国家重点基础研究发展计划子课题、上海市曙光计划课题的一部分。戴自立研究的是崩塌滑坡，他称之为“崩滑大变形流动”。论文引入光滑粒子流体动力学方法，开展了崩滑土体大变形流动的计算方法研究，建立了一套高性能数值模型，并完成了计算程序的开发和验证工作。利用该数值模型，完成了对流态化滑坡、泥石流、垃圾填埋场流滑等几种典型的崩滑大变形流动灾害的模拟分析，进一步证明了模型的适用性和可靠性。戴自立表示，论文中提出的若干SPH高性能计算方法，能够较好地预测崩滑土体大变形流动破坏的时空演化过程，从而为灾害的预警、防治、风险区划、灾害管理提供一种新的有效途径。黄雨教授对此做了点评：“这篇论文成果进一步提高了我国地质工程、防灾减灾及防护工程的研究水平，完善了国家地质灾害应急响应体系，减少了地质灾害造成的损失，具有明确的国家重大需求背景和科学意义。”戴自立在回顾博士论文撰写过程时说：“论文是在导师黄雨教授的悉心指导下完成的。从选题到开题，从写作提纲，到最后成文，无不倾注了黄老师的心血与汗水。何以谢恩师深恩浓情？唯有勤勉克己，策私己而前进以报之。”

于淼的博士论文《基于多源遥感信息的DEM构建与大变形流动地质灾害演化分析》内容是国家科技支撑计划、国家自然科学基金项目的一部分。论文中说，大变形流动地质灾害能显著改变原有的地形地貌，如何准确重建灾害前后的地表数字高程模型（Digital Elevation Model，DEM），对于灾害评估、防治及管理等具有极为重要的意义，并可为灾后科学研究的开展提供基础数据。本文从工程地质学、遥感地质学、岩土力学等学科的基础理论出发，建立了基于多源遥感信息的DEM重建方法，包括对地卫星雷达影像的InSAR解译、低空无人机光学影像的SfM（Structure from Motion）重建、互联网虚拟地球平台免费影像资源的应用程序编程接口（Application Programming

Interface，API）二次开发等，可实现DEMs在时空分辨率及观测空间的优势互补。在此基础上，本文开展了土体大变形流动特性的试验研究，如针对地震触发的高速远程滑坡灾害——东河口高速远程滑坡、典型城市边坡工程——广州大夫山滑坡等，采用包括星载雷达影像和互联网虚拟地球平台信息、小型无人机的超低空调查航拍等，实现了大变形流动地质灾害演化过程的模拟分析。研究成果成功应用于典型地震高速远程滑坡（青川东河口）灾后评估及城市边坡工程（广州大夫山）危险性预测分析，实现了基于多源遥感信息的DEM构建与大变形流动地质灾害演化分析的有效衔接。

于淼说："自2010年8月暑期杭州实习时，第一次聆听黄老师教诲至今已有6年。在这6年时间里，黄老师认真的科研态度和不懈的人生追求深深地影响着我。同时，黄老师以其开阔的学术眼界、严谨的治学态度、渊博的学识水平、活跃的创新思维、精益求精的工作作风及诲人不倦的师德风范深深地激励着我。"于淼还说："感谢503教研室的所有同学，多年来我们朝夕相处，生活上互相关照，学业上互相勉励，工作上互相帮助，结下了深厚的友谊，留下了许多难忘的回忆。"据统计，课题组目前在校学生接近100人。

朱崇强的博士论文《土体失稳大变形流动性态的模拟与分析研究》内容也是国家重点基础研究发展计划（973计划）项目、国家杰出青年科学基金项目的一部分。论文基于多学科交叉背景，从固体力学、流体力学、地震工程学、工程地质学的基本理论出发，构建了基于固体力学框架的有限变形土体的分析方法及基于流体力学框架的大变形流动土体的研究方法，揭示了土体在不同阶段的动力响应特征和灾害演化规律。针对地震触发土体失稳的物理模拟、数值模拟问题，针对土体进入大变形阶段的流动特性等，对土体失稳大变形流动地质灾害不同阶段的力学性态建立了对应的分析研究体系，成功揭示了土体的动力响应和大变形流动的力学行为。"摸清了土体失稳的规律和特点，对于此类地质灾害的风险评估、应急管理及防灾减灾具有重要的现实意义。"黄雨介绍说。

朱崇强坦言，黄老师是在"我窘迫之际伸出援助之手，让我有机会在同济大学攻读学位！"他说："黄老师活跃的创新思维、真诚待人的处事风格，深深感染着我。他不仅授业解惑，更为我传授学术之道，他是我学术思维的架构师，尤其注重培养我的逻辑思维、创新思维及批判思维。真正人师！"

成花林的博士学位论文《基于动力演化过程的土体流滑灾害定量评估方法研究》内容是国家杰出青年科学基金项目、国家重点基础研究发展计划（973计划）项目的一部分。论文引入光滑粒子流体动力学（SPH）方法，建立了土体流滑灾害动力演化过程模拟的高性能数值模型；另一方面，提出了基于能量守恒原理和空间地形特征的土体流滑灾害简化解析模型。通过将高性能数值模拟模型和简化解析模型相结合，实现基于动力演化过程的致灾强度计算。在此基础上，进一步建立了考虑致灾强度和承灾体抵抗能力的Sigmoid函数[2]形式的定量易损性评估模型。最后，通过SPH数值模拟模型和地理信息系统的集成，实现此类灾害的定量化评估，建立了基于动力演化过程的土体流滑灾害评估方法。成花林说，研究成果应用于汶川震区泥石流、城市固废填埋体流滑等典型土体流滑灾害评估中，为进一步加强我国地质灾害防灾减灾工程建设提供了基础理论依据。

成花林说："本科大三暑假保研时联系黄老师的忐忑心情和准备简历时的小心翼翼，今天仍历历在目，黄老师热心的回复和耐心引导，让我义无反顾地选择在他门下直接攻博。现在想来，庆幸于当时自己的选择。在将近六年的时间里，黄老师以全面系统的专业知识和高屋建瓴的专业研究水平，引领我步入学科领域的大门，毫无保留地倾囊相授，从论文的选题、研究方案的设计、研究成果的分析到论文撰写完成，均倾注了恩师大量的心血。"如今，成花林也开始带研究生了。

黄雨教授所带领的地质灾害防治团队，在研究生培养与科研探索的征途中，深耕细作，取得了令人瞩目的成就。展望未来，我们有理由相信，在黄雨教授的带领下，地质灾害防治团队将继续秉持初心，勇攀科技高峰，为国家乃至全球的防灾减灾事业贡献更多的智慧与力量。愿团队越做越强，科研之花更加绚烂多彩，共同守护我们脚下的这片土地，让安全与发展同行。

（资料收集：毛无卫、张贝）

1 SPH方法：英文全称为Smoothed Particle Hydrodynamics（光滑粒子流体动力学），是一种逐步发展起来的无网格方法，用于模拟流体动力学问题。该方法的基本思想是将连续的流体（或固体）用相互作用的质点组来描述，每个物质点上承载各种物理量，如质量、速度等。通过求解质点组的动力学方程以及跟踪每个质点的运动轨迹，可以求得整个系统的力学行为。

2 Sigmoid函数：是一种在生物学中常见的S形函数，也称为S形生长曲线。它是一个连续、可导、有界且关于原点对称的增函数。

他们让深部岩溶一目了然、随心掌控

走近岩体力学与工程研究团队

石振明教授带领岩体力学与工程研究团队完成的“建设工程复杂岩溶精准探测与基础施工质量检测关键技术及成套装备”获得2022年度上海市科学技术奖技术发明奖一等奖。“这套设备让困扰工程界多年的基础岩溶‘探不到’、复杂地质‘测不准’、施工质量‘控不住’难题涣然冰释。”业内专家评价说。

一、岩体力学与工程研究团队针对三大难题攻关十余年

“我国岩溶区面积344万平方千米，约占国土面积的三分之一，国家许多重大工程往往难以避开岩溶地区。”石振明介绍。截至2023年，我国由工程活动诱发的岩溶塌陷总数超3万处，涉及广西、贵州、广东、云南等23个省、自治区、直辖市。岩溶发育极为复杂，其危险因素的探查又十分困难，一旦未探明岩溶发育情况，施工就可能导致桩基承载力不足、掉桩、断桩，乃至地面塌陷等重大安全事故。

石振明说：“现有满足亚米级地表的物探设备存在‘一孔之见、一面之见’等问题，导致深部岩溶‘探不到’；岩溶地区地质构造复杂，在探测过程中会存在多界面信号干涉、转换和叠加的情况，导致地质界面‘测不准’；在岩溶场地基础施工过程中，由于检测方法的局限性，无法识别潜在的工程隐患，导致施工质量‘控不住’。”

针对以上三大难题，石振明教授领导研发团队十余年持续攻关，在探测装备、解译方法、检测技术三个方面展开了全方位的创新，实现了岩溶探测新装备、成像解译新方法、质量管控新技术，有效地解决了难题。

在岩溶探测新装备方面，团队发明了钻孔多频声波探测和桩孔阵列声呐探测成

套装备。钻孔多频声波探测装备通过极小偏移距多频定向声波探测技术，实现了钻孔周围十米内分米级溶洞的定量、定向探测，破解了通过传统钻孔勘察易造成“一孔之见”，甚至漏判的困局，相较于国内外现有的管波[1]和跨孔CT[2]等方法，在方向识别和探测范围等方面取得了突破。桩孔阵列声呐探测装备通过桩孔泥浆环境下的阵列式相控声呐探测技术，实现了桩孔底十米内分米级溶洞的定量定向探测、探测装备随桩孔施工实时跟进，以及探测范围随成孔深度的同步增长，同时也填补了深覆盖型岩溶快速精准探测的技术空白，解决了深部岩溶“探不到”的难题。

二、这些工程利器都是什么?

“从看、听到问、切，我们都有好武器。”团队成员彭铭说。

在成像解译新方法方面，团队发明了基础工程复杂岩溶精准探测智能快速解译方法；提出了钻孔周围岩溶声波探测全波形反演方法，揭示了钻孔周围溶洞多频声波探测与桩底溶洞声呐探测的机理；发现了高频声波探测能量与钻孔壁岩石完整性之间的强相关性，提取了复杂的低频声波信号中孔周溶洞反射波的特征，为探测信号分析方法的开发提供了理论依据。

发明了包络–互相关多级迭代的钻孔

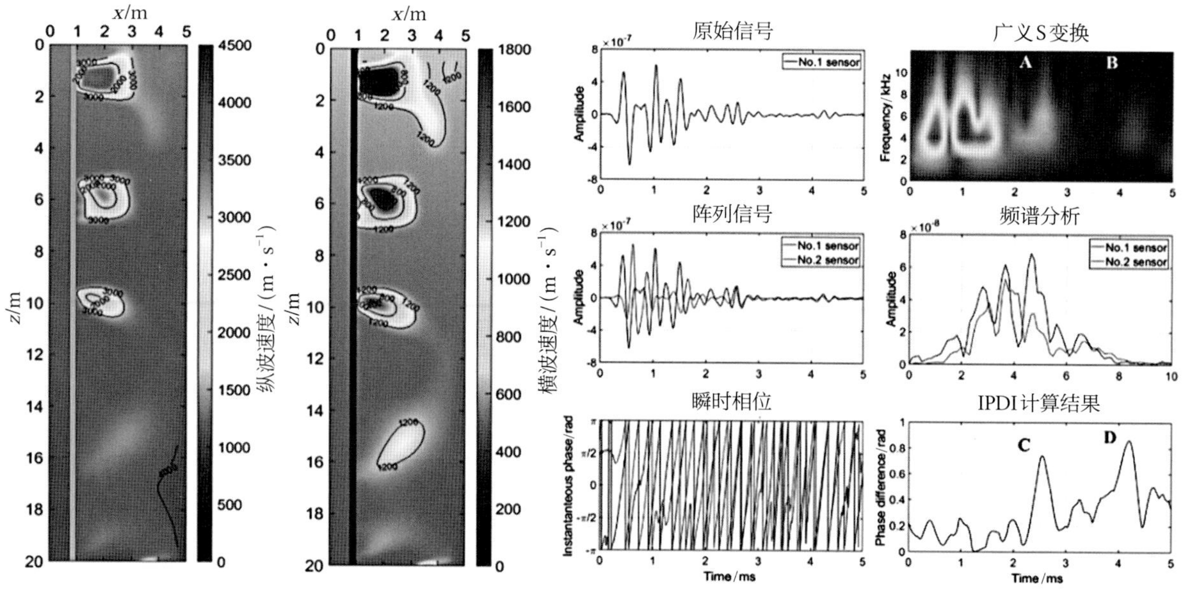

钻孔周围溶洞全波形反演结果　　桩孔底溶洞声呐探测分析结果

图1　钻孔声波全波形反演与双通道阵列声呐探测信号分析结果。图片来源：受访者供图

极小偏移距声波全波形反演方法。提出基于钻孔先验信息的反演初始模型和地震子波预测技术，在结构上优化了局部极值问题，定量反演了钻孔周围岩土体的横、纵波速度场，识别了钻孔周围岩溶的大小和位置（分米级），表征了溶洞填充物的弹性参数。

发明了桩孔底持力层岩溶反射波快速提取与智能解译方法。首次定义了“瞬时相位差强度”，并提出了计算方法，可以实现探测桩孔底持力层岩溶顶底板位置，解决了地质界面“测不准”的难题。

在质量管控新技术方面，团队开发了岩溶场地基础施工质量多源无损检测技术和成套装备。研发了声-电融合的桩基成孔检测成套技术，提出了声阻抗和视电阻率的多源同步量测方法，搭建了多源信息融合的成孔检测可视化平台，建立了施工质量无损检测的闭环反馈机制，实现了岩溶场地成孔质量全过程管控。

研发了钻孔光-声高精度成像技术，研制了面向桩身混凝土缺陷识别的自适应光源全景光学探头，提出了钻孔超声三维层析成像技术，显著提升了岩溶地区成桩质量，保证了上覆构筑物的施工和运营安全。

三、好“武器”都是谁在用？

据悉，团队已研发出具有自主知识产权的基础工程岩溶探测装备2套，属于国

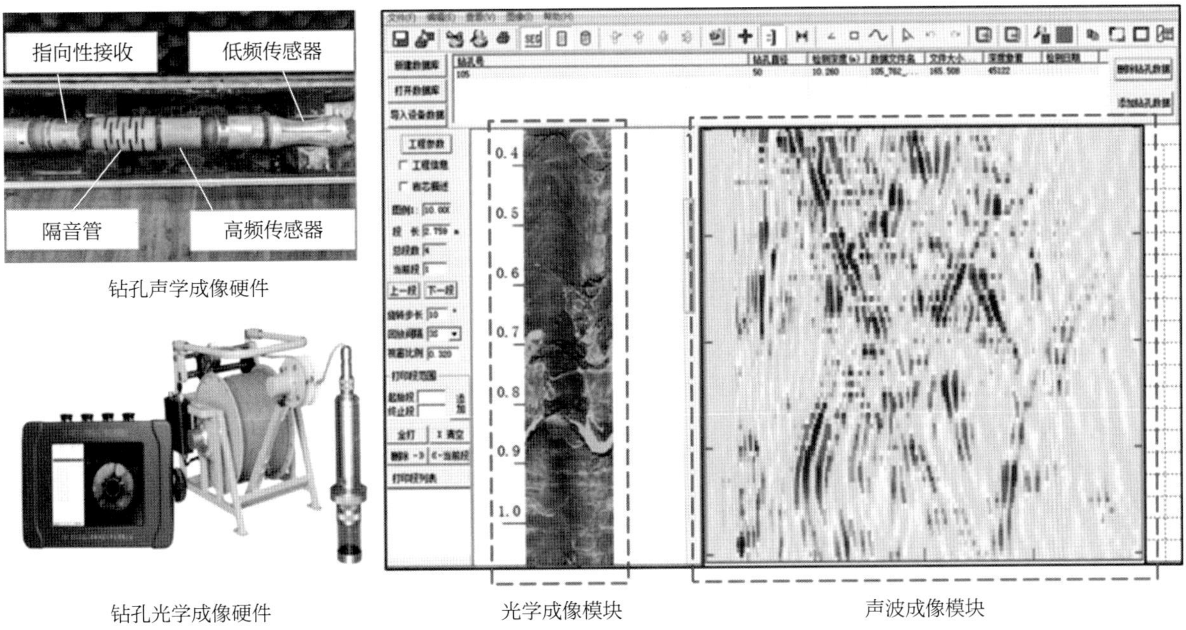

图2　岩溶场地桩身质量的钻孔光-声高精度成像装备和分析软件。图片来源：受访者供图

际首创；基础施工质量无损检测装备4套，属于国际领先，并形成了相应的商业分析软件。目前，已销售超过1 000台（套），销售额超1.5亿元。第三方市场调研数据显示，基础工程岩溶探测装备和基础施工质量无损检测装备同期市场份额分别达到了83.10%和38.99%，均为行业排名第一。这些设备覆盖中铁、中交、中建、电建、中船等大型企业超100余家，应用于500多个岩溶地区的基础工程。广西勘察协会的不完全统计显示，仅在广西，近三年来这项发明代替传统钻孔约90万个，按单个钻孔0.4万元计，节约资金约36亿元。

中船勘察设计研究院有限公司、广西水文地质工程地质勘察院、贵州桥梁建设研究院有限公司、建勘勘测有限公司等单位在使用了项目组发明的相关装备后，认为："钦州大型海工修造及保障基地项目，现场对比了项目组发明的探测方法与传统钻探法的探测精度，采用岩溶声呐探测技术的精度可达93%，平均每个项目勘察工期提前了1~3个月。""克服了一桩一钻可能会遗漏孔旁岩溶、一桩多孔钻探勘察成本高、工期长等问题，经湄石高速工程的长期使用，取得了较好的探测效果，是一种可以替代打钻的桩底岩溶探测设备和方法。""在贵港阳光城文澜府工程中使用并取得了很好的效果，可以辅助钻孔取芯，有效解决岩溶探测问题。"

山西省道汾屯线沁园松上段改建工程指挥部反馈："利用弹性波（声呐）反射法探测桩孔底部一定范围内的溶洞、溶蚀裂隙、软弱夹层等不良地质体，可以评价嵌岩桩桩基持力层完整性和可靠性，解决了桩基工程桩底岩溶探测难、探测成本高两大难题，提高了工程施工效率，节约了工程费用。"

石振明教授团队的研究成果在贵阳龙洞堡国际机场、昆明长水国际机场、南宁吴圩国际机场的应用得到了"筑龙网"和"岩土网"等知名专业媒体的报道。值得一提的是，在孟加拉国帕德玛大桥的成孔质量检测中，由于桩基成孔条件较为复杂，成孔泥浆含砂量大、比重高，检测难度极高。施工单位中铁大桥局最初使用日本同类技术，经反复多次调试均没有测到孔壁的有效信号。日本是世界上最早提出成孔质量检测的国家，长久以来其技术一直处于领先地位，并对外施行技术封锁。最后，中铁大桥局采用本项目技术有效刻画了成孔的形态，成功解决了工程的迫切需求，保证了桩基的施工质量，更颠覆了对国内高精尖装备的刻板印象，打破了技术封锁，在"一带一路"倡议的标志性工程中展现了国产自主技术的先进性。

权威机构的评语："该项发明具有新颖性。""研究成果在保障工程安全、降低建设能耗、提升行业服务能级方面具有重大科研价值，达到国际领先水平。"业内专家给予高度评价。

团队主编地方标准3部，参编行业标准2部。发明成果涉及的相关方法被规范指出为唯一推荐可在复杂地质、塌孔和人员无法到达桩孔底情况下使用的方法、唯一可以分辨溶洞方位的方法、唯一可以“定量探测桩底持力层岩溶顶板埋深”的方法、唯一可以“探测桩底一定深度范围内的岩溶、软弱带、裂隙带的发育和分布情况”的方法。

石振明介绍，这项发明成果已在国内外超100家单位应用，培训了一批岩溶地区基础勘察和施工的技术人才，服务了京沪高铁等400多个工程项目，并且在广西、贵州（我国两个岩溶强发育省份）两地相关规范中，本项目提出的岩溶定量和定向探测等关键指标获得唯一推荐。成果评价专家组一致认为，研究成果对保障工程安全、降低建设能耗、提升行业服务能级具有重大科研价值，填补了技术空白，达到国际领先水平。

四、“都是大家齐心协力的结果”

说起出成果、出人才是这项发明的显著亮点时，石振明教授说：“都是大家齐心协力的结果。”

岩体力学与工程研究团队的发明成果已取得33项发明专利（含美国发明专利3项）、24项软件著作权，加速形成了中国特色自主知识产权的探测装备技术体系。其中，项目核心发明专利“一种桩底溶洞声呐探测装置及方法”于2021年获得了第二届湖北省高价值专利大赛金奖；使用桩底阵列式声呐探测技术的勘察项目，获得了中国勘察设计协会2019年度行业优秀勘察设计奖一等奖。完成人中新增国家级人才1位、省部级人才3位。

2021年，团队中石振明教授的学生刘鎏的博士学位论文《复杂岩溶地区桩位溶洞声波探测系统研究》获得了2022年度中国公路学会优秀博士论文和同济大学优秀博士论文奖。在博士选题时，石振明教授建议刘鎏通过学科交叉在桩位溶洞探测方法上有所突破。疫情期间，刘鎏在美国开展了两年地球物理方面的系统学习和研究，他回忆说：“那时，虽然和国内课题组有12个小时的时差，但却能将劣势转化为优势，在美国白天的试验进展夜里就可以得到国内课题组的反馈，相当于24小时连轴干。挺好的！”正是那段时间，团队对课题发起集团式冲锋，不分日夜地干，最终获得了实质性的进展。如今，刘鎏已入选中国科协青年人才托举工程，常年工作在川藏铁路等国家重大工程第一线。

团队中的彭铭是同济大学长聘教授，入选国家青年拔尖人才、上海市浦江人才A类。2013年，从香港科技大学毕业后，彭铭加入了石振明教授团队，配合完成了岩溶精准探测快速解译和智能成像算法。彭铭的任务是将人工智能技术引入岩溶探测，破解复杂地质测不准的难题，规避人工判读带来的主观误差。即使在疫情期间，彭铭依然坚持带领智能物探小组每周参与线上讨论，还邀请国内外不同学科领域的知名学者通过网络进行在线交流探讨。近10年的持续攻关，他的“小分队”在该领域也取得了重要进展，完成了石教授交付的任务。彭铭感慨地说：“石教授在十余年前人工智能技术尚未成熟时，就敏锐地洞察到它的巨大潜力，力主将其引入复杂岩溶物探信号解译，真是高瞻远瞩。”团队获奖后，彭铭继续推进研究深入工作，探索将目前最新的全局注意力机制等技术引入岩溶物探信号解译和成像。彭铭说，这样不仅可以大幅提高探测精度，而且能够实现多界面反射干扰下的复杂溶洞多物理特征识别，“地层”那边的虚实看得更准了，理得更清了。

团队中的朱艳是石振明教授所带的2016级在职博士生，本硕博均毕业于同济大学，曾先后入选上海市青年科技启明星、上海市优秀学术技术带头人，现任中船第九设计研究院工程有限公司研究员。朱艳回忆说：“2006年，石振明教授担任我们这届工程地质课的授课教师，石老师常常教导学生‘要看清地质灾害现象背后的本质，才能为工程把脉’。”在读博士期间，朱艳有幸参与到本发明的研制过程，还将本发明的基础施工质量检测和船舶基地各类地质场地上的勘察、设计与全过程咨询工作经验深度融合，以用于解决大型船舶基地复杂环境中的空洞检测问题。“朱艳带领的团队还结合数字孪生技术，指导工程开展运营维修保养，为我国大型造船基地重大工程的全生命期安全能力提升作出重要贡献。”朱艳所在单位的总工程师评价说。

岩体力学与工程研究团队现有教授4人、研究员1人、副教授1人、高级工程师1人。经过多年凝练，研究团队现已形成了独特的科研主攻方向：岩体力学特性及本构模型、原位测试与工程物探、地质灾害与防治。主持了国家重点研发计划项目、国家自然科学基金重点项目等重大科研项目4项，主持其他国家级科研项目20余项。先后深度参与了CZ铁路、京沪高铁、CX造船基地、白鹤滩库区地质灾害防治及多个岩溶地区省会城市机场建设等十余项国家重大工程建设，相关研究成果不仅得到了多部行业规范的实质性推荐，而且先后获得包括上海市技术发明一等奖在内的各种奖项十余项。

（资料收集：彭铭）

1 管波：即管波探测法。一种应用地球物理勘察方法，即在施工钻孔中利用一种叫做“管波”的物理波作为探测物理场，探测孔内周围一定范围内的溶洞、溶蚀、裂隙、软弱夹层等不良地质体的孔中物探方法，是一种一发一收、固定收发距离的单孔测试装置。这种方法可根据仪器发出的波在不同介质中的不同反应，来判断具体的地质情况。

2 跨孔CT：即跨孔地震CT成像系统。作为一种物探方法，跨孔地震技术经常用作高精度孔间地层成像探测，在第一个孔内发射器发射地震波到达第二个孔内后被检波器接收，数据传输到地震记录仪中保存以便于后处理分析使用，把地震波传播路径叠加后成像，这种方法类似于医学CT方法。

『飞机起降、列车呼啸……地基动静尽在掌握』

走近土动力学与软土工程灾变控制研究群体

黄茂松、钱建固教授团队完成的“软弱土地基循环加载特性与动力灾变控制关键技术”获得2023年度上海市科技进步奖一等奖。“项目为软土地基上的重要设施，如飞机、高铁的开行提供了可靠的技术保证，为这些重要设施的长期服役提供了坚实的理论和技术基础。”评审专家如是说。

一、循环动载下软土地基如何变化得弄清楚

飞机起降、列车呼啸、车流滚滚，它们对地基的影响规律是怎样的，会发生突变吗？同济大学土木工程学院交通岩土团队介绍，在长期往复交通（如飞机、列车、重型车辆）动载作用下，地基会产生明显的沉降变形，进而引发车辙、道面开裂、道床脱空等工程灾变，这一切都是自然发生的。团队针对这些情况，首先开展了高速移动荷载作用诱发复杂地基动应力响应与特殊变形累积机制研究；其次，路基在交通基础设施服役期内要承受高达百万次的循环荷载，基于此开展了超大数目循环作用下路基沉降变形的预测与控制研究；最后，路基变形受荷载、环境、人工活动等多种条件影响，纯理论计算分析难以精准预测路基的长期服役性能，对此开展了相关研究。

经过长期探索，团队针对交通荷载下路基动应力响应预测难题，建立了有限元-无限元联合数值仿真方法，揭示了高速移动荷载下地基动力响应规律。基于比奥特（Biot）固结理论[1]，给出了频域-波数域上层状饱和半无限地基动力响应解析解，克服了现有方法无法模拟饱和地基变形-孔压动力耦合的问题。

针对交通荷载诱发复杂动应力下地基变形机制不清的难题，团队联合研发出移动荷载物理模型试验等多尺度试验技术，

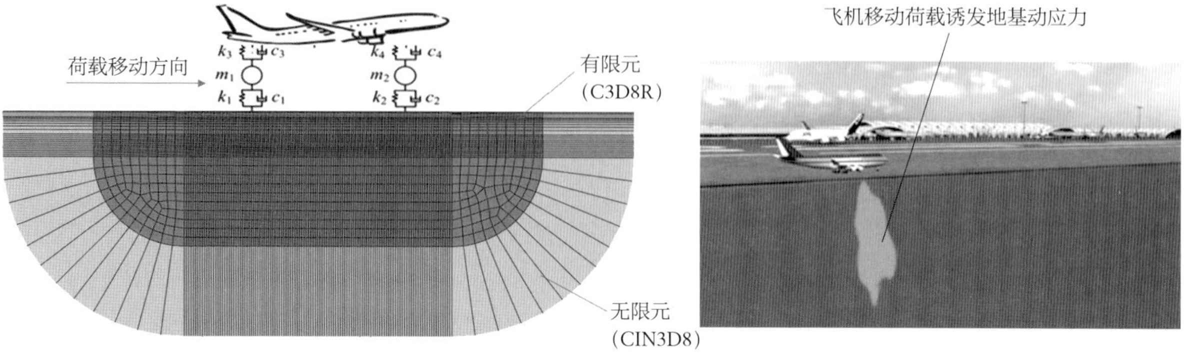

图1 飞机移动荷载下地基动力响应的有限元-无限元联合数值仿真方法。图片来源：受访者供图

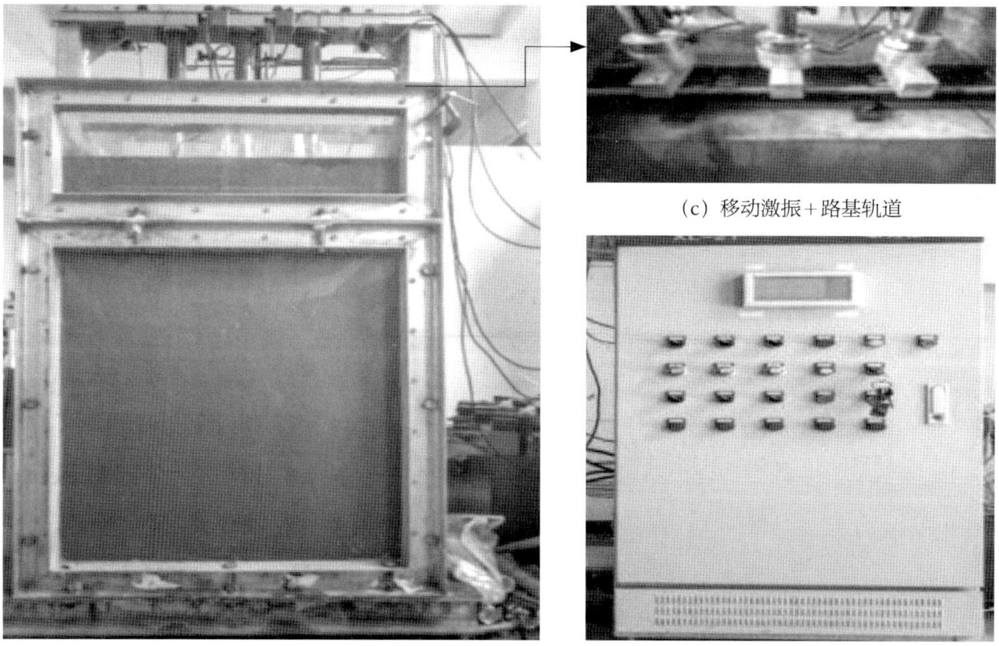

(c) 移动激振+路基轨道

(a) 移动激振+模型箱系统

(b) 自动化控制与采集系统

图2 移动荷载物理模型试验装置。图片来源：受访者供图

获得了交通荷载诱发特殊“心形”应力路径下软土弱化机制、地基土长期循环变形累积规律，提出了交通循环动载下饱和软黏土的安定性分区准则，建立了考虑主应力旋转循环变形机制的土体本构模型。

针对长期大数目交通循环荷载下地基沉降预测难与控制难的问题，提出了基于土体应变与孔压累积显式本构模型的等效有限元计算方法，建立了动力安定分析方法，形成了“强度-变形”双指标调控的地基-路基层状结构体系设计理论与变形控制技术。

针对交通基础设施地基长期服役性能受环境及人类活动等多种复杂因素影响而难以通过理论精准预测的问题，通过物联网与人工智能技术，构建了交通岩土工程

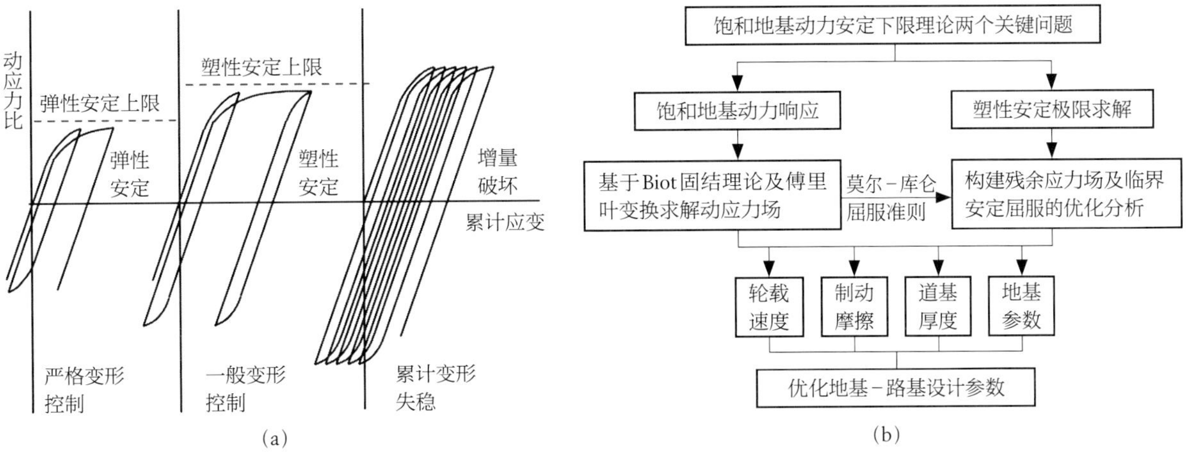

图3 饱和地基-路基层状结构体系动力下限安定分析方法。图片来源：受访者供图

智能远程监控与预警管理平台，实现多物理场响应的自动采集、交通基础设施地基健康状态实时监测及地基变形超限等隐患实时识别与预警。

二、解决萧山机场等诸多实际难题

“萧山机场L滑为2023年杭州亚运会的配套保障工程，滑行道下有地铁7号线、地铁1号线、机场快线（当时在建）等轨道交通线路，情况十分复杂。”团队成员介绍，“我们将上述基础理论、设计方法及智能平台等成套创新成功应用于杭州萧山机场L滑工程，解决了飞机与下穿地铁耦合动载下地基动应力的传播机制及影响范围、大数目飞机与地铁循环动载作用下地基长期沉降时空分布定量评估、地基-道基结构一体化设计优化、机场场道长期服役性能自动化监测及预警等难题，保障了L滑工程的正常进行。”采访获悉，依托萧山机场L滑工程，钱建固教授作为主要参与人的“飞机动载下软土道基长期沉降控制关键技术及应用”项目，获得2022年度中国交通运输协会科技进步奖一等奖。

团队基于国家及省部级重要科研项目和重点工程，进行产学研联合攻关，历时二十余年，在软弱土循环加载特性的试验技术、分析设计方法及灾变控制技术等方面形成了丰硕的成果，授权国家发明专利、软件著作权等知识产权十余项。除了萧山机场工程之外，团队的研究成果也成功应用于上海浦东机场、上海松江有轨电车线、江苏淮安有轨电车线、杭州庆春路过江隧道、杭州望江路过江隧道等多个大型交通基础设施的建设与运维。项目研究成果总体达到国际先进水平。

中国民用航空局科研项目“飞机运行

荷载的数值仿真与场道地基长期沉降特性研究”的验收意见认为：该项目提出基于等效有限元的飞机动荷载作用下跑道地基长期沉降计算方法，已应用于上海浦东机场第四跑道建设的工程实践，达到了国际先进水平。

上海市科委科研项目“商飞配套跑道工程地基处理技术研究”的验收意见认为：该项目首次提出了飞机运行荷载作用下土体单元的应力路径，揭示了土体单元在飞机运行荷载作用过程中不同动应力比下的累积变形特性，为上海浦东机场商飞配套跑道的设计与建设提供了重要的技术支撑，总体达到国际先进水平。

三、用高水平科研支撑人才培养工作

“团队坚持创新引领，提倡五育并举，培养了一批基础扎实、素质全面的拔尖创新型人才。”团队主要成员钱建固教授介绍。团队内包括国家级青年人才3名、国家级工程硕士实习实践优秀成果获得者3名、上海市普通高等学校优秀毕业生1名、同济大学优秀博士与硕士学位获得者近10名。团队毕业生在各领域中发挥着重要作用，如2016届博士生张甲峰于2019年获得中国民用航空局颁发的“民航科技创新拔尖人才”称号。

张甲峰的博士论文《飞机移动荷载下饱和软黏土试验研究与长期沉降分析》的主要内容是根据机场跑道上飞机移动荷载特征和道面结构－地基系统的结构特征，系统地研究了飞机移动荷载－道面结构－软土地基的动力相互作用和软基的长期累积沉降，以及上海浦东国际机场第一、第二跑道工程概况、跑道横向和纵向长期沉降变形特性及动载沉降变形规律，提出了动载沉降简化分离方法，解决了从实测总沉降中分解动载沉降的难题。在科研过程中，张甲峰表示：“钱建固老师总是仔细地为我解答每一个困难疑惑。每每回想起学术讨论的点滴、萦绕的疑惑、思维的迸发，总能让我的心里充满激情和正能量。”

高乾的硕士论文《高速移动荷载下车辆－路基－饱和土体系的动力响应》则是基于国家自然科学基金项目，以饱和多孔介质为研究对象，将移动荷载作为激励，通过理论研究和数值分析方法，对移动荷载下饱和多孔半空间动力响应、移动荷载下上覆弹性介质层状饱和多孔半空间动力响应、交通车辆－路基－饱和地基土体系动力响应和交通线路交叉耦合下地基土动力响应等问题进行了深入的研究。高乾说：“感谢黄茂松教授在课题组会上给予的指导和帮助。黄老师敏锐的思维、渊博的学识、忘我的工作精神以及谦和的处世态度始终感染着我、激励着我。”他还说：“钱建固老师在土力学课堂上将生涩难懂的理论讲得绘声绘色。还记得他在教研室里，对我倾心传授，从科研难题到生活问题，无所不问，关怀备至。钱老师对我的硕士论文从研究思路到措辞推敲均认真对待，老师对科研一丝不苟的态度将会照亮我今后的人生路。”

还有张戎泽、顾剑波、李诗远、陈宏伟、甘子恒……无一例外，都对课题组提供的优越条件给予了高度赞赏，同时对于导师们的悉心指导乃至生活上的关怀呵护均表示“师如父，恩难忘”。

附记：黄茂松等所在的软土力学理论与软土工程灾变控制团队属于岩土及地下工程教育部重点实验室。该实验室于2007年2月由教育部正式批准，在同济大学立项建设。该重点实验室是土木工程国家级重点学科（岩土工程、隧道工程）、地质工程上海市重点学科开展科研工作的重要基地，直接依托的学科涵盖岩土工程、隧道及地下建筑工程两个二级学科博士点和地质资源与地质工程一级学科博士点以及相应的博士后流动站。目前，岩土及地下工程教育部重点实验室有三大研究方向：软土工程分析理论与环境土工灾变控制、岩土体多场多相耦合理论与灾害防控、地下空间与工程安全理论与控制。

1 比奥特（Biot）固结理论：1941年初，Biot推导出能精确反映孔隙压力消散和土骨架变形之间耦合关系的真三维固结理论。

护航国家建设的利器

模拟地震振动台试验室发展与工程案例透视

各式长相奇特的钢筋混凝土身，高高矮矮，颜色或灰白或酱红，有的大大方方素面示人，有的被绿树遮去半截只露头脸。最奇特的当数那栋腰带数条、顶上托着一只“汤匙”的高耸建筑模型了，那就是当今中国最高的建筑——上海中心大厦。

走到同济大学四平路校区西北面靠近密云路一侧，你就会见到这片钢筋混凝土的“森林”，这些建构筑物都曾在同济大学土木工程防灾减灾全国重点实验室的振动台历练过。

一、振动台起步于唐山大地震后

1976年7月28日，北京时间3时42分53.8秒，中国河北省唐山市丰南区一带发生7.8级大地震，震中烈度为11度。地震造成24.2万多人死亡，16.4万多人重伤；交通、供水、供电、通信全部中断；一座拥有百万人口的工业城市被夷为平地。

唐山大地震发生后，国家迅速启动国家级救灾。同济大学李国豪带领的专家先后多次奔赴唐山，开展震害调查，朱伯龙就是参与者之一。通过实地踏访、拍照，留存原始数据，朱伯龙开始了震害的评估和分析[1]：研究了砌体结构和钢筋混凝土结构的地震破坏机理及相应的改进措施。

结构恢复力特性：对钢筋混凝土和砌体结构构件恢复力特性进行了系统的试验研究和模型化，他首先提出的钢筋混凝土“裂面效应”概念和相应的恢复力模型被广泛接受和引用，并被收录入欧洲混凝土委员会（CEB）的文献之中。通过大量试验研究和分析，他得出“剪切-滑移”模型能最好地反映砌体结构破坏阶段抗震机理的结论。

结构地震反应分析：提出的钢筋混凝土结构和砌体结构非线性分析方法，在李国豪教授主编的《工程结构抗震动力学》非线性分析一章中，系统地反映了这一方面的贡献。

余安东说，朱伯龙从事教学与科研多年，在钢筋混凝土结构理论、圆柱薄壳、预应力混凝土结构、砖石结构，尤其是结构抗震方面取得了许多成就[2]。1976年唐山地震对他震动很大，从此他下决心将主要精力投入工程抗震的研究工作。

在李国豪、翁智远等的领导下，朱伯龙带领团队开始了振动台试验技术探索。他先后带队考察美国MTS（Mechanical Testing & Simulation）公司，俞载道、陆伟民、余安东、方重都是当时的参与者。1983年，同济大学从美国MTS公司引进并建成了具有世界先进水平的4米×4米模拟地震振动台。1985年，又从西德引进了一套先进的拟动力加载装置，为我国的工程结构抗震研究提供了强有力的试验研究支持。

挖深坑、绑扎钢筋、浇筑混凝土，浇筑混凝土持续27小时不停歇，以确保质量，接着安装液压设备，安装厚度为半人高的钢制台面。台面就位后，师生兴奋地纷纷爬上去合影，至少有27人，其中包括两名外籍工程师。

经过多方努力，1983年引进的振动台系统建设完成，随后开展了国内第一项砌体结构地震破坏振动台试验。从那以后，振动台就成了土木工程领域科研人员的“香饽饽”，国家重大工程项目的“护航器”。

尤值一提的是，1981年3月9日，同济大学结构理论研究所迎来恢复建制3周年科研成果报告会。成立于1964年、“文化大革命”期间被迫解散的结构所，在短短的三年里共完成了52项课题，其中包括“唐山滦河大桥抗震分析”“吴泾化工厂30万吨合成氨工程钢梁构架气轮空压机动力基础设计试验”“建筑物地震破坏机理”等课题。这些与国计民生联系密切的课题有的获得国家发明奖，有的荣获上海市重大科技成果奖。除此以外，还先后招收33名研究生。该结构所提出的“三年打基础”目标顺利实现[3]。

二、创下数十个“第一”

振动台的全称是模拟地震振动台试验系统，主要模拟地震来临时建筑结构的动态反应所产生的后果。它的主要设备就是MTS模拟地震振动台，可模拟横向、竖向等地震波，对建筑结构模型施加动力作用以观察、记录和分析其弱处，并提出改进意见、措施以使建筑“强身健体”。

没有钢筋、单纯的砖砌五层房屋抗震性能如何？要作出定量评价。国内无人做过，国际上亦鲜有耳闻，可见想做这样的试验并非易事。当时正在读博士研究生的吕西林设计了一个2.2米（长）×2.2米（宽）×3.5米（高）的模型房屋，该模型房屋有五层，门窗横梁应有尽有，从上到下全部砖砌。吕西林采用当时先进的试验技术及装备，使用包括压阻式加速度传感器、位移传感器在内的先进设备。试验过程及结果如何？防灾减灾工程系的一份试验记录材料中这样描述：

试验过程中，模型先出现裂缝，然后裂缝不断向外延伸，形成临界裂缝后，砌体结构发生了明显的滑移，待到两个方向的墙体削弱到一定程度之后，整个结构因为失稳而整体倒塌。在振动台上将砌体结构做到倒塌，这在当时，是全国第一个。

通过此次试验，他发现在砌体结构出现临界裂缝直到部分砌块局部塌落这一阶段，半退化模型已经不适用。吕西林提出的结构层间恢复力模型是"剪切-滑移型"，这是砌块砌体结构破坏形态的一个新的发现，使得后续这类结构的分析以及静力试验可以更加接近实际地震作用下结构的响应。

从此，振动台就走上了一条忙碌之路：第一个近海平台结构模型的地震反应、全国首个无砂钢筋混凝土振动台试验、高压电气设备振动台试验、特大型液化天然气（LNG）储液罐抗震性能试验，还有大家耳熟能详的上海东方明珠广播电视塔、上海环球金融中心、上海中心大厦、上海世博会中国国家馆（大悬挑复杂高层建筑）、上海浦东国际机场二期、LG双子座大厦、法门寺合十舍利塔、上海浦东世茂滨江花园等，它们分别顶着"第一""最大"等称号，都需要做振动台试验，个个都是"难啃的硬骨头"。

比如我国第一个近海平台，如何抗震抗风？设想一下，茫茫大海上，万一不测来临，无处可躲，只有孤零零的钻井平台，它如果不结实怎么办？！周德源教授回想自己当年做这个试验时，依然记忆犹新："当时，这个试验难度还是很大的，国内没有做过，国际上也没有这么大规模的海洋平台振动台试验。为了模拟边界效应，需要制作一个足够尺寸的水箱，因为尺寸较大，所以水箱的一部分放在振动台上，另一部分放在振动台外，这样就需要有一个柔性连接接头，接头处不仅要能变形还必须防水。因为一旦在振动试验过程中漏水，振动台设备就会'泡汤'，后果谁也无法承受。所以我们在振动台上制作了全封闭、可变形的水箱，并且准备了水泵以防万一。最终，大家克服重重困难，顺利完成了试验。"

周德源说，试验的结果第一次为海上平台提供了可量化的安全保障：当水深不超过80厘米（相当于原型系统水深40米）时，流体的附加效应主要对下部罐体的振动产生影响，对于上部甲板的地震反应影响不大；无论是无水试验还是有水试验均表明，由于上部甲板的质量偏心而引起的扭转效应将增大甲板的地震反应。

上海中心大厦高632米，从上到下都是玻璃幕墙围护，两层，总面积超过12.4万平方米，平均每块面积超过6平方米，而且没有任何两块玻璃的形状是一模一样的，如果风大了、地震来了，附着在外的玻璃上下位置就会偏移，那么这些玻璃会被挤碎吗？会掉下来吗？规范上没有说明，得找地方试验。

自工程开工时起，吕西林团队就开始关注大楼建设的一举一动，足足跟踪了两年半的时间。待业主发布征集令后，同济团队立刻参与竞标，甲方先是将信将疑：同济团队既没有规范指导，也没有国内外先例的超高层建筑幕墙，为何如此胸有成竹？在试验开展的9个月中，卢文胜教授团队做了很多数值模拟分析，试验中不断闯关夺隘，最终圆满完成。团队里的几位研究生，在完成试验的同时，申请了一个多维度动力加载的发明专利。专家说，这个专利至今在世界上仍具有领先水平，实际应用价值颇高。

业主交代任务时说得简单直白：把算不清楚的给弄明白！团队接受任务后，大家齐心协力，想得多一点再多一点，把风变形、温度变形、层变位移角等因素均考虑进去，一一得出试验结果和改善建议，拿出来的东西很好地满足了业主和咨询单位的期望，省力、省钱还省时。

三、做试验，每一座建筑都很难！

振动台做试验，说起来容易做起来难。难在哪儿？首先，要确定试验方案；其次，要选择合适的材料、建筑方法，合理放置传感器，获得数据、分析数据；最后，得出结论。有的试验动辄一年半载，若是哪个环节出问题，能否重新再来？其实不大可能。这就要求所有人必须全身心投入，团结协作，一丝不苟，力求一遍成功。

法门寺合十舍利塔是宝鸡法门寺旅游区核心工程，其造型为双手合十状，建筑高度为147米，结构高度为127米。如此高度的构筑，其形态一会儿向内一会儿向外，造型确实漂亮，但大多为倾斜布置的竖向构件，几乎没有一件是与地心垂直的。这样一来，其受力情况就太不均匀了，在本就多地震的关中地区，可行吗？模型加工制作时，团队先行设计模型刚性底座，验算其吊装承载力和变形能力，然后在此基础上制作塔楼模型。整体结构模型中的钢筋混凝土部分，采用微粒混凝土、镀锌铁丝和铁丝网制作，钢骨混凝土梁、柱及桁架中的钢骨选用紫铜进行模拟。制作过程中，用铅块配重、模拟质量，团队听取专家意见按偏心方式布置，最终完成的试验模型总质量达到15.66吨。

接着是测试方案的选择，团队按照抗震设防及Ⅰ、Ⅱ类场地的要求，选择三种地震波拟合成人工地震波，施于塔体；然后选择合适的三向地震加速度，外加竖向地震，开展试验。

测点如何布置？团队根据法门寺合十舍利塔的结构特点，在模型不同高度处布置加速度传感器，在结构关键部位布置应变测点和位移测点。共布置位移传感器15个，分别监测X、Y、Z向的位移和扭转位移；共布置应变片27个，应变测点分别分布在唐塔桁架、天桥桁架、二层转换梁、钢骨混凝土斜柱、底层框支柱及筒体斜墙的拐点；共布置加速度传感器36个，传感器数量总计78个。

“本试验模型缩比较大，模型尺寸较小，精度要求高，关键技术集中在模型施工方面。”吕西林介绍，模型空间体型较为复杂，施工阶段的测量、放线对模型造型的准确实现至关重要。像模型外立面施工放样阶段就遇到诸多困难，主要体现为：其一，每只“手臂”南北外立面二层以上由四个空间平面组成，每两个面交线处竖向钢骨无法对应连接；其二，由于竖向钢骨因为打断或弯折而不连续，使得每层墙面都由大量小杆件组成，杆件交点复杂，剖口放样困难，施工效率极低；其三，从受力角度分析，几乎所有竖向钢骨均被墙体斜边线或洞口打断，无法自下而上贯穿整个立面，竖向钢骨受力不连续，对墙体加劲作用被极大削弱。

在模型设计中，考虑了上述原因，将竖向钢骨统一按墙体的倾斜角度平行于墙边线，连续设置，以使得钢骨布置较为顺畅，且传力连续，也大大方便了施工。

此外，还有模型配重作业、有限元建模及计算分析，须考虑更多结构细节，如各层楼板的开洞细节等。克服重重困难后，此项试验得出：原型结构满足我国现行抗震规范“大震不倒”的抗震设防标准。但在特大地震时，尚存在相对薄弱部位：四个角筒的阴角位置、唐塔桁架根部和附近角筒墙身区域以及天桥桁架根部。

类似法门寺这样的难题，团队经常碰到。

四、试验，目的就是要发现问题

试验的目的就是要发现建筑存在的问题。40年来，一代又一代科研人员，克服振动台试验条件等限制，发挥聪明才智，发现试验体的软肋，提出改进意见。

施卫星介绍，东方明珠塔振动台试验在1990年代初开展，那时条件十分艰苦，振动台使用和试验数据的传递都没有现在这么便捷、高效。那时的试验机大都是小型机，经常会出现这样那样的故障，出了故障想再启动得有足够的耐心，因此一般启动了之后就不会轻易关掉。如果业主要来参观试验，头天下班后还得一直开着机器，为啥？怕临时哑火。这样，晚上就得有人值守，值守者必须整夜睡在试验室里。东方明珠塔试验是在冬天做的，寒冷的冬夜里北风呼啸，再加上挑高近20米的试验室招风，你睡一晚试试，保证不想睡第二次。况且，当年振动台启动时需要预热，需要将油加热到一定温度才能启动，冬天加热油也是件熬人的活儿。

试验条件艰苦，试验对象带来的挑战更是多如牛毛，数不胜数。浦东机场二期的大屋顶，钢结构屋盖模型结构的加工远比预想的困难，关键是没人敢干！试验室的沈老师，努力了2个月，终于在上海郊区找到了一位机械加工厂退休的老师傅。他说："试试看。"团队仿佛找到了救星，但一听那语气，心又吊到了嗓子眼。还好，老师傅果然是身手不凡，以白铁皮为原料，采用手工弯折的方式形成分段的"方管"，通过焊接最终完成截面的一体化和整体结构的拼装。还有，如何在曲线形钢屋盖上部配重也是难题，卢文胜想出了一个巧妙的办法：直径28毫米的钢筋，按照比例切割成小段，若干根成捆，通过细铁丝固定于张弦梁和支撑上。为了防止试验过程中成捆的钢筋晃动，在其与钢梁、支撑连接后，用环氧树脂将其粘牢。

世博会中国国家馆跨度大、悬挑大、空间大，试验团队根据试验结果，为国家馆提供了如大空间连梁刚度过大、节点连接薄弱部位的加强等的设计建议，确保了该馆的安全运行。

五、振动台，是一块"高产田"

"试验是为了发现问题，解决问题，让每一座建筑都安全。"一辈子与振动台打交道的吕西林院士说，"理论计算、模型仿真，最终还是要通过振动台的试验，才能保证项目的平稳实施，我们的心才能落下来。"

截至目前，振动台试验室已完成1 700多项试验，是世界上最繁忙的试验室之一。海量的试验，滋养了一代又一代振动台人，让他们发现了一座座样貌各异的构筑物的抗震特性，发现了一个又一个新特点、新规律……有什么办法做到大震不倒、中震可修？他们发明了橡胶支座+滑动支座+黏滞阻尼器"组合拳"，等等。数十年来，团队研发的一个个利器，根据对象性质特点，有时组团出击，有时单兵行动。

数十年来，振动台的战友们团结协作，专利申请、参与各类标准制定的成绩也特别突出。《建筑抗震试验规程》《建筑抗震设计规范》《建筑抗震设计规程》《超限高层建筑工程抗震设计指南》《建筑幕墙抗震性能振动台试验方法》……国家、地方以及行业多种建筑抗震标准中都有该团队的贡献。

"被摇晃的构筑物能否自己复位？早在2012年，团队就将眼光锁定于此。理论上应该可以，不倒翁不就是如此！"鲁亮说，"关键是如何才能做到，那得到振动台上试验。"2012年，1：2缩尺、二层框架振动台地震模型试验开始。3月9日，试验在确定方案后正式启动，经过模型施工、养护、拆模粉刷、上振动台、张拉预应力筋、吊装质量块、安装传感器、检查校核和振动台试验等多个工序，历时4个多月，全部完成。"这是我国首例自复位RC（钢筋混凝土）结构振动台试验。"赵斌说。自复位结构通过放松结构与基础间的约束或构件间的约束，使结构与基础或构件接触面处仅承受压力作用而无拉力作用，在地震作用下结构发生摇摆，并通过自复位力使结构复位。与普通结构相比，该结构体系的优点是结构在地震下损伤低，残余变形小，震后主体结构无需修复或稍加修复即可重新投入使用。

据了解，自复位建筑的研究目前还在深入开展中。近年来，团队已就自复位建筑的研究成果申请了数项专利。更令人振奋的是，该项技术已在浙江嘉兴海盐的高层建筑中应用。

六、这是一个有为、有爱的家

振动台就是一个家。

这个家里，有一丝不苟、严慈相济的老师，有为了一个数据、一个砌块的摆放、一根线路的布置、一个测点的确定不眠不休的学子，大家无不在这座有时有些空旷、有时有些拥挤，更多时光里各就其位、各负其责的空间里，过着充实而又忙碌的日子。

建筑自复位试验，没人做过，自然也就无人能知接下来会发生什么，于是"试验无人区"的振动台里，都是老老少少、师生共赴的身影。

"7月19日第一次试验后，周颖老师凌晨4点给我们发来了试验观感。她对科研的热爱、对我们的呵护，让我们很温暖、很感动。"自复位试验学生牵头人刘兢兢说，崔晔、姜淳、杨梓等学长为了7月23日第二次试验有更充分的数据支撑，连夜帮忙整理数据、撰写报告。我的硕士学位论文里，特意放了姜淳学长手持硕大鼓风机吹地面（新构试验块体）的照片，那时正是酷暑，气温高达40℃，没有降温设备的水泥房子里有多热！他却给地面"吹风凉"！

刘兢兢说，在几个月的试验过程中，做方案、设计路径、布置测点，吕老师经常来到现场，这里摸摸、那里看看，观察梁端情形、琢磨试验现象；周颖老师弯着腰观察柱底提离现象，和我们商讨，指导我们试验，还有鲁亮、余江滔、赵斌等教授都来了，赵老师还亲自拍摄试验现场——他拍摄经验丰富！老师们一直在身体力行地告诉我们，在任何岗位、做任何事，都要齐心协力、专心致志。

刘兢兢说，抗震设计，通常是使用“抗”的形式，通过开发高性能结构材料、结构构件、结构体系来“强化”结构。但硬“抗”终究伤“身”，虽然建筑结构不倒塌，但也难以继续使用了，这或许就是“御敌一千，自损八百”吧。自复位结构，则是地震来时我不抗，我“弱化”结构的某些部位，让其顺地震的“势”疏泄其力，消除地震的能量，先活下来而后图谋可恢复。“顺势而为”“堵不如疏”“覆巢之下先求完卵”，尽量减少建筑受到的震害，保证结构的可恢复能力。“我们的生活、工作中不也要这样嘛！”

上海世茂广场振动台试验的学生负责人龚治国（2002级博士生）说：“这栋建筑的振动台试验，因为之前类似的案例较多，我们的经验很丰富。但一个技术细节让我印象很深——解决两个结构主体之间的连接问题。当时我们在做振动台结构连接的时候，初始设计方案是通过刚性连杆连接裙房与主楼，但在结构设计中应该如何对其进行缩尺设计，缩尺后又如何实现这一连接构造，我们并不清楚，因为我们也是第一次遇到这种问题。”为找到实现设计法的合理途径，团队进行了多次探讨和准备，做了大量的方案设计，最终成功找到了一种合理模拟连杆连接的方式，将原来的刚性连杆调整成了黏滞阻尼器的连接方式。

龚治国说：“年轻的工程技术人员要敢于挑战自己，不能因为自己没有经历过，就有畏难的情绪。只有亲身经历后，回头再看我们当时的担心、疑惑、问题、不确定等，那都是故事了。每段经历都会给我们带来成长，所以我建议学弟学妹们要敢于突破自己心中的障碍，去攻坚克难，不断成长。”

当年的试验依然激励后学。看到上海世博会中国国家馆试验记录的学生说：“我从世博馆的试验报告中看到的是‘脚踏实地，严谨认真’的同济学风。从结构受力分析到模型制作，从静力试验到动力分析，从整体抗震到节点性能，老师们高标准、严要求，一丝不苟，重要环节总是亲力亲为、从不假手他人，那种细致考究、力求完美的极致追求，会鞭策我们一辈子。”

七、试验设备与时俱进

工欲善其事，必先利其器。振动台的

累累辉煌，与其自身与时俱进、不断精进紧密相连。

在过去的40年里，振动台的能力不断提升：

1990年增加了振动台的竖向性能。

1998年振动台的台面承载能力提升至25吨。

2002—2010年完成泵源系统更新、电气系统更新和作动器更新。

2012—2018年完成控制系统更新、数采系统更新和作动器更新。

2014年以来，实验室又引进了高频振动台系统——电磁式振动台、非接触式全场应变测试系统、非接触式动态位移测试系统、高性能工作站，并开始了高性能结构试验系统的研发建设。

2011年，嘉定校区又有了同济大学多功能振动实验中心，同济防灾减灾研究如虎添翼。

重庆来福士广场位于重庆市渝中区朝天门接圣街8号，正对长江、嘉陵江交汇处，于是摩西·萨夫迪（Moshe Safdie）创意——“朝天扬帆”，欲彰显当地千年航运文化：分别以350米的桅杆塔楼和250米的船帆塔楼化形为江面上强劲的风帆，而长达300米横跨连接4座船帆塔楼的“水晶廊桥”象征重庆的“梯坎”[4]面貌。

创意不错，如此“水晶廊桥”和4座250米高的船帆塔楼共同构成了多塔高位连体结构，其平面尺寸约为215.6米×80米，顶部有连体，结构性能复杂，如何才能保证其使用安全和大震不倒？得做试验。

2014年新年的钟声刚过不久，吕西林便率领团队以1∶25缩尺模型振动台试验方案脱颖而出，成功中标。

这是一个前所未有的巨大试验体。模型相似设计、模型加工制作、制定测试方案……制作完成的试验模型结构总质量达135吨，其中模型和附加质量105吨，底座质量30吨。团队利用嘉定校区多功能振动台，通过拼台形成10米×6米的台面，用足了140吨的承载力。

“小比例摩擦摆支座、黏滞阻尼器的相似设计与制作是本项目的主要难点之一。”吕西林教授介绍。周颖教授带领团队攻关，把握住塔楼与空中连桥隔震层刚度相似这一重要抓手，巧妙化解了摩擦摆支座相似设计的难题。针对小比例黏滞阻尼器相似设计，则抓住了阻尼器耗能的本质特征，以阻尼器耗能能力相似为准则，顺利破局。

采访获悉，对于来福士项目，团队还采用了激光扫描、雷达测振及摄影测量等先进测试手段，并与传统测试系统进行了数据融合分析，提升了复杂结构试验测试技术。试验结果显示，在6.5度多遇、基本、罕遇烈度地震作用下，结构体重要构件处于弹性状态，摩擦摆支座发挥了良好的隔震效果。在7度罕遇地震作用下，支座产生了明显滑动，但仍处于设计滑动位移范围以内，主要受力结构保持弹性，一些受力复杂的节点开裂耗能，整体结构未出现危险破坏。模拟地震振动台试验表明，重庆来福士广场多塔连体结构总体上满足规范抗震设防要求。

“重庆来福士广场整体模型试验的顺利完成，无疑又为同济振动台试验技术发展史添上了浓墨重彩的一笔。该振动台试验规模大，试验模型相似设计和加工制作难度高，取得了小比例摩擦摆支座和黏滞阻尼器的相似设计创新成果，攻克了多塔连体结构中复杂节点设计难题，适时更新了振动台试验模型相似设计理论。”吕西林教授最后说，“我们的‘武器’好！”

（资料收集：卢文胜）

1 周德源：《朱伯龙：原同济大学教授》，载《中华钢结构》。
2 余安东：《朱伯龙教授》，载《世界地震工程》，1986年12月。
3 程国政：《李国豪与同济大学》，上海：同济大学出版社，2007年。
4 梯坎：一个川渝方言词语，指台阶。这里指重庆的地形宛如层层台阶。

让超高层建筑结构成为韧性城市的『排头兵』

结构防灾减灾工程系高层建筑结构科研纪实

“现在，许多高层建筑和复杂结构建筑采用了我们的研究成果，全国的应用已经有上百处了。”中国工程院院士、同济大学土木工程学院结构防灾减灾工程系教授吕西林说。高层建筑大都结构复杂，外形新奇的复杂结构没有一个重样，如何保证其稳如泰山，成为韧性城市的“排头兵”？必须进行深入研究。吕西林与其团队开展的这项研究名为“结构抗震防灾新技术研究及其工程应用”，2006年获得国家科技进步奖二等奖。其研究成果被广泛应用，当然是顺理成章。这是一项怎样的成果？

一、作为城市地标，各地高层结构层出不穷

1976年，广州白云宾馆建成，高度120米，是当时中国第一高楼。突破200米的高楼则是在1990年代以后才出现。1990年，位于北京东三环的京广中心建成，高度达209米，成为中国大陆第一座真正意义上的摩天大楼。此后，摩天大楼便开始“你追我赶”，1996年深圳地王大厦建成，加天线高度为384米，成为当时亚洲第一高楼，世界排名第七，把中国摩天大楼的高度带到“300米时代”。紧接着，摩天大楼的建设非常迅速，1998年上海金茂大厦建成，高度为420.5米，当时排名世界第三；2008年上海环球金融中心建成，以492米的高度成为中国第一高楼。进入21世纪的第二个十年，各地开建或规划的摩天大楼数量超过百座。

一座座拔地而起的摩天大楼，其抗震能力如何？假如汶川地震那样的强震袭来，它们能够稳如泰山，或者仅有一点擦伤吗？吕西林介绍，我国大中城市全部在抗震设防区，高层建筑占新建建筑的40%以上。近30年来，我国高层及超高层建筑高速发展，对其进行抗震研究要比中低层建筑复杂得多。

市场上，改革开放释放了人们的想象力，各种各样造型奇异的建筑也如雨后春笋般纷纷面世，有像手牵手的、像秋裤的、形似英文字母的、像动物的、像器物的……还有大尺度地把不同材质、不同构

造的空间拼接在一起的，它们都在考验着结构力学的研究者们。想象的翅膀可以自由翱翔，但一旦地震发生，皆具摧枯拉朽之势，建筑哪里薄弱，哪里就遭受损伤。新奇建筑的抗震性能，必须进入振动台做实打实的试验，在人造的地震环境中摇晃几回，找出软肋，进而强筋健骨，方能底气十足。“那一时期，我国基础隔震和消能减震技术已获得工程界的认同，但消能减震装置的种类很单一，设计方法也不尽合理，需要开发更多实用技术并进行试验研究和理论分析。”吕西林介绍。建筑结构上，圆形钢管混凝土结构因其结构性能、施工工艺上的众多优点，成为高层建筑结构普遍采用的构造形式，而承载力高、节点构造简单、连接方便、抗弯性能好、耐火性能好等优点的矩形钢管混凝土柱，其性能究竟如何？那时的实际案例较少，因此研究较少，振动台试验则更少了。

针对这些时代特点，20世纪90年代中期以来，吕西林逐渐组织起研究团队，针对高层建筑的种种问题，开展深入而系统的研究与试验。

二、深入研究高层建筑，为的是扎牢底盘、挺硬腰杆儿

只有底盘站桩站得稳，高楼才能在云端以雄伟壮丽形象示人。同济大学高层建筑结构研究团队做的就是站稳桩、扎牢马步的工作。

上海环球金融中心地处陆家嘴金融贸易区，始建于1995年，地上101层、地下3层，楼高492米。其中，94层观光厅高423米，面积约为750平方米，挑高8米；97层观光天桥高439米，为一道浮在空中的天桥，拥有开放式的玻璃顶棚；100层为观光天阁，位于474米，是一条长约55米的悬空观光长廊，内设三条透明玻璃地板。“上海环球金融中心的结构体系及结构布置非常复杂。”蒋欢军教授介绍。第一，结构高度、高宽比都超过《高层建筑混凝土结构技术规程》(JGJ 3—2002）的限值；第二，结构类型为混合结构，核心筒在79层以下采用钢筋混凝土剪力墙，79层以上则采用钢支撑体系，其端部墙体外包钢筋混凝土，巨型斜撑、伸臂桁架采用钢管混凝土，带状桁架及转换桁架采用钢桁架，巨型柱采用钢骨混凝土；第三，核心筒沿高度方向不连续，在57~60层、78~79层楼层处，核心筒进行了二次转换，连接部分构造复杂；第四，伸臂桁架的作用有待研究；第五，周边巨型斜撑与巨型柱、带状桁架形成的巨型框架的空间作用效果值得研究；第六，周边竖向小柱与斜撑、带状桁架的传力关系复杂，结构整体协同作用机理复杂。

鉴于上述情形，研究团队开始进行模

拟地震振动台试验。卢文胜表示，这座摩天大楼在地震面前是如何表现的？一般震级和罕遇地震状态下的反应有啥不同？它的遇震薄弱环节在哪里？如果受到破坏，其破坏模式、机理如何？这些问题解决后，便可提出相应的建议和改进措施。

团队在振动台上分别按两种位置安装试验模型，采取7度以上多种烈度地震进行振动试验。团队认为，上海环球金融中心采用了巨型结构、核心筒和伸臂桁架三重结构体系抵抗水平荷载，通过计算发现标准层楼板对整个结构的抗侧刚度贡献很小。因此，对试验模型进行了简化处理，全结构共简化了27层楼板。最终，用于试验的模型高度为10.184米，总重量18.3吨。

试验结果表明，原型结构最终的各项层间位移角均小于《高层建筑混凝土结构技术规程》(JGJ 3—2002）的要求，满足当时我国抗震规范“小震不坏，大震不倒”的抗震设防标准。再根据极罕遇地震作用时原型结构的薄弱部位，给出了相应的结构设计建议，为其建造奠定了坚实的基础。

上海世茂广场总高度333米，为上海浦西最高写字楼。整个建筑由塔楼、裙房和广场三部分组成，整体结构形式为混合结构：主塔楼为一巨型钢骨柱框架－内钢骨筒体结构体系的超高层建筑，地上共有60层，结构屋面标高达到246米；裙房为10层的框架－剪力墙结构；广场为钢管混凝土柱支撑网架结构，在1~6层悬空，与裙房在7~8层楼板和10层屋顶板浇筑成为整体。塔楼与裙房、广场间设置抗震缝，采用两端铰接的水平连杆进行连接。如此复杂的结构，地震时反应如何？

试验团队按照1：35的比例制作模型，外模用木模，内模用泡沫塑料，绑扎、浇筑、配钢筋。“每浇筑一层搅拌一次混凝土，达到强度后安置上一层模板与配筋（钢筋），然后重复，直到模型浇筑完成。”刘祖华介绍。接下来便是设计测试方案、布置测点。根据其结构特点，在关键部位——如桁架加强层、立面收缩层以及天线部位等，依次布置相应的传感器，以测定结构的地震反应。其中位移传感器布置6个，用于测试裙房顶层以及主塔楼关键楼层的位移；应变片布置16个，用于检测模型在各工况下的应力变化反应；加速度传感器布置33个，以了解薄弱部位的地震反应情况。

刘祖华介绍，广场本身仅有12根钢管混凝土柱由底部伸到8层楼面，在7层、8层楼面与屋顶、裙房楼板形成整体。因此广场部分刚度相对较差，广场和裙房连成整体后结构整体刚度中心和质量中心偏心较大，结构扭转效应明显。地震反应强烈的部位在哪里？计算分析显示，在小震作用下裙房的4~6层X向和Y向层间位移角均大于规范规定的限值，将增加大震作用下相邻建筑发生撞击的安全隐患。因此，有效控制裙房和广场间的相对变形是关键难点。团队采用被动控制技术的数值计算和理论分析，结合工程实际特点，最终选用在主楼和裙房间设置黏滞阻尼器方案以降低结构的地震响应。团队在裙房和广场与主楼7~10层的连接处布置黏滞阻尼器，每层10个，X向和Y向各5个，累计布置40个阻尼器。试验结果显示，在7度多遇、基本、罕遇烈度地震作用下，结构重要构件均处于弹性状态。设置黏滞阻尼器后，借助主楼之力可有效控制裙房因扭转效应产生的变形，且主楼未受到影响。

还有上海中心大厦、重庆来福士广场，个个都是“第一个”。

重庆来福士广场，振动台试验体超过百吨，可谓体量巨大；4栋高层在230米处的天空中连成一体，一旦遭遇地震，它们之间必然会相互拉扯、相互影响，其受力情况极为复杂。因此，吕西林带领卢文胜、周颖、赵斌等经验丰富的团队成员，悉数上阵，团队从制订、论证并优化模型试验方案开始，振动台试验也移师嘉定校区地震工程馆，用合并而成的两个振动台面构筑总重量135吨的巨大试验体。其中，卢文胜教授带领博士生们协同国内外技术团队一一攻克了塔楼主体结构和空中连桥相似设计及制作加工中的难点，采用紫铜材料模拟原型塔楼的型钢构件，并与施工团队细致沟通、密切配合，构件最终被精准加工成型。周颖团队以塔楼与空中连桥隔震层刚度相似为重要抓手，巧妙化解了摩擦摆支座相似设计的难题；以阻尼器耗能能力相似为准则，顺利完成了小比例黏滞阻尼器相似设计。赵斌团队则主攻多塔连体复杂结构有限元建模及计算分析，最终赶在试验前，掌握了结构动力特性及地震响应特点。“试验那天，同行、甲方、学生等，至少来了数十人。由于试验规模巨大，试验体的地震响应复杂，大家都想看。”赵斌说。而亲历试验的律清博士说：“我是2014年1月份参加重庆来福士广场振动台试验项目启动会，启动会上成立以吕西林教授为总负责人，卢文胜教授、周颖教授、赵斌教授为核心成员的项目工作组，项目组还包括硕士生、博士生十余名。我当时是学生负责人，主要工作是在几位教授指导下开展试验设计和运行管理工作，协调项目组内部工作，与设计院、业主沟通。整个项目的规模、参与人数以及持续时间都是我未曾遇到过的。”律清说，“毕业后，所在单位特别看重我这个经历，要我负责宁波工程学院振动台实验室的建设工作。”

三、层出不穷的奇异建筑纷纷来到振动台

同济大学衷和楼高度为100米，是为学校百年校庆而建。从外观来看，楼并不算太高，外形也方方正正，但里面的奇异结构尽显设计师的独特创意，却也难坏了工程建设者。在这外表周正的楼内，存在豁口、挑空，结构在空间中浪漫地破层、截半、桥接，总之不按常规“出牌”。据试验人员介绍，该楼主体建筑平面呈正方形，以5.4米轴网均匀分隔；楼层功能平面呈L形，长边为9米×5.4米，短边为3米×5.4米。L形平面每三层对应形成竖向基本功能单元，21层共7个单元实体在相邻处呈90°旋转叠加，从而构成中央16.2米×16.2米的统高中庭及与之贯通螺旋上升的组合中庭。

楼内还嵌入了异形功能体或休憩平台，异形体内设置大空间会议厅、多媒体中心等。整个大楼最引人瞩目的当属中央大厅，呈16米×16米见方空间，从地面直接贯空近百米高的楼顶，这是目前国内高层建筑中罕见的结构形式。

假如发生地震，这栋中空的大楼将作何反应？地震下的破坏部位、破坏模式、破坏机理将有何特点？原设计的耗能阻尼器在不同水准地震作用下对结构将产生何种影响？这些都得试验后才能回答。

团队按照1∶15的比例建造出大楼模型，按照计算结果，在大楼模型上布置应变片，以对应建成后的大楼脆弱和敏感部位；布置8个位移传感器，用于检测关键层处的位移；布置35个加速度传感器，用于监测结构在不同楼层处的加速度反应。“同济大学衷和楼是平面特别不规则和竖向刚度不规则的高层建筑，跨层组合中庭致使每层楼板的开洞较大、楼板削弱较多，在水平地震作用下，会大大削弱楼板的抗震效应。如何减小建筑由于内部结构奇特带来的扭转效应是需要重点解决的问题。”吕西林介绍，这栋楼的种种新奇设计都在削弱结构的抗震性能。团队最终决定采用对结构侧向刚度影响较小的黏滞阻尼支撑，共设置了56个黏滞阻尼支撑，以减小结构的地震反应，尤其是减小外围框架的扭转响应，最终整个结构成为典型的黏滞阻尼耗能支撑的框架体系。分析表明，工程采用耗能支撑框架体系是一种较有效的抗侧力体系，该项目最终采用了钢管混凝土框架+黏滞阻尼支撑结构体系。

不仅如此，衷和楼内部净空很高还会带来抗火问题。“一旦发生火情，楼内大中庭就会成为巨大的烟囱，加速楼内燃烧。”胡克旭介绍。团队试验后初步设定防火保护层的厚度，对钢管混凝土柱涂覆10毫米的防火涂料，钢制框架梁涂覆20~25毫米的防火涂料，带状桁架弦杆和

腹杆涂覆厚30毫米的防火涂料，为其披上贴身的“金刚罩”，以增强其遇火情时的“挺立”能力。

振动台试验的结果也验证了结构的阻尼支撑体系能够有效地减小结构的扭转反应，尤其是在中震和大震作用下，效果更为明显。在7度多遇地震作用下，模型结构表现出一定的扭转反应，但与无阻尼器相比，模型屋顶的扭转角最大值下降了27%。“新颖独特的建筑形式，给该建筑的结构安全性带来了很大挑战，经过学者与工程师们的努力，最后让其具备良好的抗震性能。此类钢结构形式成为国内首创。”吕西林介绍。衷和楼获得2005年度上海市建设工程金属结构“金钢奖”最高荣誉——“金钢奖”特等奖，且获英国工程师学会2007结构大奖，可见其独特性。

上海港汇广场商务楼，当时已建部分为10层，随着事业的发展，业主准备加建，一口气加到18层，总高度为70.5米。设想一下，原本10层的结构设计，日后却要支撑18层的建筑，就像本来挑100斤担子的人，现在要挑180斤，承受得住吗？业主找到吕西林团队。团队接下了这一棘手的任务。“在混凝土建筑规范中，混凝土框架的高度不能突破55米，这栋楼加8层后就超出了15米的高度。”吕院士介绍。经过振动台试验，团队提出了组合消能减震支撑技术方案，使用了88个阻尼器。业主经过半年的方案比较，最终采用了该方案。工程于2005年完工。走入楼内，随着指引，能看见灰绿的人字钢架三人成“众”，扛着两层横梁，横梁上的“小板凳”正顶着顶上的屋梁，两个“小板凳”之间那四根圆圆的管子，就是黏滞阻尼器。照片拍摄于2005年8月12日，大约是大楼竣工之时。吕院士说，由于采用了我们开发的减震支撑，大楼加层后达到了抗震要求，这是国内在加固设计中使用消能减震支撑的规模最大的工程（面积30万平方米）。

上海国际赛车场（F1赛车场）的巨型屋盖系统重约10 000吨，支撑在四个混凝土巨型柱上。由于钢桁架结构在支承柱间跨度达到91.3米，考虑30℃温差在桁架轴向将产生50~60毫米的伸长变形，若采用传统的固定铰支座[1]，则在正常使用条件下产生的温度应力将导致混凝土柱严重开裂。若采用一端固定一端滑动的支座，则可释放温度应力，但大震下的结构变形和安全不能满足要求。为解决温度应力和大震下的结构安全问题，团队采用了组合隔震支座，用具有滑动功能的盆式支座承受竖向压力，用橡胶支座进行复位和消能减震，以确保正常使用和大震时的结构安全，整体共使用了40个支座。

施卫星、孙黄胜等人的分析表明，上海国际赛车场新闻中心（空中餐厅）结构采用高位隔震措施后，在钢桁架结构和下部混凝土结构之间设置由盆式支座和普通橡胶支座组合成的隔震支座，可以释放由于温度变化在结构中引起的附加内力，使温度应力由15.5兆牛顿（1兆牛顿=100 000牛顿）减小到500千牛顿左右；在不同频谱特性的地震波激励下，结构的地震反应也不同，但相较于铰接结构，采用隔震措施后均可显著减小主看台和比赛控制塔的地震反应，各楼层位移、加速度和层间剪力均显著减小；大震时支座内的高阻尼橡胶被挤压，消耗地震能量，从而限制了支座发生过大的水平变形；桥式连体结构采用隔震支座后，利用支座的滑动耗散地震能量，减震结构体系地震反应不仅远小于铰接结构体系，而且还显著小于单体结构地震反应。对于顶部具有大质量的结构，通过高位隔震，可显著减小结构的地震反应．组合隔震支座具有承载能力大、减震效果好等特点，适合于结构隔震[2]。

四、课题接踵而至，团队不断走向新境界

伴随着各种高楼试验的持续进行，吕西林带领的团队申报各类课题的数量也在快速增加，包括：国家自然科学基金重大研究计划项目“强地震作用下超高层建筑损伤机理及破坏全过程研究”(90815029)、973计划课题“城市工程的地震破坏与控制——城市多龄期建筑的地震破坏过程与倒塌机制”(2007CB714200)、国家自然科学基金项目“超高层钢-混凝土混合结构基于地震累积损伤的性能设计理论与方法”(51078272)、国家自然科学基金项目“钢筋混凝土结构基于位移的地震损伤控制设计研究”(50708081)、国家自然科学基金项目“高层钢框架-混凝土核心筒混合结构基于性态的抗震设计方法研究”(50708071)、上海市浦江人才计划项目“高层建筑的地震灾变及抗震性态设计研究”(08PJ1409900)。这些分别属于国家自然科学基金重大项目三级专题（1998)、国家杰出青年科学基金（2000)、国家教委跨世纪人才基金（1994)、上海市优秀学科带头人资助计划（1997)、上海市科委项目（1999)、上海市重点学科建设研究项目（2001)，还有与日本有关机构的国际合作项目（1999）等。

以这些课题为引领，团队持续将复杂高层建筑性能化抗震设计推向深入，研究得出一系列新理论，研发出成套技术，其中包括复杂高层建筑抗震分析新理论，复杂高层建筑抗震性能试验评估新技术及新装置，多层次、多目标复杂高层建筑性能化抗震设计新方法等。如在复杂高层建筑抗震分析新理论方面，团队提出了复杂高层建筑新型构件高精度分析模型，创建出基于多尺度耦合单元整体结构高效数值仿真新方法，首创竖向混合高层结构阻尼计

算理论，建立复杂高层建筑倒塌数值模拟新方法等。

以这些新理论为指引，团队研发出一系列复杂高层建筑抗震性能试验评估新技术及新装置。其中，包括率先提出复杂高层建筑的模拟地震振动台的设计准则、施工技术、试验方法和数据分析方法；发明了考虑主体结构影响的建筑幕墙多维多模式地震动试验装置，开发出有效控制地震输入的地震加速度时程选择软件；形成专著《建筑结构振动台模型试验方法与技术》；完成多项大型复杂高层建筑结构振动台试验，进行结构抗震性能评估，解决了抗震中的诸多关键问题。随着研究的深入，团队获得了10项发明专利、4项软件著作权。团队的高层建筑研究成果获得国家科技进步奖二等奖。

受政府部门委托，高层建筑抗震研究团队多年来深耕不辍，建立起上海市建筑工程抗震技术标准体系，主编了5本上海市技术标准/指南，参编了8本国家技术规范，其中包括上海市《建筑抗震设计规程》(主编，2003，2013)、上海市《现有建筑抗震鉴定与加固规程》(主编，2000，2014)、上海市《旧危房屋抗震安全性评定标准》(主编，2008)、上海市《超限高层建筑工程抗震设计指南》(主编，2005，2009，2019)、上海市《装配整体式混凝土住宅体系设计规程》(共同主编，2010，2016)。

五、可恢复功能防震建筑在我国方兴未艾

“十几年前，我们团队开始了可恢复功能建筑的研究。”吕院士说。我国是地震多发国家，每次发生较强地震都会造成人民生命财产的损失。在地震中，传统结构破坏严重，许多建筑虽然满足“大震不倒”的设防要求，但震后出现难以修复的结构破坏，经济损失严重。目睹了汶川、芦山等震害，团队认为建筑的结构不仅要做到安全，还应该具备抗震的韧性，也就是在震后做到中震低损伤、大震也可修复。但是，现行的建筑在地震中往往结构损伤大、设防水准低、节点构造复杂。因此，团队将可恢复功能的防震建筑研究目标设定为震中低损伤、震后可恢复和房屋易建造。

“围绕这一目标，我们改变传统建筑以‘抗’为主的刚性连接方式，创建出以‘控’为主的刚柔连接体系。”吕院士介绍。在研究中，团队将体系有序分离，设计出四类可恢复功能结构体系：自复位结构体系、受控摇摆结构体系、带可更换构件结构体系、分层装配模块化结构体系。其中可更换构件就包括连梁、墙脚等。

循着这一思路，团队研发出低损伤自复位框架构件与高性能自复位支撑（如基

于形状记忆合金的自复位支撑），其具备混凝土框架构件低损伤、残余变形小，新型支撑耗能强、复位性好、易制造等优点；研发出低损伤自复位墙构件和带可更换部件剪力墙构件，如自复位墙构件、带可更换连梁剪力墙构件等，实现了混凝土墙构件低损伤、残余变形小，可更换部件分布耗能，保护主体结构免遭破坏；研发了承载型和变形协调型两类低损伤自复位节点，实现了残余变形小、结构低损伤，解决了地震传力、变形协调、梁板连接节点防裂等问题。

在结构体系上，团队研发了混凝土自复位结构体系，揭示了混凝土自复位结构低损伤、残余变形小、易恢复的防震机理；研发了混凝土受控摇摆结构体系，检验了受控摇摆结构主次体系协同工作、损伤可控的防震性能；研发了带可更换构件剪力墙体系，验证了该防震体系次要构件耗能、多道抗震防线的优良性能；研发了分层装配式可恢复钢框架结构体系，揭示了结构多道抗震设防（梁贯通、柱分离、钢支撑、保险丝等设防构件）的有效性及结构动力自复位机理。

“在多年的研究中，我们提出了可恢复功能防震建筑的设防目标与设计方法，提出了可恢复功能防震结构的性能监测与评价方法，发展了可恢复功能防震建筑的韧性评价方法。”吕院士介绍，“比如现有的是三水准设防目标，我们在此基础上更进一步，提出四水准设防目标：小震/中震不坏、大震可修复、巨震不倒塌。集成了研发的自复位构件、自复位节点等技术，实施了国际首例足尺框架-自复位墙振动台试验，经历1.0*g*地震动输入后，结构无损伤、自复位，部件易更换。”

十几年的研究结出累累硕果。截至2024年6月，团队出版了包括国内首部《可恢复功能防震结构——基本概念与设计方法》在内的专著4部；发表论文188篇，单篇论文他引最高者达698次；获得授权的知识产权58项、发明专利31项、实用新型专利26项、软件著作权1项；主编行业标准《分层装配支撑钢框架房屋技术规程》(T/CECS 598—2019)。2022年6月9日，欧进萍、杜修力院士等评价团队的“可恢复功能防震建筑关键技术与工程应用”成果时认为项目成果总体上达到国际领先水平。

针对可恢复功能建筑的应用范围的问题，吕西林教授介绍说：“它在地震多发的我国，应用范围广泛，可普遍用于百米以下的建筑物。”目前这项成果在10省24市的建筑工程中得到规模化应用，应用总面积达33.4万平方米。它们与高层建筑的防震减震体系一起，经过不断推广应用，构成韧性城市的坚固防线。

（资料收集：卢文胜、施卫星等）

1 铰支座：是指梁的两端搁置在支座上，支座仅约束梁的垂直位移，梁端可自由转动。为使整个梁不产生水平移动，在一端加设水平约束，该处的支座称为铰支座。

2 施卫星、孙黄胜等：《上海国际赛车场新闻中心高位隔震研究》，载《同济大学学报（自然科学版）》，2005年12月。

『核电，安全是命根子』

土木工程学院核电安全研究扫描

2023年8月15日，国家重点研发计划“严重事故下安全壳系统性能研究”年度项目交流会在同济大学召开。由中国核电工程有限公司主办、同济大学承办的这次交流会，吸引了包括哈尔滨工业大学、清华大学等院校专家纷纷与会。五个课题的专家分别针对项目研究工作进行了详细汇报，交流了研究思路、技术路线、研究内容和阶段性成果，并就存在的问题和下一步工作计划展开讨论。其中，课题二“严重事故下安全壳失效机理研究”由同济大学牵头研究。“这是同济大学长期以来致力于核电安全研究的一个剪影。”土木工程学院院长周颖介绍。

一、同济老一辈科学家的抗爆研究

20世纪60年代，翁智远承担了结构抗爆的研究任务。结构抗爆问题的本质涉及钢筋混凝土地下防护结构的弹塑性振动力学、土动力学和爆炸波动力学等学科，这是一个尖端的非线性振动课题。他使同济大学逐渐成为我国防护工程和地震工程学科的研究中心之一，领导和进行了一系列工程抗震及抗爆研究，主编了《工程结构抗震动力学》（上海科学技术出版社，1980年）和《工程结构抗爆动力学》（上海科学技术出版社，1989年）。

翁智远，1945—1950年在同济大学工学院土木系学习，1950年毕业留校。翁智远长期致力于弹塑性力学、板壳力学研究。20世纪70年代初期起，他在核反应堆结构力学方面开始了开拓性研究。他以国家重大工程——秦山核电站为研究对象，开展核反应堆安全壳的力学研究。从此深耕该领域，弹塑性理论和板壳力学的动力问题、结构与连续介质（土壤、水）动力相互作用等研究无不延续并发扬光大李国豪开辟的科研、教学理念，翁智远也走到了这一领域的国际前沿，担任了第十届国际反应堆结构力学科学委员会委员。2005年8月，翁智远课题组的博士生鲁亮开展的“座式快堆钠池在地震激励下流固耦合相互作用”研究获得第十八届国际反应堆结构力学大会青年奖。

随后，核电站安全重任交到顾祥林、钱江这一代同济人身上。

在2017年度上海市科学技术奖励大会上，同济大学、上海核工程研究设计院等单位共同申报的“核电站关键混凝土结构的破坏分析与灾害控制”获上海市科技进步奖一等奖。

众所周知，在核电站中，反应堆安全壳是一道重要的核安全屏障。

核电站由核岛、常规岛、配套设施等组成，核岛包括核反应堆、蒸汽发生器、主泵等。反应堆安全壳是包在反应堆外面起保护作用的立式圆柱状外壳。核电站反应堆发生事故时会大量释放放射性物质，安全壳就是最后一道核安全屏障，能防止放射性物质扩散，以免污染周围环境。同时，安全壳也是反应堆厂房的围护结构，能保护反应堆设备系统免受地震、龙卷风及其他飞射物的冲击、飞机失事冲撞或化工厂爆炸等偶然因素影响。目前，国际上建造的压水堆核电站安全壳的形式主要有预应力混凝土安全壳和钢结构安全壳两类。

2021年1月30日投入商业运行的福建福清核电5号机组，采用了我国自主创新的第三代压水堆核电技术“华龙一号”。作为“华龙一号”全球首堆，该机组的安全壳采用了双层结构，由内外两层钢筋混凝土再加上中间的不锈钢板构成，就像是为核反应堆披上了厚厚的铠甲。内外两层钢筋混凝土的厚度分别为1.3米和1.8米。内层能确保在反应堆发生事故时，放射性物质不外泄；外层能抵抗外部撞击，确保安全，如抵御波音747等大型飞机的冲撞。

可以看到，作为核电站安全壳的主要材料之一，混凝土性能的优劣决定了反应堆的安全与否。核电站安全壳所采用的也不是普通的混凝土，而是能够屏蔽γ射线、X射线和中子辐射的防辐射混凝土。其中的胶凝材料采用硅酸盐水泥或铝酸盐水泥、钡水泥、镁氧水泥等，集料采用重晶石、磁铁矿、褐铁矿和废铁块等。

安全壳混凝土结构是核电站的一道重要安全屏障，其在施工期和后续使用期间的安全性备受关注。针对核电站关键混凝土结构安全性预防和控制的世界性技术难题，由同济大学牵头、上海核工程研究设计院等多家单位共同参与研究，同济大学土木工程学院顾祥林教授领衔进行了“核电站关键混凝土结构的破坏分析与灾害控制”项目攻关。

项目针对核电站关键混凝土结构安全性预防和控制的世界性技术难题，在国家高技术研究发展计划（863计划）的支持下，由顾祥林牵头、多家单位共同围绕早龄期混凝土材料性能时变规律、混凝土结构跨尺度破坏机理、结构倒塌触地振动多介质传播机制三个关键科学问题，进行了10余年的科学研究、技术开发和工程实践。项目组聚焦核电站关键混凝土结构破坏过程与特点、灾害预测和控制，形成了以混凝土结构早龄期性能演化分析与裂缝控制技术、混凝土结构破坏过程多尺度分析与倒塌控制技术、核电站大型冷却塔倒塌触地振动分析与次生灾害控制技术等创新性、集成性成果，研究成果应用在秦山、桃花江等核电站设计中，为我国具有国际先进水平的三代核电技术的自主创新作出了贡献。业内专家评价，该项目具有很高的理论价值，达到国际领先水平，使我国核电厂混凝土结构裂缝控制、倒塌预测、次生灾害控制与评估等方面的理论研究和工程实践能力显著提升。

钱江教授的研究包括国家863计划合作项目“中国实验快堆堆本体结构各设备抗震分析计算”、“七五”国家科技攻关计划项目“安全壳及核电站主要辅助厂房安全性分析”、“九五”国家科技攻关计划项目“快堆主钠池堆芯抗震性能安全评价方法研究”等，不断深化核电安全研究。

二、反应堆容器抗震研究

2005年8月7日至12日，第十八届国际反应堆结构力学大会在北京举行，来自30多个国家和地区的370多名代表出席会议。大会授予同济大学鲁亮青年奖。

鲁亮介绍，核反应堆产生巨量的清洁能源，是世界各大国竞相发展的能源品种，可是万一核燃料发生泄漏，后果不堪设想。因此，抗震安全性是快堆结构设计和研究的核心。

快堆，全称为快中子反应堆，又称为钠冷快堆，是指核反应堆家族中主要由快中子引起的原子核裂变和链式反应的反应堆，一般用工业钚或铀-235作为燃料。快堆核电站运行时，裂变核能转化为热能，将水加热成过热蒸气推动汽轮机发电。快堆的一个重要特点是在发电的同时，一方面消耗核燃料，另一方面又生产核燃料钚-239，而且能实现所产多于所耗，进而实现核燃料增殖，可将天然铀资源利用率从压水堆的约1%提高到60%~70%。

中国实验快堆根据我国能源发展的长远战略要求而被列入国家863计划并已批准工程立项，由我校翁智远教授牵头的团队承担了“快堆主钠池堆抗震性能的安全评价方法研究”课题。

课题研究为我国实验快堆的抗震设计提供了依据。作为世界核能发展第三阶段的快堆主要的堆型有吊式和座式两种。从法国的超凤凰快堆开始，国外对吊式快堆进行了广泛的研究，可是针对座式快堆的研究文献很少，尤其是关于座式快堆钠池在地震激励下流固耦合相互作用问题的研究就更少了。

1996年，课题组着手开展座式快堆抗

震性能研究，内容涉及快堆钠池的流固耦合作用、堆容器屈曲、流体晃动行为、堆芯抗震等。

按照中国原子能科学研究院提供的初步设计标准，团队在两年时间内进行了三次大规模试验。仅堆内流体晃动及液动压力就分别按照有无堆内构件、有无水等情况进行多次试验，得出了各种地震作用下的堆本体构件应变、位移、加速度等响应数据。这些试验数据与理论计算结果相互验证，为我国快堆的抗震设计提供了很好的技术保障。

2001年5月，国家“九五”科技攻关计划及863计划项目“快堆主钠池堆抗震性能的安全评价方法研究”课题通过国家环保总局核安全司组织的验收，获得很高评价；2003年，该成果获得上海市科技进步奖二等奖。

课题组内的老一辈科技工作者的奉献精神是巨大的科研动力。一份材料显示，鲁亮的这篇论文涉及课题组6年来在堆本体抗震方面的研究成果。

同济大学结构工程专业领域的主要研究对象是建筑、桥梁等土建结构，能在反应堆结构研究上有点成绩实属不易。鲁亮作为全国反应堆结构力学专业委员会委员，多次参加国际、国内反应堆结构力学会议，并多次获得奖项。2001年9月，鲁亮参加了国际原子能机构（IAEA）举办的压水堆抗震试验技术研讨会。

三、核电安全研究持续推进

“在核电结构的抗震设计中，土与结构动力相互作用效应分析一直是核心内容之一。”长期从事核电安全研究的结构防灾减灾工程系系主任周志光教授介绍。团队申请的国家自然科学基金面上项目“考虑土-结构相互作用效应的核电厂隔震研究”和“核电结构、系统和部件耦合体系的地震易损性研究”发现，在结构自然频率处，土与结构动力相互作用（Soil-Structure Interaction，SSI）效应会加大楼层的加速度反应，频域分析的结果会低估隔震结构的楼层反应。团队研究建立了优化隔震体系的方法以控制核电厂系统、构筑物、部件（Systems、Structures and Components，SSC）的地震响应，提出了隔震核电厂的性能空间曲线，用于指导设计。

同时，团队还对考虑SSI效应的核电厂SSC耦合体系模型进行地震易损性分析。核电厂体系的地震易损性分析能够反映耦合SSC在不同地震强度下的失效概率，土-结构相互作用和主余震作用是地震易损性分析中两个非常重要的因素。团队建立了AP1000核电厂SSC耦合体系模型，选用典型软岩石地基作为场地条件，根据AP1000设计谱选取主余震记录，采用增量动力分析（Incremental Dynamic

Analysis，IDA）方法对耦合体系模型进行考虑SSI效应的地震易损性分析。经计算分析可知，主余震作用对结构和设备的破坏可能大于单一主震的作用效应，考虑SSI效应普遍增大了SSC主余震易损性的条件失效概率。由典型SSC抗震性能结果可知，耦合体系的失效模式为首先屏蔽厂房混凝土开裂，其次蒸汽发生器管道屈服，最后主蒸汽管道进入屈服状态。研究表明，在核电厂易损性评估过程中，SSI效应和主余震作用的影响不容忽视。

2012年，周志光在日本东京大学获得结构工程博士学位后，回国加入同济大学。他面向国家能源安全的重大战略，多年从事核电结构隔震及消能减震方面的研究，建立了基于时域和频域的非线性土-结构相互作用分析方法，探明了土-结构相互作用对核电厂隔震的影响，研究得出核电厂隔震结构的性能空间曲线，并将其用于指导核电厂隔震设计。他通过试验及数值分析研究，得到了典型核电结构、系统和部件耦合体系地震易损性的特性及耦合关系，这对核电厂的地震概率风险评估具有重要意义。周志光作为共同作者出版了美国核管理委员会（Nuclear Regulatory Commission，NRC）和美国电力研究协会（Electric Power Research Institute，EPRI）核电抗震方面的英文报告各一部。

周志光介绍，同济大学结构防灾减灾工程系数十年间承担了国家多项核电项目研究。1997年至2019年，完成240余项核电站相关设施、设备的计算分析评定项目，其中包括反应堆堆本体结构、反应堆安全壳结构、核电站厂房结构、冷水机组结构、风机结构、各类阀门结构、流量计结构、机柜结构、管线支架结构、管道结构、变压器结构、电机结构、电梯结构、消防设备和照明设备等结构；1997年至2019年，完成400余项核电站相关设施、设备的抗震（振）试验研究项目，涵盖当时全部国内已建（或在建）商业运营核电站（秦山、大亚湾、田湾、红沿河、岭澳、台山、宁德、防城港），出口巴基斯坦洽希玛电站3号、4号机组，国家先进研究堆等。

通过对中国实验快堆抗震性能的研究，同济大学课题组成员出版了一部专著《圆柱薄壳容器的振动与屈曲》，参编了国家标准《核电厂抗震设计标准》(GB 50267—2019)。同济大学已成为国家重要的核电设备和核电厂结构科技研究基地，研究成果获得包括上海市科技进步奖二等奖在内的一系列奖项。

四、核电安全研究内容

2023年2月6日，土耳其连续发生了两次7.8级的强烈地震，地震的能量相当于130颗原子弹爆炸，震中的建筑物几乎被夷为平地，道路也遭到破坏，造成5万多人死亡。

离震中只有90千米的胡努特鲁电厂，处于强震区域，周围的3家电厂都因为地震而受到严重影响，无法正常运行，然而胡努特鲁电厂却还在稳定发电。“这家电厂是中国建造的，地震后周颖院长和周志光系主任曾带队前往电厂调研。”结构防灾减灾工程系教授赵斌介绍。核电站是一种高风险的工业设施，必须采取一系列安全措施来确保其运营的安全性。常见的核电站安全措施有：安全壳，核电站通常有一个包含反应堆的安全壳，这个壳可以防止辐射泄漏并抵御外部的影响，如自然灾害和恐怖袭击等；紧急停机系统，当发生突发事件时，紧急停机系统可以立即关闭反应堆并停止核反应过程，以保护人员和环境的安全；燃料棒设计，燃料棒是用于维持核反应的重要部件，必须确保其设计和材料符合标准并且稳定可靠；辐射监测，对核电站周围的环境和人员进行辐射监测以确保其安全；预警系统，核电站需要设立预警系统以便及时发现问题并采取行动；安全培训，对核电站的员工进行安全培训是重中之重，必须充分、全面落实到位。

核电这些安全设施性能究竟如何，那就必须用试验和数据分析来说话。

乏燃料，也称辐照核燃料，是指在使用过一次或几次后的核燃料，通常在核反应堆中因中子轰击发生核反应后被卸出，通俗地说，就是使用过的核燃料。由于这些燃料中的铀含量降低，无法继续维持核反应，因此被称为乏燃料。它们必须放在乏燃料水池中保存，以防未完全消耗的铀-238、钍-232等散布到自然环境中，产生危害。“地震中乏燃料池的安全至关重要。”赵斌教授说，“2024年1月1日日本能登半岛地震，志贺核电站乏燃料池冷却水摇晃外溢至地面，导致冷却泵紧急关闭。”

他表示，这个项目通过模拟地震振动台试验，研究乏燃料水池的液面晃动效应，为设置防溢措施提供试验支撑，为核电站安全运行提供技术指导。试验以我国具有自主知识产权的“国和一号”核电站的乏燃料水池为研究对象，原型乏燃料水池外廓尺寸长×宽×高为15.70米×9.05米×15.88米，水池重量约为2 586.90吨，水体总重量约为925.68吨，格架总重量约为16.61吨。实际可存放1 000组燃料组件，组件总重量约为820.00吨，乏燃料水池结构体系总重约为4 349.18吨。按照动力相似比例开展振动台试验，试验模型水池重超过8吨、水体重超过4吨、格架重近1吨、底座重接近3.4吨，试验模型总重量为将近16.5吨，试验模型的长、宽、高为2~3.20米，池体外形长、宽、高为1~2.46米。

振动台试验结果表明，在结构体系的频率方面，对于空池结构，在试验过程中，频率仅有微小下降，这说明在试验过程中，结构基本处于弹性阶段。对于水池+格架+水模型和水池+水模型，由于水体影响，结构体系频率有所下降，但是在经过振动台试验后，频率相对于同一结构体系未见明显下降，说明在整个试验过程中，各个结构体系均处于弹性工作范围。水池+格架+水模型和水池+水模型在0.5SSE（安全停堆地震）作用下，液面小幅晃动，而在1.0SSE地震作用下，液面剧烈晃动，且有水体晃出水池，液面晃动呈非线性。

赵斌说，通过试验研究，建议增加乏燃料水池的结构高度，或者采取措施减小水体的晃动效应；在进行乏燃料水池结构设计时，必须合理考虑液体及液面晃动效应的影响；乏燃料水池格架的设计，建议取格架底部的静水压力与地震作用下格架底部最大动水压力之和来进行设计。

“核电蒸汽发生器是核岛内的三大设备之一，是压水堆核电厂一回路、二回路的边界，它将反应堆产生的热量传递给蒸汽发生器二次侧，产生的蒸汽经一、二级汽水分离器干燥后推动汽轮发电机发电。”赵斌说，“蒸汽发生器是核电站将核能转化为电能的重要中间设备。我们针对‘国和一号’核电站的蒸汽发生器展开模拟地震振动台试验研究，测试压水堆核电站蒸汽发生器隔间结构-设备-管线复合体系的相互作用。”

试验现场，在四面天青色混凝土墙围成的结构隔间，一只湖蓝色的桁架搁在矮墙上，拽着高墙；隔间墙上，十几枚模拟配重的“圆盘”贴着墙面；隔间里，一只粗而圆的湖蓝色的蒸汽发生器伸出长长的“脑袋”，蒸汽管道像一根“辫子”从头顶牵出，通向一侧；后面则是各式各样作为管道支撑的钢制支架。试验台旁边的一条红色条幅上写着“大型先进压水堆核电站国家重大科研专项结构设备耦合抗震效应研究振动台试验”。

“我们模拟的试验对象是一处规模庞大的蒸汽发生器，原型总高为约26米结构，重量超过1 200吨。”赵斌介绍。主蒸汽发生器通过4组连接件分别与隔间和楼板相连。在试验中，当模型遭遇1.0SSE地震作用时，自振频率未发生变化，结构与设备各部件未出现可见裂缝，结构满足抗震设防目标。在2.0SSE地震作用试验阶段，模型自振频率略有降低，但结构和设备系统仍保持良好的整体工作性能。

振动台上，有一座黑灰色的、圆圆的物体。物体分两段且上段较细，再往上还有一只白色小圆顶。“这就是第四代核能系统主要参考堆型之一的铅基堆。”赵斌指着这个其貌不扬的钢墩子说道。团队针对铅基堆堆本体进行了缩尺模型模拟地震振动台试验，以探究堆容器、堆内构件、等效燃料和辅助换热设备等组件的相互作用，揭示新堆型在地震作用下的结构响应规律。研究结果将助力国家第四代核能技术的开发与应用，为清洁能源发展提供基础设施结构方面的支撑，为“碳达峰、碳中和”贡献结构工程专业的力量。试验结果达到了预期目标。

2023年6月7日，国家核安全局颁发的运行许可证，准许中国科学院上海应用物理研究所维持2MWt液态燃料钍基熔盐实验堆运行10年，并对该反应堆核安全负全面责任。此项目位于甘肃省武威市，为国家重大科技基础设施建设项目。有报道称，钍基熔盐反应堆是一种先进的核技术，使用液态燃料，并以高温熔盐作为冷却剂。与传统铀反应堆相比，钍基熔盐反应堆具有多个潜在优势，包括更高的安全性、更少的废料和更高的燃料效率。此外，这种反应堆不需要用水来冷却，因此核电站可以建在沙漠等地区。专家介绍，与铀相比，钍是一种储量丰富的元素，而且具有诸多优势：储量更大，产生的废物更少，产生的超铀元素更少，安全性更高。据估计，我国的钍储量远远超过铀储量。我国的钍燃料核电站有潜力为我国供电数千年。钍基熔盐堆核能系统作为第四代先进核能系统的六种候选系统之一，具有安全性高、核废料少、防扩散性能优和经济性更好等特点。

西班牙《经济学家报》网站6月22日报道，中国在核能发电方面迈出了革命性的一步。中国已经为建造一座核反应堆开了绿灯，该核反应堆将使用钍代替铀作为其主要燃料。这一重要举措可能成为核工业的一个转折点，并为满足中国日益增长的能源需求提供一种更安全和更可持续的解决方案。

“地震条件下的安全试验，是在同济大学做的。”地下建筑与工程系教授周舒威说，该项目厂址区分布的地层岩性为第四系冲洪积粗砂和砾石。团队针对砾质砂岩地基核电厂抗震输入参数、核电厂砾质砂岩地基抗震性能、核电厂砾质砂岩地基的抗震地基与结构相互作用、核电厂砾质砂岩地基抗震不确定性、核电厂砾质砂岩地基抗震厂房隔震等课题展开深入研究，为项目的正常进行提供了有力支持。

据了解，2023年完成的“严重事故下安全壳失效机理研究”项目包括安全壳关键部位强度失效机理研究、安全壳关键部位结构密封性能研究、贯穿件密封性能失效机理研究等五个课题，该项目由同济大学牵头，中国核电工程有限公司、华中科技大学参与研究工作。

（资料收集：鲁亮、周志光、赵斌）

城市更新的『特种兵』

同济大学建筑物移位关键技术研究与应用扫描

“你们看，这几栋房子，原来在那边。”说话间，他的手指向了东边。吕西林教授领着两个年轻人，站在威海路张园的几栋红砖墙、间或缀以欧式阳台和窗户的两层房屋前，告诉他们这是从50米开外的东边移过来的。

“怎么移过来的？”刚刚跨入大学门的小姑娘瞪大了眼睛，好奇地看着眼前这位长者。

“这门学问同济有，叫建筑物移位关键技术。”吕老师笑眯眯地说，张园老街坊更新改造，需要对建筑群进行平移保护，而今，它们已经分四组平移到位了。张园东部的地下便可敞开开发了。

2014年，同济大学作为第二完成单位的“建筑物移位改造工程新技术及应用”获得国家技术发明二等奖。

一、我国的建筑物移位技术应运而生、迎难而上

对建筑移位感兴趣的人都知道，世界上第一例建筑移位发生在新西兰。1873年，新西兰工程技术人员以蒸汽机作为牵引装置，将位于新普利茅斯市的一所一层农宅进行了平移。20世纪以来，建筑物整体平移技术已经渐渐流行开来。同济大学土木工程学院卢文胜教授说，我国建筑物移位技术的实施是在20世纪90年代初，1992年重庆地区某四层砖混结构（建筑面积约2 000平方米）移位了8米，以液压千斤顶钢拉杆做牵引机构，并采用滚动装置。

2000年12月，山东建筑大学张鑫教授主持山东省临沂国家安全局办公大楼整体移位，该建筑物高度为34.5米，总重约为60 000千牛，将其先向西平移96.9米，然后转向往南平移74.5米，在此过程采用了许多创新的施工技术。

长期以来，我国许多建筑因各种原因采取爆破或者机械破拆等方式予以拆除。中国建筑科学研究院估测，“十二五”期间，我国每年拆除的建筑面积约为4.6亿平方米，按每平方米成本1 000元计算，每年因过早拆除房屋导致的费用就高达4 600亿元。而《2022—2026年中国建筑垃圾处理行业发展趋势报告》显示，“十三五”期间，建筑垃圾处理行业销售规模从2016年的553.2亿元飙升至2020年

的930亿元，升幅接近一倍。“这些拆除建筑物中，相当一部分还具有使用价值和文化价值。假设对这些建筑的10%进行移位保护，其经济效益和社会效益将是巨大的。”卢文胜说，近年来，我国建筑移位业务迅速兴起，数量已达数百栋，如厦门后溪长途汽车站主站房完成90°旋转，主站房建筑面积2.28万平方米，总重量3.018万吨，仅此一栋建筑节约的直接投资、减少的建筑垃圾排放量就十分可观，有的建筑移位还节约了大量拆迁安置等间接费用。据测算，建筑平移所产生的费用，仅是重建的1/6~1/3，我国每年拆除建筑物的面积高达上亿平方米，如果广泛采用移位的办法择地续用，每年节约的资金可达数十亿元。

他说，建筑物移位保护更易于保持历史建筑原来的布局、外观和建筑细节。与传统的建造方式相比，建筑物移位保护更低碳、更环保，建筑物移位技术较多地使用可再生资源，产生较少的建筑垃圾和建筑噪声。在移位施工过程中，建筑物移位时二层以上可正常使用，工业厂房可以实现不停产施工，从而带来的潜在经济效益更大。建筑物的移位造价大约为新建同类建筑物的30%，移位施工工期为重建同类建筑物的1/4~1/3。

同济大学建筑物移位技术研究中心蓝戊己说，习近平总书记非常重视城市文脉的延续和乡愁的有“乡”可寻，他在北京四合院、上海弄堂、平遥、潮州等地方强调“我们爱这个城市，就要呵护好她、建设好她”。如何更好地爱我们的城市？必须要有过硬的技术和手段，城市更新需要“特种兵”。2002年12月，上海音乐厅整体移位工程开工，2003年7月移位顶升就位，并在新址增加两层地下室，靠的就是技术。上海音乐厅位于延安东路523号，建于1930年，占地面积1 254平方米，建筑面积3 000平方米，斜向移位66.48米，顶升3.38米，其中原址顶升1.7米，新址顶升1.68米。这栋建筑换新家，至少经历了起身、走动、落座几个关键环节。而一栋近百年高龄的建筑，就好比一块豆腐，岁月的风霜已经让它缺钙、腿脚不好、身子骨不硬朗，状况重重，要让它完好如初、不动声色地换个位置站着，谈何容易！

二、老建筑移位保护、焕发新生

“移位保护技术是弥补规划、建设和发展短板的被动技术。”蓝戊己说，随着城市的发展，老建筑所处位置一旦被相中，就得面临被拆除或者“搬家”的命运。有眼光者和知道留住城市年轮的决策者往往采取第二种方法，于是建筑移位在21世纪以来被较为广泛地应用在老城更新中。住房和城乡建设部也发布《关于在实施城市更新行动中防止大拆大建问题的通知》，防止大拆大建、急功近利等问题再度发生。

上海音乐厅建于1930年，原名南京大戏院，由范文照建筑事务所赵琛设计。这栋老建筑坐南朝北，立面是简化的古典主义构图，以爱奥尼克式壁柱构成三扇圆拱形窗，上下两层观众厅共1 540座，是当年上海最豪华的影戏院，体量不小。1959年更名为上海音乐厅，这里见证了近百年间无数中外艺术家的辉煌时刻，沉淀了浓厚的艺术情感，具备无可替代的人文价值。然而因为延安路高架的建设，它得搬家。“打个简单的比方，就是把建筑绑扎牢固，再装上‘溜冰鞋’移到需要的位置。整个过程可分为加固—切割—顶升—平移—顶升—连接几个程序。”蓝戊己说。

上海音乐厅重达5 650吨，想要平移这个庞然大物，难度有多大可想而知。除了体量大、平移距离长，整个音乐厅的技术难点还包括建筑结构不连续、不对称，大跨度穹顶无支撑，墙柱基础深浅不一等。另外，音乐厅里众多的大理石雕饰、罗马廊柱等历史原物都必须严密保护、不得有损，这些都增加了平移的难度。

先打包成一个结实的整体。上海音乐厅的结构体系十分复杂，楼座支撑是钢结构，墙体基本是砖砌结构，舞台是混凝土结构，屋顶是木结构，建筑无法形成一个强度统一的整体。且内部的音乐厅宽近30米，大厅中央却没有任何支撑，二楼的观众席是悬空的，穹顶覆盖其上，所有的重量都压在横跨东西的钢桁梁上。

为了确保它安全平移，必须先加固和保护建筑！针对不同问题，团队采用了不同的方法。1 000多平方米的大厅内，网状结构钢架支撑于穹顶四周的墙体和下部的钢筋混凝土托盘上，就像雨伞的骨架一样，在柱墙向内倾倒时产生支撑力，向外倾倒时产生拉力，大大加强原有空间的整体性。在整个音乐厅最重的二楼楼座下，增加8根粗大的钢柱，固定在钢筋混凝土托盘与钢桁梁之间，加强建筑的稳定性。音乐厅的外墙采用内撑外拉的方法，加上20多根钢桁架，使薄弱的墙体被里外撑住，从而墙体既不会向内也不会向外倾斜。上海音乐厅被“打包”成了一个结实的整体！“也就是从里到外，为音乐厅支上钢拐杖，贴身呵护。”蓝戊己说，“接下来就是分离老结构与原地基，我们要做的是截断地基和结构托换。”

掀掉地板，向地下挖掘，切断地基，对建筑底部的墙、柱进行切割，老结构和原地基之间去除粘连；71根柱子被切断，南部舞台背后的墙体下方与舞台台口两侧的粘连处被一一分离。

2003年4月，上海音乐厅与原始地基彻底分离。在电脑控制和监测系统的护佑下，59台千斤顶将建筑物顶起，音乐厅的基座被转移到一个新浇筑的、重达1 800吨的钢筋混凝土托盘上。

蓝戊己介绍，出于对保护文物建筑的考虑，施工时只挖开了很小的空间用于安装千斤顶，工人们只能躺在地上作业。59台千斤顶被分成四组，分别由四个泵站控制，每台千斤顶承担的荷载都经过精密计算。在计算机的控制下，千斤顶逐渐增加压力，直到达到承担的荷载值。

2003年4月15日，59台200吨的千斤顶以每分钟2毫米的速度将上海音乐厅向上抬升。千斤顶一次只能顶高10厘米，所以每升高10厘米就要往千斤顶两旁放上垫块，在垫块的基础上再向上顶升，整个过程一共使用了3 540块垫块。最终，上海音乐厅在原地“长高”了1.70米。

准备工作都做好了，如何移动？团队在新址与原址之间架设了10条近一人高的滑道（方向与音乐厅移动方向一致），每根滑道后方各安置一台千斤顶推动。

给支撑建筑的59台千斤顶全部穿上钢靴，并在滑道上铺上光滑的不锈钢板，加上垫片，这样音乐厅就可以穿着钢靴滑行移动了。一开始加压试推时，因为静摩擦力和动摩擦力的力道不一致，音乐厅没有丝毫动静。开始移动之后，第一天只移动了1.3米。随后，团队分析钢靴下材料的摩擦系数，把北部的10台千斤顶撤下了4台。

接下来，就顺畅了，老建筑在滑轨上滑动了66.46米，平移了一个星期，到达新家。到位之后，老建筑再次顶升1.68米，新增的地下室钢筋混凝土柱网与音乐厅原有的66根承重柱柱网正好连接在一起。

经过两次顶升，上海音乐厅共“长高”3.38米。

为了这次移位，团队准备了半年。

如果说音乐厅是块“老豆腐”，那清水湾历史建筑就是一块“水豆腐”。清水湾历史建筑建成于1925年，建筑高两层，回字形平面，五开间、两厢，为中式格局与西式立面相结合的江南院落式建筑。面积1 200平方米，高9.5米，重2 000吨。据常青历史环境再生设计事务所（以下简称常青事务所）提供的信息显示，该建筑的内部结构为中式木构梁架，外立面是西式清水砖外墙，以青砖为主，上有西式的券窗、山花等，前部还结合了一个西式七开间的两层券廊。“那真叫一抓就碎，但是外立面和房屋形制的精美依旧抓人眼球。”卢文胜说，这幢历史建筑在百年间经历了住宅、工厂、学校等多种使用功能的变化。在保护前，其周边的环境已更新为工厂。由于未被列入文保或上海市优秀历史建筑，清水湾历史建筑面临着被拆除的命运。常青事务所在对建筑遗存进行详细测绘的基础上，提出对其进行保护的建议。经各方协商讨论，最终决定对其进行整体移位保护并与社区功能整合。

移位目标地和原位直线距离约80米，需旋转约35°。由于防汛墙较高，建筑还需要被抬高约2米，且在移位完成后建筑东立面将直接滨水。对于这栋历史建筑的保护与再生来说，“移位”成为修缮工作的一项前提条件。在设计中，对建筑遗存的立面风貌和平面形制，以及历经百年带来的沧桑留痕，进行了最大程度的保存；充分考虑了新增部分如新结构、新空间与遗存之间的关系，包括新旧结构的关系和适应性、空间上的有机结合和适用性、形态上的文脉与可识别性。结合移位，还进行了一些历史建筑结构加固设计的新探索，如隔震垫的设置等，实现了老建筑结构的安全性能提升。

上海民立中学4号楼位于威海路412号，原为邱氏两兄弟住宅，约建于20世纪20年代末，总建筑面积1 780平方米。该建筑为三层砖木结构（局部四层），正立面采用文艺复兴时期新古典主义建筑风格，庄重典雅。该建筑物于1999年被列为上海市“优秀历史建筑”。根据规划要求，将民立中学4号楼向东南方向整体平移57.6米，顶升0.4米，该工程于2010年2月平移到位。

济南市纬六路老洋行是济南仅存的一座巴洛克风格建筑，建于1919年，为三层砖石结构，木楼板，建筑面积约600平方米。2005年9月，因道路拓宽将其沿建筑物横向平移17米。该建筑物采用了滚动式平移方式，建筑物就位后，安装了隔震橡胶垫，实现了建筑物的隔震就位连接。

济南一栋建于1920年的老别墅，平面长15米、宽9米、高6.5米，重量320吨，占地108平方米。老别墅结构复杂，并运用繁复的处理形式，融合了西方与东方的多种建筑元素。别墅的正入口是四根陶立克式柱子撑起的外廊，内部有一个小型地下室，功能合理，风格独特。别墅外墙腰线以下基础使用济南青石，墙体是规整的机制红砖。窗台板为整块青石板精雕细琢，铺机制大瓦，体现了良好的施工工艺水平。红砖青瓦淡蓝色木质门窗组合在一起，很是养眼。老别墅由一名德国建筑师建于20世纪40年代，因为拆迁，它被车载移动30千米到山东建筑大学校园内的新家：2009年3月1日晚9点开始，经历一次长距离逆行、2次危险的拐弯、3过立交桥、4次穿越过街天桥……老别墅历时14小时，行走30千米，到达目的地。这也使得该老建筑改造成为国内第一个移位技术专业博物馆。

三、建筑物整体移位技术研发创新探索、大匠运斤

“建筑物整体移位技术包含滚动式整体移位、滑动式整体移位、轮动式整体移

位这三种主要形式。”张鑫科普说，“移位工程是通过一定的工程技术手段，在保持建筑物整体性的条件下，改变建（构）筑物的空间位置，包括平移、爬升、升降、旋转、转向等单项移位或组合移位。广义的移位工程还包括树木、超大型设备或构件等的移位，但它所采取的手段必须是工程技术手段。”

根据移位装置，移位方式可分为：滚动式，其移位装置采用辊轴，依靠辊轴的转动来实现建筑物移位；滑动式，指移位装置的滑移面是滑动摩擦，通常下轨道为钢轨或钢板，上轨道为钢板或槽钢，这是一种新兴的移位装置；SPMT平板车，是一种模块化生产及组装的自行式平板拖车，可以根据装载货物的不同需求被配置成各种结构、尺寸和质量。

移位先要处理基础，处理方式通常分为切断式和连同式。切断式是指在基础的某一水平位置将基础切断，上部移走，在新的就位位置施作新基础，然后再将上部结构与新基础连接起来；连同式是指将建筑物结构主体与基础一同移走，这种情况下通常基础埋深浅，对于深基础，如桩基等则不适用。

建筑移位根据需求又可分为整体式移位和分体式移位，移位方式也有水平式、升降式及组合式移位，移位的施工方式分为顶推式、牵拉式和组合式，根据具体要求而定。

这些方式方法都必须要求以强大的技术和研究成果支撑方能实现，因为每一个待移的建筑各不相同。我国建筑物移位技术现状是从业门槛级差大、学科领域跨度宽、工程应用范围广、安全风险管理难、技术创新维度多，同济大学的建筑移位研究正式开始于21世纪初。

2001年，静安规划开发商业广场，80多年的刘长胜故居被保护性平移133米，分两次完成。第一次，采用转角平移法，只用了30多个小时就完成了33米的平移。二期工程又移动了100米。2002年10月，同济大学土木工程学院建筑物移位技术研究中心成立。2005年，第一届移位技术会议在上海召开，参会者70人；2021年，第四届移位技术会议召开，参会单位200余家，研究者、技术专家400余人。根据第四届移位技术会议报道[1]，近十几年来，我国建筑物整体移位、纠偏、托换、加固、改造技术取得了突破性发展，可编程逻辑控制器液压控制系统和步履式走行器、自行式模块化运输器自动模块车、沉降自动监测与调控系统等一系列现代化技术得到成功应用。被平移建筑物的高度达到了15米，最大顶升高度达15米，水平旋转移位最大单体建筑面积超过22 000平方米，最大移位单体重量达到40 000吨，成功实现20层高楼的纠偏。平移建筑物的高度达到了15层，最大顶升高度达15米。在文物建筑保护领域，建筑移位技术正发挥着越来越大的作用，至今已有数百个移位保护工程的应用案例，包括上海玉佛禅寺大雄宝殿整体平移顶升、南京博物院老大殿整体顶升与隔震加固、武当山遇真宫的主宫门及东西配殿宫门顶升、上海音乐厅平移顶升、温州百年叶宅顶升平移旋转、北京中国记者协会办公楼平移等。

20年来，同济大学建筑物移位技术研究中心针对建筑物移位工程中结构托换—牵引控制—就位连接三个阶段，系统研究了托换结构受力性能、牵引力变化规律和组合就位连接支座力学特性，研发了移位装置、设备和测控系统等，形成了成套技术，参编了国家行业标准《建（构）筑物移位工程技术规程》(JGJ/T 239—2011)。主要发明创造包括以下内容。

❶ 揭示了托换结构的受力机理和移动过程中托换结构的内力变化规律，首次提出了托换结构设计新方法，发明了一种移位滑车装置。

❷ 探究建筑物移位空间相对关系变化机理，提出了多向步进式移位关键技术，发明了步进式自行走建筑移位装置。

❸ 阐明了移动过程中牵引力的变化规律，提出了摩阻系数的取值方法及牵引力计算公式，研发了基于建筑物重量和摩阻系数的移位测控系统，发明了消能减震装置和建筑物移位新型轨道。

❹ 基于结构隔震技术原理，将行走装置（滑块或滚轴）与橡胶支座相结合，发明了组合支座式就位连接新方法。

❺ 研究建筑物就位局部构件及其界面需要精细化调节，发明了一种高精度刚性高度与角度调节装置。

卢文胜介绍，建筑物移到指定位置后，需要与新基础连接。采用隔震技术将最大限度满足建筑移位与建筑保护需求。数值分析表明，组合支座连接的建筑物可延长基本周期，增大系统阻尼，减小上部结构的地震反应，移位后形成的组合隔震结构与移位前相比，其地震剪力减少60%。组合支座安装在基础和托换结构之间，不改变建筑物外观，解决了历史建筑抗震加固容易破坏原有风貌的难题。另外，利用移位行走装置作为组合支座的组成部分，还可以降低工程造价。

济南宏济堂药店西号（建于1920年）移位保护工程，采用聚四氟乙烯滑块作为行走装置，到位后滑块与增设的铅芯橡胶支座形成组合隔震支座用于就位连接。通过地震反应分析可知，多遇水平地震作用下顶层加速度反应幅值为移位前的36.7%，罕遇水平地震作用下为31.6%，隔震效果明显。张鑫教授说，这样就不用再对建筑上部进行抗震加固了，很好地保持了建筑物原貌。上海大华清水湾历史建筑移位后采用了隔震支座连接。团队研制了拉压组合减震隔震部件，在橡胶支座周围设置低屈服强度钢板，提供抗拉能力，克服了传统橡胶支座抗拉强度低的缺点。

据了解，团队在探索原结构截断和顶升转向过程中荷载转移引起托换结构的内力和变形的变化规律的基础上，发明了可控式提升托换工具和移位顶升转向新方法。可控式提升托换工具由门式钢框架、穿心千斤顶、钢绞线及锚具等组成。移位顶升转向新方法是在两个方向轨道交叉点外侧设扩展基础，对应上方托换结构设置牛腿；将千斤顶置于基础和牛腿间，利用顶升中的微小变形和空隙，调整滚轴，完成转向。临沂国家安全局的八层办公楼移位工程，先向西移动96.9米，再向南移动74.5米，在转向位置利用本发明中的转向方法顺利完成了转向。

四、有了这套独门秘籍，城市更新日新月异

“由于理论研究和技术研发的滞后，我国刚开始进行建筑移位时，常常发生事故。”蓝戊己坦言，1998年底，广东省某酒店，建筑面积3 665平方米，重达50 000千牛。采用“钢筋混凝土包柱式梁托换结构”，此工程在移位过程中由于对受力情况估计不足，上轨道梁出现了拉弯裂缝，千斤顶的顶推点和滚轴下轨道梁出现了局部压坏的情况。还有某楼、某酒店、某办公楼等，都在移位过程中出了问题。老建筑普遍“身体衰弱”，要想分毫无损地将其移动至目的地，极不容易。

有了金刚钻，团队就敢揽瓷器活。同济大学建筑物移位技术研究团队先后获得国家授权发明专利6项、软件著作权1项，内容从结构托换、牵引控制，到就位连接，涵盖了老建筑的梳妆打扮、起身上轿到安身新窝的全过程。在移位中心成立20周年的学术交流会上，卢文胜在题为“移位技术科研需求探讨”的演讲中，将之总结为移位保护关键力学模型及机理、移位保护关键工艺及应用、移位智能感知与决策分析、地下空间利用关键成套技术等内容。他介绍，针对清水湾历史建筑移位项目，团队给出托换剪扭耦合力学模型：斜向平移托换梁与滑梁有一定的夹角，滑脚支撑点与托换墙体有一定的距离，滑梁弯曲与托换梁间变形协调，轨道不平引起竖向位移差。这些扭转受力机制，通过试验，团队一一给出预判。

同样，按照计算、试验，团队为华东医院南楼的整体顶升提供了强有力的理论和技术支撑，同济大学土木工程学院副教授谢丽宇说，华东医院南楼建于1926年，是上海市文物保护单位。建筑地上六层，西北角局部有一层地下室，建筑面积约1.07万平方米，平面呈工字形，由南侧主楼、北侧副楼和中部连廊组成。东西向长度约80.6米，南北向长度约46米，高度约22米。混凝土框架结构，条形基础埋深

1.42米，基础下密布直径150毫米、长度3.65米的木桩3 000多根。其重点保护部位众多，包括外立面、栏杆扶手、柱式、山花、檐口、大理石主楼梯、壁炉、塔司干柱式立柱及拱廊等。该建筑经过90余年的使用，存在不同程度的老化和损伤，抗震性能不足。建筑沉降较大，室内地坪低于室外地面0.7米，严重影响外立面，且存在雨污水倒灌的风险。倾斜检测发现南侧主楼部分房屋最大相对高差为119毫米，南高北低。团队对约束边界条件变化、竖向差异变形作用进行了深入研究，用自主研发的智能感知与决策分析系统对其进行严格监控，内容包括竖向差异变形、地基沉降、轨道不平整等，最终成功完成了托换、抬升。

玉佛寺位于上海市普陀区，始建于清光绪年间（1875—1908年），至今已走过100多个春秋，在老上海人心目中有着重要的地位。寺中的“玉佛坐像”，名闻遐迩。据统计，玉佛寺大雄宝殿的年客流量可达到200万人次，这也导致逼仄的大殿前广场极为拥挤，加上香火旺盛，安全隐患危如累卵。政府启动的保护性修缮工程，最重要的内容就是将大雄宝殿平移30米。大雄宝殿重约2 000吨，基础结构早已老化，一旦移位过程中稍有闪失，就可能造成建筑的结构性损伤，甚至坍塌，且大殿内尚有众多泥胎佛像等珍贵文物，倘若出现意外，损失不可估量。

“如果说上海音乐厅平移类似推‘箱子’，大雄宝殿平移则好比推‘桌子’。还需带着‘桌子’下方的所有佛像、佛台一起移动，过程中如何保障整体结构和佛像文物的安全，对我们来说是一个巨大的挑战。”蓝戊己介绍，“我们先是让大殿与原址分离，对于大殿内地面无建筑部分也开槽下挖，以便托盘的分量变得轻一点。随后，采取步进式移位装置（亦称步履式行走器），它由上滑块、下滑块、挂板、前挡块、套筒、水平双向液压千斤顶、竖向液压千斤顶、计算机控制系统和液压系统组成，前脚稳、后脚腾，如同人的行走。到达预定位置后，我们再按照要求采用交替顶升技术，把大殿升高了1.05米。”

蓝戊己说，张园九栋房屋“手牵手肩并肩”地联袂移位，也采取了类似的方法。如果用快进的方式，人们看到老房子移动的图景，一定会惊呼：“你看你看，那排房子在自己往前走。”平移技术现在什么都能移，桥梁、立交桥、气象塔、电塔……您听说过为大树移位的不？ 2008年5月，浙江建德新安江东入城口毕家后村的一棵386岁高龄、高17米、重5 500吨、树干最大直径2米、树冠覆盖面积达500平方米的大樟树，被成功向北平移了74米，并整体抬升3.5米。该项移植工程打破了1994年美国橡树移植的吉尼斯纪录，成为我国乃至全世界的树木移植工程之最。这棵大樟树，根坨（树根部含土部分）上口直径约25米、下口直径约28米，树根中心处厚度约为3.7米，可谓庞然大物。“针对此项工程的庞大和复杂性，我们采取了根托形成、加固支撑、顶推移动（提升）等多项有效措施。”蓝戊己说，通过施工准备—探根—古树支撑—托盘形成—根坨形成及加固—工作导坑施工—施工滑板及顶力后背—横向顶入钢构托梁—顶推基础施工—纵向隧洞开挖—置入纵向托梁—迁移—托梁抽拔—基坑回填—树体支撑—围护—养护等多项施工工艺，共动用了5台总动力为1 600吨的液压千斤顶进行推移。液压千斤顶的位置固定不变，每实施一个顶推循环，古樟树就向前推进约1米，千斤顶与树坨之间留下的空隙就放置相应长度的顶铁，然后再实施顶推，这样循环往复。为了保护樟树，使树体的震颤最小，推进速度很慢，如果现场不做标记，肉眼很难发现古樟树正在移动。先顶升工字钢进行根托分离，然后进行隧洞施工根托底部混凝土、上托盘梁系及混凝土下滑梁系，下滑梁设置成4.7%的坡度，采用液压千斤顶作为顶推动力系统，采用“爬坡”移动的方法，将平移滑道设置成4.7%的坡道，使移动与顶升同时完成，最后将托梁顺根抽出。为了保证樟树能存活，估算工期后，春节一过，团队便进驻现场昼夜施工，努力了110天，最终将古樟成功移至规划中的东入城口街头公园。业内专家说，这棵古树的成功移位，标志着我国古树名木全冠整体移位技术已具有国际领先水平。现在，这棵大树枝繁叶茂。

其实，早在2003年3月，上海的一棵百年广玉兰就在15天里被挪动了40多米，到了新家。据当地媒体报道[2]，记者在位于南京西路常德路口的上海航站背后工地看到，一株十几米高的广玉兰被上百根钢管和毛竹制成的固定架紧紧包围，底部一块12米×13米见方的巨大土层被钢板隔断出来，厚达3米的土块下面是三根灰白色的混凝土轨道，大树已经移动了约10米。这棵编号为“0676”的百年古树正默默看着脚下坑道中的十几名工人为其“挪窝”的忙碌。为了给上海航站配套工程让路，这棵百年广玉兰被整体移动约60米，最终在路边“安家”。3月28日，大树到达“新家”。

同济大学建筑物移位项目组长期开展建筑物移位关键技术研究，主要研究项目有国家科技支撑计划项目“既有建筑移位改造关键技术研究”、国家重点研发计划项目“物理机理-多源数据双驱动时序图谱认知网络的建筑与市政公用设施性能评价与演化预测预警”等。近年来，主要完成的重要工程项目包括上海音乐厅整体移位监测、上海清水湾民居移位及隔震保护、上海玉佛寺移位监测及隔震保护、海南文昌华能综合体整体移位监测、厦门后溪汽车站整体旋转移位监测、上海华东医院南楼原地顶升保护监测与隔震保护等。与此同时，课题组发表移位技术相关论文40余篇，培养研究生10余人，参与编制移位行业规范2项，获得国家科技进步奖二等奖1项、省市级科技进步奖二等奖2项、华夏建设科学技术奖二等奖2项、工程建设科学技术进步奖一等奖1项以及多项行业奖项。

“进入新时代，我国‘十四五’及中长期发展远景规划为建筑物移位技术带来了机遇和挑战，我们将一如既往牢记初心使命，面向国家经济社会的发展需求，团结协作，勇于直面问题、迎难而上，在建筑移位关键技术领域不断创新，切实推进节能减碳，推动韧性城乡高质量发展。”结构防灾减灾工程系卢文胜教授表示。

（资料收集：卢文胜）

1 参见“文汇客户端”，2021年6月5日。

2 《60万元为古树搬家　百年广玉兰15天挪动40多米》（记者龚星），载2003年03月25日《新闻晚报》。

矢志下一代建筑材料

同济大学土木工程学院高延性可弯曲混凝土材料ECC研发透视

“月球建造，不大可能把钢筋混凝土材料搬上去，怎么办？下一代材料与建造正是我们矢志努力的目标。”同济大学土木工程学院防灾减灾系余江滔教授说。这项基础研究于2018年获国家技术发明奖二等奖，他是主要成员之一。

一、当混凝土离开钢筋……

随着我国大规模建设速度逐渐放缓，人口老龄化趋势逐渐加快，我国土木工程行业面临的资源危机、环境危机、劳动力危机三大危机越来越严峻。

建筑产业对资源的需求巨大。余江滔介绍，中国是全球最大的水泥消费国，2001年至2022年间中国的水泥总产量达396亿吨，其中2021年水泥消费量高达23.78亿吨，占全球的约55%。生产1吨水泥需要1.6吨的石灰石和黏土，所以我国每年的水泥生产所消耗的自然资源也非常巨大。据中国砂石协会2023年统计，中国每年砂石消耗量高达200亿吨。人均每年消耗砂石超14吨！巨量的需求伴随而来的是价格巨幅波动：经分选处理的河砂曾从2017年的30元/吨涨到2021年的300元/吨，甚至出现马来西亚河砂进口的情况。混凝土的价格也曾在2021年从400元/米^{3}涨到600元/米^3。

建筑产业给环境带来了重大影响。根据BP数据，2020年中国二氧化碳排放量为98.94亿吨。而据中国建筑节能协会等发布的《2022中国建筑能耗与碳排放研究报告》介绍，2020年全国建筑全过程能耗总量为22.7亿吨标准煤，占全国能源消费总量的比重为45.5%，当年全国建筑全过程碳排放总量为50.8亿吨二氧化碳，占全国碳排放的比重为50.9%。生产1吨水泥约排放1吨二氧化碳，以2020年水泥产量计，生产23.77亿吨水泥的二氧化碳排量可占全国总排量的24%。

钢筋与混凝土是传统建材中最经典的一对。在过去的几十年里，我国建成了巨量的建筑物和基础设施，如我国既有建筑面积达615亿平方米、工业建筑120亿平方米、公路桥梁103.3万座、铁路营业里程达15.5万千米、公路535.48万千米，它们短则两成、长则超过五成的服役时间大于30年。根据美国公路和交通标准局的研究，钢筋混凝土建筑物的平均寿命为50~75年。在我国，钢筋混凝土建筑物的使用寿命为20~50年，一些重要的建筑物可达到70年。虽然因社会和经济上的原因加快了我国建筑物更替的速度，但不可否认的是，我国巨量的既有建筑正逐渐步入“晚年”。老化的建筑与老龄化的社会，还有不可预测的地震等自然灾害，将会使我国面临严峻的考验。

“钢筋混凝土结构，需要工人现场绑扎钢筋，然后灌浆成型，而这些对人力资源形成了严峻的挑战。”余江滔说，最近十年，建筑工人年龄比过去平均增加了十岁，工地上基本都是45岁、50岁、55岁的爷叔，难觅40岁以下的年轻人了。北京建工集团的一项调查显示[1]，2007年建筑业一线作业人员平均年龄为33.2岁，2017年为43.1岁，10年时间平均年龄增加了10岁。

余江滔说，他们团队正在做的，就是针对以上情况，琢磨着让混凝土离开钢筋。研究方向包括高性能混凝土材料的研发、智能化无筋建造技术及无筋建筑加固。可是，混凝土怎样才能离开钢筋呢？答案是：研发新一代的混凝土，使它变得更强（韧性）、更延（延伸率）、更适合自动化建造。为此，他们不断深入研究普适型应变硬化型水泥基复合材料，促进这类面向未来的新型混凝土在各种情景下的应用。

二、ECC研究已有些年头

美国著名学者Victor Li以细观断裂力学为基础，以水泥、矿物掺和料以及细骨料等为基体，并采用特种纤维增强，成功制作名为ECC（Engineered Cementitious Composites）的高延性纤维增强水泥基复合材料。与普通混凝土相比，这一材料具有可拉伸变形能力、高韧性、高裂缝控制和高耐损伤能力。

2019年1月，浙江大学、同济大学等单位的“重大工程结构安全服役的高韧性纤维混凝土制备与应用关键技术”成果获2018年度国家技术发明奖二等奖。据报道[2]，从人们居住的楼房，到车来车往的桥梁，再到江河上的大坝……在我们的生产生活中，混凝土几乎无处不在。一旦混凝土上出现裂缝，便可能酿成大坝损伤、桥隧垮塌的惨剧。在许多人眼中，混凝土裂缝成为一种既神秘又危险的存在。“2.0版本”高韧性混凝土，突破混凝土材料脆性易裂、界面薄弱易裂、结构受拉开裂三大瓶颈，为基础设施稳固及更长寿命贡献出新智慧。

其中，对于怎么控制开裂、怎么样将有害裂缝变形为无害裂缝等难题，研究者给出了答案。同济大学的学者们在此获奖项目中的主要贡献是建立了基于随机统计学的短纤维增强混凝土多缝开裂过程力学模型，可描述高韧性混凝土准应变硬化行为、微细裂缝的宽度和间距，为混凝土材料高韧化设计中各组分关键力学性能参数的精确量化和复合材料宏观力学性能的预测奠定了理论基础；将这一材料的极限拉伸应变能力稳定地提升至8%（是普通混凝土变形能力的800倍）。

在国内科研人员和工程师的推动下，这一材料应用在上海、浙江、江苏、湖北、云南、四川等不同地区房屋及重大基础设施的改扩建、续建、修复加固中，为提升工程质量和工程按时发挥效益提供了关键保障，应用范围覆盖了桥梁、隧道、港口、大坝等工程领域，效果良好，产生的经济和社会效益显著，均以亿元为单位计算。

据了解，这一材料在重大交通、海港工程基础设施中的应用案例包括：应用于浙江省交通厅重点项目杭金衢高速公路拓宽工程、新岭隧道的二衬结构及老隧道加固，有效解决隧道的开裂、渗水及耐久性问题；应用于杭州市重点项目秋石高架三期、四期工程和石祥路提升完善工程的桥面连续构造，解决了连续构造在车辆疲劳荷载及温度荷载作用下的开裂破坏和耐久性问题；应用于上海吴淞军港、南京长江大桥、杭州萧山国际机场、杭新景高速等重点工程紧急抢修，修复后2~4小时内恢复正常使用，修复区至今工作状况良好。

这一材料还应用在南水北调水源工程等国内外重大水利水电工程中。水利水电等大型结构工程混凝土浇筑施工通常采用分层分块施工方法，采用该项目技术提高了层间结合施工质量和施工效率，使混凝土施工浇筑仓位周转更加灵活，且能更好满足施工间歇期的要求。

三、研究还在继续

“进一步提升ECC的性能，降低其生产成本，这类环保且性能高的建筑材料，就可广泛用于智能建造、绿色施工、装配式建筑等场景。”余江滔说，相较传统ECC，提升后的ECC具有延伸率6%~8%、抗拉强度达6~15兆帕、弯折强度15~45兆帕的明显优势，通俗地讲有高延伸、大弯曲、高容缺、压不碎、钻不坏等优点，即拉得长依然强、弯得曲却不断、缺了口依然硬，泰山压不坏，子弹打不穿，可以应对极端环境下的非标建造需求。

众所周知，现有的混凝土与钢筋配伍，是因为钢筋有强度、有应变强化和超高的延伸率。常用的热轧带肋钢筋的强度达300~400兆帕，其最大力延伸率不小于7.5%，抗震用钢筋的最大力延伸率不小于9%。余江滔介绍，性能进一步提升的ECC具有超高的可拉伸变形能力，最大可达12%，相比普通混凝土，抗拉伸能力提高500倍以上，达到了建筑用钢的同一水平。此外，其抗拉强度可达5~15兆帕，弯拉抗折强度达10~30兆帕，是普通混凝土的数倍。

余江滔介绍，高性能基体与高强度筋材的结合使用，有望解决传统钢筋混凝土结构的耐久性问题，同时保证结构体系的承载能力。研究团队选取力学性能不同的三种基体（普通混凝土、ECC和UHPC）与两种筋材（钢筋、BFRP筋），对其组成的六种配筋复合体系进行了轴拉试验。试验结果表明，复合材料的拉伸性能受多种因素的影响。高性能基材可以有效地提升构件强度，但复合体系的变形能力由基材与筋材中应变能力较弱的一方决定；高性能基材所提供的抗拉贡献和应变软化会导致复合体系提前进入破坏状态，反而降低了体系的延性（拉伸变形能力）。研究初步证明，基于高性能材料的结构构件设计必须综合考虑材料各自的力学性能和材料间相互作用造成的综合影响。

有没有可能让混凝土彻底离开筋材呢？团队开始了无（少）筋建造的全寿命周期可靠度验证，这一过程要经历从材料到构件，再到结构的全过程营造。在实验室中，团队模拟地震、海啸、泥石流猛烈冲击（高速侵彻）时材料和构件的可靠度；模拟极端环境，获得温度影响、抗冻等级、抗渗等级、氯离子渗透等指标。余江滔介绍，他们用模拟地震和泥石流冲击新材料构筑的房屋，结果发现除了在墙上留下一些轻微损伤外，房屋依然挺立、淡定；用子弹以及TNT炸药近距离破坏ECC构件，ECC表现出令人满意的高度耐损伤能力。

余江滔说，第十届中国花卉博览会在崇明岛上举行，他们团队获得了花博园展馆的竹藤工艺制品展示馆的营造权。展示馆占地面积940平方米，其中展馆面积350平方米；地下为下沉式广场，展厅为纤维混凝土薄壳。“展馆的材料和建造方式是焦点。”余江滔说，展馆采用ECC建造壳体，其厚度为75毫米；展馆外形呈弯曲的管廊样，弯曲的弦长度为21.1米；展厅呈游龙昂首状，高处6.4米，低处3.4米。通过无筋设计，在3D打印完成底模后，用喷枪喷涂ECC。这是世界上首例采用3D打印底模+喷射ECC建造的无筋结构。

展示馆建造完成后，接下来进行各种试验。首先，将装满砂石的袋子往上摞，因为建筑是弧形，顶部“挂”不住，那就层层叠叠地堆在拱上。其次，再侧向加载，用沙袋挂载、绳索拉扯等办法模拟地震作用、飓风冲击，试验结果表明混凝土壳体未出现明显裂缝。最后，也是最具挑战的，即模拟恐怖袭击的撞击试验。架设滑槽后，让180千克的钢球顺槽冲下，撞击拱壳，壳体出现明显的振动，表面出现明显的凹陷，但结构整体完整。竖向加载试验、侧向加载试验和事故型冲击试验的结构表明，有限元模拟与试验结果相近，结构是可靠、安全的。

四、ECC材料的四种应用领域

余江滔说，ECC材料有四个创新的应用方向。第一个应用领域是无筋/少筋建造，如崇明花博会的竹藤制品展示馆。

第二个应用领域，无筋/少筋加固。如老旧小区改造、农村危房加固。我国主要大中城市建造的多层砌体房屋建筑面积已达400亿平方米。目前，大量现役的砌体结构已进入老化阶段且不满足现行规范要求，如材料严重老化、抗震性能差等现象十分突出，需进行加固后才能继续使用。除此之外，还有布置特殊性带来的问题，如中国长江流域约有9.99亿人口，占

图1　无筋/少筋建造——崇明花博会的竹藤制品展示馆。图片来源：受访者供图

全国总人口的70.75%，这一区域具有雨热同期、夏热冬冷的气候特色，大量的砌体房屋具有南北朝向、长宽比大、纵墙开洞率高、纵弱横强、南轻北重等特点，抵御重大灾害的性能不佳。此外，城市老旧房屋的居住人口密集，房屋占用率高，多为“实心房”，房屋的改造难度高。传统的加固方法普遍存在施工清空时间长、加固后面积明显缩小、加固层容易开裂、施工复杂等问题。因此，有学者提出ECC的无筋加固。ECC薄层加固可节省工期（施工工艺简单，工期为传统面层加固的1/3~1/2）；大大降低侵占面积，面层厚度仅为10~30毫米，是传统面层加固的1/3；无需穿透墙体拉结，大大减少对原结构的损伤；不存在传统加固开裂导致的钢筋外露、锈蚀等问题，可大大延长使用寿命。但是这一技术需要确定正确的设计原则和技术指标，因此，余江滔团队通过系列实验和分析，完成了这一技术的验证，并以同济大学为主编单位，将其纳入上海、江苏、湖北等地方标准及行业标准。

图2　无筋/少筋加固——振动台试验。图片来源：受访者供图

第三个领域，无筋/少筋连接用于结构连续构造。余江滔说，实验结果显示ECC自身具有抗拉、抗压、抗弯的本领，可很好地与钢筋并肩作战，降低钢筋独撑疲劳的局面，二者一起延年益寿。在相同弯曲应力下，ECC试件的疲劳寿命远大于普通混凝土；相同配筋的ECC桥面连续构造的疲劳寿命提升了3倍以上；少筋ECC桥面连续构造的疲劳寿命同样超过200万次。“也就是说，ECC与钢筋齐心协力、同舟共济抗御外力，这和我们同济的精神风貌相符。”余江滔说，“试想未来，我们有可能通过ECC的连续构造取代现有的桥面伸缩缝，实现公里级的无缝桥面建造，开车时一马平川，原来会砰砰作响的桥面、道面将会变得丝滑且安静，驾乘体验自然也就十分舒适了。”

第四个领域，3D打印。混凝土3D打印会有混凝土脆性、分层堆叠工艺带来的力学性能弱化，各类加筋（钢筋）方法与3D打印的施工便利性冲突等问题。余江滔说，比如建一栋房子，先要订购、加工钢筋，再进行现场混凝土模板支护、钢筋定位和绑扎，然后再完成浇筑养护工作，即使是3D打印房屋，也要打印钢筋、布置微筋，建造过程很麻烦。采用ECC无筋打印，只需根据性能需求，设定材料和构件的承载力需求，包括抗拉、抗弯强度及拉伸延性等，机器就可以按要求出活了。在试验室龙门架中，驱动电机、移动轨道、打印平台、控制系统、挤出系统、挤出电机、预搅拌叶、螺杆泵、打印喷头等，一应俱全。在学生的帮助下，这个外形很“未来”的大家伙在装料、移动，又挤出了“牙膏”。不一会，一块带大波纹的梁就出现了，团队称之为“无筋空腔梁”。照片里两个小伙子抬着一块蜂窝六角形孔洞的无筋板，开心地笑着。他们说，这是独角仙鞘翅结构的仿生。

图3　无筋3D打印——仿生蜂窝六角形孔洞的无筋板。图片来源：受访者供图

五、月球上搞建设，又如何？

外星建造，啥意思？就是去地外星球造房子。建造月球基地，是指人类在月球上建立生活与工作区域。这是全人类的梦想。欧洲航天局、美国航空航天局等多个国际组织正在为此努力，中国也计划在2035年前完成月球科研站的建设。月球基地如何建造，这需要头脑风暴。“长征-5号运载火箭起飞重量800吨，登月载荷不到2吨。运载1千克载荷需要耗费10万~20万美元，折合人民币120多万元，比等重量的黄金还要贵得多。显然，大量的建筑材料不可能从地球运到月球。”余江滔说，目前，科学家和工程师提出了各种营造方法，聚光烧结、3D打印、熔岩管道……这让人脑洞大开。同济团队的计划是：就地取材+机器人砌筑+3D打印。在月球表面采取、切割岩石，通过机器人砌筑和紧固砌块，通过3D打印灰缝来实现仿贝壳珍珠母[3]的仿生建造等，这也许是一种对地球材料依赖更小、效率更高的方案，但这需要研发面向未来的建造科技。

“将无机材料与有机材料相结合，学习生命材料组装的高效率和高性能，突破极端环境下的建造技术问题，使地外星球的建造梦想成真，这是土木工程领域科研工作者拼搏的动力和梦想的归宿。”余江滔说。

（资料收集：余江滔）

1 王承军:《建筑业一线作业人员素质情况分析及对策》，载《杭州建设》，2018年3月22日。

2 《国家技术发明奖二等奖：2.0版高韧性混凝土》，浙江新闻客户端2019年1月9日。

3 2021年1月4日，《自然物理学》杂志发文称，来自德累斯顿工业大学分子生物工程中心（B CUBE）和欧洲同步加速器辐射设施组（ESRF）的研究人员首次发现：珍珠母的结构断层可以互相吸引、互相抵消，最终形成完美的周期性结构。软体动物建造贝壳是为了保护自身软组织免受捕食者侵害。珍珠层（也叫珍珠母）十分坚固，因为它具有高度规则的复杂结构。不同物种的珍珠层长度也不同，有的可达数十厘米。但无论大小，它们都是由相同物质在不同位置堆叠而成。珍珠层形成之初，细胞会在不同的位置分泌沉积物质。显然，早期的珍珠层结构并不规则，有着诸多结构缺陷。研究人员说："刚开始时，这些矿物有机组织充满了断层，这些断层像螺旋楼梯一样层层堆叠，向左或向右延伸。但最终，成熟的珍珠层结构却完美无瑕。"

一切为了碧水长清

水利工程系科研纪实

“数十年来，我们始终围绕着国家水安全开展科学研究工作，为‘一带一路’等默默贡献智慧。”主持水利工程系工作的代朝猛研究员介绍，中蒙俄经济走廊资源综合考察与绿色发展关键技术、漓江水量水质安全保障关键技术创新与应用、秦山三期（重水堆）核电站场地工程特性研究、岬湾砂质旅游海滩生态修复模式与工程示范、典型药物和个人护理品（PPCPs）全过程环境污染控制关键技术及应用等项目，就是其中的佼佼者。

一、中蒙俄经济走廊如何绿色发展？

2023年10月，刘曙光教授作为主要完成人之一的“中蒙俄经济走廊资源综合考察与绿色发展关键技术及重大应用”获中国土地协会、中国地质学会等六家单位联合颁发的自然资源科技进步奖二等奖。“我们的研究开始于21世纪10年代初，逐步摸清了北方水资源及其环境的‘家底’。”刘曙光教授介绍。

2014年12月31日，科技部基础研究司在北京组织召开了项目验收会，对由中国科学院地理科学与资源研究所主持完成的国家科技基础性工作专项重点项目“中国北方及其毗邻地区综合科学考察”进行评审验收。出席验收会的有中国科学技术部、中国科学院等单位的专家和领导。

项目首次开展对俄罗斯和蒙古国中高纬度地区的多学科、多尺度、大范围的综合科学考察，接续了中断数十年的“中苏科学考察”，有力地推动了新时期我国综合科学考察工作的国际化。项目通过点、线、面结合，遥感监测、实地调查与样带分析相结合，对考察区地理环境、土壤、植被、生物多样性、河流湖泊、人居环境、社会经济以及气候变化等进行了资料整编和实地考察，考察技术路线先进、方法合理、内容丰富、综合性强。项目组成功获取俄蒙系列森林、草原、土壤、水生生物等珍贵样方和标本，以及大量的地图和数据文献资料，制作数据库（集）44个，图集5部，出版考察报告10部，填补了我国近几十年在该地区的研究资料空白。

该项目在国际上尝试构建东北亚南北样带，揭示了东北亚生态、环境和社会经济样带梯度变化规律。在国内首次制定了综合科学考察标准规范18项，并自主研制了野外考察信息采集仪器和分析软件。创建了中国北方及其毗邻地区数据共享平台和东北亚E-Science信息化科研协作网络。考察成果为我国今后开展俄、蒙相关地区科学研究工作奠定了坚实的基础，成果创新性强、应用范围广、科学价值大。成果已应用于基础科学研究、社会经济发展、新型城镇化、国家丝绸之路经济带和中俄蒙经济走廊战略研究，支撑了120篇学术论文和5部科学专著的发表与出版，为15项国家和地方发展规划的编制提供了参考。成果共享好，应用前景大。

项目开辟了中俄蒙国际合作研究的渠道，密切了合作关系，签署了12项国际合作协议，建立了一支老中青结合的跨国综合科学考察人才队伍。验收专家组认为，该项目已圆满完成项目任务书规定的各项考核指标，考察成果达到同类研究的先进水平，被综合评价为优秀，验收专家一致同意通过项目验收。专家建议聚焦问题，扩大范围，进一步开展深入系统的综合科学考察。

参加此次考察研究的同济大学刘曙光教授认为，中国北方及其毗邻的俄罗斯西伯利亚、远东及蒙古国在地理环境上是一个整体，是东北亚的重要组成部分，该地区生态环境格局复杂多样，自然过程和人类活动相互作用，对我国资源、环境与社会经济发展具有深刻的影响。2001年科技部启动“科技基础性工作专项”，明确了科技基础性工作是指对基本科学数据、资料和相关信息进行系统的考察、采集、鉴定，并进行评价和综合分析，以加强我国基础数据资料薄弱环节，探求基本规律，推动科学基础资料信息的流动与利用工作。近年来，科技基础性工作不断加强，综合科学考察进一步规范。“中国北方及其毗邻地区综合科学考察”正是科技部科技基础性工作专项资助的重点项目。它是我国首次开展对俄罗斯和蒙古国中高纬度地区的大型综合科学考察，标志着我国跨国资源、环境与社会经济综合科学考察工作迈出了坚实的一步，在我国科技基础性工作史上具有划时代的意义。

据悉，该项科学考察体现了国际性、综合性和创新性三个突出特点。项目以中国科学家为主，联合俄蒙国家科学院研究机构和相关大学，共有30多家单位、170多位科学家参加，经过五年多的辛勤努力，圆满完成了既定的科学考察任务。如此大规模的跨国科学考察，有力地推进了我国综合科学考察工作的国际化。

随着考察工作的开展，刘曙光教授主持的国家科技基础性工作专项重点项目课题“中国北方及其毗邻地区水资源综合科学考察”出版了专著。该书作为科技部国家科技基础性工作专项重点项目课题“中国北方及其毗邻地区综合科学考察”研究成果之一。刘曙光教授团队成员匡翠萍教授、钟桂辉教授级高工、蔡奕副教授、张洪副教授以及环境科学与工程学院吴敏教授等研究人员历时五年实地考察了俄罗斯贝加尔湖、勒拿河流域及北冰洋沿岸、中俄界河黑龙江流域和蒙古国库苏古尔湖等地区，研究取得了丰硕的成果：系统地收集了中国北方及其毗邻地区已有的基础数据、文献资料、图件，完成了考察区主要河流水系分布、境外大型湖泊和境内大型水库等水资源现状的调查，完成了贝加尔湖、勒拿河、黑龙江（阿穆尔河）等地区的水资源利用与开发调查，开展了上述河流的河口三角洲、北冰洋沿岸以及色楞格河河口三角洲等地区河流断面和水环境要素的现场测定和实地取样工作，获得中国北方及其毗邻地区的水系分布图、主要河流及大型湖泊和水库的水资源和社会经济数据、主要河流的水资源开发利用分布数据、国际河流出入境水量和水质数据，制定了南北样带水资源变化梯度，并基于统一标准构建综合科学考察数据集群，以提供数据共享服务。

刘曙光教授介绍，通过该项目的科学考察，促进了同济大学与俄罗斯、蒙古国的人才培养和国际交流合作。通过该项考察，同济大学与俄罗斯、蒙古国建立了一支20余人的国际水资源科学考察队伍。其间，中俄合作培养俄方博士1名、中方硕士3名；与俄、蒙科学院相关研究所和大学签署了多份合作协议，建立了长期合作研究关系；召开了中亚、东北亚可持续发展论坛和丝绸之路经济带国际研讨会，为促进“一带一路”共建提供坚实的科技支撑。

经过多年的研究积累，刘曙光教授作为主要完成人之一的成果“中蒙俄经济走廊资源综合考察与绿色发展关键技术及重大应用”，揭示了东北亚河流水系本底格局和水资源南北样带梯度变化规律，为国家在东北地区水资源和生态安全战略需求提供了决策依据，为“一带一路”和中蒙俄经济走廊建设提供了重要科技支撑，对新时期我国与俄蒙全面战略合作发挥了重大作用。

二、漓江水量水质安全这样保障

刘曙光教授、蔡奕副教授、吴乔枫博士等针对漓江流域岩溶地质条件下现有的洪水预报模型难以用于枯季水情预测的问题，会同桂林市农田灌溉试验中心站等共同开展漓江水量水质安全保障关键技术攻关。团队的“漓江水量水质安全保障关键技术创新与应用”成果获得2019年度广西科技进步奖二等奖。

桂林漓江风景秀丽，然而，桂林地处喀斯特地区，漓江又属山区雨源性河流，降水和径流的时空分布极不均匀，枯水落差40米，有险滩66处，已探明的地下河有14条，枯水期长达6个月，枯水时有的地方行人可徒步横穿。为此，桂林市政府自1964年以来相继在漓江上游修建了5座防洪补水调度控制性水库，总库容达11亿立方米，主要用于城市防洪、农业灌溉及枯季补水。

近年来，国内外学者基于区域水资源管理问题开展了一系列研究。但现有的水文-水动力模型的应用主要集中于平原河网的水文过程模拟，常常忽略河道补水的沿程损失。为了从源头解决问题，团队采用现场监测、室内分析、物理模型、数值模拟、工程示范等手段开展漓江干流水量沿程损失定量化研究、漓江流域农村面源污染防控关键技术研究、漓江干流枯季多目标水库群智能调度方案设计研究及漓江水污染事件应急预警与决策研究，为漓江的水量水质安全保障提供了科学依据和技术支撑。“我们在充分收集漓江干流地形、水文、水质资料的基础上，首次量化了漓江干流枯水期沿程渗漏率，提出了漓江水文过程模拟关键参数的优化方法，构建了精细化枯季河道水情预报模型。”刘曙光教授介绍，在此基础上，以漓江干流生态环境补水、通航补水、应急调度等多目标，结合上游水库群优化调度，集成高精度水文-水动力耦合模型、水环境实时监控与预警、突发水污染事件应急调度模型，提出了上游水库群多目标智能调度技术，形成不同目标下的优化调度方案。另外，构建了漓江典型小流域农村面源污染防治体系，主要包括水稻“浅、湿、露、干”的水肥耦合灌溉施肥技术、源头减量-中间拦截-末端处理节水防污技术及适应于农村生活污水处理有机质分离过滤技术，降低了农村面源污染的入河负荷，为漓江水质安全提供技术保障。

此项目构建了精细化枯季河道水情预报模型，为漓江干流枯季多目标水库智能调度提供了数据和技术支撑，包括构建了强大的水文站网体系，对干支流水量变化实施严密监控，快速的数据汇集系统和数理统计系统为漓江水量的优化配置提供了基础性资料；建构出水文过程模拟关键参数的优化方法；构建了漓江干流枯水期沿程渗漏率计算方法；等等。

团队首次建立了漓江干流生态环境、通航、应急调度等多目标水库群调度系统，构建了精细化水质水量耦合模型，提出了基于河道水情预报和补水目标流量的水库智能调度技术及河道水环境实时预测预警技术，克服了以往凭经验进行补水调度的盲目性，实现了汛末水库有限蓄水量状况下补水效益最大化的目标，与原调度方案相比平均节水20%以上，为漓江流域的水资源高效利用和生态环境保护提供更为精准的科学依据。

“项目也存在局限性。”刘曙光教授说，以稻田节水节肥增产灌溉技术及生物堰塘节水减排防污调控技术为例，它能较大程度减少面源污染物的排放量，并在污染发生时起到一定的拦截净化作用。但是由于受到秋冬植被类型、农户对新技术的认知度的影响，该技术的实施推广受到了一定限制。因此，新技术的推广宣传工作尚待加强。

项目实施以来，经济和社会效益显著。据测算，在同样的补水目标下，采用该技术后在常规补水方案设计上较原技术方案节水20%，提高了漓江上游水库枯季水量的利用率。这延长了枯水期漓江旅游通航日期，使设计通航水位保证率从原来的90.8%提高到了93.7%，每年减少15%的航道维护的工作量。“项目的实施有效地解决了漓江枯季旅游疲软问题，带动了桂林旅游业的发展，提升了国际旅游城市形象。”当地政府官员表示。

最近数年，土木工程学院水利工程系蔡奕副教授、代朝猛研究员纷纷前往桂林，联手当地机构开展产学研交流，洽谈新的科研课题。其中，“漓江补源水库持久性浊水链式‘降浊清流’调控关键技术研究与示范”获得广西重点研发计划支持，在当地实实在在地变为守护绿水青山的实践行动。

三、核电站场地安全与否，我来侦知

众所周知，核电站安全关乎国计民生，影响重大。但如何才能知道拟建核电站场地是否安全？水利工程系周念清教授曾亲身参与国家多座核电站选址场地可行性研究与论证工作，他用具体案例表明，秦山三期（重水堆）核电站场地工程特性，已被摸清了。该项成果获得教育部2006年度科技进步奖二等奖。

秦山三期（重水堆）核电站是我国首座商用重水堆核电站，是国家“九五”重点工程，它采用加拿大坎杜重水堆核电技术，由2座核反应堆组成，总装机容量为2×728兆瓦，设计寿命40年。1号和2号机组装机容量均为70万千瓦，分别于2002年11月和2003年6月并网发电。

“我们的任务就是要保证核电站选址的可靠性和场地的安全性。”周念清说。他牵头的团队对秦山三期核电工程场地岩石力学性质进行了研究，模拟了反应堆地段节理裂隙发育规律，对核电工程区域地震及场地地震特征展开分析，提出区域稳定性和场地稳定性双控模式，并深入分析了钱塘江潮汐波动可能会对秦山三期核电工程场地核素迁移造成的影响。

周念清介绍，团队根据场地区域地质、地震地质和岩石试样测试结果，对场地岩体各项物理力学指标进行了综合统计，并给出了场地各种不同岩性的地基承载力标准值、设计值、动态地基允许承载力和地基抗震承载力设计值。由此计算出反应堆荷载引起地基沉降量的最大值和最小值，得出地基的差异性沉降量，为核电站设计和建设提供了可靠依据。

针对岩石节理裂隙在岩体中的分布具有随机性的特点，运用随机方法对其分布规律进行了研究。根据实测的节理裂隙产状、间距及迹线长度，推断节理裂隙概率分布特征。同时充分考虑到节理裂隙分布的不均匀性和方向性等特点，采用非平稳态随机过程模拟节理裂隙间距，通过Monte-Carlo（蒙特卡罗法，统计学模拟法之一）方法得到等效的节理裂隙网络。周念清介绍，根据统计和拟合的结果，对反应堆地段岩体的节理裂隙进行了评价，目的就是为了能更好地表征万一出现核素泄露可能发生迁移的途径。

团队认为，地震是引发核电安全事故的重要因素。区域地震特征与区域地质构造密切相关，需根据区域地质构造、地震地质历史，对区域地震特征进行综合分析和评价。同时，根据场地地质条件、现场钻探、单孔地震波和跨孔地震波测试、岩石试样室内动态参数测试等，建立地震波与场地岩性、地质构造之间的关系，计算得到场地地震加速度，为秦山三期（重水堆）核电站抗震设计提供可靠依据。

秦山三期（重水堆）核电场地临近杭州湾，潮汐的波动在场地周边裂隙含水层中会产生相应的压力波，由于压力波向厂址区传播，使地下水位和水力坡度连续不断地产生波动，并直接影响场地周围含水层中水位变化，且变幅较大。为了评价潮汐对场地地下水的影响，团队通过实时监测地下水和地表水水位波动计算地下水的水力坡度。压力波按照正弦波传输，地下水相对于潮汐有一时间滞后，计算得到不同观测地点的滞后时间、影响大小和波长，为核电站的建设及防止核素扩散提供重要依据。

以上一系列研究为核电站建设提供了翔实可靠的数据支持，周念清说："我们也对发现的问题，提出了不少有益的建议。"他介绍，该项目属地质工程领域重大工程场地稳定性研究方向。在场地可行性研究和论证过程中，发现场地内存在超深断层破碎带、构造侵入体等不良地质体，且节理裂隙十分发育。他们在获取大量试验数据的基础上，对场地稳定性和安全性进行了系统的研究，作出了客观科学的评价，最终将原设计方案中反应堆位置进行了调整，避开了场地不良地段，确保了核电工程场地的安全，为核电选址作出了贡献。

理论研究方面：第一，结合区域地质构造特点，对场地内发现的断层破碎带、构造侵入体和大量节理裂隙等的形成机理进行了深入探讨，通过现场调查、试验与统计分析，采用非平稳态随机理论和计算机技术模拟了节理裂隙的发育规律，建立了反应堆地段节理裂隙间距的分布函数，可为类似条件的场地节理裂隙研究提供借鉴。第二，场地开挖过程中因工程卸荷作用发生应力释放，导致岩体内部裂缝积累、扩展和演化，连通性增加，岩体质量劣化、岩体抗拉强度丧失，团队对岩体破坏与演化过程进行了研究，建立了岩石力学特性与差异性沉降的关系。第三，通过渗透试验、地下水位随潮汐波变化规律监测，采用渗流力学理论模拟场地内裂隙介质对潮汐波动的响应特征，建立了地下水响应波动方程，对于研究场地范围内核素迁移和放射性污染提供了充分的依据。第四，根据地震波测试结果，对岩体完整性评价进行了量化，建立了波速与岩体完整性的定量关系。

实际应用方面：通过对场地断裂破碎带、构造侵入体及节理裂隙等不良工程地质问题的研究，对优化工程设计和施工方案、合理调整参数取值，提出了一些合理化建议，被加拿大核电设计公司采纳，不仅节省了大量投资，而且缩短了工期，为秦山三期（重水堆）核电建设作出了积极贡献。

核电项目共发表学术论文18篇。研究成果在江苏田湾核电、浙江三门核电、山东海阳核电、辽宁葫芦岛核电以及福建福清、宁德核电等核电站选址和场地稳定性研究方面都得到了广泛应用。2007年1月23日，《科技日报》对周念清支持完成的获奖项目“秦山三期（重水堆）核电工程场地工程特征研究”进行了专门报道。

正因为周念清在核电场地安全领域的贡献，2008年5月12日发生汶川大地震当天和5月20日，《解放日报》记者先后对他做了2次专访，并被多家报纸和新闻媒体转载。2011年3月11日，日本福岛核电站核素泄漏问题也充分证明了核电选址与地震安全研究的重要性。为此，周念清还接受了权威杂志《新世纪周刊》的专访，发表了“重估中国核电”的报道。自此之后，中国核电建设进行了为期一年多的安全大检查工作。

周念清作为主要参与者完成的“许昌市国家水生态文明城市建设”，提出了“五湖四海畔三川，两环一水润莲城”许昌市水生态发展理念，得到了水利部的高度好评。2017年5月8日，中央电视台《焦点访谈》栏目做了专题报道，在全国范围内引起了强烈反响。其中，“中部缺水型地区水生态文明城市建设模式研究与实施”于2016年获得许昌市人民政府颁发的特等奖。

四、还你一个美丽的海湾

人民资讯2022年1月26日报道，秦皇岛湾北戴河段入选全国首批美丽海湾优秀案例。报道说：1月24日，生态环境部召开2022年首场例行新闻发布会，正式发布了2021年度美丽海湾优秀案例，河北省秦皇岛湾北戴河段入选，成为全国首批4个美丽海湾优秀案例之一。

“蓝天碧海离不开科技的支撑。”当地政府官员坦言，同济大学土木工程学院水利工程系教授匡翠萍就是支撑者之一。她团队的“岬湾砂质旅游海滩生态修复模式与工程示范”首次设计了“岬湾－补砂－沙坝－鱼礁式潜堤”生态修复模式，实现了人、海、湿地、生物和谐的海洋生态文明建设，为我国砂质海岸侵蚀防护与活力海岸构建作出了重要贡献。据悉，该项成果获得2014年度国家海洋局海洋工程科学技术奖二等奖（同济大学和个人均排名第一）。

匡翠萍介绍，我国已有70%砂质海岸面临侵蚀问题，近半个世纪以来海岸生态系统面积共损失53%，制约我国沿海地区经济社会的可持续发展和国家海洋生态文明建设。该项目针对受损岬湾砂质海岸，系统研究了砂质海岸养滩模式，基于“弱化单体工程，多重体系保护”的思想，首次设计了“岬湾－补砂－沙坝－鱼礁式潜堤”生态修复模式。在纵向结构上，通过补砂、沙坝、离岸潜堤削减波浪、提供砂源，形成对海滩的三重保护，在保证海滩保护效果的同时对环境扰动最低。

研究获得了岬湾海滩的水质与潮汐通道长度、岬头延伸角度、潜式人工岬头和离岸潜堤几何尺度等的定量响应关系，优化设计岬湾海滩生态修复组成结构，实现海滩和水质双重保护。

项目提出了人工近岸沙坝顶高、离岸距离和沙坝沉积物粒径与沙坝喂养功效和遮蔽功效的定量关系，设计了带圆孔顶板的框架鱼礁，在削弱入射波浪、保护海滩的同时为海洋生物提供栖息地，发挥生态效应。

匡翠萍说，我们团队中的长期合作单位河北省地质矿产勘查开发局第八地质大队在北戴河建立了国内第一个养滩原位监测体系，主要包括沉积动力地貌（岸线、岸滩形态、沉积物、水动力）监测、海滩环境（水质、生物）监测，借助水动力泥沙输运数学模型，评价养滩功效，实现了适合岬湾砂质海岸养护模式的定量后评估。

她介绍，2007年至2013年，“岬湾－补砂－沙坝－鱼礁式潜堤”生态修复模式成果应用于秦皇岛十余处海滩修复工程，2009年至2012年创造了108亿元的旅游收入。成果获奖后，在海洋公益性行业科研专项等资金支持下，该生态修复模式拓展形成了“沙丘－海滩－沙坝－潜堤”软硬兼施的创新北戴河养滩模式，成功修复了30余个受损砂质海滩，实现了人、海、湿地、生物和谐的海洋生态文明建设，为我国砂质海岸侵蚀防护与活力海岸构建作出了重要贡献。该项目已申请中国专利10余项，发表学术论文100余篇，其中SCI和EI收录60余篇。

得益于科研成果的支撑，河北省当地强力推进生态修复，有效解决了传统人工养滩模式寿命短、海滩自营力丧失的问题以及养滩工程与生境保护之间的矛盾，在海滩养护领域创造了“北戴河模式”，有效恢复了自然岸线和滨海湿地生态服务功能，推动了北戴河滨海旅游业的健康稳定发展。近年来，先后实施了金屋至浅水湾浴场侵蚀岸段沙滩修复工程等多个生态修复工程，修复恢复滨海湿地538.28公顷，岸线14.623千米。这一养滩模式被新华社、中国海洋报等媒体广泛报道。

五、护航码头安全运营

中国式现代化，港航事业发展举足轻重。港航实业如何提质增效，更高质量、更加安全地走上现代化道路？同济大学与上海国际港务（集团）股份有限公司等多家单位合作，成功研发了“海港码头结构智能健康监测及诊断分析系统”，为我国海港码头结构安全提供了重要的技术支持。

“海港工程领域中广泛应用的高桩码头结构，在海洋环境条件下，由于多种原因、较长时间，运营过程中会出现不同程度的损伤，威胁结构的整体安全性。”郑永来教授介绍，针对这一问题，团队通过现场监测上海港典型高桩码头结构的关键性能指标，结合结构系统特性分析，成功研发了损伤识别指标体系，为码头结构的健康状况提供了全面的诊断和分析技术。

郑永来说，研究团队在项目中取得了一系列关键性的研究成果。通过对高桩码头结构的位移、应力应变、振动特性等指标进行实时监测，建立了智能健康监测及诊断分析系统，可在提前预警、损伤评估以及剩余寿命预测等方面发挥关键作用。据了解，这套智能监测系统应用于上港集团宜东公司军工路码头、崇明岛LNG码头后，成功降低了港口基础设施的维护费用，提高了港口基础设施的整体安全性。

“目前，我方正与上港集团合作将本研究推广应用于小洋山港北侧在建码头项目。”郑永来说，这一项目进行中，同济大学与上海国际港务（集团）股份有限公司、中建港航局集团有限公司、上海中交水运设计研究有限公司、中船第九设计研究院有限公司、中交第三航务工程勘探设计院有限公司、海南省水利水电集团有限公司等紧密合作，形成了产学研深度合作的格局。形成的研究成果已申请专利16项，其中12项已获授权；发表学术论文46篇，其中21篇被SCI收录、25篇被EI收录；出版专著3部。

“这一系列成果填补了海洋环境下高桩码头结构智能健康监测及诊断模式的空白，促进了该领域学科的进步，为我国港口基础设施的建设提供了更为可靠的技术保障。”业内专家评价。

六、看牢身边的水安全

在2019年度上海市科学技术奖励大会上，出现了一个大众熟悉又陌生的获奖项目：“典型药物和个人护理品（PPCPs）全过程环境污染控制关键技术及应用”。“这个项目为何获奖？是因为其目光瞄准了日常生活中司空见惯的药物、个人护理化妆品所产生的潜在水污染风险，并提供了周密可靠的技术管控方法。”评审专家表示，成果从生产源头、使用过程、环境净化全过程控制PPCPs环境污染，全方位保障水环境质量安全，在投资、运行能耗、二次污染控制等方面都达到了国际先进水平，取得了重要技术创新，在生态文明建设中大有可为。

作为主要参与者，代朝猛介绍，我们每个人每天要洗脸刷牙，许多人清晨出门也会梳妆打扮，病人会服用各种药物……但大家可能都没意识到，药品和个人护理用品的残余及未被人体吸收的成分，将会对水源和土壤造成污染，新型污染物成为新的水安全潜在威胁。习近平总书记在科学家座谈会上要求“四个面向”：“坚持面向世界科技前沿、面向经济主战场、面向国家重大需求、面向人民生命健康，不断向科学技术广度和深度进军。”面向人民生命健康成为新时代的重大历史责任和使命。国务院办公厅印发《新污染物治理行动方案》中指出，需规范药物等新型污染物的使用管理，加强药物污染治理。

近年来，同济大学周雪飞教授团队对化学污染物的关注从农药等典型的环境污染物延伸到了这一“新型污染物”——药物和个人护理用品，并在该领域做了大量的研究工作，相关成果获得2019年度上海市技术发明奖一等奖。

PPCPs与人类生活及生命健康密切相关，是一个庞大的化合物体系，药品方面包括各种处方药和非处方药，如抗生素、消炎药等；个人护理用品方面，日常的有牙膏、护肤品、防晒霜、香水等，涵盖极为广泛。这些污染主要通过工业废水、畜禽废水、医院废水和生活废水等处理后尾水的排放进入环境。

许多PPCPs组分具有较强的生物活性、旋光性和极性，大都以痕量浓度存在于环境中。兽类医药、农用医药、人类服用医药以及化妆品的使用是其导入环境的主要方式。由于该类物质在被去除的同时也在源源不断地被引入环境中，人们还将其称为“准持续性”污染物。城市污水是一种重要的资源，对其处理的好坏将直接影响人体的健康和受纳水体的水质。大多数PPCPs以原始或被转化形式排入污水中随污水进入污水处理厂。国内外均有文献报道在城市污水处理厂排放口检测到一定浓度的PPCPs。

生产环节主要是药企、日化等厂家的工业废水排放。使用环节如药品摄入人或畜禽体内并不会完全被吸收，未被吸收的部分会随着排泄物进入污水系统，外用的护理品则直接通过日常的清洗、游泳等途径排放，甚至没用完的药品投入垃圾桶，如果后续处理不当，也会通过渗透等途径进入环境，进入水体的PPCPs可能会通过饮用水和食物及食物链危害人体等。

“PPCPs具有生物活性、生物累积性和准持续性，对环境有着长期潜在且不可恢复的影响。”代朝猛介绍，印度等国就曾有过惨痛的教训，如2018年发表在Nature上的一篇文章指出，非抗生素药物也会使细菌产生抗性，印度和巴基斯坦境内秃鹰因医用药物双氯芬酸而面临种群灭绝的事件、2010年南亚发现新型超级病菌NDM-1的事件都给我们敲响了警钟，病原微生物对药物产生抗性赋予了它们超级力量，使其更加强大并且可能更加致命，直接损害了人类的免疫系统。

自2006年开始，团队针对PPCPs污染物的环境赋存和迁移转化规律开展了深入的研究；随后针对PPCPs污染控制过程中存在的问题，在基础理论构建、关键技术和装备开发等方面，系统开展PPCPs全过程污染控制技术研究，取得了一系列创新性成果，并已成功应用于实践。团队首创了“典型PPCPs全过程环境污染控制关键技术体系”，从生产源头、使用过程、环境净化全过程控制的关键技术和专用装备入手，实现PPCPs全过程污染浓度递次削减。

与此同时，针对生产源头，团队发明了催化微电解—强化生化—高效分离处理新工艺，解决了PPCPs生产废水可生化性差、泥水分离效率低的处理技术难题，实现了生产废水高效低耗深度处理和PPCPs生产源头高效控制。目前，该成果已成功应用于多家药企。

“技术工艺的革新将会激发广阔应用前景。”代朝猛介绍，基于PPCPs使用过程排放特性，团队构建了医院废水、畜禽废水、市政废水PPCPs多级屏障阻控技术，解决了PPCPs在传统废水处理工艺中去除率低、控制技术种类匮乏的难题，在传统污染物达标排放的同时，实现PPCPs高效阻控和技术工艺革新。

环境净化层面，团队发明了特异性吸附和高效降解PPCPs的新型环境功能材料，解决了环境低浓度PPCPs削减中基质干扰严重、去除效率低的关键技术难题，实现了环境中痕量难降解PPCPs的深度净化及技术装备创新。

代朝猛说，项目已申请中国专利38项，美国专利1项，授权中国发明专利24项；发表学术论文101篇，其中SCI收录63篇；出版专著3部。成果填补了PPCPs环境污染控制技术体系空白，促进了该领域学科进步。通过产学研合作，在上海、浙江、安徽、江苏、河南、云南、山东等十余个省市的近93处PPCPs生产废水、医院废水处理等项目中得到推广应用，有力推动了我国PPCPs污染控制领域的技术创新和装备革新。

（资料收集：刘曙光、代朝猛）

十方世界任遨游

奋战在神州大地的土木工程学院校友风采

2024年1月19日，首届“国家工程师奖”表彰大会在北京人民大会堂举行，宋神友、林毅峰等81名个人被授予“国家卓越工程师”称号。“宋神友、林毅峰是改革开放以来众多同济大学土木工程学院杰出校友代表的缩影。俞加康、袁雅康、丁洁民、陈炯、顾国荣、黄融、张喜刚、徐浩良、马骉、周良、李亚明、吉林、邵长宇、王笃礼、刘旭锴、葛家琪、周建龙、韩振勇、崔冰、王卫东、宋神友、蒋树屏、林毅峰、侯兆新、武威……这样的杰出校友还有很多。”土木工程学院党委书记黄雨教授说，他们奋战在神州大地，奋力谱写着中国式现代化的新篇章。

一、俞加康：国内唯一一位“四线两段”地铁总设计师

俞加康，1965年毕业于同济大学地下建筑专业。1964年作为毕业实习生参加了上海地铁试验工程设计。次年8月，上海市隧道工程设计院成立（今上海市隧道工程轨道交通设计研究院），随后他在此工作一辈子。俞加康为国家一级注册建筑师，曾任上海市隧道工程轨道交通设计研究院总建筑师。先后担任上海地铁1号线一期、2号线一期、4号线、5号线、8号线、2号线西延伸段和1号线北延伸段等线路的总体设计负责人，3号线一期设计总监。作为上海地铁2号线总体设计（第一负责人）获国家设计金奖；1999年获“全国十佳优秀设计师”和“上海市劳模”称号；2004年获“全国工程勘察设计大师”称号，受聘担任住房和城乡建设部轨道交通专家组成员。

上海地铁1号线是上海第一条开通运营的地铁线路，1993年5月28日开通试运营南段（锦江乐园站至徐家汇站），1995年4月10日开通试运营一期工程北段（衡山路站至上海火车站）。

1956年8月23日，上海市市政建设交通办公室向市人民委员会提交《上海市地下铁道初步规划〈草案〉》，提出建造“漕河泾至吴淞、西郊公园至军工路、周家渡至真如、北站至五角场和一条环线”的地铁规划方案，并成立了上海市地下铁道筹

建处，开始上海地下铁道的规划设计、方案论证和试验研究。然而由于“文化大革命”，该规划并没有实施。

直至1990年1月19日，国务院批准上海地铁1号线一期工程动工。按“分段建设、分段通车”的原则，一期工程划分为南、中、北三段，采用土压平衡式盾构推进。应用了工厂自动焊接长轨与洞内移动式气压焊接技术，使无缝钢轨长度达6.3千米。该线实施科技项目54项，通过市、国家鉴定27项，其中14项获市和建设部科技进步奖。

“上海是一座老城市，道路狭窄、路幅短、道路两侧建筑物密布，给车站的总平面设计带来了一定的难度。”俞加康在《上海地铁一号线的车站建筑》中说，如陕西南路车站就紧缩在陕西南路与茂名南路之间，车站总长仅219米。为了保全路南“老大昌”一带的地面建筑，团队采取了鱼腹形车站模式。又如黄陂南路站总长压缩为223.6米，使车站不穿越淡水路、黄陂南路，从而避免了黄陂南路地下管线的搬迁。为了把地面建筑物的拆迁量减到最小限度，将站台宽度压缩到11.5米，从而保存了路南的比乐中学（历史保护建筑）。除了中间折返站，其余地下车站总长均在213~253米范围内，站台宽度在7.6~14米范围内。

“1号线的车站采用地下二层岛式车站，即下一层为站厅层，下二层为站台层。此种形式适用于客流量较大的车站，方便乘客出入。”俞加康介绍，“并将多余的地下空间用作商场。于是现在，我们在上海地铁1号线的多个车站，一下地铁便进入了商场。”

作为上海地铁2号线总体设计的第一负责人，俞加康要考虑的事情就更多了。地铁2号线西起青浦区徐泾东站，途经青浦区、闵行区、长宁区、静安区、黄浦区、浦东新区，横贯上海市区浦江两岸，东至上海浦东国际机场站。“2号线设计使用年限100年，一期工程需满足高峰时段每小时3.7万人次的运力。”俞加康介绍，团队的工作包括选择车辆、线路、轨道、车站设备、无障碍设计、供电、抗震设防、环境控制、通信、防灾、自动售检票系统、控制中心、环境保护……地铁运行的一切，无所不包。

“如车站建筑和结构，我们按照满足2025年预测高峰小时客流量的设计客流，以及近、远期列车编组8节长度为依据，开展车站设计。”俞加康说，一般车站长度为269米、宽度为17.64~21.64米，人民公园站因设有渡线和纵列贯通式单列存车线，长度为367米、宽度为34.12米；杨高路站为中间折返站，且设有双折返线和两股存车线，长度为598米、宽度为19.64米。

一般车站地下一层为站厅层、地下二层为站台层，人民公园站地下一层为商场层、地下二层为站厅层、地下三层为站台层。龙东路站（现称龙阳路站）地面一层为站厅层、地下一层为站台层。站厅层中部为站厅（即公共区），两端设管理用房和环控、机电设备区。站厅划分为“非付费区”和“付费区”，设固定栅栏进行分隔，在非付费区内设有售票、公用电话亭等，通过全自动检票机组进入付费区内，由设在该区内的人行楼梯或自动扶梯达到站台层公共区，在付费区内设置监票亭和补票亭。站台层中部为站台，其长度为186米，以满足8节编组的停靠。

俞加康介绍，车站建筑消防，除采取完整可靠的水消防及化学灭火装置、事故照明、导向标志、广播、监控外，团队还按照火灾发生时，满足6分钟内能将一列车内全部乘客、站台上候车乘客及车站工作人员疏散完毕的要求，对所有出入口、通道、楼梯的疏散能力进行设计，在站台有效长度186米以外，设四组二股人流通往轨道面的人行楼梯。以满足区间事故时人员的疏散需求。站厅层划为三个防火分区，站台层为一个防火分区。

俞加康说，上海地铁2号线一期工程大部分车站位于南京路和浦东景观轴下。这样，车站的出入口与风亭就不强调自身的统一，应与地面建筑群相融合。车站环境设计采用较为成熟且新的建筑技术、建筑构造、建筑材料，在不增加投资前提下，效果要优于地铁1号线。

采访获悉，上海地铁2号线建设时期，俞加康带领团队体验了香港地铁车站的室内环境设计后，对2号线一期及延伸段、2号线车站设计、2号线车站及周边地下空间开发、莘庄车站与公铁换乘等展开深入研究。“人民广场车站附近的来福士等广场都欲与车站相连进行地下空间开发，但为时过晚，只能以通道相连接。由于车站已建成通车，相当程度上阻扰了车站周边大面积的地下空间连通开发。”俞加康建议，2号线车站与周边地下空间综合开发应联合考虑、联动进行。如杨高路车站位于浦东中央大道终端的浦东新区中央广场下，该处是新区行政、文化的中心。杨高路车站站厅层公共区分别与南、北两个地下商场（共4万平方米）相连，通过南地下商场与半径为70米的下沉式广场相通。在站厅层中段设备区上方与拥有450个车位的地下车库相接，环路下立交在车站上方通过，解决了进入地下车库和地下商场货运的通路。站厅层东段，利用压低通往中央公园通道的净高以及覆土厚度，布置了1 000辆自行车位的地下停车库。此段还预留了当时规划中的地铁6号线通过空间。俞加康说：“静安寺站站厅层公共区与南侧静安公园的下沉式广场紧贴相连，实施后，车站的天然采光、景观、客流疏散相得益彰。”

因为理念先进、手段丰富，上海地铁2号线成为上海地铁发展的一个标志性工程。

1939年出生的俞加康，是同济大学路桥系地下建筑专业的第一批大学生。俞加康说，大学里，自己是班长，但因为严重的关节炎，身体很差。差的时候，只能躺在床上，不能走路，上课都是同学们背来背去的，打饭是同学们帮着拿的。就这样过了三年，四年级时好些了。毕业分配去向是北京建筑科学研究院，老师、家人都劝他“身体不好到北方去干什么”？于是余加康毕业后入职了上海地铁。1964年，在浦东塘桥试验隧道成功之后，上海在衡山路地段进行了地铁车站施工试验，这一年，俞加康作为地下建筑专业的毕业生参加了这一保密工程。正当上海地铁的建设试验初见曙光时，“文化大革命”开始了。地铁建设一停就是11年，“‘文化大革命’结束，我是最后一个调上来的，等了整整11年。”俞加康说，自己从20多岁的小伙子变成了年近40的中年人。20世纪70年代末至80年代初，随着城市的快速发展，乘车难、过江难等交通矛盾在上海日益突出，轨道交通建设被重新提上议事日程。人到中年的俞加康，终于盼来了可以大展拳脚的时代。

那时，到香港参观地铁，请英国人合作设计，俞加康他们住在衡山路的草棚子里。“当时条件差极了，我原来视力2.0，衡山路搞了半年，老花了。”俞加康说，“请英国人搞了大概一年，那位工程师一天的工资相当于我一年的。有一天，我跟他说，‘我学会了，你们走吧’，我就自己搞了。那时候国家太难了。”

在地铁建设者们夜以继日的努力下，1993年，上海地铁终于实现了“零”的突破，从锦江乐园到徐家汇的地铁1号线南段通车。随后俞加康拖着病弱的身体，又投入到了新的地铁建设中。他说：“好不容易赶上能做件像样的事，我们都很拼的，我不能在儿子问我‘爸爸你搞了一些什么’时说不出来，白白活一世。我想着还是要搞一个东西出来，就有点干活不要命的劲头。”

俞加康说，上海地铁1号线是1997年7月1日通车的，用时7年，造了21千米，每年造3千米。后来就不一样了，1997年至2012年的15年间，平均每年造35千米。

截至2024年3月，上海地铁运营线路共20条，共设车站508座，运营里程共831千米（含磁浮线，不含金山铁路）。此外，上海地铁在建线路共有16条，在建里程共482.2千米。根据规划，上海市城市轨道交通2030年线网总长度约1 642千米，其中地铁线1 055千米、市域线587千米。

21世纪以来，俞加康将视角聚焦在地铁防火。俞加康说，地铁的火灾源可以是地铁自身电器设备等故障引起，也可能是因为列车运行中碰撞、出轨等，还有自然灾害、车站内易燃品、乘客携带的物品、人为纵火等影响因素。针对这些情形，他一一指出应对之策，尤重事先设防。例如，他指出，控制中心建筑、地上主变电所建筑物应设置环形消防车道。当设置环形消防车道确有困难时，可沿两个长边设置消防车道等。

2018年底，国家发改委批复上海市城市轨道交通第三期建设规划（2018—2023年）。按照规划，项目建成后，上海将形成27条线路、1 154千米的轨道交通网络。对此，俞加康颇为兴奋，在他眼里，今后一个立体轨道交通网络将遍布申城的地上和地下，“上海依托轨道交通枢纽综合开发地下空间势在必行”。

二、袁雅康：“三山”尖兵忆初心　体制改革逐浪潮

袁雅康，上海勘察设计研究院（集团）股份有限公司（以下简称上勘院）顾问总工程师，教授级高工，全国工程勘察设计大师。1965年毕业于同济大学水文地质与工程地质专业（现地质工程专业），历任上勘院工程负责人、副总工程师、院长、总工程师等职务。2000年退休后被聘为顾问总工。并被上海市建委科技委聘为顾问、技术总监。

袁雅康的业绩包括：组织指挥的耀华皮尔金顿浮法玻璃工程勘察获国家优秀工程银质奖；上海金茂大厦（88层）勘察获上海市优秀勘察一等奖、国家银质奖；上海环球金融中心勘察获国家优秀工程金质奖；上海内环线（西段）勘察获上海市优秀勘察一等奖；上海卫星地面站基础勘测获国家重大科技奖；浦东国际机场项目获国家优秀工程金质奖；等等。

三山会战，执着求索

20世纪60年代从同济大学毕业后，袁雅康先后成功完成了秦山核电站选址勘察，上海金山石化总厂选址勘察、初勘和部分详勘，上海宝钢初勘等国家重大工程的任务，后概称“三山会战”。袁雅康在《忆“三山”赞尖兵》一文中回忆：“金山工程位于杭州湾北缘的海滩上，面积约8平方千米，作为工程负责人，外业工作时，我和大家头顶烈日，足蒸暑土，背灼炎天，抢潮水、战滩地；白天实地勘察，晚间挑灯看资料，画草图，分析工程、水文地质条件，提出了‘滩地基本稳定，适宜建厂’的初勘报告，并为天然地基设计编制了工程地质分区图，为桩基设计提供了土层的力学参数。初勘期间更是亲眼目睹了万人大军战潮水、红旗招展围大堤的壮阔场面。宝钢工程位于长江口南缘，勘察面积约15平方千米，选址勘察中作为技术审核人，记忆犹新，我们全体勘察人员经受了三九严寒、冰天雪地、刺骨冽风的

考验，按时提交初勘报告，结论是‘场地基本稳定，适宜建厂’。”在秦山核电站工程建设时，作为院副总工程师兼任工地负责人，在炎热的夏天，和大家一起每天早出晚归，穿越在齐腰深的刺草丛中，不惧虫咬、刺扎，经受口干、胸闷、流大汗的考验；每登山顶，面浴风，听松涛，南眺钱塘江水滚滚流，北望万顷良田绿波涌，顿觉脑清神爽，想那厂房林立、大桥雄伟、高楼挺拔，哪一个工程项目没有勘察人的奉献？不由得放声歌唱，由衷地赞美地质工作者，赞美现在，更三倍地赞美未来！地质测绘时，清点、连线、成面，艰难地完成了基岩构造及第四纪地质填图工作，为评价场地稳定性获取了宝贵的第一手资料。

推动改革，成绩卓然

自1980年起，袁雅康走上了上勘院领导岗位。1985年担任院长后，主动学习借鉴国外先进的技术发展理念，大力推进传统勘察技术体制向岩土工程技术体制的转型发展。首先在巩固传统的工程地质、水文地质、工程测量三大专业的基础上，通过设立测试中心、设计室、研究所、装备公司等业务部门，创新开拓了设计、施工、监测、咨询、监理多方面业务，进一步扩大岩土工程服务领域；积极推进复合型人才培育，要求工程勘察技术人员学习岩土工程设计、施工知识，重组勘察处、地基工程公司，组建了岩土工程技术中心，率先探索岩土工程咨询服务模式，尝试打造岩土工程一体化技术特色，全面开展岩土工程勘察、设计、监测、治理业务研究，逐步探索从勘察技术体制向岩土工程体制转换。1993年，院名经上海市编委批准，更为“上海岩土工程勘察设计研究院”，开启了以咨询为先导的岩土工程一体化技术服务和整体解决方案新模式，拓宽了业务发展领域，扩大了市场发展空间，提升了上勘院的核心竞争力和市场品牌知名度，并走在了全国同行的前列，为推进行业技术进步和转型发展贡献了上勘经验。其间，袁雅康领导上勘院积极投身上海城市建设，参与了东方明珠广播电视塔、内环线工程、金茂大厦、环球金融中心、浦东国际机场等一系列重大工程建设，有近60项工程获国家、建设部和上海市优秀勘察设计奖。上勘院相继被评为全国工程勘察先进单位、全国城市勘测先进单位、中国勘察设计单位综合实力百强、上海市质量标兵企业。由于工程业绩突出，袁雅康于2004年获“全国工程勘察设计大师”称号。

传承精神，奋进不止

老骥伏枥，志在千里，长期从事岩土工程专业领域工作的袁雅康退休后仍然关心上勘院的发展，在院承接的上海中心大厦、迪士尼工程及上海轨道交通等一系列重大工程建设中，他细致关注技术方案设计和工程质量把控，多次亲赴施工现场，做好“传、帮、带”，毫无保留地把宝贵的实践经验传授给年轻的工程技术人员，培育了一批优秀青年工程技术人员，不少同志相继走上了技术领导岗位。他善于总结经验，将工程技术成果融于工程建设标准、规范中，成为供人借鉴参考的宝贵财富。值得一提的是，2006年他担任科技委技术总监后，更积极躬身推进行业发展，以严谨、细致、审慎的科学态度审定重点工程技术方案，严格把关、精心指导，使建设项目从源头上得到技术把控和质量保证，继续为上海城市建设和经济发展作贡献。

三、丁洁民：努力追求建筑和结构的和谐统一

丁洁民，1978年至1982年就读于同济大学工业与民用建筑专业本科，1987年获结构工程专业硕士学位，1991年获结构工程专业工学博士学位。曾任同济大学教授、同济大学建筑设计研究院（集团）有限公司总裁、同济科技股份有限公司董事长。

其硕士、博士师从沈祖炎院士，获得博士学位后，丁洁民到上海城市建设学院任教，1998年开始任同济大学建筑设计研究院院长、总工程师。2008年至2017年任同济大学建筑设计研究院（集团）有限公司总裁、总工程师。2017年至今任同济大学建筑设计研究院（集团）有限公司总工程师。丁洁民先后荣获2016年“全国工程勘察设计大师”称号、2016年“全国优秀科技工作者”称号、2017年度结构工程师世界大会（SEWC）终身荣誉会员奖、2018年度英国结构工程师学会（IstructE）金质奖章、2019年世界高层建筑与都市人居学会（CTUBH）杰出贡献奖等。所设计作品曾获得全国优秀工程勘察设计银奖、全国优秀建筑结构设计一等奖等百余项奖项，技术成果曾获得2024年国家科技进步奖二等奖、2018年上海市科技进步奖特等奖、2019年上海市技术发明一等奖等50余项科技奖励。

三十余年来，丁洁民大师完成了百余项知名建筑结构设计作品：上海中心大厦、上海博物馆东馆、上海自然博物馆、同济大学科研教学综合楼、援非盟会议中心、北京大学体育馆、重庆西站、兰州西站、上海世博会主题馆、西安丝路国际会议中心、桑珠孜宗堡复原工程、上海交响乐团音乐厅……主要分为大跨度空间结构、超高层建筑结构、复杂高层建筑结构三类，一个个标志性的建筑作品记录着丁洁民辉煌的结构设计生涯。

大跨度空间结构：2010年上海世博会主题馆

丁洁民大师率领团队完成的一个标志性设计作品是2010年上海世博会主题馆，同济设计院的原创方案中标。主题馆总建筑面积达14.3万平方米，展览面积为8万平方米，主题馆是上海世博会四大永久性场馆之一。

主题馆展厅是当年世博会史上的最大展馆之一，上海世博会主题馆南北向218米，东西向288米。其中，两侧二、三号展厅为（126×180）平方米单层无柱大空间，面积超过2万平方米。二、三号展厅可以放进4架大型客机或两个标准足球场。它是当时国内最大的无柱大空间，采用的钢结构总重达1.7万吨。屋盖结构设计中创新性地设计了由新型的双索+V形撑杆与钢桁架组成大跨度张弦结构体系，充分体现了屋面之轻盈、简洁、通透，置身于展厅将领略结构之韵律美及先进结构技术造就的时代感。同时，为解决超长结构温度作用与提高大跨空间结构的抗侧能力，首次采用黏滞阻尼支撑与钢支撑混合抗侧体系，达到国际先进水平。

超高层建筑结构：上海中心大厦

上海中心大厦是丁洁民大师职业生涯中最重要的际遇之一，这是中国第一次设计超过500米高度的超高层建筑。上海中心大厦建筑高度为632米，至今为中国第

图1　2010年上海世博会主题馆。图片来源：同济大学宣传部供图

一高楼，总建筑面积约576 000平方米，与之相比，外滩上21栋历史建筑的总面积也不过37 200余平方米，因此，上海中心大厦也被大家称为“竖着的外滩”。

美国Gensler公司设计出了一个扭转向上的建筑方案，如何落地就成了配合方——同济大学建筑设计研究院必须攻克的难题。丁洁民大师带领上海中心技术团队通过自主研发实现了许多国内超高层项目的“第一次”。

第一次在上海软土地层中采用大直径无内支撑圆形基坑，并使用厚底板桩筏基础，最终实现最大沉降值不到10厘米，且沉降均匀，保证了基础的安全稳定；第一次以600米级超高层建筑为工程背景对基于空气动力造型的超高层抗风进行了系统研究，使塔楼整体风荷载降低30%以上；第一次在600米级超高层建筑中采用巨型框架-核心筒结构体系，该结构体系设计方法后续被广泛应用于其他500米以上的超高层建筑中；第一次在超高层建筑中采用内外分离的双层幕墙系统，外层幕墙采用分段悬挂支撑结构体系，实现了建筑螺旋上升的造型；第一次将BIM技术系统应用于600米级超高层钢结构工程项目设计全过程，钢构件加工和安装全部一次成功，没有返工现象，创造了大规模钢结构安装的奇迹。

丁洁民大师作为上海中心项目设计总负责人，积极主动地组织整个项目的全过

图2 上海中心大厦。图片来源：受访者供图

程、跨专业、跨部门的内部资源调动和协调，确保了整个项目各设计工作高效、有序地完成。上海中心项目高效率超高层结构系统的设计方法、技术成果在行业内取得了良好的技术引导和示范作用。

复杂高层建筑结构：西安丝路国际会议中心

2017年，丁洁民大师团队再次面临了结构设计上的重大挑战。团队承担的西安丝路国际会议中心是国家“一带一路”共建的标志性场馆，设计责任重大，且工期十分紧张。德国设计公司给出的建筑方案是以现代的双月牙造型诠释传统大屋檐空间造型，下月牙底部为内凹的首层全玻璃幕墙，在创造出建筑特有悬浮感的同时也对幕墙结构提出了极大挑战。

西安丝路国际会议中心巨大的月牙形吊挂幕墙长度达到210米，整片幕墙吊挂荷载达到12 100吨，相当于195架波音737的重量。面对如此巨大的幕墙结构，丁洁民大师团队在外立面设置屋顶桁架悬挂的180根超纤细白色钢柱（柱高为30~45米，直径仅为0.6米）进行吊挂，使结构与建筑融为一体，赋予了建筑精巧而别致的美感。同时，为了在西安高烈度地震区实现以上建筑创意与复杂结构设计，采用了柱顶隔震技术以减轻上部结构承受的地震作用和温度应力，整个项目使用高达500多个隔震支座，设计与现场施

图3 西安丝路国际会议中心。图片来源：受访者供图

工密切配合，仅用时一年便完成了这一超级工程的土建施工，为后续顺利召开国家“一带一路”相关重要会议提供了场所。

丁洁民大师十分注重技术研发与设计实践的统一，在超高层建筑结构、大跨度空间结构和建筑减隔震技术等领域均取得了丰富的研究成果。

在超高层建筑结构设计领域，他带领团队研发了超高层结构成套设计技术，系统性研究了超高层地基基础、巨型结构体系、抗风设计、抗震设计、竖向荷载优化、数字化设计等关键问题，技术成果应用在上海中心大厦（632米）、中国国际丝路中心大厦（498米）、重庆江北嘴国际金融中心（470米）等30余栋超高层建筑的设计，引领了500米级超高层结构设计的标准，技术成果获得2024年国家科技进步奖二等奖、2018年上海市科技进步奖特等奖等。

在大跨度空间结构设计领域，他带领团队先后完成大跨度张弦结构成套技术、轮辐式张拉结构设计技术、结构数字化找形与优化技术等关键技术，先后应用到2010年上海世博会主题馆、重庆西站、大连北站、北京大学体育馆、深圳大歌剧院等50余项知名大跨度建筑，技术成果获得2016年中国建筑学会科技进步奖一等奖等。

在建筑减隔震技术领域，他带领团队研发完成了减隔震（振）成套设计技术，系统性研究了黏滞阻尼伸臂、黏滞阻尼墙、组合减隔震、临地铁震振双控等新型技术，先后应用到西安丝路国际会议中心、上海博物馆东馆、兰州中川国际机场三期、西藏美术馆等重要公共建筑，技术成果获得2019年上海市技术发明一等奖等。

回首往事，丁洁民大师不免感慨万千。在跟随沈祖炎先生求学的6年硕博生涯里，他聚焦学术，关注的是在抓住主要矛盾的同时得到处理和解决工程问题的方法。在学术之外，他同样从沈先生的言传身教中不断汲取发展的动力：“沈先生所展现出的优秀品质和专业素养，让身为学生的我们终身受益，并时时刻刻地激励我们，在专业上不断进取的同时要低调，不骄妄，在待人处世上要从容谦和，与人为善。万物皆以人为尺度，无论做学问还是做人做事，要有跨尺度或多维度的思考。”

丁洁民大师带领同济设计走过二十余个春秋，由最初的200多人，发展到如今拥有5 000多员工的全国大型设计咨询公司。丁洁民大师用“不畏失败、继续前行”形容自己的职业生涯。他认为“这个世界上没有任何事情是偶然的，偶然中有必然，只是有时候你偶然付出的努力没有回报，但是有回报一定是必然。当你做完以后，当你以为你站在山顶上的时候，你回头一望，另外一个更高的山头已经站着人。”

“一个工程师从狭窄的意义上来说，谁委托你项目谁就是业主，但从宽泛意义上来说，这个社会的公众也是你的业主，但是一个企业真正引以为豪的是做持久，是长命百岁，不是昙花一现。希望一百年以后，两百年以后，我们还能看到同济设计这个品牌。”丁洁民大师希望同济设计能够长期保持业界顶尖的设计水准，今后能创造出更加伟大的建筑设计作品。

四、陈炯：在湛江建设宝钢

陈炯，同济大学结构工程系工民建专业本科毕业，长期在宝钢工作，致力于工业建筑设计研究。历任宝钢工程技术集团总工程师、首席专家，宝钢广东湛江钢铁有限公司总工程师和湛江钢铁工程指挥部副总指挥，现任宝钢股份工程投资咨询委员会总工程师。全国劳动模范、全国工程勘察设计大师，享受政府特殊津贴专家，全国冶金建设高级技术专家、上海市优秀学科带头人。曾获国家科技进步奖二等奖，省部级科技进步奖特等奖、一等奖。

力争上游的职业生涯

陈炯在岩土地基、混凝土结构、钢结构及工程建设管理多方面皆有优秀的实绩，其职业生涯是奋发向上、不断进步的历程。他主持了众多大型冶金建筑工程的规划和设计，以及大量钢铁连续生产线工业技改项目设计。

在宝钢140无缝钢管厂，他解决了步进梁油缸装置在水平冲击扰力作用下不断倾覆的动力基础设计难题。

陈炯在国内率先提出钢结构可采用“低延性-高承载力”和“高延性-低承载力”两条途径进行抗震，并构建了系统的性能化设计方法。首先在大量工业建筑设计实践中被广泛使用，然后推广到轻围护场馆建筑，并被纳入国家标准。他构建的抗震设计方法，对于轻围护建筑可取得显著的经济效益，使我国的建筑钢结构抗震获得了围护材料轻型化所带来的丰厚利益。他是我国建筑结构性能化抗震设计的先驱之一，也是该领域的领军人物之一。

他构建了台风区高抗风性能工业建筑轻型围护技术体系，形成了系列的标准和图集。经受了16级（现场实测的10米高风速达55米/秒）超强台风正面袭击的严峻考验，证明了其卓越的抗风性能。

他在国内率先研发出的耐腐蚀PHC桩，广泛应用于沿海吹填地基的建设工程。在宝钢“十五”规划五冷轧项目中，他创建了土工、桩长和可打入三条件协同控制的桩基工程新方法，降低桩基工程投资5亿多元，改写了宝钢一期日本专家确定的砂层作桩基持力层的历史。这种新方法已在冶金建设工程中被广泛应用。

用心打造特大型钢铁厂

说陈炯，当然要说湛江钢铁基地。

湛江钢铁项目是国家重点项目，是特大型钢铁全流程建设工程，但其建设面临着一系列艰巨的挑战。

在宝钢湛江钢铁基地建设之前，粤西沿海地区未建成大型重工业工程，无成熟的地区经验可资借鉴。湛江组黏土是一种异常结构性的特殊土，其工程特性在国际上一直未有系统研究；湛江地区的强台风气候环境，对工业建筑轻型围护应用具有极大的风险；东海岛的基本风压，不能从相关规范中查出……这一系列复杂难解的重大工程技术问题，给湛江钢铁这样的特大型工业工程建设带来诸多的不确定性，项目启动后，甚至不乏一些质疑的声音。

从2011年起，陈炯全面主持湛江钢铁基地项目土木建筑的设计和科技研究，长居湛江东海岛建设现场十年，结合工程需求对众多技术难题开展系统的攻关，确定了复杂地质（特殊土）条件和强台风环境下建设的设计基本参数。针对特殊的气候环境和复杂特殊土地基，主持编制了大量的工程建设企业标准及图集，补充了现行国家、行业和地方标准未覆盖的内容。创立了高抗风性能工业建筑轻型围护系统的完整技术体系。同时，他审定了全部主体单元的土木建筑设计方案，解决了大量工程技术难题，取得了丰硕的成果。

“基础不牢，地动山摇”，尤其是基础设施建设。“当年宝钢建设就曾因为基础出现问题，而下马声四起。”陈炯说。钢铁厂构筑物的沉降变形要求严格；联合钢铁厂地下管线、通廊纵横交错，地下管线断裂就会严重影响钢铁厂的连续生产。为此，他在系统研究湛江组强结构性黏土工程特性的基础上，带领团队开展了地基基础的深入研究。

湛江钢铁建设场地高差大，海相淤泥、地表玄武岩壳体、风成海积细砂、湛江组黏土等七种地貌形成了复杂地基，软硬差距极大。陈炯提出了复杂地质条件下特大型工程建设的岩土工程规划理念，逮住转瞬即逝的最佳时机，场平结合地基预处理完成设计，仅用场平费即完善处理了大面积深厚海相淤泥地基。湛江钢铁大面积软基处理和各类边坡治理，通过综合利用场地土岩的工程特性，实现了不外购一方砂石料，实现了环境友好型和节约型建设的目标。

针对海边的氯离子强腐蚀性吹填地基，陈炯主持研发了混凝土自防腐高强预应力混凝土管桩，形成了成套新技术。混凝土自防腐管桩在湛江钢铁建设中被大规模应用，并已在东南沿海吹填地基的建设工程中被广泛应用。

联合钢铁厂建设用桩量巨大，桩基持力层选择历来是重大技术经济问题。陈炯借助静载荷试桩曲线建立桩端土受力状态的判定方法，控制与协调桩端土工、桩长和可打入深度三要素，独创融勘察、设计和施工于一体的桩基工程新技术，科学地减少了静载荷试桩数，大幅度降低了桩材用量及损桩率。在湛江组黏土地基中，湛江钢铁采用的管桩侧阻、端阻皆比业界采用值要高，使桩材用量降低20%以上，证明了其安全可靠。

以彩钢压型板为代表的建筑轻型围护，是材料技术发展之必然，当今工业建筑普遍采用彩钢压型板围护。然而，强台风环境下的轻型围护破损多，易导致较大的经济损失。陈炯主持创立了高抗风性能工业建筑围护系统完整的技术体系，极大地提高了其抗风能力。该技术体系，以内陆地区常用的彩钢板轻型围护的造价，实现了使围护结构具备抵抗超强台风的能力。湛江钢铁炼钢、冷轧、热轧等高大厂房，成功抵御了16级超强台风的正面袭击。

轻型围护的应用，使建筑的地震惯性力大幅度地降低。借风荷载等赋予结构的承载力冗余来抵抗地震作用，是科学降低用钢量的有效途径。陈炯依靠“低延性-高承载力”思路构建的轻型围护钢结构抗震设计方法，在湛江钢铁全面应用，降低了巨额投资。

陈炯回忆：“刚去赴湛江建设时，那里一片荒芜。岛上台风频发、湿气重，大部分同志都不能适应生活环境，但我们只能咬牙坚持。”湛江钢铁的一名年轻科研工作者也表示：“项目开始时，我们的科研工作环境都比较艰苦，陈总勉励我们，人要有事磨，才能掌握真本领。他自己就从不嫌苦与累，成天和我们泡在一起，亲自探访实地、修改图纸和数据。”

湛江钢铁投产即盈利，是我国东南沿海工业基地建设的典型范例。投产以来，湛江钢铁以一流的建设品质荣获菲迪克优秀奖、鲁班奖、国优金奖，2019年荣膺“庆祝中华人民共和国成立70周年经典工程”。

对工业建筑美的追求

在湛江钢铁，乔木花丛错落有致的厂区，繁花与亭式构筑物相映成辉，绘就了现代化钢城与环境和谐共生的美好生态环境。曾有国外专家来此参观后点赞道：“湛江钢铁的工业水平之高令人惊叹，而这座现代钢城的绿色生态之美让人沉醉。”湛江钢铁基地已成为湛江市工业旅游的闪光点，颠覆了人们对钢铁厂“傻大黑粗”的固有认识，淋漓尽致地体现了工业建筑之美。

作为总工程师，湛江钢铁基地的每一株草木、每一个停车棚、每一道风景，都浸透着陈炯的心血和绿色智慧。以生态文明和绿色发展理念为引领，在湛江钢铁建设过程中，陈炯坚持打造业主“控制工厂设计”和“现场监控施工”并重的现代技术管理体系，在审定主体项目设计方案时，既重视工业建筑的功能性，又强调建筑的环境美，整体规划对构成工厂天际线的建构筑物穿上优美“外衣”提出要求，并真正实现了工业文明和绿色发展的深度融合。

“傻大黑粗是一般人对钢铁厂的固有认识，在陈总工的设计主导下，湛江钢铁基地的绿色新貌，不仅颠覆了人们对工业建筑的固有认知，也为工业经济与生态文明的融合式发展，为我国工业经济的绿色发展，提供了新的样本。”国内权威专家评价说。诸如图案色彩装饰的烟囱及排气筒，造型优美、色彩缤纷的工业水塔，在湛江钢铁均是首先施行，目前已在全国的工厂中广泛流行。

五、顾国荣：“绿色岩土”的先行者

顾国荣，1979年考入同济大学水文与工程地质专业，1983年毕业后一直在上海岩土工程勘察设计研究院有限公司（原名上海勘察院）工作，历任技术员、工程师、高级工程师、副总工、总工、副总裁等。现任上海勘察设计研究院（集团）股份有限公司资深总工程师。2006年被评为“全国工程勘察设计大师”，2010年获“全国劳动模范”称号。

顾国荣深耕岩土工程专业领域40余年，长期从事岩土工程勘察、设计、治理、监测、咨询等工作，具有扎实的理论基础和丰富的工程实践经验，开创性地拓展了岩土工程一体化咨询的服务理念，负责上海中心大厦、上海金茂大厦等数百项国家及地方重大工程。先后独立承担各类工程勘察项目200多项，主持和审核、审定国家重点工程、中外合资、外商独资工程勘察项目500多项。

上海的地质条件，决定了所有构筑物都必须严肃认真对待地基问题。顾国荣长期关注的当然包括这个问题，《上海地区多层住宅沉降控制研究》《上海地区预制桩承载力时间效应的统计分析与研究》《原位试验方法估算桩基沉降量》《水泥土挡墙压顶在基坑变形控制中的应用及研究》《软土基坑土压力计算抗剪强度参数的分析》《大面积堆载作用下软土地基变形特性》……数十年来，顾国荣与战友们联手，发表论文50余篇。

“我从事岩土工程工作30多年，一路走来，恰逢改革开放的浪潮席卷中国，新思潮及新理念的产生，理念与现实的交融使得岩土工程领域也面临巨大的变革。”顾国荣说，当时在中国第一高楼上海金茂大厦的勘察中，他作为技术负责人，通过多次探索尝试，创纪录地实施了旁压试验[1]深度137米、PS检层波速试验深度132米、地脉动试验深度114米，开辟了用旁压试验指标评价上海地区超高层建筑地基基础条件的先例。在随后的上海环球金融中心勘察项目中，钻探深度278米（至基岩），PS检层波速试验250米，标准贯入试验深度150米，静力触探试验深度90米，地脉动试验深度82米，这些项目都刷新了当时岩土工程勘察的纪录。

2004年，临港大众CP5项目，作为临港新城开发的首项大型招商引资项目，是德国大众汽车有限公司在中国投资的又一项大型项目，德国大众提出在单位面积5吨荷载作用下地坪不均匀沉降不超过1厘米的高标准，并且地坪处理工程必须在半年内完成。

德方岩土工程专家提出五种地基处理方案：30米长桩、碎石桩、深搅桩、大地桩和短桩（1米×1米间距），处理费用多达数亿元。

顾国荣团队根据在上海地区的大量工程经验，临港地区浅层有十多米厚的中密砂，30米以下有50~60米厚的密砂，这样的地层条件是上海最好的组合：以浅层砂作为地坪处理持力层、深部砂层作为厂房工程桩持力层。基于该思路，顾国荣提出了第六种方案：预制方桩（间距2米×2米，桩长6米），处理费用仅为原来第五方案（五个方案中造价最低）的四分之一，可节省资金一亿多元，工期也只有原来的四分之一。通过各类试验并进行原型试验，证明该方案满足设计要求，得到德方认可。最后项目实施非常成功，得到了各方的高度评价。

顾国荣说，基础设施建设的大发展，为岩土工程行业的飞速进步带来了前所未有的机遇。当时，我国的岩土工程勘察技术、设计方法和设计理念、施工技术和工艺等已逐步和国际接轨，但我国岩土工程体制仍沿用相对落后的苏联模式，岩土工程勘察、设计与施工脱节。这种现状带来的设计保守、资源浪费，亦有可能忽视地下隐患，造成工程事故频繁发生。

顾国荣说，在当时岩土工程体制难以短时间转变的情况下，岩土工程咨询是最好的解决方案和发展方向。1998年，在以他为主导的设计咨询团队组建之初，仅有区区五人，队伍年轻，岩土咨询业务的市场认同度低，生产、研究经费紧缺。团队只能靠为业主提供免费咨询服务换取工程试验的机会。

随着试验的成功，团队获得了业主的高度赞许。渐渐地，公司的业务稳步增长，影响力不断扩大，许多业主慕名前来咨询岩土工程难题。顾国荣带领团队相继完成了“上海地区多层住宅沉降控制研究”“上海地区密集群桩基础沉降计算与单桩承载力时间效应”“岩土工程优化设计专家系统”等多个科研项目。这些科研成果，很好地解决了长久以来困扰结构设计人员的软土地区地基变形问题和强度问题，为岩土工程咨询业的发展奠定了坚实的基础。

河滨花园是一个成功的案例。顾国荣团队通过对类似建筑物沉降、试桩等资料搜集分析、计算，应用团队的科研成果。提出合理的桩型、桩基持力层，结合基坑围护设计，对预制桩沉桩挤土效应的防治进行综合考虑，采用PHC预应力管桩替代原灌注桩方案，经静载荷试验验证达到设计值。采用了类比法确定沉降经验修正系数，结构封顶后的最大沉降量在估算的范围之内。可喜的是，顾国荣团队通过桩基咨询设计，共为业主节约桩基费用总造价700万元，节约基坑围护费用150万元。该基坑围护设计、沉桩对周边环境的防护措施等岩土工程一体化综合方案，在当时勘察行业尚属首例，获得国家优秀勘察设计铜奖。

项目的成功使团队的岩土工程优化设计名声在外。之后，团队又相继完成了上海豪园、知音苑、汤臣海景苑、香梅花园等数百项桩基础设计咨询项目，解决了上海软土地区桩基沉降和单桩承载力以及施工中遇到的诸多岩土工程难题。

据统计，这些项目共为业主节省工程投资数以百亿计，上勘设计咨询队伍也因此逐步壮大，人均产值超百万元。

经过多年探索，顾国荣深知，必须将咨询理念植入勘察，实现“为顾客增值”，才能使岩土工程勘察重获生命力，岩土工程咨询必须向勘察、设计及施工一体化咨询方向发展，于是顾国荣等率先提出“岩土工程全过程顾问服务”概念。

上海中心大厦位于上海陆家嘴金融开发区，楼体高度632米，地下五层，开挖深度达31.4米。周边高层林立，环境敏感，紧邻金茂大厦和环球金融中心且地下设施及管线众多。

当时，各种异见纷纷出现：上海软土地基是否可以建造高度600米以上的超高层建筑？在进行建设时会不会引发地质灾害？如此软的土层，如此重要的建筑，如何控制建筑物最终变形？软土地区如此深的超大基坑如何确保基坑工程与周边环境的安全？如何解决承压水问题？

顾国荣说：“作为主业方的岩土工程顾问单位，这是我们必须面对、需要解决的棘手问题。凭借多年在超高层方面积累的经验，我们主导了桩型的最终选择。原设计考虑桩基入土深度110米，我们通过金茂大厦、环球金融中心实测变形以及对地层条件的熟悉，提出桩基入土88米左右已能满足要求。有效桩长只有50米，却要撑起600米高的建筑，桩基下卧层又如此深，设计院难以接受，按此方案，他们复核建筑物最终沉降将超过25厘米，无法满足要求。”

“凭着我们的自信和经验，我提出按我们建议的桩端后注浆方案，主塔楼最终沉降将可控制在12厘米左右，并承诺将我们的变形预测值写入我们的勘察报告，作为设计依据，设计院最终同意采纳我们的建议。”顾国荣说。

据媒体报道，2009年起，顾国荣同志带领他的团队，参与了中国第一高楼——上海中心大厦的岩土工程勘察、地质灾害评估、工程物探、桩基检测、基坑监测和工程降水工作。在上海中心大厦勘察中，顾国荣团队编制了详尽的勘察方案，确定技术攻关课题；在实施中，采用新技术、新方法，真实地获取参数；在报告成果编制时，在充分收集分析同类超高层建筑工程经验基础上，以控制差异沉降为目标，应用先进的数值计算软件和真实的土性参数，分析论证了塔楼、裙房多种长短桩方案，预测了桩基础沉降变化规律，提出了软土地区超长桩桩身刚度控制沉降的设计理念，为桩基设计方案的最终确定提供了重要理论依据。在设计施工阶段，顾国荣参加钻孔灌注桩后注浆工艺论证会，提供注浆量和注浆压力施工控制指标，经试桩单桩承载力和变形均满足设计要求。在土方开挖阶段，提供深井减压降水对周边高层建筑安全性影响咨询意见，为工程的顺利进行保驾护航。

顾国荣颇为自豪地说：“大楼建成两年后，实测沉降完全在预测范围内，终获各方认可，我们的勘察产品也终于体现了咨询价值。我们这一理念和服务模式也得以在南京紫峰大厦、武汉绿地中心、青岛万达、苏州中南中心等众多大型、超高层项目中得到复制应用。”

长期跟岩土打交道的人更加渴望“绿色岩土”。顾国荣说，“绿色岩土”是相对于传统岩土来说的，是一种新思维、新方法。传统岩土只解决“是什么”，“绿色岩土”要解决“为什么”的问题，更要解决“怎么样”的问题。要以“绿色岩土”为理念，进行企业变革创新，实现企业定位转型，通过企业的创新和转型，带动行业发展，实现人与环境、环境与环境、小环境和大环境的和谐发展。

近年来，顾国荣积极倡导以“规避风险、节约资源、共创和谐”为核心内容的“绿色岩土”理念，注重新技术、新方法的采用和岩土工程集成技术的运用，大力发展岩土工程技术服务咨询产业，开拓岩土工程专业发展的新空间，实践着“有我——环境和岩土更和谐”的社会承诺，他现已成为业主信得过的岩土工程咨询专家。

上海勘察设计研究院（集团）股份有限公司的“顾国荣大师工作室”，以“绿色岩土”为导向，以一体化的集成创新为手段，以重大科研项目为突破口，在全国率先开展桩基设计咨询工作。

尤值一提的是，近年来，每当建筑现场险情发生，顾国荣总是冲在最前面。2008年杭州地铁1号线某车站基坑发生坍塌事故后，顾国荣受邀担任事故调查组组长。2009年上海“莲花河畔景苑”发生倒楼事故，顾国荣担任事故调查组副组长，他带领团队夜以继日，进行了大量的现场调研和数值分析计算，对倒楼机理进行了详尽的分析和演算，对事故发生的原因作出了科学的判断，并在市政府新闻发布会上对事故原因进行阐述，对工程抢险和事故原因展开分析，在善后处理中发挥了重要的作用，被市建设和交通管理委员会授予“抢险救援，成绩突出”锦旗。

长期奋战在一线，顾国荣硕果累累。“上海中心大厦工程关键技术”获国家科技进步奖二等奖，“中国2010上海世博会场址岩土工程研究”“上海轨道交通地质数据库系统”“上海虹桥枢纽地下工程关键技术研究”“浦东国际机场二期跑道堆载预压地基处理研究”“上海地区多层住宅沉降控制研究”“上海地区密集群桩沉降计算与单桩承载力研究”等科研项目成果多次获上海市科技进步奖。他还主编了上海市标准《岩土工程勘察规范》《岩土工程勘察外业操作规程》《基坑工程施工监测规程》等，参编了十余部国家、行业及上海市岩土工程规范或规程标准。

六、黄融：党员，让阿兰服了气

黄融，1983年毕业于道路与桥梁专业。现任上海市政府参事。大学毕业后，黄融先后参与了南浦大桥、上海外滩综合改造工程项目，全面负责1993—1994年上海最大的立交桥——浦东罗山路立交桥工程建设；2002年任上海市深水港工程建设指挥部党组成员兼大桥分指挥部指挥，崇明长江隧桥建设现场指挥。

1996年1月，党中央决定加快推进以上海为中心、苏浙为两翼的上海国际航运中心建设。2020年，上海要基本建成国际航运中心。

“东海大桥是洋山深水港区与陆域沟通的唯一陆路通道，它的建成与否直接关系到港区能否按时开港。因此，那三年多的建设时光是在巨大的压力下度过的。”黄融坦言，“东海大桥是中国第一座真正意义上的跨海大桥，要考虑风、浪、流、潮的影响，我国的工程建设者对此都没有经验，我们可以说是第一个吃螃蟹的人。‘螃蟹’还包括建桥的理念、建桥的技术标准和技术规范等，诸如大桥设计使用寿命100年、海上施工可否变成陆上预制海上拼装……都需要我们去探索和实践。”

“问题多如牛毛。”黄融说，“招投标时，有的单位提出用铁链子把小船连起来抗风浪，现在回想起来当时的想法就像过家家，原因却让人欲哭无泪，没有实践经验，只能想当然。那时，即使中国港湾建设集团也没搞过真正的外海海上施工，他们先是用小吨位的打桩船，打不下去又改成吨位大的，原因很复杂但都与船的吨位、抗浪性能等有关。2002年6月开工到当年11月底，半年时间只打了315根桩，废品率很高。而工期要求在2003年底完成打4 000根桩的任务！还有，打桩的时候需要准确定位，那时没有北斗，我们只能用美国的GPS。当时美国在不断调整GPS参数，我们平时打一根桩要同时抓住7颗卫星（2颗用于确定高程，3颗用于定轴线，2颗用于校核）。如果不能同时抓到7颗卫星信号，这根桩是打不下去的。但美国什么时候调整GPS参数，我们不知道。正干着，一看不对了，赶紧从其他地方找参数，拿到后还要修正，还得计算，得到新参数后才能打桩。遇到天气不好，不能同时抓到7颗卫星信号就不能打。”

怎么办？团队通过细致深入的分析，把混凝土大管桩改为钢管桩，以增强抗击打能力。用多大的桩锤、怎么把1.5米钢管桩打到六七十米深？经过反复试验，锤子从8吨变成了15吨，打桩船的吨位也是当时最大的；加上逐渐摸准了GPS的脾气，短时间内，打桩问题得到了解决，进度逐渐加快，4 000根桩的任务终于在2023年9月28日提前完成了。

黄融说，东海大桥建设过程中，团队在设计理念和施工技术上进行了创新，形成了四个方面的关键技术。

❶ 外海超长桥梁精确测量定位技术。茫茫大海、风浪无常，颠簸摇晃中如何解决桩的快速准确定位、外海超长距离高程精确传递等难题？团队创新性地建立了大地水准面的计算方法和实时数据处理系统，综合运用地面及海洋重力、数字地形模型（Digital Terrain Model，DTM）数据、最新地球重力场模型和GPS实测数据等资料，实现了海上斜桩施打的动态全自动精确定位，斜桩定位偏差仅为10~15厘米，桥梁轴线偏差仅为2厘米。

❷ 整体化、大型化的施工技术。团队采用整体化、大型化的设计理念和施工技术，将海上作业转化为陆上预制、整体运输、整体安装，成功实现了减少海上施工工序、规避施工风险的目标。这项关键技术主要体现在四个方面：一是导管架和钢套箱平台建造技术；二是混凝土承台套箱施工技术；三是外海超大型箱梁整体预制安装技术；四是大跨度钢-混凝土箱形结合梁斜拉桥建造技术。

❸ 外海桥梁综合防腐技术。团队通过对混凝土、钢材等结构防氯离子渗透和腐蚀机理的研究，建立了结构腐蚀计算模型，预测了在不同环境下的腐蚀速率，针对结构不同的腐蚀环境，综合运用不同的防腐技术。钢管桩采用牺牲阳极保护和预留钢板腐蚀厚度等技术，并开发了浑水环境阳极块湿法焊接技术。混凝土结构采用提高密实度、加大钢筋保护层、控制裂缝宽度等技术，并编制了系列结构防腐技术标准。钢结构采用重防腐涂层、预留钢板腐蚀厚度和内部除湿等技术。此外，采

用浇筑式沥青和沥青玛蹄脂碎石混合料（SMA）组合的双层结构桥面铺装，解决了沥青桥面易受重载和水渗透破坏的难题。“东海大桥工程系列防腐技术的研发，是中国首次在桥梁工程中围绕满足百年使用寿命进行的全面实践。”黄融说。

❹ 外海超大型桥梁的基础性研究与技术。黄融介绍，在工程启动前和建设过程中进行了大量的基础性理论研究。除了抗震、抗风研究外，还研发了专用于集装箱车道的刚柔并济的防撞护栏技术，可有效防止集卡撞断护栏掉入大海；通过对海上非通航孔防撞管理的研究，形成了制定通航规则、划定警戒区域、建立责任机制三道防线，规范航行行为，达到桥梁防撞的目的。

洋山深水港还在如火如荼地建设中，2004年12月，黄融又被任命为上海长江隧桥建设发展有限公司总经理。

2004年12月28日，规划研究达十多年的世界最大隧桥结合工程——上海长江隧桥（崇明越江通道）工程，在我国第三大岛——崇明岛正式开工建设。

上海长江隧桥，南段挖隧道，北段造大桥。为何要这样？黄融说，工程方案是根据长江口实际情况确定的。在浦东和崇明岛之间有长兴、横沙两岛，长江在入海口形成了南槽和北槽，浦东至长兴岛之间的南槽水更深一些，便承担了主要的通航量。挖隧道虽然难度大，但把水面留给了航运。南槽隧道、北槽大桥的“南隧北桥”方案，是国际征集方案、国内外著名专家反复论证后得出的一致结论。

黄融介绍，由于功能所需，南隧所用盾构机直径必须达到15.3米，为当时世界上最大直径盾构隧道；北桥按照3万吨级集装箱船及5万吨级散货船双向通航要求，建造一座全长10.3千米的桥梁，其中主通航孔为主跨730米的斜拉桥，建成后将是长江口第一桥。整个越江工程南起浦东五号沟，经长兴岛，北至崇明陈家镇，全长25.5千米，按照双向六车道高速公路设计，桥梁设计行车时速100千米，隧道设计行车时速80千米。

长江隧桥工程难在哪儿？

一是水文、地形条件十分复杂。长江南港水域宽阔，江面宽度约7千米，江中浅滩极不稳定，水域江海分界且地层具有液化性、高流塑性和高水压等特点，极易发生流砂、管涌、振陷。北港水域范围内漫滩、深水、江中沙洲结合，地形条件也十分复杂。

二是水域通航条件要求高。南港水域通航需要满足第四、第五代集装箱船的要求，北港水域也需满足远期3万吨级集装箱、5万吨级散货船以及满足3 000吨级船舶通行的要求。这对大桥主通航孔和辅通航孔的设计提出了较高要求。

三是施工工艺复杂。长江隧道工程鉴于土层极不稳定，且为了不影响通航，采用了15米级软土盾构一次性掘进7.5千米的施工方案；长江大桥工程由此采用了不同的结构形式，在深水区设置了一座主跨730米的全漂浮体系的斜拉桥，深水区辅通航孔则为跨径105米的钢－混凝土组合结构连续梁和跨径70米的混凝土连续梁，均为整孔制造安装；漫滩区采用跨径50米的混凝土连续梁，通过移动模架施工；江中沙洲采用跨径60米的混凝土节段预制梁，采用架桥机拼装。

四是工程集约化要求高。为贯彻建设集约化的科学理念，长江隧桥工程在隧道下层和大桥两侧预留了轨道交通空间，同时也预留了22万伏超高压电缆和各类社会公共管线的通道。

还有设计技术等方面的难点。

公轨同层共面，必须严格控制基础的沉降、梁部结构的变形、梁端的转角并考虑无缝线路对基础产生的附加力等，现行的设计规范在这方面还是空白，给设计工作提出了更高的要求；针对长江隧道“长、大、深”的工程特点，国内还没有专项质量检验评定标准；长江大桥主通航孔桥为主跨730米的分离式全漂浮体系斜拉桥，主跨是当时世界上同类已建成桥梁中最大的，无类似经验可供借鉴。

黄融坦言，在长江口建造大桥和隧道，团队没有经验。对于隧道而言，最大的难度来自土层；对于大桥而言，最大的挑战是地基；对于整个工程而言，最大的目标除了质量还有环保。长江口江底软土层内要承受世界上直径最大的盾构，总长8.9千米的隧道，一次顶推距离达7.5千米，是当今世界之最。也就是说，连续顶推7.5千米才能“歇口气”，接着再顶推剩下的1.4千米。在顶推过程中，隧道的线形、轴距、沉降都必须在控制范围内，否则功亏一篑。

还有，长江口的软土地基上要建起主塔高209米、主跨达730米的斜拉桥。虽然上海拥有建造黄浦江上世界级斜拉桥的经验，黄融本人还有在外海指挥造桥的经验，但是，长江口复杂的地质和气象水文条件仍然挑战着建设者的智慧。最让黄融担心的是台风和汛期，这一点他已经在东海大桥外海施工现场多次领教过老天的威力。

“再难的事，都需要人去做。”黄融说，“我们迎难而上，在工程论证阶段，开展了包括规划线位、交通流量、河势、通航净空尺度、水域通航环境、工程地质、气象、水文、模型试验、防撞、冲刷、环境评估、工程风险等18个专题、27个项目的研究。问题难度大，就请老专家，李国豪、项海帆、范立础、钱七虎、孙钧、刘建航等院士和专家经常以各种形式指导研究。”李国豪说：“我也很赞成这个‘南隧北桥’方案，虽然我是搞桥的。”

这一工程在建设中蕴藏着许多令中国工程界骄傲的世界第一：上海长江隧道盾

构直径达15.3米，为当时的世界第一；超大型盾构一次性掘进距离长达7.5千米，世界上绝无仅有；江底隧道埋设最深达55米且无渗透，为当时世界上埋深最大；上海长江大桥主通航孔为跨径730米的分离式全漂浮体系斜拉桥，也是当时世界上同类桥梁中跨径最大的；主桥部分“人字形”主塔高达空前的209米。尤其是工程建设中许多技术为国内外首次使用，中国工程技术人员逐渐建立起具有自主知识产权的大型越江跨海通道工程的核心技术群及其相关技术标准。

黄融说，上海长江隧桥作为超大型工程，周期长、要求高、意义大、参建单位众多。主体工程由多达14家国家级企业承建，还有5家境外跨国企业共同参与，最多时有6 000余人在建设现场。“南隧北桥”方案也决定了该工程在建设中将面临超大断面盾构隧道抗浮、超大直径泥水盾构开挖稳定、超大直径衬砌结构设计、一次性掘进距离长、特长隧道通风与降温、纵向稳定性等大量技术难题。

他说，参与项目的境外公司多，不少外国建设者都对高高飘扬的“一名党员就是一面旗，一个支部就是一座战斗堡垒”的红旗产生了浓厚的兴趣。参与建设的法国布依格公司现场指挥阿兰和工程建设人员熟络后，一次好奇地问：“共产党员究竟是什么样的？你们谁是共产党员？”大伙让他猜，他连着点了几个业务能力强、工作中不计名利、吃苦耐劳的人，一问全是共产党员。这让阿兰服了气。

2009年10月31日，经广大建设者近五年的艰苦努力，这座集隧道、大桥、轨道交通（预留）、超高压电缆于一体的世界上最大的隧桥结合工程，比计划提前9个月正式通车运营。

七、张喜刚：“设计世界一流大桥是我一生的梦想”

张喜刚，1983年毕业于同济大学桥梁工程专业。现任中国交通建设股份有限公司总工程师、中交公路长大桥建设国家工程研究中心有限公司主任和首席专家。曾任苏通长江公路大桥总设计师。中国工程院院士、全国工程勘察设计大师。长期从事桥梁工程设计、技术研究和应用，获国家科技进步奖一等奖2项、国际大奖6项。

张喜刚说：“设计世界一流的大桥是我一生追求的梦想。”他率领团队十几年来设计了世界跨径排名前十位的大跨径斜拉桥中的三座，分别是苏通长江公路大桥、鄂东长江大桥和南京长江三桥（现更名为南京大胜关长江大桥）；设计了世界跨径排名前十位的大跨径悬索桥中的三座，分别是舟山西堠门大桥、南京长江四桥（现更名为南京栖霞山长江大桥）和江阴长江公路大桥；设计了世界桥长排名前十位的跨海大桥中的五座，分别是杭州湾跨海大桥、港珠澳大桥、青岛海湾大桥（现更名为胶州湾大桥）、舟山跨海大桥和嘉绍大桥。

“在我完成的多座特大桥梁科研设计中，让我挂念最深、投入最多、最难以忘怀的还是苏通大桥。”张喜刚说，在苏通长江公路大桥之前，世界上最大跨径的斜拉桥是主跨890米的日本多多罗大桥。那个时候，我国最大跨径的斜拉桥是主跨628米的南京长江二桥（现更名为南京八卦洲长江大桥）。随着跨径突破千米，桥梁构件更高、更长、更柔，结构受力行为也更为复杂，千米级斜拉桥的结构体系、设计及施工控制核心技术，成为代表21世纪世界桥梁工程技术的制高点。

苏通长江公路大桥北起于通启高速公路的小海互通立交，上跨长江水道，南止于苏嘉杭高速公路董浜互通立交，全长32.4千米，其中跨江部分长8 146米，桥面为双向六车道高速公路，设计速度100千米/小时。大桥由北岸接线工程、跨江大桥工程和南岸接线工程三部分组成。大桥主桥采用100米+100米+300米+1 088米+300米+100米+100米跨径布置，跨江大桥总长8 206米，北岸接线工程路线总长15.1千米，南岸接线工程路线总长9.1千米，桥面为双向六车道高速公路标准，设计行车速度南、北两岸接线为120千米/小时，跨江大桥为100千米/小时。

要在宽数千米的长江上造桥，苏通长江公路大桥建设面临“抗风、抗震”“防冲、防撞、防腐蚀”等技术难关。“工程前期开始，苏通长江公路大桥关键技术研究作为中国工程领域第一个项目被列入国家科技支撑计划。”张喜刚介绍，所有的“硬骨头”，都有母校的强力支持，李永盛常务副校长率领的各个团队，全身心扑进来攻坚克难，数年中攻克四大世界级施工技术难题：完成了主塔墩永久性冲刷防护工程、主桥全部410根钻孔灌注桩施工、世界最大的两个钢吊箱的沉放及混凝土封底、世界最大群桩基础工程。

张喜刚在《苏通大桥总体设计》[2]中一一列举了建设条件：气象条件较差、水文条件复杂、基岩埋藏深、通航标准高。设计与施工技术特点和难点：主桥超大规模深水基础的设计与施工，主桥超高索塔的设计与施工，主桥长跨和长索的设计与施工。要知道，苏通长江公路大桥的斜拉索单根最长的重量为59吨，一根拉索就快60吨重！

不仅如此，苏通长江公路大桥地处崇明岛长江上游的南通、常熟之间，航运繁忙，桥墩的防撞措施必须跟上。张喜刚说：“根据有关专题研究成果，主桥基础整体防撞能力满足设防标准要求，不设置以消能为目的的防撞消能设施。”但是，水位升高时，塔柱和墩身能够承受船舶的局部撞击力吗？因此，设计者根据结构特点，对可能受撞击区域进行了局部加强。为了保证低水位时钻孔桩不被船舶直接撞击，采取局部加厚封底混凝土，并用钢桁架加强整体性，利用承台施工用钢套箱中浇筑一定高度的仓壁混凝土等措施予以解决。

张喜刚介绍，关于设计与施工，团队开展了：主桥超大规模深水基础的设计与施工研究，内容包括软弱土层条件下超长桩的承载力和提高承载力的有效措施研究、大规模超长群桩基础的受力特性研究、超长钻孔灌注桩施工工艺研究、基础防冲刷研究等；主桥超高索塔的设计与施工研究，内容包括钢锚箱设计及制造安装、超高索塔施工阶段抗风问题、超高索塔的施工等；主桥上部结构的设计与施工，内容包括主桥结构体系研究、主桥千米级斜拉桥非线性问题、主桥施工和运营阶段抗风稳定性问题、主桥上部结构架设问题、主桥施工和运营阶段斜拉索的减振问题等。

张喜刚说，以主桥上部结构架设为例，苏通长江公路大桥主桥桥面高度在水面70米以上，单节段箱梁重量达420吨，对施工设备有较高要求；施工周期长，而且施工风险相对较大，尤其是主梁最大单悬臂长度达540米。另外，主梁架设过程中索力与线形控制也是需要重点研究的问题。团队在设计中充分调研了国内外已有的设备，研究了多种施工方案，针对苏通长江公路大桥的脾性提出了合理可行的指导性施工方案和施工设备技术要求。对于主桥长悬臂主梁施工架设，首先在工期安排上避免在大风季节进行施工；其次通过改进钢箱梁连接方式、采用双悬臂吊机、提前合龙边跨、改进上部结构安装工艺等方法，加快钢箱梁安装速度，并用设置临时墩、桥面阻尼器等方法来降低长悬臂施工难度和风险。通过上述几种措施，可保证在台风季节来临前或避开台风季节影响完成主桥钢箱梁的合龙，规避施工风险。

克服千难万险，苏通长江公路大桥成就了四项世界之最。

❶ 最大主跨（斜拉桥）。苏通长江公路大桥主桥跨径为1 088米，是当时世界跨径最大的斜拉桥。

❷ 最深基础。苏通长江公路大桥主墩基础由131根长约120米、直径2.5~2.8米的群桩组成，承台长114米、宽48米，面积有一个足球场大，是在40米水深以下厚达300米的软土地基上建起来的，是当时世界上规模最大、入土最深的群桩基础。

❸ 最高桥塔。原先世界上已建成最高桥塔为日本明石海峡大桥297米的桥塔，苏通长江公路大桥采用高300.4米的混凝土塔，为当时世界最高桥塔。

❹ 最长拉索。苏通长江公路大桥最长拉索长达577米，比日本多多罗大桥的最长拉索还要长100米，为当时世界上最长的斜拉索。

八年中，张喜刚带领团队陆续攻克诸多技术难题，最终成功掌握了千米跨径斜拉桥的技术钥匙，为我国千米级斜拉桥的设计建造探索出一条成功的路径。研究成果共获国家授权专利20项、软件著作权3项、国家级工法4项。2008年，苏通长江公路大桥被国际桥梁大会授予“乔治·理查德森”大奖，这是我国首次获得国际桥梁大会最高奖项的桥梁工程。2009年，苏通长江公路大桥工程设计荣获国庆60周年“十佳感动中国工程设计大奖”，与大庆油田、人民大会堂、载人航天发射场等共获殊荣。2010年，苏通长江公路大桥又荣获了美国土木工程师学会颁发的2010年度“杰出工程成就奖”，这是我国工程项目首次获此殊荣。作为第一完成人，张喜刚团队荣获了国家科技进步奖一等奖。张喜刚因此在2019年当选为中国工程院院士。

张喜刚说：“中国需要的不仅是总设计师，还需要有一大批在国际上有影响的各类桥梁专家，当前我们更需要有一大批技术人员能沉下心来做学问。”作为第一编写人，张喜刚主持完成了《公路桥涵地基与基础设计规范》《公路钢结构桥梁设计规范》《大跨度斜拉桥平行钢丝斜拉索》《大跨径预应力混凝土连续梁桥设计施工技术指南》《公路桥梁和隧道工程设计安全风险评估指南》等交通行业标准。

他说，桥梁结构体系就像是人体的骨骼系统，在寿命期内它的可靠性直接关系到桥梁总体设计、结构安全和使用功能。他提出以发展智能化为特征的“第三代桥梁工程”的构想，认为融合了智能技术和桥梁技术的第三代桥梁工程是未来桥梁的发展方向。他说，中国桥梁要解决“高效建造、有效管养、长效服役”三大突出问题，而智能桥梁是桥梁工程高质量发展的最终形态。他说，经过全行业、多学科、多产业协同创新，未来5~10年，我国桥梁将在结构安全、使用年限和健康水平等方面取得长足进步，支撑全疆域建管养，引领国际桥梁技术发展。

八、徐浩良：为世界人民架连心桥

徐浩良，1979年至1983年就读于同济大学桥梁工程专业。1994年，加入联合国开发计划署。2023年6月26日，联合国秘书长古特雷斯宣布，任命来自中国的徐浩良担任联合国副秘书长兼联合国开发计划署协理署长。

徐浩良18岁考入同济大学桥梁工程专业。因为成绩优秀，本科毕业的他获留校任教机会，在李国豪课题组工作。当时计算机技术发展很快，他意识到自己对计算和画图不感兴趣，想“跳槽”，离开土木工程专业，出国去闯一闯。说干就干，本科外语为俄语的他，买来英语教材，跟着磁带自学，到上海街头找老外练口语。经过高强度的学习，他通过了托福考试，获得了美国两所学校的录取通知书。1988年，他登上了飞往美国的飞机。

由于家境并不宽裕，他到美国要做的，首先是挣钱养活自己。于是，在美国还没完全安顿下来，他就开始打工：在曼哈顿骑自行车送外卖，在新泽西开车帮人搬家，在报社输入赛马信息……经过艰苦的学习，他在美国拿到两个硕士学位：史蒂文斯理工学院管理科学硕士学位和哥伦比亚大学国际事务硕士学位。

1993年，在哥伦比亚大学读研究生的徐浩良，在联合国开发计划署的一个部门找到了实习岗位。因为表现出色，实习结束后，他获得了一份为期15天的聘用合同；15天合同到期后，再续15天，后来延长到30天，又延长到3个月……就这样，他以“实习生”“兼职”的身份，通过不断续签短期合同，在联合国工作了2年。

1995年，他获得了一份较为长期的合同，驻哈萨克斯坦，为期2年。1999年底，在联合国工作了5年的徐浩良终于拿到了正式合同。

徐浩良在人才荟萃的联合国闯出了一条路。联合国秘书处系统内中国籍职员不足百分之一，高级别职员占比更是少之甚少。从拿到第一份正式合同到拿到联合国公务员系统里最高级别的合同，徐浩良用了18年时间。这18年里他晋升了6次，平均每三年晋升一级。这样的晋升速度在联合国系统内是很少见的。

公开资料显示，自2013年起，徐浩良担任联合国开发计划署助理署长兼亚太局局长。他于1994年加入开发计划署，在国际发展方面拥有超过25年的经验，曾在开发计划署的多个领域工作，并曾被派驻亚太、欧洲和中亚等多个地区工作，包括纽约、伊朗、东帝汶、巴基斯坦和哈萨克斯坦。

联合国秘书长古特雷斯曾这样评价他：“徐浩良在多个任务区领导了大规模的变革进程，建立了高绩效团队，并显著地提升了效率。他非常重视明确的战略愿景、协作文化和持续创新的思维模式，与同事合作提供有影响力的发展解决方案。”

“为全世界工作，为全世界的人民工作。”徐浩良始终怀着这样一颗心，在世界各个地区牵线搭桥谋福利。他说，随着中国作为新兴经济体逐渐发展起来，在很多方面成为国际事务的领导者，中国参与全球治理的力度也显著加大。现在中国已经转变成一个很好的合作伙伴，中国正深度参与全球治理，在国际事务中起到极为重要的作用。比如，中国在应对气候变化的《巴黎协定》以及2030年可持续发展议程的制定过程中都发挥了特殊作用。他说，2018年4月中国国家国际发展合作署的成立也是“中国在发展领域里所做的一件大事”。从受援国到全球治理的重要合作伙伴，中国实现了“巨大的飞跃”。

2016年9月，联合国开发计划署成为第一个和中国政府签署“一带一路”谅解备忘录的国际组织。徐浩良说，应将“一带一路”倡议与联合国可持续发展目标紧密结合。他还说，推动构建人类命运共同体这一理念符合国际社会的共同目标，体现了中国立场和中国智慧，反映了人类的美好愿望。徐浩良认为，未来50年，中国对全球治理的影响无疑将更加深远。

2019年4月25日至27日，第二届“一带一路”国际合作高峰论坛在北京举行，联合国秘书长古特雷斯率领联合国代表团参加，徐浩良作为代表之一也积极参与了整个论坛的诸多活动。

时任联合国助理秘书长兼联合国开发计划署亚太局局长的徐浩良在接受澎湃新闻记者专访时曾表示：“毫无疑问，‘一带一路’已经成为经济发展新的引擎，我们希望‘一带一路’对世界的贡献不仅仅在于经济和发展，而且可以作为实现可持续发展的引擎，这就包括注重环境、注重社会发展的可持续性。为了达到这些目标，联合国很多机构都希望积极参与、广泛商议、共同建设，并共同从成果中获益。”

徐浩良所在的联合国开发计划署与中国政府还建立了共同推进“一带一路”建设联合工作组，囊括了外交部、国家发展改革委、科技部、商务部、国家国际发展合作署等多家单位。联合工作组中方牵头人国家发展改革委副主任宁吉喆就曾评论道，“共建‘一带一路’倡议与落实联合国2030年可持续发展议程相结合，具有重大的合作示范效应”。

2015年6月15日晚，徐浩良回到母校做客卓越土木讲坛，与师友分享“我在联合国的成长经历”。他说：“小时候我常常在上海家中的天井里仰望天空，想象着跟随掠过眼前的飞机去往远方。”可能是这样的记忆培养了这样一位勇于追求的人。起初，他接到的录用通知是位于美国底特律的韦恩州立大学（Wayne State University），但在旧金山转机的当天晚上，他思考到自己出国不过是从学土木转为学汽车，这并没有满足他的初心，于是联系了美国史蒂文斯理工学院，第一年学习土木，第二年转学管理。“这是决定我人生的一个选择。”徐浩良说，“毕业后我选择了忠于初心，决定读更感兴趣的国际关系专业，最后成功进入哥伦比亚大学学习。”

徐浩良说，学习不单纯在于了解知识，更重要的是融入自己的思考。1993年，正在哥伦比亚大学读研究生的徐浩良在联合国开发计划署一个部门找到了一份实习工作，此后逐渐在联合国站稳了脚跟。第五年，他决心转正，在不懈努力地另找了一份职位更高的工作后和上司谈判，得到了转正机会。随后，在开发计划署履任驻伊朗主任、驻东帝汶高级副代表、驻巴基斯坦副代表等，一步步走到现在。他说："碰到问题不要怕，要争取，要自己想办法。"

2015年，徐浩良回访母校，这次他荣获"同济大学2015年追求卓越服务奖（校友）"。"他还在继续为世界人民架设连心桥。"桥梁系负责人说。

九、马骉：安全是桥梁技术创新的基石

马骉，1983年同济大学桥梁专业本科毕业，进入上海市政工程设计研究总院（集团）有限公司工作至今，现任总院副总工程师，2016年被评为"全国工程勘察设计大师"。主要从事大型桥梁工程的设计和科研工作，参与设计了重庆嘉陵江石门大桥、上海南浦大桥、上海徐浦大桥、上海卢浦大桥，主持设计了上海闵浦大桥、宁波市明州大桥、宁波市外滩大桥、宁波市大榭二桥等多座大型斜拉桥和拱桥等大型桥梁工程。获1997年度"茅以升科学技术奖——桥梁青年奖"，获得全国优秀设计金奖、国家科技进步奖一等奖、全国优秀勘察设计一等奖。

高中时马骉的班主任，曾在同济大学工作，熟悉同济大学的情况，建议马骉高考志愿填报同济大学桥梁工程专业。"一开始也是懵懵懂懂的，对桥梁专业也不是很了解，后来发现选对了。"马骉说，后面慢慢学习、工作，时间久了之后，对李国豪校长领衔的同济桥梁的感情越来越深。

马骉说，刚入学时，时任同济大学校长的李国豪曾给大家作过一次报告，"他说：'我们这个行当是铺路修桥的，是积德的。'老校长这句话给我印象极深，没齿难忘。"那时，上海还未大兴土木。马骉念大学时，泖港大桥还在建（1982年6月竣工通车）。"我们到建设工地参观过。"马骉说，这座位于松江区泖港镇东侧大泖港之上、跨大泖港连接叶新公路的大桥，是上海第一座斜拉桥，也是当时上海跨径最大的桥梁。

马骉开始工作后，黄浦江上依然还没有他们这些大桥设计者的用武之地。"我们实习都是到湖北、江苏各地去，都是去外地参观建桥。"毕业两年后，他参加了重庆嘉陵江石门大桥项目建设，在重庆前后的时间跨度有三年。1989年结束了重庆的项目，回到上海，马骉进入了南浦大桥项目团队。

那时，南浦大桥的初步设计已经完成，正在做施工图，马骉主要是参加一些具体的设计工作。"比如做一部分桥塔工作，也做了一部分梁的工作，都是比较具体的设计。后来参加现场的施工配合、施

工控制工作。”主跨423米的南浦大桥，拉开了我国自主建设现代大跨度斜拉桥的大幕。

参与南浦大桥建设的马蒴经常骑车从同济大学到工地。当时国内还没有跨径超400米的斜拉桥，南浦大桥是第一座，桥型也比较新。马蒴还记得，在南浦大桥的建设过程中，不断有人来参观，直到1991年建成后，因为设计了人行游览通道，日后也成了上海的标志性景点。

后来，作为设计负责人（主要设计人员），马蒴先后承担了具有世界一流水平的上海卢浦大桥、上海徐浦大桥、上海南浦大桥和重庆嘉陵江石门大桥等大跨径拱桥、斜拉桥的设计。上海卢浦大桥为软土地基上建造的超大跨径拱桥，创新采用全焊接钢箱形拱结构，并创造了拱桥世界纪录，获得国际桥梁与结构工程协会2008年度杰出结构大奖（中国工程首次获奖）。徐浦大桥是世界上第一座大跨径混凝土梁与钢-混凝土叠合梁混合连结斜拉桥，其建成标志着我国该种桥型结构设计步入国际先进水平。

近年来，马蒴主持设计了多项达到国际国内领先水平、各具特色的特大型城市桥梁，如上海闵浦大桥、宁波市明州大桥、宁波市外滩大桥、宁波市大榭二桥、南宁市良庆大桥、宁波市梅山春晓大桥等工程。

上海闵浦大桥工程为上海市浦东机场高速公路（S32公路）跨越黄浦江的特大型桥梁，是当时世界上跨径最大、桥面最宽、车道数最多的双层桥面斜拉桥，充分展现了集约化特点，创新的结构形式实现了关键技术上的突破，有力推动了大跨双层公路桥梁的技术进步，对我国桥梁迈向可持续发展之路发挥了重要的示范和引领作用。

马蒴主持设计的宁波市明州大桥为宁波市东外环跨越甬江的特大型桥梁，是世界上跨度最大的双肢钢箱拱桥。

宁波梅山春晓大桥，全长约1.9千米，按照一级公路标准建设，兼顾城市道路功能，设计速度为60千米/小时，双向六车道。这座大桥是梅山岛联系北仑区、宁波市中心等的第二通道，需要兼顾机动车、非机动车同时大量通行的需求。马蒴带领团队，为春晓大桥设计出了浙江省第一座行车道与非机动车道完全分离的大跨径双层桁架拱桥。此外，为了对接梅山和春晓两侧的城市慢行休闲系统，大桥下层还要承担观景平台等功能。

为了对接桥下的避台风通航需要，下层桥纵向开启宽度108米，其开启宽度列同类桥梁世界第一。“春晓桥由于位于近海，每年台风季节都有船舶需要在此通行以避让台风，因此桥梁结构不能太高。可是如果将非机动车道与机动车道放在同一高度（单层桥），非机动车道的纵坡又太陡，不满足安全的要求。所以，最终我们确定要做一个纵向滑移装置，平时双层桥满足日常的桥下通航要求，当有大海轮通过时，下层桥的中间部分可以纵向滑移打开，提升通航净空高度，这样问题就解决了。”马骉说着，便拿起一张纸，画了起来：“国内目前还没有任何做这种装置的经验，这么复杂的结构怎么做，做好了又怎么和大桥融合在一起，最终还要确保整座大桥100年的寿命，每一步的设计与融合都是难题。”马骉回忆，当时有人说做不成，但我觉得不能着急，太复杂的系统一次设计不了，那就从驱动、轨道、刹车、控制等几个系统分步走，将抽象的复杂系统具体化，化整为零。说着、比画着，他的眼里闪着光。

“世上无难事。碰到大的难题，一定要学会分解。”这是马骉从老一辈专家那里学到的处事方法，既能控制工程项目风险，又能不断创新、不断进步，如今，马骉又不断将它传授给下一代年轻工程师们。

马骉说，春晓大桥设计及建设过程中，技术难度高，纵移开启桥无借鉴先例，需攻克下层桥架纵移开启关键技术、承重轨道安装定位技术、全焊钢桁拱桥设计与施工技术、主拱整体节段安装对位控制技术等难题。

梅山春晓大桥是全国首座全焊接结构形式的钢桁拱桥，其曲线造型是由平悬与拱桁架组合而成的，结构新颖，技术要求高，且桥梁构件尺寸变化大，几乎不存在标准段制造，无法进行批量化生产。大桥主要钢板材质强度高、焊接难度大且采用焊接整体节点，建设单位中铁山桥通过技术攻坚，合理选择焊缝坡口形状和尺寸、严格控制焊接顺序和工艺，既保证了焊缝质量，又减少了结构的整体变形。同时，通过提高钢结构板材的平整度和构件的组装精度控制了较长整体节点钢结构的扭曲。

此外，首次在大跨度钢桁拱桥上采用全焊连接新技术，也是为了提升梅山春晓大桥在海洋环境中的耐久性。这意味着对钢桁节段的整体加工、运输、安装工艺提出了全新要求。“大桥的拱肋节段对接环口多，多环口高空精确定位及焊接施工难度大。”当年负责梅山春晓大桥项目、四川公路桥梁建设集团有限公司的副经理魏昌伟说：“光一个节段的对接环口就多达10道，整座大桥的高空焊接总长达22 543米。”

马骉带领多家施工、设计单位，推行精细化设计与施工，应用BIM及数字化预拼装等先进设计技术与手段，实现了环缝拼接及节段预拼的偏差校正，使钢桁节段对位精度控制在2毫米范围内，解决了整体节段环口现场对位困难的技术难题，为主体钢结构的顺利合龙和下层纵移桥架平稳开启奠定了技术基础。

设计建造闵浦大桥的经历同样让马骉

记忆深刻。作为上海黄浦江上的第八座大桥，闵浦大桥是上海首座、也是当时世界跨径最大的双层公路斜拉桥，这座大桥创下了多项自主创新成果。“这些世界纪录，并不是我们有意为之，而是在结合了社会发展对交通的需要、城市两侧道路衔接通行需求、桥下行船需求等后，最终确立的方案。”马骉说。

“因为黄浦江沿线大桥、隧道等越江设施线位有限，所以闵浦大桥采用高速公路与地方道路共用同一座大桥线位，既解决了高速公路过江问题，也大大节约了建设用地，节省了桥梁建设的造价，充分体现了工程的集约性与经济性。”马骉说，双层斜拉桥是闵浦大桥的最大亮点，而复合桁架梁混合结构双层斜拉桥的新颖桥型恰恰是大桥设计中的最大难点，跨径大、桥面宽，加上又是双层桥，全桥纵向横向受力复杂，这就好比人们在“叠罗汉”时既要强调纵向稳定，又要保持横向平衡一样。

经过不断分解难题，继而一项项创新，闵浦大桥成功实现了世界同类型桥梁建设史上首次以全焊接方式悬臂拼装施工，直至大桥合龙。在上海黄浦江上，又架起了一座重要的“空中走廊”。

桥梁的发展离不开创新。但要实现持续不断的创新，安全是基石和保证。马骉始终记得当年林元培院士的一句话：“做工程和做科研要求不一样，科研可以不断地试，允许失败，直至最后成功；做工程涉及的是巨大的投资和人员的安全，只许成功，不许失败！”任何一座桥梁，只要有任何一点儿疏忽，都可能导致付出巨大、沉重的生命和财产代价。“敬畏心与责任心是我们桥梁设计的两个轮子。”马骉说。

数十年来，马骉结合工程实践，先后发表学术论文30多篇，参与撰写《卢浦大桥工程》《斜拉桥》《桥梁工程师设计手册》等专著。主编《城市桥梁设计规范》，参编《城市桥梁抗震设计规范》《城镇桥梁球型钢支座》等国家（行业）规范；主编上海市地方标准《先张法预应力混凝土空心板（桥梁）》。结合工程设计创新，先后申请《一种倒梯断面钢桁架斜拉桥边节点连接结构》《一种刚性多向变位防撞护栏》等20多项发明专利、实用新型专利。

十、周良：开桥梁工业化装配化设计施工技术风气之先

周良，1983届同济大学桥梁工程专业毕业，2020年被评为“全国工程勘察设计大师”。现为上海市城市建设设计研究总院（集团）有限公司总工程师。主持设计了上海市杨浦大桥、卢浦大桥、闵浦二桥、松浦三桥、内环高架路、延安高架

路、外环高速公路、沪闵高架路、中环线、嘉闵高架路，柳州红光大桥，南昌朝阳大桥等工程。

此外，他在桥梁工业化装配化设计施工技术方面也有重要贡献。他率先开展了大量基础性研究工作，编制了国内第一本预制拼装桥梁技术标准，提出了桩基-承台-立柱-盖梁装配式成套设计方法，该方法填补了国内在这一领域的空白。

2021年12月15日，周良大师工作室揭牌仪式在隧道股份城建设计集团举行。周良在发言中表示，他师从范立础院士、项海帆院士，从事桥梁工程设计工作近40年，桥梁的全预制建造是桥梁设计建造的未来方向，也是他职业生涯追求的目标。

据报道称，2021年以周良大师工作室团队为核心的上海工业化装配化市政工程技术研究中心，取得了丰硕的成果。在灌浆节点检测技术方面，开展了钢丝拉拔法、芯片法、X射线法、超声传感器法及压力传感器法等五种检测方法的研究与测试，并将研究成果归纳进上海市《预制拼装桥梁技术标准》(DG/TJ 08-2160—2021，J 12992—2021)。在建造基地智能化改造方面，依托绍兴城投建筑工业化制造有限公司的建造基地，开展了总体的软件架构与硬件开发，实现智慧工厂全流程数字化管理；同时在智能检测、智能监控、智能制造方面开展了大量新设备、新工艺的尝试。2021年，出版专著1部，编制规范3部，发表论文15篇，授权发明专利4项、实用新型专利23项，研究成果进一步推动了桥梁工业化装配式技术的进步。

周良介绍，工业化装配式桥梁技术，是将桥梁的主要构件先在工厂中预制、后运至现场拼装完成桥梁建设的一种创新技术，是加快施工速度、减少现场污染、实现低碳化建设的有效手段。目前，桥梁上部结构的预制拼装技术，经过多年的实践与探索已较成熟；桥梁下部结构的装配式技术，通过近些年的探索也积累了一定的经验。近年来，随着交通运输压力增大，降低市政施工对日常交通和生活影响的需求越来越强，装配式桥梁技术也将会有更广阔的应用空间。

装配式连接技术

沪闵高架路二期工程于2001年12月19日开工建设，2003年12月28日竣工通车，采用的就是装配式桥面。

周良介绍，桥梁下部结构的装配式技术难点在于接缝的抗震性能。2010年，上海在S6公路新建工程试验段中率先采用灌浆套筒连接技术实现了装配式立柱的建造，并在2016年9月通车的嘉闵高架路工程中进行了全面推广。该工程是国内首次大规模采用装配式桥墩技术，大大缓解了施工期的交通压力，同时实现了高品质、短周期的桥梁建设。

装配式立柱

周良介绍，装配式立柱的关键是桥墩与承台以及盖梁的连接方式。目前国内外采用的装配式立柱连接方式大致包括有黏结后张预应力筋连接、灌浆套筒连接、灌浆金属波纹管连接、插槽式连接、钢筋焊接或搭接并采用湿接缝、承插式连接等。

装配式盖梁

盖梁的主要作用是将主梁承担的荷载传递至桥墩，目前常见的施工方法以现浇为主。国内外对盖梁的装配式建造技术进行了初步探索，已完成了部分尝试。装配式盖梁，较早的是参考节段预制拼装主梁的技术，嘉闵高架路新建工程也采用了两种形式的装配式盖梁技术，一种为上下分层盖梁，一种为节段拼装。

周良坦言，装配式桥墩的抗震性能，是阻碍全预制拼装技术在高地震危险区域桥梁中应用的一个技术难题，为了实现全预制拼装技术的全面推广应用，必须对预制拼装立柱的抗震性能做深入研究。团队以典型实际工程桥墩构造为原型，选取套筒、波纹管和有黏结预应力筋三种预制拼装连接方式，进行矩形实心节段预制立柱的低周反复水平加载缩尺试验研究，通过对不同构造细节下节段预制立柱试件的拟静力试验和有限元数值分析，研究了不同构造方式下节段预制立柱的滞回特性、延性变形、接缝处的非线性力学行为、损伤和破坏机理等。

试验结果表明，采用套筒、波纹管预制拼装连接构造的桥墩与传统现浇混凝土桥墩相比，具有相近的抗震性能，可满足预期抗震性能的要求，有黏结预应力筋连接预制拼装桥墩具有现浇混凝土桥墩相近的变形能力，但耗能能力较弱。此外，通过计算分析、连接装置试验、整批试件的制作和运输过程的研究表明，套筒和波纹管这两种预制拼装连接方式，从立柱总体受力、构造连接、抗震性能和整个施工工艺细节，均可以满足当前设计和施工的要求，可用于工程实践。

装配式盖梁的抗剪性能和抗弯性能

周良指出，目前装配式盖梁采用整体预制横向分段的方式较多。团队依托工程实践，选取25米的大悬臂盖梁为研究对象，对其抗剪性能和抗弯性能进行试验研究。抗剪性能试验考虑拼接缝间键齿个数、位置、大小这三个试验参数，共设计了五个试件。通过模型试验，研究了在荷载作用下，剪切裂缝的产生和发展、接缝破坏形态及抗剪承载力，考察了试验参数对抗剪承载力的影响。

周良团队在对装配式桥梁组件一一试验后，于2015年编制了国内首部专门针对装配式桥梁结构的标准——上海市工程建设规范《预制拼装桥墩技术规程》(DG/TJ 08-2160—2015)，为上海市乃至全国装配式桥梁技术的推广应用奠定了基础。他介绍，交通运输部等行业标准也正在编制中。

十一、李亚明：建筑结构设计领域的领头雁

李亚明，同济大学建工系工业与民用建筑专业1983届的杰出校友，现任上海建筑设计研究院结构总工程师，高级工程师（教授级），一级注册结构工程师，并于2021年被授予“全国工程勘察设计大师”荣誉称号。

1983年，他自同济大学工业与民用建筑专业毕业，便踏入了上海民用建筑设计院（后更名为上海建筑设计研究院有限公司）的大门，至今已耕耘40余载。从最初的青涩学子到如今的行业领袖，他始终保持着对建筑结构设计的无限热爱与追求。

李亚明的卓越贡献得到广泛的认可与赞誉，他荣获国家及省部级优秀设计奖40余项、科技进步奖10余项；参与国家及省部级课题研究20余项；出版专著5部，发表论文50余篇；获专利20余项；主参编国家、行业及地方标准18项。此外，他还荣获了“国务院政府特殊津贴专家”“全国住房和城乡建设系统劳动模范”“上海市五一劳动奖章”等称号，并担任中国土木工程学会第九届理事会理事、上海土木工程常务理事、中国建筑学会建筑结构分会常务理事、上海市建筑学会理事、中国钢结构协会第八届理事会理事和空间结构分会副理事长。

作为同济大学兼职教授和上海建筑空间结构工程技术研究中心主任，李亚明不仅致力于个人的专业发展，还积极投身于教育和科研事业。他希望通过自己的努力和影响力，为培养更多优秀的建筑结构设计人才贡献自己的力量。

李亚明大师在大跨度空间结构和建筑工程抗震等领域取得了令人瞩目的成就。他设计并完成了包括上海天文馆、上海科技馆、上海中国航海博物馆、上海辰山植物园、太原植物园、上海国际赛车场、上海东方体育中心、上海图书馆东馆等一系列具有国内外影响力的重大工程。这些作品不仅彰显了他在结构设计上的深厚功底，更体现了他勇于挑战、敢于创新的精神风貌。

在设计过程中，李亚明始终秉持“理解建筑师意图，实现建筑师梦想”的理念，他认为“一个好的结构工程师，首先要很好地理解建筑师方案创作思想，并对建筑师的创作方案加以实现，将结构工程师的角色融入建筑创作的全过程”。

李亚明强调结构设计的创新性和超前性，勇于突破现有规范的束缚，为建筑注入新的生命力。他首次将预应力综合技术

解决混凝土特超长结构抗裂问题以及铝合金椭球体单层网壳结构运用在上海科技馆的设计过程中。在国内首次将弹性边界单层双曲面索网结构运用在上海航海博物馆的设计过程中。李亚明设计的上海天文馆拥有跨度达61米的基础结构，在此之上还悬挑出36米的大悬挑钢结构，其呈现出多种结构体系、多种材料构成的复杂空间结构。上海天文馆以其独特的建筑形态和空间设计定格了宇宙具有意义的时刻，惊艳而震撼。

上海科技馆（1999—2001年上海市重大工程）

上海科技馆首次采用预应力综合技术解决混凝土超长结构抗裂问题，在国内首次运用了铝合金椭球体单层网壳结构。“上海科技馆工程建设与研究”荣获2002年国家科技进步奖二等奖，2003年中国土木工程詹天佑奖，以及建设部、中国建筑学会和上海各类设计奖。

图4 上海科技馆。图片来源：受访者供图

上海航海博物馆（2005—2010年上海市重大工程）

上海航海博物馆在国内首次运用了弹性边界单层双曲面索网结构。当时国内尚无大跨网壳结构和单层曲面索网结构的集成结构体系、大型双曲面单层索网结构体系支承的玻璃幕墙。该建筑荣获2011年上海市科技进步奖三等奖、全国第七届优秀建筑结构设计一等奖。建设部科研课题“曲面索网玻璃幕墙结构设计与施工关键技术研究”鉴定结论为国内领先、国际先进；“重大工程结构中的力学难题——中国航海博物馆”获第八届中国土木工程学会优秀论文奖。

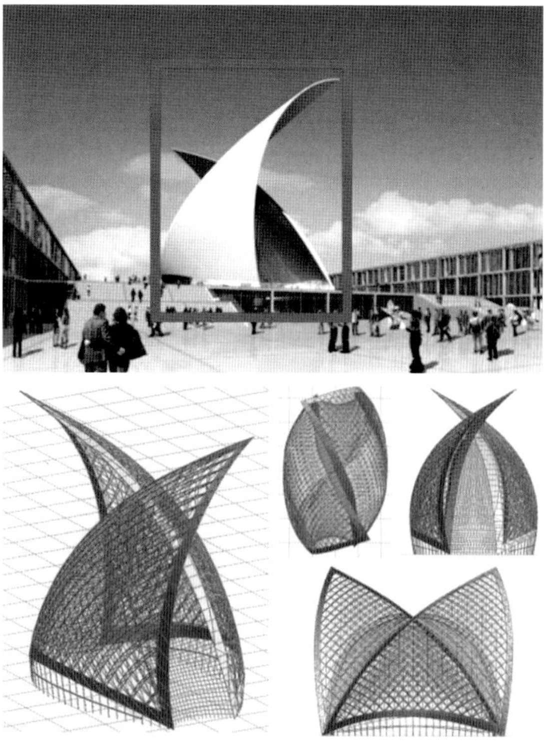

图5 上海航海博物馆。图片来源：受访者供图

上海天文馆（2015—2018年）

上海天文馆（上海科技馆分馆）以其独特的建筑形态和空间设计，定格了宇宙中极具意义的时刻，令人惊艳且倍感震撼，在建造过程中，其独特的设计对建筑的结构规划提出了巨大的挑战。

该馆对应三个建筑空间，其空间构造极为复杂。结构实施上采取了针对性的解决方案，运用了多种结构材料和结构体系：大厅及观星平台运用劲性巨柱框架支撑铝合金单层网格，球幕影院运用混凝土厚壳支撑钢结构单层网格，圆洞天窗运用核心筒剪力墙支撑大悬挑钢桁架及大跨度楼面桁架，过渡空间则运用钢框架。

无锡大剧院（2009—2011年）

无锡大剧院将宏大的建筑分解为各个需要实现的建筑部分和不同的待解决结构问题。把承担主要剧院功能的主体部分设计为混凝土结构，“树叶”状的大屋面确定为钢结构空间网格体系。这一大跨复杂空间结构在细部进行了特殊处理，如蝶形节点和销轴支座等。该设计荣获2013年中国钢协空间结构设计金奖。

上海辰山植物园（2006—2011年上海市重大工程）

上海辰山植物园创新性地开发并运用了自由曲面铝合金单层网壳结构，采用自

图6　上海天文馆。图片来源：受访者供图

图7　无锡大剧院。图片来源：受访者供图

图8　上海辰山植物园。图片来源：受访者供图

行开发的专利技术，成功攻克了自由曲面铝合金结构温度敏感、抗温度应力的关键技术难题以及软土地基土紧邻建筑高填土的技术难题。

主要技术成果：发明专利《锟轴滚动滑移限位止推弹簧支座》；“铝合金结构创新技术与工程应用”获上海市科技进步奖二等奖；该项目获全国第七届优秀建筑结构设计一等奖、2015年全国优秀勘察设计行业二等奖、第八届中国钢协空间结构设计金奖。

太原植物园温室

太原植物园坐落于太原市晋源区太山脚下，建设目标为国内领先、国际知名。它是山西省唯一一座符合国际标准的植物园并获得山西省改善人居环境PPP项目奖。该项目为山西省重点项目，建成后成为山西省、太原市的标志性建筑。开园仅8个月便接待游客260余万人次，荣登太原市最受欢迎旅游景点TOP10榜首。其结构体系特点：双向三层木梁交叉叠放形成网壳结构，三层木梁不共面，在节点区木梁贯通不断开，木梁以受压为主，双向斜交拉索主要作用为控制网壳稳定性与整体性。

图9 太原植物园温室。图片来源：受访者供图

主要技术成果：开发并应用于项目专利技术7项。

东方体育中心（2009—2011年上海市重大工程）

该项目为大跨复杂空间结构，结构设计上严格遵循建筑师意图进行结构布置和建模，巧妙地运用了减振技术与新型结构体系相结合的方式，在拱架端面内侧建立桁架和大型支撑框架，同时采用BRB构件将各个相邻的拱连接起来。该项目荣获

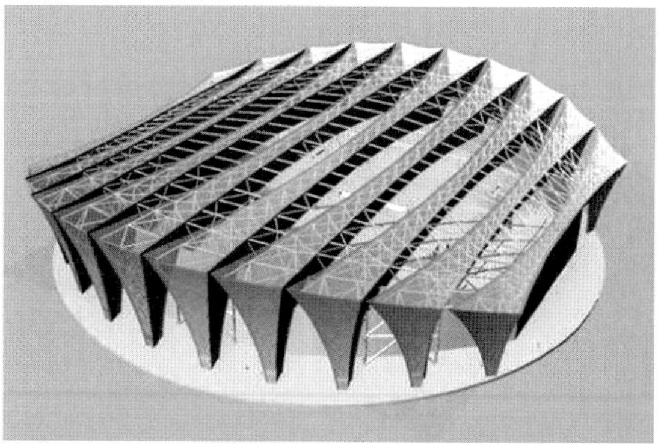

图10 东方体育中心。图片来源：受访者供图

2013年中国建筑设计（结构）金奖、2013年中国钢协空间结构设计银奖。

枣庄市市民中心二期体育场（屋盖）

该项目开发了新型斜交轮辐式张拉结构，屋面部分的上弦由呈菱形网格的索网组成，下弦为肋向布置的拉索，上、下内环索之间用飞柱支撑形成双层结构体系。开发了专利产品——新型索夹具，对关键节点和预应力拉索进行了试验研究，确保全张拉结构在大跨度建筑中的应用安全。

主要技术成果：两个实用新型专利，荣获第十一届中国钢协空间结构设计金奖。

上海图书馆东馆

上海图书馆东馆是国内单体建筑面积最大的图书馆，是“十三五”时期上海文化设施建设重大项目，总建筑面积达11.5万平方米，地上7层、地下2层。图书馆主体结构建于两个功能体块之上，其中一个功能体块为可容纳1 000席的表演场馆、展览和活动的综合空间，另一个功能体块为儿童专馆。场馆为读者提供图书阅览坐席近6 000个，全开架藏书约480万册，可满足每年200余场讲座、上千场各类学术活动需求，年接待量预计可达400万人次。

东馆结构具有大跨度、大悬挂、大开洞的特点。主要柱网尺寸为16.8米 ×16.8米，结构四周的大跨外挑区域采用多层斜向拉杆吊挂结构；在屋顶设置双向上翻钢桁架，通过桁架端部的吊柱来传递下方五层悬挂区的荷载。该项目成功示范了工业化建造技术，并且提出了集成化、装配化设计理念。

上海凌空SOHO（2011—2014年）

上海凌空SOHO项目创新性地采用组合结构（钢结构与混凝土结构），有效地解决了超长结构不设缝的问题；运用减震技术，改善了结构动力特征；采用隔震支座，很好地解决了大跨、多连体结构技术难题。该项目荣获全国第九届优秀建筑结

图11　枣庄市市民中心二期体育场（屋盖）。图片来源：受访者供图

图12　上海图书馆东馆。图片来源：受访者供图

图13 上海凌空SOHO。图片来源：受访者供图

构设计一等奖、2017年全国优秀工程勘察设计二等奖。

李亚明，一位用智慧和汗水书写建筑传奇的杰出校友，他的故事将激励着无数同济学子勇攀科技高峰，为国家和社会的发展贡献自己的力量。在未来的日子里，李亚明大师将继续以他的创新精神和卓越才华，引领中国建筑结构设计领域走向更加辉煌的明天。

十二、吉林："中国人要造世界上最好的桥！"

江阴长江公路大桥、润扬长江公路大桥、泰州长江公路大桥，这三座长江大桥都与一个人密切相关，他就是吉林。他说："中国人要造世界上最好的桥！"

20世纪90年代初，江苏省陆续规划建设了一批跨江大桥。其中，江阴长江公路大桥是我国（港澳台除外）首座、世界第四的千米级跨径桥梁；润扬长江公路大桥是当时我国第一、世界第三的大跨径悬索桥；泰州长江公路大桥是世界首创千米级跨径的多塔连跨钢箱梁悬索桥。

吉林，同济大学桥梁工程专业1984届本科、1987届硕士毕业生。1994年，32岁的他在江阴长江公路大桥科技攻关工作中，重点参与了"江阴大桥北锚碇基础与地基土共同作用及稳定性和工程对策研究"，研究成果获得2001年江苏省科技进步奖一等奖。

江阴长江公路大桥通车后第二年(2000年)，润扬长江公路大桥开工建设，吉林任指挥部现场总工程师。

润扬长江公路大桥是首座由中国人自己设计、自己施工的世界级跨径悬索大桥。为了能在软土覆盖层很厚的地质情况下修建悬索桥，包括吉林在内的中国专家们提出，把锚碇固定在地下岩石上。对此，美国专家嘲笑道："中国人的设计是小孩玩耍。"

润扬长江公路大桥悬索桥北锚碇有"神州第一锚"之称，基坑开挖深度近50米，外面是湍急的江水。如果负责支护的地连墙抵抗不住外面巨大的水土压力，那么坑内所有人将无路可逃。时任交通部部长黄镇东说："开挖润扬长江公路大桥北锚碇基坑，几乎等于是把脑袋系在裤腰带上。"

巨大的水头差使得支护结构产生肉眼可见的大变形，工人吓得不敢施工，中国交建总工程师、时任施工单位项目经理的林鸣就搬个小板凳坐在基坑里陪着。在基坑上方，吉林和几位技术人员都守在那里，实时进行数据监测。

“这是极高的要求，而且决不允许失败。如果真出事了，谁都跑不掉。”吉林介绍，团队根据工程实际需要，超前组织，针对成槽、防渗、地基摩擦等问题，有针对性地开展了几十种试验，计算了成千上万的数据，深入分析了基坑的安全稳定性。通过汇算、分析、研判，他们认定基坑开挖是安全的、稳定的，他们有底气、有信心。

“当时我敢下基坑陪着工人，是对吉林团队专业技术的充分信任。”林鸣说。

润扬长江公路大桥通车时，林鸣和小板凳的故事上了央视《新闻联播》，一时间，林鸣“定海神针”的称呼家喻户晓。林鸣却说：“我敢端着小板凳坐在滔滔50米的江水下，正是吉林他们给我的底气。”

吉林带领团队最终创造了我国大型超深基础施工的新纪录。国际桥梁协会主席伊藤学惊叹：“像如此规模的地下基础施工，在日本光开挖至少就要5年，而你们才用了不到6个月时间。”2008年，由吉林牵头的“润扬长江公路大桥建设关键技术研究”获得国家科技进步奖二等奖。

2006年，吉林奔赴泰州长江公路大桥项目任建设单位总工程师。

起初，关于泰州长江公路大桥的建设共有三种技术方案。其中，一跨到底和斜拉桥这两种方案，虽然技术颇为成熟，但是造价高，甚至会对当地的水文环境和通航安全带来影响。第三种方案是三塔两跨悬索桥，该方案单一跨度要达到1 080米，技术难度极大，此前世界最大跨径的三塔

图14　泰州长江公路大桥。图片来源：受访者供图

悬索桥在日本，跨径仅为176米。是敢为人先还是图个稳妥安全？“造桥，就是把脑袋系在裤腰带上。”面对难题，吉林选择了接受挑战。

由于该方案是国内首创，没有经验，每一个技术的攻关都经历了无数次试验、创新和验证。其间，吉林带领团队深入一线勘察、设计与施工。“5年，1 826天，每天像走钢丝一样，不敢出一丝差错。”吉林说。为最大限度地减少对长江航道的影响，并为桥下水域提供长远的发展空间，大桥创新性地采用三塔两跨式悬索桥设计，此结构形式可节约工程投资1.53亿元。

与此前江阴长江公路大桥、苏通长江公路大桥、润扬长江公路大桥建立在群桩基础上不同，泰州长江公路大桥采用沉井基础，其中北锚碇沉井要通过4次下沉，使下沉深度达到58.5米。每次下沉都困难重重，吉林带领建设团队，联合设计、施工等单位针对工程重难点召开了一系列技术分析会，仔细研究并优化施工方案，委托高校院所组织科技攻关，最终实现了沉井以完美姿态下沉到位，下沉精度、速度创造了国内新纪录。

一次次向高峰攀登、冲刺，泰州长江公路大桥实现了中国造桥技术水平从集成创新到自主创新的历史性转变，创造了2×1 080米特大跨径三塔两跨悬索桥国际第一、W形主缆架设长度国际第一等五项世界之最。先后获得英国结构工程师学会卓越结构工程大奖、国际桥梁及结构工程协会杰出结构工程奖、国际咨询工程师联合会工程项目优秀奖等重大国际奖项。

吉林作为第一负责人承担的国家科技支撑计划项目“中间塔关键技术研究”课题，在国际上首次解决了多塔连跨悬索桥“中间塔效应”关键技术难题；研发的“钢塔大断面节段制作和水平预拼装、深水大体积沉井基础定位控制下沉技术”、国产S形钢丝缠丝机，经鉴定达到国际领先水平。

2012年11月25日，一条巨龙跨江而立，将长江北岸的江苏泰州与江心的扬中以及江南的镇江、常州连成一体，吉林留任江苏泰州大桥有限公司总经理，开始了长大桥梁的养护探索。

泰州大桥有限公司管养里程近100千米，养护管理难度大、技术要求高。上任伊始，吉林每两三天就会上桥跑一趟，他得弄清楚管段每一处的重点和难点。吉林带领工程、养护技术骨干，梳理了泰州长江公路大桥运营过程中可能面临的重要技术问题，邀请国内外桥梁专家对大桥运营阶段技术性能发展变化趋势和需要关注的重点进行研讨，按病害可能出现的轻重缓急程度和时间顺序，超前谋划、集中攻关，进行技术储备。带领团队编制《泰州大桥未来10年科学养护管理规划方案》和《2013—2020年科研规划大纲》，完成了“长大桥运营安全风险防控与示范”等项目攻关，为保障结构安全、延长桥梁使用寿命提供借鉴和依据，填补了该领域运营安全风险管理的空白。

十几年来，吉林带领团队持续开展科研课题攻关，先后获得发明专利11项，牵头或参与省级标准编制7项，发表论文20多篇，编著图书3部，获得国家及省部级科技进步奖11项，为中国桥梁科技进步作出了杰出贡献。在“世界交通运输大会”“全国桥梁大讲堂”等行业顶尖会议上，所获成果受到专家们的高度肯定，被业内誉为江苏桥梁的“活字典”。

2018年9月4日，泰州长江公路大桥以综合评分97.37分、工程质量等级优良，顺利通过交通运输部组织的竣工验收。这个成绩是对吉林等为代表的泰州长江公路大桥建设者、管理者的最好奖赏。用自主知识产权造世界最好的桥，吉林用了18年的时间得偿所愿。

十三、邵长宇：“创新是工程建设的手段而不是目的”

邵长宇，1984届同济大学桥梁工程专业本科毕业生，2007年获同济大学工学博士学位，上海市政工程设计研究总院（集团）有限公司总工程师、全国工程勘察设计大师。作为我国跨海大桥建设技术的开拓者之一，他主持过东海大桥、杭州湾跨海大桥以及上海长江大桥的设计与研究工作，为中国大桥建设迈向国际先进水平作出了突出贡献[3]。

段明强在《一位不断创新的桥梁设计大师》[4]中说，从大跨度公路桥到大跨度铁路与高速铁路桥，从超长跨江海大桥，到公路与城市轨道交通合建的组合结构桥；从20世纪80年代末负责设计的第一座大跨度斜拉桥武汉长江二桥，到21世纪主持设计的上海长江大桥，现任上海市政工程设计研究总院总工程师的邵长宇，从事桥梁专业30多年来，主持或负责设计、研究的大型、特大型桥梁已有十几座，可谓成就斐然。

1989年，从同济大学桥梁工程专业毕业工作不到5年、年仅26岁的助理工程师邵长宇，担任国家重点工程——武汉长江二桥主桥斜拉桥设计负责人。年少壮志不言愁，他带领团队出色地完成了这座跨江大桥——长江上首座跨度超过400米的斜拉桥的设计工作，取得主梁设计、桥梁抗风、安装控制及复杂条件下边中跨合龙技术等方面的开拓性成果。工程荣获国家科技进步奖一等奖、铁道部科技进步奖特等奖、中国建筑工程鲁班奖等重量级奖项。

随后的10年间，邵长宇主持了珠海淇澳大桥、武汉白沙洲大桥、宜昌夷陵长江大桥等数座大跨度桥梁的设计与研究工作。

图15 武汉白沙洲大桥。图片来源：受访者供图

珠海淇澳大桥。他和他的设计团队针对大桥所在地风环境恶劣、抗震设防烈度要求高的特点，在国内最先推出了准三角形截面主梁以及单柱式主塔、双壁墩全固结体系大跨单索面混凝土斜拉桥结构形式，具有当时国内领先水平。

武汉白沙洲大桥。为适应当地地基承载力极低的特点，他提出并实施的主桥主跨采用618米的混合梁斜拉桥方案，跨度为当时国内第一、世界第三，也是国内首座采用混合梁的斜拉桥。同时，在水深流急的长江中下游的大型主塔墩基础设计中，首创吊箱围堰高桩承台钻孔桩基础方案，极大地简化了施工步骤，突破了长江深水基础开工受季节影响限制的难题，加快了建设速度，成为开拓性桥梁工程的成功范例，在随后兴建的一系列大型越江工程上得到了推广应用。

宜昌夷陵长江大桥。他创造性地在主桥主跨上采用2×348米三塔不等高混凝土斜拉桥方案，成为万里长江上独一无二的新桥型，为我国今后多塔斜拉桥的应用建设提供了重要经验。工程荣获中国建筑工程鲁班奖和湖北省科技进步奖一等奖等奖项。

由于成绩突出，35岁的邵长宇于1997年晋升为教授级高工，成为国内最年轻的教授级高级工程师之一。1998年，他主持举世瞩目的京沪高速铁路南京长江大桥的前期研究到初步设计阶段的工作。针对高速与货运以及城市轻轨六线混行的要求，特别为满足高铁350千米时速的要求，创造性地提出钢桁梁拱组合体系、三片主桁的空间结构形式的桥式方案，达到了国际先进水平，允许的行车速度更是领先国际水平。该项目的初步设计在铁道部组织评审时，得到了众多专家的高度赞同，被确定为实施方案并随后开工建设。

1998年至2003年，他还先后主持完成了主跨为当时国内同类桥梁之最的双层公铁两用桥芜湖长江大桥、世界最大跨度的重载单线铁路拱桥宜万铁路万州长江大桥、世界上第一座按四线铁路修建的大跨度客货公铁两用斜拉桥武汉天心洲大桥等数座大跨度铁路桥与高速铁路桥，以创新的技术、一流的设计研究成果，刷新了国内铁路桥梁的一项项纪录，为我国铁路桥梁建设开拓了更大的发展空间。

其中，芜湖长江大桥荣获国家科技进步奖一等奖、国家优秀工程设计金奖、中国建筑工程鲁班奖、铁道部优秀设计一等奖等奖项。

21世纪以来，我国兴起了建设跨海大桥的热潮。2000年至2003年间，邵长宇成为建设跨海大桥的主要参与者，他主持了东海大桥和杭州湾跨海大桥的方案竞赛、投标及相应标段的设计工作。

我国第一座超长跨外海桥梁——东海大桥，邵长宇主持了主航道桥和一座辅航道桥以及7.6千米长的海上非通航孔桥的设计。主航道桥在世界上首次采用了钢-混凝土箱形组合加劲梁斜拉桥，解决了载重大、耐久性要求高、工期紧的技术难题。非通航孔桥海上段大规模采用60米和70米跨预应力混凝土箱梁、整孔预制、海上运输吊装的建设方案，下部结构采用钢管打入桩以及预制桥墩、现场拼装方案。

东海大桥荣获国家工程类科技进步奖一等奖、上海市科技进步奖一等奖和上海市优秀设计一等奖等奖项；项目设计团队被评为2007年度上海市重点工程立功竞赛“优秀创新团队”。

杭州湾跨海大桥工程中，邵长宇主持了31.4千米长的非通航孔桥的设计。稍稍了解这座桥的人都知道，桥墩要在浅埋的气层上建造，怎么办？他带领团队开展“浅层气对杭州湾大桥的影响及对策研究”。根据杭州湾跨海大桥所经线路上浅层气的分布、气藏类型及其对土体性质的影响，深入调查，分析了浅层气对工程的影响，并在此基础上探讨了浅层气的灾害防治措施。“研究表明，采取积极的对策措施，浅层气的影响是可以克服的，在浅层气区建桥完全可行。”邵长宇说。

桥梁设计中，邵长宇带领设计团队创造性地在海上段采用70米跨预应力混凝土箱梁、整孔预制、海上运输吊装的建设方案，下部结构采用钢管打入桩方案；在南滩涂区长达9千米的长桥段，采用了50米跨预应力连续箱梁整孔预制架设方案，下部结构采用钻孔桩基础；同时利用南岸宽阔的施工场地进行工厂化预制，减少了大桥建设的海上工作量，加快了工程进度。

随后，邵长宇将东海大桥、杭州湾跨海大桥的设计经验进行了总结，发表了《两座跨海大桥海上长桥的设计研究》，分享了根据杭州湾跨海大桥、东海大桥这两座超长跨海大桥的设计体会，重点介绍了对全桥工期、造价乃至实施成败具有决定性的海上非通航孔桥的方案构思与比选。两桥方案研究表明，60~70米是最合理的跨度，整孔预制吊装优于节段预制拼装，采用吊运架一体化架梁专用浮吊最为合适；桥梁耐久性成为重点关注的问题之一。邵长宇强调，对水文气象多变、作业环境恶劣的超长海上桥梁，应采用新的设计理念，常规的结构设计及施工设备方法难以满足要求。他将这些经验成功应用于主持设计的金塘大桥（宁波—定海）海中非通航孔桥，取得了显著的经济和社会效益。

2004年3月，已成为国内著名桥梁专家的邵长宇，作为引进的桥梁专业领军人才，从武汉来到上海，成为上海市政工程设计研究总院副总工程师，很快升任总工程师，随即投入主持上海长江隧桥工程中的长江大桥的设计。2007年，他又主持了杭州钱江大桥工程越江桥梁的设计。

上海长江大桥工程是上海长江隧桥工程南隧北桥的桥梁部分，全长16千米，其中越江桥梁长约10千米，需预留两线轨道交通线。在方案投标阶段，邵长宇就首先提出要把这万里长江的第一桥建成“可持续发展工程”和“绿色工程”的设计新理念。“可持续发展工程”，就是要通过技术创新全面提升桥梁的耐久性、全寿命经济性以及技术经济竞争力；“绿色工程”，就是通过桥梁公路与轻轨的合建，有效利用土地资源，节省工程投资。

秉持这一创新理念，上海长江大桥汇聚了多项创新技术：主航道桥主跨730米的世界最大跨度公轨两用斜拉桥采用了新型分离式钢箱梁；主航道桥两侧高墩区各有700米桥梁采用主跨105米的大跨度连续组合箱梁桥，在国内属于首次大规模应用，采用的整孔预制吊装方案也属于新的工程实践；制定了大跨度桥梁和各类长联桥梁列车行车安全和技术标准；等等。为此，通过产学研结合，该项目开展了十余项专题研究，所完成的其中三项“特大与大跨度公轨合建桥梁关键技术”“超大跨度新型斜拉桥关键技术与设计方法”“大跨度连续组合箱梁桥设计理论与关键技术”，经过鉴定达到了国际先进水平，部分达到国际领先水平。三项课题均被评为2008年上海市科技进步奖二等奖。

2009年初，邵长宇荣膺“全国工程勘察设计大师”称号。他主持设计的每一座大桥都创造了新的纪录，但他却说：“我们并不刻意于世界纪录的突破，我们着力追求的是桥梁内在品质的提升。创新是工程建设的手段而不是目的，创新不是单纯求异，要能够增加桥梁的价值。桥梁的功能完善、看着美丽、寿命百年以上，技术先进且造价合理是我们追求的目标，这也是我的老师教给我的。”

十四、王笃礼：“做数字化、AI智能化工程勘察的弄潮儿”

王笃礼，1985年毕业于同济大学工程地质专业。39年来一直从事勘察、设计、咨询与研究的一线工作。现任三峡集团上海勘测设计研究院有限公司首席专业师，曾任中航勘察设计研究院有限公司总经理、总工程师。2020年当选“全国工程勘察设计大师”。

作为享受国务院特殊津贴的专家，王笃礼具备坚实的专业理论基础和丰富的工程实践经验，担任200多个工程项目的技术负责人，为多项国家重大工程建设项目解决了一批技术难题，完成了多项国家重要研究课题，工程与科研成果丰硕，达到国际领先水平。其担任技术负责人的项目荣获全国优秀工程勘察设计奖银质奖1项、省部级优秀工程勘察一等奖12项。

1985年，20岁的王笃礼毕业后被分配到中航勘察设计研究院有限公司（以下简称航勘院），成为一名技术员。虽然当时大学生还是“稀缺人才”，王笃礼照样去工地实习了一年。老师傅见到年轻的王笃礼时，对这个文弱书生能否俯下身、沉下心、学“粗活儿”心里没底，“反正他们大学生到工地跟我们混一年就回去当技术员了”。但王笃礼用行动改变了师傅对他的看法。每天清晨，王笃礼穿着工作服，骑着自行车，早早地赶到勘察现场做好开工前的准备。他每天与现场技术人员、操作人员打成一片，不但很快就掌握了实习规定的工作内容，还学会了取样、操作钻机等现场钻探的所有技能。一次，由于天气太热，操作钻机的工人中暑倒地，现场需要人手继续操作，王笃礼二话没说接过操作手柄，熟练地操作钻机，稳稳当当地胜任了机长这个岗位。看到他熟练标准的动作，老师傅感叹地说：“小王这个小伙子将来错不了，吃苦耐劳肯钻研，干我们工人的活比跟了我多年的徒弟干得都好。”

有了基层经历，王笃礼干起工作得心应手。回到工程师的岗位后，他更加努力地学习专业知识，开始在各类项目中展露才华与能力。1988年的一天，航勘院领导班子作出了一个决定：公派王笃礼脱产回母校同济大学继续攻读硕士学位。这令王笃礼倍感责任重大，虽然嘴上不说，但他暗下决心，要彻彻底底把学校所授的知识学好。

由于在校表现优异，研究生毕业前夕，京沪深多家单位都向他抛出了橄榄枝，条件一个比一个好。“高收入”“解决住房”“以后可以当老板”……但王笃礼没有别的心思，他要带着新理论、新技术、新想法回到航勘院。他深知，院里还有很多正在开展的重要工作需要用新知识去解决。一回到航勘院，他便一门心思扎进工作中。脚落地了，心踏实了，身边的同事都发现，王笃礼为人越来越低调踏实，工作干得越来越漂亮。

又过了几年，1993年的一天，一向看重他的老领导把王笃礼叫到办公室谈话。老领导语重心长地说：“你业务好、有担当，院领导一致认为，你是业务领军人的最佳人选，班子决定调你到总工办，好好培养你，你一定要加把劲儿！”言外之意，几年后王笃礼可能成为航勘院史上最年轻的总工。此时，老领导注视着他，心想王笃礼一定很高兴。这对年轻人来说是多大的荣誉？航勘院以前从没有先例。但他万万没想到，一向服从安排又本分的小王此时毫无征兆地拒绝了这个“香饽饽”。老领导感到很意外，也很失望，生气地让王笃礼把话说明白。王笃礼想了想，诚恳地与老领导吐露心声：“虽然我在理论方面有点成绩，但要成为不辜负院里培养的好工程师，打铁还需自身硬，我应该继续在基层实践中学懂、弄通、做实，将来才能为院里多作贡献。”听到他这样从大局出发、不计个人得失的剖析表白，老领导更确定自己没有看错人，于是便同意了他的请求。

这一年王笃礼28岁，距离他44岁成为总工程师还有16年的时间。

扎根基层，王笃礼在实践中不断成长。

首都机场四机位机库，是当时亚洲最大的同类机库，在其岩土工程勘察工程中，王笃礼应用多种手段进行液化辨别；在八达岭高速公路石佛寺1号、2号隧道工程勘察中，他采用井间透射法探测岩体完整性；在国营761厂12号楼地基处理过程中，他提出小口径砂桩挤密法的地基处理方法，首次成功引进载荷试验快速法；在西坝河办公楼基坑施工中，他采用了钻孔下钢管、管内灌装栓后压浆的施工工艺……每项工程，他都不断寻找技术上的新突破。

与此同时，王笃礼不断向黄志仑大师等老前辈取经。北京电影学院18层住宅楼地基处理工程中，原地基承载力只有120千帕，要求将其提高到原来的2.5倍。当时国内高层建筑地基处理几乎统一应用某权威工艺技术，而他没有照搬别人的技术。通过仔细研究分析，向院内大师们请教，他提出并最后采用素混凝土桩复合地基方案，并因地制宜制订施工方案，最后工程质量达到了要求，航勘院由此打出了自己的地基处理品牌——素混凝土桩复合地基。

2002年的一天，领导又把王笃礼叫到了办公室。这次，领导告诉王笃礼，由于行业竞争环境需要，院里要推一位像他这样技术强又有领导才干的人担任行政高管。听了这话，王笃礼犯难了——如果走上管理岗，意味着不能再像过去那样钻研技术，甚至将来不能回到技术岗位。尤其是多年来，王笃礼在“技术咖”的岗位上得到极大提升，像压在枪膛的子弹渴盼呼啸而出，不久之后他就能迈上更高的台阶，此刻的组织安排着实让他很纠结。但王笃礼也知道，从内、外部环境来看，此刻无疑是院里最需要自己站出来的时候。他压制住强烈不舍的情绪，当即表态，自己要像颗螺丝钉，哪里需要往哪里钉，在新岗位上把工作干好。

从此以后，只要不去工地现场，王笃礼就白天处理行政事务，晚上下班后留在办公室钻研技术问题。据岩土工程部总工魏海涛回忆，当时王笃礼的办公桌上总是摆着两台电脑，一台用来处理公务，另一台用以学习。“一次，我无意中看到王总在用另外一台电脑推导计算公式，我当时很惊讶，一是没想到他竟然还是程序方面的高手，二是钦佩他在繁忙的行政岗位上仍然保持勤奋钻研的优良作风。”魏海涛说。

中央电视台新台址桩基土方工程，是航勘院2010年之前接到的单项合同额最大的工程项目。它以独特的结构形式，使桩基工程成为北京地区最为复杂的高难度工程之一。工程开始之初，项目团队就遇到了极为棘手的问题：第一根抗拔桩的钢筋不能完全压下去。王笃礼是该项目的现场总指挥，虽然这时不以工程师的身份参与项目，但工程遇到了困难，他便和大家坐在一起解决问题。“钢筋压不下去一定有其内在原因。”王笃礼列举出钢筋压不下去的若干可能原因，一项一项进行试验排除，虽然从工艺材料等方面进行了调整，但效果不明显，施工仍然无法继续。观察着、思考着，王笃礼从容不迫，他认为出现问题很可能是该地段的地质环境发生了某种特殊变化。此时，工地周围正在进行的地铁施工信息引起了他的注意。他大胆推测，很可能是由于地铁施工导致地下水位下降，进而出现地基土层大面积失水的情况。合格的混凝土灌入地下后，其水分迅速被地层吸干，变得异常坚硬，使得钢筋无法压入。于是，他提出采用注水法，将水沿管壁慢慢注入底下，直到现场土层水分达到地层原始状态后再继续打桩。很快，采用这个方法，第一个地基桩顺利打好。这一成果终于保障了其后三个月抗拔桩工程的顺利推进。最终，王笃礼带领团队塑造的优秀工程品质不仅令业主、总包和监理单位刮目相看，也为中央电视台总部大楼的按期竣工打下了坚实的基础。

“可能是由于那7年的行政岗位历练，才磨成了今天‘弹钢琴’的本领。”王笃礼笑称，自己后来在总工程师和总经理、党委副书记几个身份之间切来换去，也鲜有不适的感觉，倒是觉得游刃有余。

身为航勘院总经理、党委副书记，王笃礼每天清晨都将当天的行政工作在脑中“过一遍电影”；而身为总工，永远有几个高等级的“特殊项目”等待他随时解决。航勘院技术质量部部长李建光说：“王总处理行政事务也会有工程师思维，事半功倍；搞业务会有管理者的大局观，思量深远；这对一位总工来说是非常难得的。”

熟悉王笃礼的同事说，自2009年王笃礼担任总工以来，凡是院管的大项目，他从立项阶段就参与整体技术思路和关键环节的讨论，对于每个任务的细化和推进，他都要进行通盘考虑、细致规划。具体实施过程中，他更是事必躬亲，随时准备解决突发的各种设计、施工问题。岩土工程部支部书记张晓欣说：“王总思维缜密，很多细节都是他最先提出来的，他修改过的报告，都是用最简单的语言、最清晰的逻辑，展现最准确的事实，他像是我们的导师。”

2014年9月，国家主席习近平赴马尔代夫进行国事访问。其间，习总书记与马尔代夫总统共同见证中国企业北京城建集团与马尔代夫机场公司签订《易卜拉欣·纳西尔国际机场改扩建项目初步合同协议书》(2017年1月1日易卜拉欣·纳西尔国际机场正式改名为维拉纳国际机场)。该项目肩负着助力“一带一路”建设、提速马尔代夫国际交往、促进融合发展的重大使命，不容有失。

马尔代夫机场岛是典型的印度洋环岛礁，项目拟通过吹填珊瑚砂形成拟建跑道的场地。而珊瑚砂由于形成过程未经搬运，保留了原生生物骨架中的细小孔隙，形成的土颗粒多孔隙、形状不规则、易破碎。如果按照常规方法处理，必然导致施工后的沉降塌陷，后果不堪设想。珊瑚砂的岩土工程特性，世界范围内没有可以照搬的结论，工程之险难让很多岩土工程机构望而却步。

2015年3月，北京城建集团终于找到了信得过的合作伙伴——航勘院，为其提供岩土工程勘察和机场场道地基处理试验咨询设计服务。航勘院李建光回忆：“这个项目下来时，我们心里真没底，但王总艺高人胆大，带领航勘院打赢了这一仗！”更神奇的是，虽是技术无人区，项目实施过程中，航勘院团队几乎没走弯路。“知识的深度决定认识的高度，这全都得益于总工王笃礼对方向的准确把控；同时，他提出的方案还为甲方节约了近亿元的投入。”李建光感慨地说。

王笃礼带领航勘院团队，分析珊瑚砂的结构、地脉动，开展环境振动测试的分析、室内压缩试验以及现场小区试验，综合试验、测试、分析后，严密地证明了采用振动法对吹填珊瑚砂进行地基处理的可行性。最后，团队首次提出了采用重型圆锥动力触探试验及干密度试验进行地基检测的方法。

业内专家表示，珊瑚砂在共建“一带一路”国家广泛分布。随着国防战略的推进以及岛礁旅游业开发的需要，越来越多的构筑物开始在岛礁和海上建设。如何就地取材，有效利用珊瑚砂作为工程建设材料，是今后此类工程建设的关键所在。航勘院团队的出色表现可谓一战成名，赢得了业内外广泛赞誉。他们为未来利用珊瑚砂的物理力学特性进行地基处理探索出了一条新路，提交了具有里程碑意义的完美解决方案。

王笃礼年少有志，1981年以16岁的稚龄考上同济大学，如今已在勘察行业摸爬滚打近40年。“不到深夜11点，王总办公室的灯不会熄灭。”住在职工宿舍的青年业务骨干陈文博每晚都能在卧室的窗前看到王笃礼办公室明亮的灯光，“虽然耕耘、攀登多年，成就斐然，但他依然初心不改，奋进不止。”

王笃礼说，自己非常赞同现代土力学创始人卡尔·太沙基的“欲达到在岩土工程领域随心所欲的境界，你必须和土壤一起生活，热爱他，观察他，不单在实验室，还要在现场”这一观点。他认为，工程勘察数字化转型，有利于发挥工程勘察企业的核心竞争力，提质增效。“与时俱进，只争朝夕，做数字化、AI智能化工程勘察的弄潮儿。”王笃礼说。

十五、刘旭锴：“造桥，就是要实用和美观的完美统一”

刘旭锴，1986届同济大学桥梁工程专业本科毕业，1989年同济大学桥梁工程专业硕士毕业，2014年获同济大学工学博士学位。2016年获评“全国工程勘察设计大师”，曾任天津市市政工程设计研究总院常务副院长兼院总工程师。先后主持设计了天津金钢桥、金狮立交桥、丹拉海河大桥、顺驰立交桥、亚洲第一独塔钢混斜拉桥——渤海湾大桥等多项市内外重点工程。“造桥，就是要实用和美观的完美统一。”刘旭锴说。

1982年至1989年，刘旭锴就读于同济大学桥梁工程专业本科和研究生。“我读书时，校长是我国桥梁泰斗李国豪先生，项海帆、范立础老师等基本上都是夜里十一二点才会休息，他们的奋斗精神对我们的影响特别大。”刘旭锴说，大学毕业之后，他决定继续深造，一边踢足球一边求学。“项老师真好，经常资助我们打球，一出手就是50元。在20世纪80年代初，50元绝不是个小数目。”刘旭锴说，“也许是从足球运动中体会到了团队合作的重要性，为我日后设计桥梁全盘考虑问题起到了重要的作用，足见当时项老师的用心良苦。”

硕士毕业后，刘旭锴选择了回天津老家工作。天津的交通项目建设启动较早。20世纪90年代，天津刚做完城市基础设施改造，在国内比较有影响力，特别是永和桥，是当时国内最大跨径的桥，由天津市市政工程设计研究总院和同济大学的项海帆、范立础老师联合攻关。“在攻读研究生的时候，老师经常拿永和桥的科研资料给我们展示，它基本上成为当时国内的一个范本，那时候我对天津市政院有了一个初步的认识。”

刘旭锴担任独立项目负责人的第一个产品是金狮立交桥，这是一个中等的城市内环线立交，正式成为项目负责人以后，刘旭锴意识到做一个完整的项目要涉及很多专业，是一个庞大的系统工程。“一些桥梁工程，特别是市政项目，它不是一个单独的桥梁项目，还涉及道路的设计、房屋的拆迁、城市管网的布局、原有结构的调整等，而且城市立交地下有很多构造物，一些大的污水管道，通信、电力设施，都要和整个工程建设发生关系。”刘旭锴说，安排好了，问题巧妙解决了，日后使用者就会为你点赞。

1994年，29岁的刘旭锴已经参与了16个项目，但完整实现其设计理念的还是以后的工程。1996年，刘旭锴承担了天津金钢桥的设计工作。金钢桥是美国人于1924年根据当时天津的交通需要而建造的一座开启桥，历经近八十年的沧桑，大桥损坏严重，已不能满足天津日益增长的交通需求，成为亟待重建的“危桥”，新桥的建设迫在眉睫。刘旭锴独立担纲了这座桥的设计任务，那一年他31岁。

金钢桥是当时留存不多的开启桥，类似于一件文物。在拆与不拆的问题上，存在很大的争议。这让刘旭锴感觉到了巨大的压力，他深知，这一仗必须打得漂亮。他运用新技术，提出了三个设计方案和七种形式，最后优化出双层桥、中承式无推力钢管混凝土系杆拱方案，建成后受到了各方好评。该桥以构思新颖、结构合理、技术先进等特点获得天津市优秀设计一等奖、建设部优秀设计三等奖。从设计到施工，工程在一年内就完成了。那一年他经常骑着自行车，每天往工地跑几个来回。

顺驰立交桥是当时天津最大的立交桥，也是刘旭锴理念的一次完美体现。顺驰立交地处五岔路口，在设计中，刘旭锴首次采用了预应力曲线箱梁和异形箱梁计算理论，对一些关键部位进行了空间结构优化设计，减少了不必要的配筋，使结构更加合理，为处理复杂结构提供了一种新的手段。

2010年1月11日，天津滨海新区第一届人大、政府和政协正式挂牌。滨海新区是在原塘沽区、汉沽区、大港区三个行政区域基础上形成的新行政区域，是中国继深圳特区和上海浦东新区之后重点开发开放的区域。为新区基础设施建设打下扎实基础的正是刘旭锴所在的天津市市政工程设计研究总院。刘旭锴带领他的设计团队亲身经历了滨海新区的起步和发展：在一片片荒凉的盐碱地上铺筑第一条路、埋设第一条管线；从起步区到后来的工业区、开发区西区、各功能区；从滨海第一座海河独塔斜拉桥到滨海第一座大型立交桥；从开发区第一座污水处理厂到上万千米管道。设计完成了具有四维建筑特点的当时亚洲跨径最大的双叶立转式海河开启桥；填补天津市多项空白的中央大道海河隧道工程；全国首次在轻轨桥梁中采用桩基托换技术的中央大道新港四号路地道工程；工业废渣碱渣土在路基中的使用，具有高技术难度节点的集疏港二期中段、南段工程；广泛应用新材料的中心渔港陆域一期基础设施道路及排水工程；对不同地段采取不同处理措施的响螺湾基础设施配套工程；多项技术创新的空客A320基础设施工程；高难度复杂技术处理的中新生态城污水库治理工程……扎实的工作赢得了滨海新区各界的一致好评。

在滨海新区中央大道下穿津滨轻轨轨道桥的地道工程中，刘旭锴创新性地提出桩基和格构式大梁组成的超静定托换体系，在不中断列车运营的情况下，一次性整体托换两根轻轨墩柱的主动托换方案。被誉为“主动托换轻轨高架桥第一人”。

他主持完成的滨海新区海河沉管隧道，在高震区沉管隧道、曲线管段修建技术上取得了重大技术突破，滨海相软弱地基沉管隧道注浆、沉管隧道基础冲击映像法检测等技术填补了多项国内外空白。

他主持设计的天津市永乐桥，是世界上首座将桥梁、摩天轮、商业设施巧妙地组合在一起建造的大型桥梁，也是国内第一、世界第二的纯轮辐索式全柔性索摩天轮桥，被誉为“天津之眼”。刘旭锴带领团队成功解决了桥-轮多种振源耦合的前沿技术难题，满足了结构振动安全性、行业舒适度和商业空间静音等要求；研制了世界首个伺服系统主动平衡式轿厢，首创大型轮辐式摩天轮轮盘牵引旋转立式拼装施工工法，填补了国内外同类施工技术的空白，为摩天轮的安装方法开辟了新路径。

他主持设计的天津响螺湾海河开启桥是亚洲跨度最大、安装精度最高，首座集桥梁、土建、机械、液压、电气及智能化控制于一体的双叶立转式新型开启桥，填补了国内开启桥建设的空白，标志着我国在开启桥设计和建造能力上达到了国际先进水平。

当被问及创新的动力来自何处时，刘旭锴给出了一个“平淡”的答案：“我进行的所有所谓的创新，都是为了解决实际工程中的问题。其实，称之为‘在原有基础上的不断改进’更为准确。”在他看来，创新只是一个副产品，不断改进技术、解决工程难题、减少设计“遗憾”才是一切努力的动力。

理论研究是桥梁设计的前提。刘旭锴认为，扎实的理论基础是桥梁设计的前提。为此，他持续不断及时总结实践经验，坚持理论研究，取得了一系列丰硕的成果。

早在攻读硕士学位时，刘旭锴就开始了对预应力课题的研究。参加工作后，他努力将预应力研究成果应用到实践中，成为预应力研究的先行者和专家。20世纪90年代初，天津市政院凭借其先进的道路、桥梁专业优势，承揽了上海多座立交桥的设计任务。其中，针对上海市首座大型互通式定向立交桥罗山路立交桥，刘旭锴通过研制曲线预应力计算分析程序，掌握了大跨度单支点曲线预应力连续梁设计这一国内前沿技术，受到上海有关专家的高度赞誉。该项目荣获全国优秀工程勘察设计奖银奖及天津市优秀设计一等奖。

通过多年的刻苦钻研和不懈努力，刘旭锴在高架桥梁的减震控制、多专业多功能组合桥梁、斜拉桥动力特性、抗风稳定及施工控制等关键技术方面形成了深厚的理论基础与研究能力；在城市轻轨及高架桥梁地震响应与减震控制研究上处于国内技术前沿；他与人合著了《斜拉桥非线性动力及可靠性分析》一书，并先后发表了《预应力曲线箱梁和异形箱梁的研究》《预拉应力混凝土的研究》等学术论文20余篇，获得专利授权15项。

从事桥梁工程设计和理论研究30多年，刘旭锴主持完成了上百项重点工程和多项重大科研课题，硕果累累，先后获得国家级、省部级、市级勘察设计及科技进步奖近90项，其中，“城市轻轨与高架桥梁抗震与减震控制研究及工程应用”项目获得国家科技进步奖二等奖；天津滨海新区海河沉管隧道获得全国优秀工程勘察设计行业奖一等奖、中国土木工程詹天佑奖、天津市科技进步奖一等奖；天津响螺湾海河开启桥获得全国优秀工程勘察设计行业奖一等奖、天津市科技进步奖一等奖；天津永乐桥获得全国优秀工程勘察设计奖银奖；天津塘沽海河大桥获得全国优秀工程勘察设计奖银奖；天津金钢桥获得天津市优秀设计一等奖；天津滨海立交获得全国优秀工程勘察设计奖银奖；丹拉高速滨海大桥获得天津市优秀设计一等奖……

十六、葛家琪：他和地震打太极

葛家琪，1987年毕业于同济大学工业与民用建筑工程专业。现任中国航空规划设计研究总院有限公司首席专家、总结构师。全国工程勘察设计大师、北京市劳动模范、国防科技工业有突出贡献专家。从业30多年来，葛家琪严谨治学、守正创新，多次突破国外技术封锁，解决国家重大工程结构技术难题。主持了国防工业重大实验设施、世界上首个大跨度弦支穹顶结构工程等数十项重大工程结构设计；负责了“十三五”“十四五”两项国家重点研发计划项目，以及10余项省部级及以上重大课题攻关研究。近年来，葛家琪还跨界文物保护领域，在博物馆文物防震及古建筑结构稳定方面签约重大科研成果。发表EI及核心期刊学术论文80余篇，获发明专利授权90余项。以第一完成人身份获得国家科技进步奖二等奖、全国优秀工程勘察设计银质奖等奖项。

“创新是埋在我心中的一颗种子。”葛家琪这样评价自己。1987年，葛家琪从同济大学建筑结构工程系毕业，来到了中航工业规划工作，仅三个月时间，他就推导出了结构受弯、受剪的快速简算公式，用一个计算器取代了当时设计人员必备的沉重设计手册。这一实用的小创新使同行对他刮目相看。不到一年时间，葛家琪就幸运地迎来了自己第一个独立设计项目——北京亚运会老山自行车赛车场。被媒体形容为“一叶扁舟落老山”的轻巧结构设计，获得了众多技术奖项，赢得了各界广泛好评，也激起了葛家琪对结构技术更高追求的渴望。

1989年，参加工作仅两年的葛家琪就作为结构专业负责人参与研发设计了我国第一个悬挂式航空发动机试车台，成为我国航空发动机试车台结构设计上的一次里程碑式的革新。2015年，葛家琪负责承担了“某航空发动机高空模拟试验设施”关键技术攻关工作。该试验设施在国防科研试验体系中具有举足轻重的战略地位。试验设施的管道系统需承受高温、高压，且管道体系复杂，其安全稳定风险控制难度非常大。由于涉及大飞机核心技术，国外相关技术对我国实行严格保密。

“再难也要上。”正是在该试验设施建设遇到重大安全风险隐患的困境下，葛家琪带领团队勇挑重任。通过对系统气动力场、温度场等多耦合场交叉学科的创新研究，攻克了试验系统安全稳定设计的国际性难题。“设计取得突破，现场的每个环节都不能忽视。”葛家琪说，为了确保质量，团队成员冒雨守在施工现场，逐条检查现场焊缝，质量不合格绝不签字验收。“国之重器安全，不能有丝毫松懈。”葛家琪说。该项目的成功，为我国航空国防事业作出了重大贡献。

20世纪90年代，葛家琪敏锐地觉察到了我国大型公共建筑的蓬勃发展趋势。在老一辈专家的培养与熏陶下，他将航空工业工程建设领域形成的大跨度空间结构技术和预应力混凝土屋架技术进行集成创新，并成功推广应用到大型民用建筑。他将主要精力转向了预应力大跨度钢结构设计与研究。以索穹顶、弦支穹顶结构为代表的预应力整体张拉结构，是国际公认的结构效率更高、跨越能力更强、节约钢材可达60%以上的大跨度钢结构体系。但是，国外对该领域核心技术的保密与垄断，严重制约了该新型结构技术在我国的发展和应用。此外，国内设计行业综合资质的机制，制约着中航工业结构专项优势技术在社会上发挥作用。

葛家琪始终秉持以创新核心技术赢得市场的信念，而面临的巨大技术挑战，也越发激发了团队加快打造预应力大跨度核心技术的步伐。1999年，以与清华大学建筑学院合作完成长春国际会展中心项目为标志，葛家琪团队迎来了事业的转折点，传承于航空规划总院的预应力大跨度钢结构技术在这里首次得到了成功实践，开启了将航空工业孕育的大跨度钢结构领先技术创新应用于国家大型公共建筑的航程。

葛家琪回忆起2004年，与美国一家全球知名建筑事务所结构工程师产生的那次激烈的技术思想碰撞。双方合作的项目是北京金融街某购物中心，建筑师为追求中庭屋盖简明纯净的室内效果，采用预应力索桁架结构，36米跨度只设置一个V形支撑杆，由于刚度太弱，使得结构预起拱达到260毫米。争论的核心问题就是该新型结构的设计分析方法与安全控制指标问题。葛家琪认为这样的设计虽能满足正常使用状态安全，但存在非正常状态下体系失稳安全风险；而外方专家坚持认为他们的设计完全符合中国规范的要求。当葛家琪要求其提交按美国安全标准设计的文件时，外方以中国建筑必须遵循中国规范以及保护美国知识产权为理由而拒绝合作。

葛家琪心里很清楚，我国钢结构设计相关规范标准的设计方法与安全控制指标只适用于常规钢结构体系。对于大跨度钢结构体系，尤其是预应力大跨度钢结构体系，安全如何控制？安全指标到底是什么？中国规范尚未给出明确答案。团队仔细研究了美、欧、日等国外相关规范标准，分析了上千篇相关国际学术论文，查阅了大量国际专刊，依然没有找到预应力大跨度结构的安全设计指标。进一步研究发现，欧美国家设计方法并没有充分考虑预应力大跨度结构“体系变形大而索构件延性小”的几何力学特征，并且就在当年，西方某国发生了一起预应力大跨度钢结构机库垮塌事件。为此，葛家琪判定欧美国家的相关规范标准并不完善。然而，他意识到，在此时挑明这一客观事实，等同于向外方承认中国相关安全设计规范标准体系存在漏洞，并且在此时争论国外规范标准问题没有意义。

葛家琪清醒地认识到，仅凭自己及一个团队的力量无法实现这一迫切而又宏大的目标，于是将目光投向北京工业大学张爱林教授团队。张爱林教授在我国率先建立了预应力钢结构学科，已进行了多年系统的理论与方法研究，是我国预应力钢结构的学科带头人。葛家琪与张爱林在2003年某奥运工程评标会上相识，两人一拍即合，开启了两个团队预应力整体张拉结构产、学、研、用相结合的联合攻关。几十项的工程实践，大量的技术分析、仿真分析，花费近千万元的各项试验……十几年来，不管经历了何种困难和阻碍，项目团队始终坚持不懈。

2006年，葛家琪团队所设计的北京奥运会羽毛球馆工程难度很大，这是世界首个大跨度弦支穹顶结构工程。它有两层壳，上层壳是刚性的钢网，下层壳是柔性的索网。这项技术最早是由一位日本教授提出的，但在日本最多只做到35米跨度。葛家琪对此进行改进，成功地把项目做到了93米跨度，还在屋顶挂上了十几吨重的转播设备，事实证明这一结构设计非常牢固。

在攻克弦支穹顶之后，葛家琪团队又把目标转向建筑结构领域最尖端的技术之一——索穹顶。常规用纯钢做普通大跨度钢结构，100米以上用钢量在100~150千克之间，但使用索穹顶结构，用钢量可以控制在30千克以内，力学效率最高。索穹顶技术是美国人发明的，但没有规范、没有专利，这一专有技术实际上是技术秘密。

“我们老说中国是基建大国、基建强国，但是这种复杂的、高科技的东西用不了怎么行？所以这个技术再难，也要想办法去攻克、拿下。”2010年，葛家琪带领团队设计了我国首个索穹顶结构、世界首个索穹顶与多层大悬挑结构组合的新型结构工程——伊金霍洛旗全民健身体育活动中心项目，取得了突破性成果，该成果获得住房和城乡建设部华夏建设科学技术奖一等奖。

2022年北京冬奥会让葛家琪再次结缘奥运。作为张家口赛区场馆建设的特聘专家，葛家琪指导开展国家重点研发计划“科技冬奥”重点专项“人工剖面赛道类场馆新型建造、维护与运营技术”之“赛道转换、共享及设施全季利用技术研究”课题研究，解决了跳台滑雪赛道的关键技术问题，提出了2022年北京冬奥会张家口跳台滑雪项目“雪如意”结构设计方案。项目总建筑师是清华大学建筑学院院长张利教授，当时遇到的困难是：“雪如意”的造型有一大部分挑空在外，而且是在山顶，环境复杂，中间的圆孔更是将内部结构打乱。葛家琪团队创新性地利用了建筑蒙皮的上壳和下壳，通过鸡蛋壳原理让力作用在外壳上，在确保“雪如意”美观与安全稳定性的同时，创造出宽敞的室内无柱大空间。随着核心技术突破和工程实践的应用并进，葛家琪团队已经成为我国预应力大跨度钢结构技术的领军者，“做不出来的，找葛家琪”也成为诸多著名建筑师的共识。

葛家琪团队在进行重大工程结构体系创新的同时，更加注重科研工作。通过系列新结构体系大比例模型力学性能试验，揭示出该体系“弹性状态—径向索松弛—

图16 伊金霍洛旗全民健身体育活动中心项目（左）、北京冬奥会张家口跳台滑雪项目“雪如意”（右）。图片来源：受访者供图

环索屈服—结构破坏”的多阶段受力特性及破坏机理；在国际上首次提出正常使用荷载弹性状态、超使用荷载弹塑性状态多阶段的承载力设计指标和变形设计指标，保证了该新型结构弹塑性大变形全过程安全；提出了一种“双延性”预应力钢结构的设计方法和安全指标。成果纳入国家首部《预应力钢结构技术规程》(ECS 212：2006)。2018年获得美国发明专利（国际PTC专利)。团队还建立了多次预应力弦支结构优化设计理论和方法，并首次提出了索穹顶结构预应力度的工程实用确定方法。不仅改变了靠经验比选方案的做法，使预应力弦支结构复杂设计建立在优化理论基础上，还首次提出了工程实用的“基于索穹顶张拉和承载全过程分析的预应力确定方法”，解决了工程设计关键技术难题。项目团队的一系列集成创新，最终形成了我国具有自主知识产权的全产业链成套技术，填补了国内外相关规范的空白。技术成果已成功应用于芜湖体育场、长春经济开发区体育场、河南艺术中心、贵阳奥体中心、北京金融街F7/9项目、金沙遗址博物馆、盘锦体育中心等国内外几十项工程。

守得云开见月明，长久的艰辛终于换来了丰硕的果实。2015年，“预应力整体张拉结构关键技术研究与应用”项目，葛家琪作为第一完成人，获得国家科技进步奖二等奖。作为获奖代表，葛家琪对采访的记者说道：“我国大型公共建筑行业不是冬天来了，而是不会再有春天了。国家经济发展到一定阶段出现转型是必然的事，它促使行业及相关产业也必须转型，而转型能否成功的关键又回到了创新。”事实上，葛家琪带领团队在做大跨度钢结构设计研究的最高潮时期，就已经开始了技术创新与转型。他跨界干起了文物保护。

2008年5月12日，成都市博物馆项目征集方案公示结束，却正赶上汶川大地震。5月15日，葛家琪随中航集团去四川进行震害调研，成都市文物局局长对葛家琪说：“你们再设计的新博物馆，一定要保证里边的文物安全。因为一件文物、一件镇馆之宝，就顶得上整个房子！”

文物是中华灿烂文明的承载物，一旦损毁，将造成无法挽回的损失。地震是造成博物馆文物损毁的主要风险之一，仅汶川地震就造成了2 700余件博物馆文物损毁。而我国6 500余座博物馆中，多于60%地处抗震设防烈度7度及以上地区。国际上基于“地震动+柜架+文物”设计方法，已开展了近30年的博物馆文物防震研究和实践。然而近年发生的强地震中，屡次发生“馆舍安全，不能保证文物安全”和“采取措施，文物仍震损”等震害现象，是国际性科技难题。

究竟难在哪里?“在查阅了大量的资料和进行了大量的试验之后，我们发现，

图17 频发的博物馆文物震害现象。图片来源：受访者供图

当时国际上的博物馆在解决文物防震的难题时，都是直接去找抗震专家，所有的研究者想到的也只有文物和地震两个因素，从来没有人考虑到建筑物在二者之间传递能量的介质作用。”葛家琪说。能不能以“力”（人的创新能力）制“力”（地震的破坏力）？作为一名经验丰富的建筑学结构专家，葛家琪带领团队运用跨界思维，为问题的解决独辟蹊径。

自2008年起，葛家琪先后主持了国家文物局课题、“十三五”国家重点研发计划项目，开展博物馆文物一体化防震关键技术研究和集成应用工作。

现代建筑工程抗震分析理论是基于连续体力学模型，而地震动传递至文物的“馆舍－柜架－文物”耦合系统中存在的浮置界面，使传力的耦合系统具有离散体力学机理特征。项目首次开展了一系列“地震动＋馆舍＋柜架＋文物”全系统足尺模型、“地震动＋馆舍”及“柜架＋文物”局部模型的振动台试验和数值模型的对比研究，揭示了馆舍－柜架、柜架－文物浮置界面参数对文物地震作用效应的影响规律，解决了浮置界面单元力学模型确定的关键难题，建立了符合耦合系统离散体力学机理特征的博物馆文物震损程度预测力学模型，突破了文物震损程度预测力学模型建立的基础科学技术瓶颈。

项目基于该力学模型分析和试验研究，揭示出以楼面谱为中间环节的“地震动＋馆舍”“柜架＋文物”这两个子系统在动力效应方面的相互影响规律，进而证明了将耦合系统划分为两个独立子系统进行文物地震作用效应分析的可行性。考虑到震害风险评估、规则/不规则文物安全设计对地震作用效应分析精度的不同需求，提出了放大系数法、经验公式法以及基于浮置界面关键参数确定的高精度力学模型计算分析方法，成功解决了复杂分析理论在工程实用化方面的难题。

试验研究和结构动力学分析表明，由于馆舍－柜架－文物处于浮置状态，地震作用对馆舍、柜架的作用力（剪力、倾覆力矩）效应与相应部位的楼层、台面加速度效应不再呈线性对应关系。同时，揭示出地震对文物的作用效应与对馆舍的作用

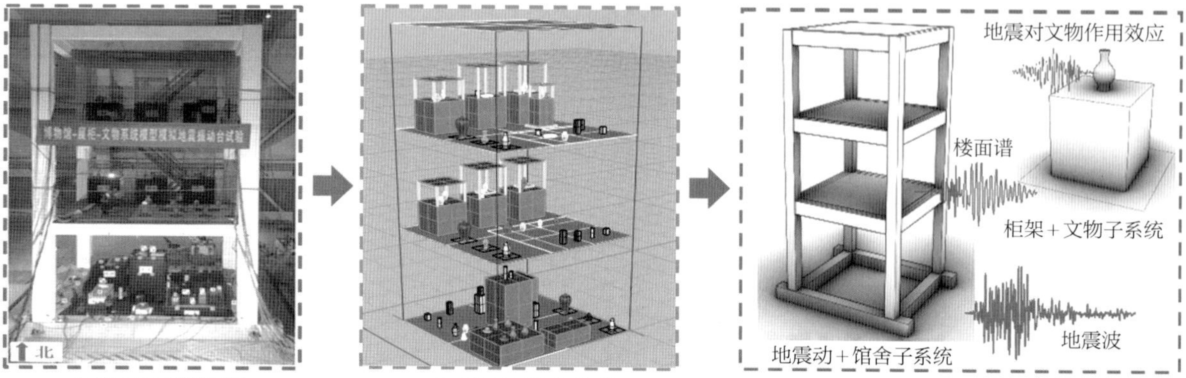

全系统足尺模型试验　　全系统足尺数值模型　　子系统模型

图18　地震传递至文物耦合系统力学模型研究。图片来源：受访者供图

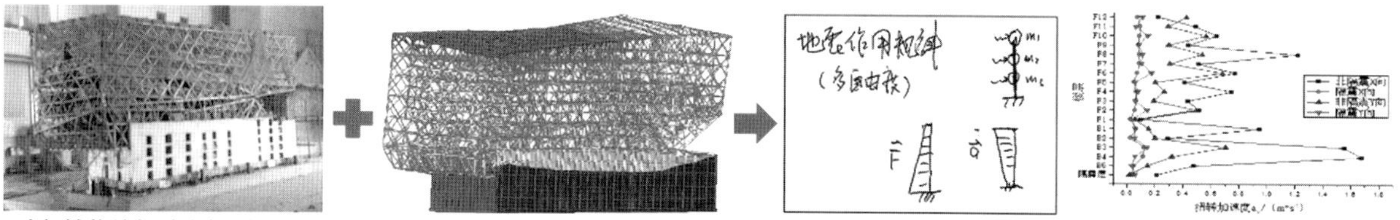

成都博物馆振动台模型试验　　博物馆数值模拟仿真　　多自由度→非线性　　防震性能控制参数对比分析

图19　博物馆文物防震安全主控因素与震害机理研究。图片来源：受访者供图

力效应并无关联，楼层、台面的加速度效应才是文物本体防震安全的主控因素。此外，还论证了国际现行的“地震动+柜架+文物”的文物防震设计方法存在安全隐患，也揭示了“馆舍、柜架安全却不能保证文物安全”以及“采取措施后文物仍震损”等震害现象的产生机理。

团队基于一体化防震分析理论和试验研究，率先提出文物震害风险评估方法。针对存在震损危险的文物，构建了基于文物防震安全的“馆舍、柜架、防震装置和卡固等措施”一体化防震设计方法，成功解决了文物震害评估和科学保护这一国际性科技难题。

博物馆通常采用的传统卡固措施缺乏防震科学性评价和有效性保障，而防震装置又面临国外专利技术保护的难题。基于项目的一体化防震设计方法与试验研究，研发出馆舍隔震层抗拉限位装置、文物建筑新型预应力防震措施、大型陶/石质文物并联防震平台、柜架隔震装置及常态锁定震时开启关键部件、柜内文物卡固新措施。由此形成的一体化防震新措施、新装置以及建成的专用生产线，有效解决了产业化应用的关键现实难题。

该项目获得了57项发明专利授权，构建了涵盖馆舍、柜架和文物的防震设计方法、措施装置等全链条专利族群，打破了国外技术壁垒和产品垄断，形成了安全可靠性更高的博物馆文物“震害评估、安全

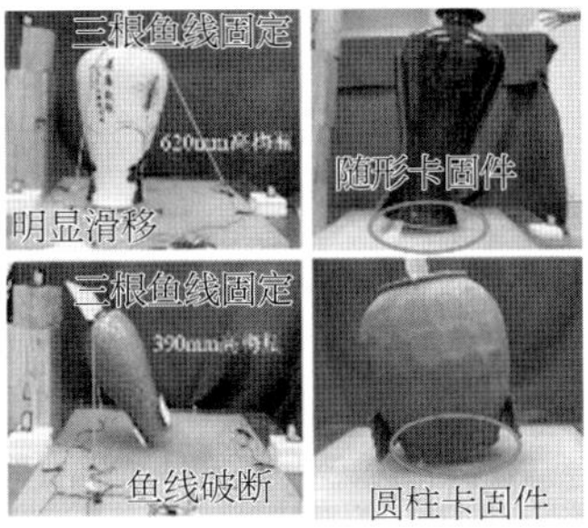

传统卡固措施试验研究

展柜隔震试验研究

储藏柜隔震试验研究

图20　基于文物安全的新型抗震装具、防震装置设计方法可靠性研究。图片来源：受访者供图

设计、措施装置定制、产品生产检验”一体化防震成套技术。

项目成套技术已应用于秦兵马俑等20余个博物馆的近1.8万件文物防震保护。其中，雅安、甘孜州、甘肃省博物馆分别在2022年6月芦山6.1级地震、9月甘孜6.8级地震以及2023年12月积石山6.2级强地震中，文物无一震损。应用该项目成套技术的博物馆文物在已发生的强地震中实现了100%安全，产生了巨大的社会效益。此外，该项目的成果《馆藏文物防震规范》及系列标准，填补了国内外空白。2024年4月，国际标准一体化（ISO）文化遗产保护专业委员会（秘书处）落户中国，“馆藏文物防震”已被列入第一批文化遗产保护国际标准编制计划之中。

2013年，葛家琪受邀参加了两次应县木塔稳定风险防控专家评审会。应县木塔作为世界最具代表性的传统木结构古建筑，堪称中华历史文化的瑰宝。近几十年来，在静力荷载作用下，其水平倾斜日益加剧。然而，对于如何应对处置应县木塔在静力荷载作用下的结构稳定风险，一直争议不断，难以落地，进而成为“世纪之争”。争议的焦点首先在于现代建筑理论方法无法解释木塔为何在日常风吹日晒下倾斜不断加剧，也无法预测倾斜累积到何种程度会引发结构倒塌。争论的另一个焦点是何时采取加固措施以及采取何种措施才是有效的。该争论的根源在于古建筑结

西安碑林防震装置

秦兵马俑防震措施

图21　集成创新应用：西安碑林与秦兵马俑。图片来源：受访者供图

构稳定理论方法的缺失。也正是在这两次专家评审会上，葛家琪深切感受到了文物领域对现代建筑科学技术的广泛质疑，这也引发了他的不断思考。2018年，葛家琪招收同济大学刘金泰进入博士后工作站，正式启动了古建筑结构稳定研究，试图攻克这道难关。

“现代建筑基于钢、钢筋混凝土材料性能及‘强连接弱构件’的连续体承载机理，将50年设计使用期内的风吹日晒、地基沉降等日常风险源的最不利组合值，一次性施加于结构上，分析预测结构效应峰值;并且将此峰值效应下结构处于可自恢复的弹性无（微）损伤状态，作为其安全设计建造原则。因此，现代建筑基础上不存在损伤累积产生的静力失稳风险，其安全稳定理论方法只需要研究‘鸡蛋碰石头’。”葛家琪说道，“然而古建筑主要依靠斗拱榫卯、砖石间灰缝的连接界面的挤压力、摩擦力形成结构抗力。风吹日晒、雨雪冻融等环境作用的每次加载周期均会造成微小损伤，而依靠摩擦力的连接界面一旦产生损伤就不可自恢复。古建筑已经历千百年风雨，微小损伤的长年累积终将会造成结构失稳风险。因此，古建筑安全稳定理论和风险评估方法，则必须研究‘水滴石穿’。”

2021年5月12日，在应县木塔修复保护项目评审会上，由七位院士组成的专家组一致认为：项目团队首次采用离散元实体模型对应县木塔进行的模拟分析，预测到了结构累计损伤效应，为后续修缮和性能提升方案提供了理论依据和新的思路。2023年10月，“砖石质古塔预应力防震措施及设计方法”在意大利获国防发明专利授权。2023年11月，科技部和国家文物局公布一则消息：由葛家琪团队联合陕西省文物保护研究院、同济大学等科研团队，负责承担了“十四五”国家重点研发任务中“砖石质古塔结构稳定研究”项目；同时，团队还负责另一个“应县木塔结构稳定研究”项目中的“结构静力稳定研究”课题。

“我很少回头看我做的项目，因为我必须要考虑新的问题”。成绩永远在身后，葛家琪从未停下探索创新的脚步。

十七、周建龙：向下扎根设计，向上培育英才

1982年7月至1987年7月，周建龙在同济大学土建结构专业学习，随后进入华东建筑设计研究院有限公司，现任公司首席总工程师，教授级高级工程师，全国工程勘察设计大师。兼任中国勘察设计协会结构设计分会副理事长、中国建筑学会结构分会副主任委员、中国土木工程学会结构工程分会副理事长、中国钢结构协会钢

结构设计分会副理事长、中国建筑学会资深会员、全国超限高层建筑抗震设防专项审查委员会委员、同济大学兼职教授、上海市第十六届人民代表大会委员会代表。

周建龙从业30多年来承担了60余项重大工程的结构设计，包括上海环球金融中心、南京紫峰大厦、武汉绿地中心、武汉中心大厦、天津高银金融117大厦、苏州中南中心、苏州国际金融中心、上海铁路南站、国家会展中心（上海）、上海500千伏静安（世博）变电站工程、梅赛德斯-奔驰文化中心、江苏大剧院等高难度复杂重大工程，荣获全国优秀工程勘察设计奖金奖1项、银奖1项，全国优秀工程勘察设计行业奖一等奖5项，中国建筑学会优秀建筑结构设计奖一等奖6项，上海市和北京市科技进步奖一等奖等省部级科技奖项10余项。出版独立专著《超高层结构设计与工程实践》，参与出版著作4部，主编或参编规范标准10余项，发表论文70余篇，发表专利和软件著作权20余项。获得“全国工程勘察设计大师”“国务院政府特殊津贴专家”“全国杰出工程师”“上海市领军人才”“上海市优秀技术带头人”等荣誉称号。

扎根结构设计，呈现精品工程

在30余年的职业生涯中，周建龙始终扎根结构设计，凭借自己的专业知识，主持完成了众多地标性精品工程的设计。

周建龙作为专业负责人完成的大型项目“上海环球金融中心”达到国际先进水平。该项目充分重视抗风设计、减小超高层结构的重量等方面，采用由巨型柱、巨型斜撑和带状桁架构成的外周巨型结构体系+钢筋混凝土核心筒+伸臂桁架的三重抗侧力体系，大大提高了抗侧力体系的效率。该项目首次在设计中采用了性能化设

图22　上海环球金融中心。图片来源：受访者供图

计思想，为超限高层建筑采用性能化设计方法开创了先河；首次在国内采用半主动控制质量阻尼器，显著减少了风致振动，有效提升了建筑顶部的使用舒适性。该建筑建成后保持中国最高建筑头衔长达十年，一系列结构创新技术对21世纪以来中国超高层建筑结构的发展产生了深远影响。

周建龙作为专业负责人完成的大型项目“上海铁路南站”达到国际先进水平。该项目首次采用分叉式薄腹桁梁结构，实现巨型穹顶以及铁路、地铁、轻轨和公交车辆的无缝换乘，是上海铁路枢纽规划的南大门，也是上海市规划的重要对外交通枢纽和市内换乘枢纽。

周建龙作为技术负责人完成的大型项目“国家会展中心（中国博览会会展综合体）”达到国内领先水平。该项目总建筑面积约147万平方米，是世界上规模最大、

图23　上海铁路南站。图片来源：受访者供图

最具竞争力的国际一流会展综合体。该项目结构设计具有建筑功能齐全、结构超长、大跨、重载、结构类型多等特点。该项目首次应用屈曲约束钢板墙提升抗震性能，被誉为结构设计的百科全书。

潜心技术研发，推动行业进步

在结构设计过程中，周建龙始终将技术研发放在非常重要的位置，把“通过技术研发提升工程设计品质，依靠创新成果推动行业技术进步”作为己任。他聚焦行业重大技术难题，积极开展持续性研发工作，牵头多项国家及省部级和企业重大科研项目。深度钻研超高层建筑结构设计前瞻性技术，如扭转、收进、偏置等复杂形体超高层建筑结构设计关键技术，基于性能的抗震设计关键技术，复杂多塔连体超高层结构设计技术，巨型框架-核心筒结构创新设计技术，组合减隔震应用技术，以及长周期结构抗风技术等。科研成果“超高层建筑结构设计关键技术与创新实践”获2023年度上海市科技进步奖一等奖，“大型复杂高层建筑组合结构高效抗震体系及关键技术”获2022年度北京市科技进步奖一等奖，个人专著《超高层建筑结构设计与工程实践》获得广泛好评，主编制中勘协标准《建筑结构抗震性能化设计标准》、主编海外标准《超高层建筑设计通用标准》（英文），为推动行业技术进步发挥了重要作用。

图24　国家会展中心。图片来源：受访者供图

注重人才培养，薪火代代相传

在进行工程设计和技术研发的过程中，周建龙在充分发挥大师引领作用的同时，非常注重人才梯队建设和对年轻工程师的培养。目前已培养出一批具有行业影响力的专家型工程师，其中不少人获得市级以上人才荣誉。大师工作室现有成员15名，其中培养教授级高级工程师6名，国务院政府特殊津贴获得者1名，上海市工程勘察设计大师1名，上海市领军人才2名，上海杰出工程师1名，上海市优秀技术带头人2名，上海市青年拔尖人才2名，上海市青年科技启明星2名，建筑结构行业杰出青年2名。大师工作室骨干成员已成为华东院建筑结构设计得以薪火相传的中坚力量，也正在为行业的发展作出各自的贡献。

十八、韩振勇："城市桥梁"的实践者

韩振勇，1987年同济大学桥梁工程专业本科毕业，1990年同济大学桥梁工程专业硕士毕业，2007年获同济大学工学博士学位，2016年被评为"全国工程勘察设计大师"。毕业后他回到家乡天津，开始了桥梁实践，家乡给了他施展才华的大舞台。韩振勇现任天津城建集团总工程师、天津城建设计院董事长。

改革开放后，天津掀起了城市规划建设的热潮，而道路桥梁建设无疑是其中的重头戏之一。天津市政工程部门热忱地接纳了这位回归家乡的学子，并很快赋予他重任——负责刘庄桥的总体设计。刘庄桥设计荣获建设部优秀设计二等奖，韩振勇由此迈出了成功的第一步。在随后的十几年间，韩振勇先后参加和主持了津晋高速公路、海津大桥、塘沽海河大桥、丹拉支线海河大桥等几十项大型工程的设计和专题研究工作。在此过程中，他积累了一批高难度大跨度斜拉桥设计的理论、方法及施工工艺，先后获得国际荣誉4项、国家级奖项5项、天津市级奖项18项，完成课题攻关任务数十项。

天津市的城市更新围绕着海河做文章。按照天津市的规划，海河上第一批将建造四座新桥，其中三座的设计任务由天津城建设计院负责，并且该院还承担了四座老桥的改造任务，这个年轻集体的领头人便是韩振勇。韩振勇当时已是天津城建集团总工程师，兼任天津城建设计院院长、党支部书记，虽然年仅39岁，但在桥梁设计方面却积累了不少成功的经验。

“抬桥”，他堪称中国第一人。狮子林桥始建于1954年，桥长93米，桥宽24.6米，主桥共分三跨，跨径24米+45米+24米。其结构为变截面预应力混凝土箱形连续悬臂梁。2003年8月，在海河综合开发改造进程中，由于旧桥净空无法满足海河通航的要求，面临必须拆除重建的局面。一定要拆除？韩振勇不禁心生疑虑：经检测，桥的质量是安全的，只是随着地基下沉，净空高度越来越小。若重建，至少需要一年左右的时间，且需投入近5 000万元，况且施工带来的环境污染也难以避免。有没有更好的办法呢？韩振勇想起了母校主持的上海音乐厅的抬升、移位之事，桥梁是否也可以这样做？

图25 抬升后的狮子林桥。图片来源：受访者供图

经过反复斟酌，韩振勇提出了桥梁整体顶升的方案，也就是“抬桥”。

狮子林桥由一座老桥和两座新桥组成，结构复杂，稍有差错，便会出现桥体断裂的严重后果。因此，在最初开方案论证会时，专家们认为抬桥并无先例可循，在海河上尝试是异想天开、天方夜谭。大家言辞尖锐，有的说着说着激动起来便离席而去。面对专家质疑、方案风险高以及可能会对今后工作产生不利影响等问题，韩振勇只能在更大范围、更多层面展开科学论证，不断修改完善方案。最终，经过国家权威科研单位的论证，抬桥方案得以通过。

2003年8月15日，抬升狮子林桥的大幕终于拉开了。韩振勇带领团队运用先进的计算机控制技术，将桥梁整体抬高后，首先做临时支撑，接着现浇钢管混凝土支柱作为永久支撑，待达到设计强度标准后，再安放支座，落梁后就位。直至9月13日，历时近一个月，顶升工程全部完工，重达7 400吨的桥梁整体抬高了1.27米。经专业部门检测显示：抬升后的桥梁很好地保持了旧有姿态，寿命至少能延长10年，同时节约投资2 600余万元，实现了社会效益与经济效益的双丰收。韩振勇也由此荣获“中国抬桥第一人”的美誉。

天津市围绕海河规划的桥梁，在韩振勇等人的策划之下，好用、好看且与周围环境协调并出挑的城市桥梁美学观逐一得到彰显。“狮子林桥抬升成功后，新的桥梁景观设计采用了现代设计理念，秉持着打造世界名河、构建一桥一景的原则，在充分考虑海河与周围景观、建设相协调的基础上，保留了桥头原来的四座石狮子，同时在桥栏、桥身、桥墩等不同部位新塑大小石狮子几百个。”韩振勇说，桥墩处采用的是狮子图像的浮雕，当人们行船通过这里的时候，从桥下也能看到可爱的小狮子，充分体现出狮子林桥的特色。

原先的狮子林桥上共有三种狮子，其一为雄踞桥头的两对形状相同的汉白玉石雕，其二是桥栏之间石垛上的高浮雕狮子，其三是每个石垛间栏杆立柱上的铸铁狮子。狮子林桥上的这三种狮子加起来总计有184个。在抬升成功后，作为狮子林桥标志的桥头四只石狮已被修葺一新，并且在桥上不同部位新增大小狮子1 177只，使得这座桥成了名副其实的“狮子林”。韩振勇介绍，新添的狮子形态各异，每一只都不一样，有仰天咆哮的，有俯首休息的，还有活泼可爱的，种类繁多。另外，在狮子林桥的桥面处理上，首次采用了彩色沥青，在灯光处理方面更是别出心裁，其夜景效果尤为壮观。为了不影响狮子林桥的整体景观，狮子林桥旁的煤气管道也改为从河下穿过。

有了狮子林桥整体顶升的成功经验之后，韩振勇及其团队又顺利完成了对北安桥的抬桥。抬桥技术还被应用到城市建设的其他方面，例如天津西站德式老候车楼的平移工程。

韩振勇说：“城市桥梁应该是地标，是城市建设中的亮点。其设计应该结合周边规划布局、建设环境，体现城市风貌，我要把世界上最好的桥梁建在天津！”实践中，他给自己不断增加难度，不做“板凳式”的桥梁，不重复自己，只做“安全、经济、适用、美观”的桥梁，“为现代做精品，为后代留文物”，着力丰富天津城市桥梁文化积淀层，韩振勇和同事们提出了“城市桥梁”的概念，开全国城市桥梁建设风气之先。

2003年，在狮子林桥抬升的同时，大沽桥的设计亦正当时。该桥的创作意象为敞开式四索面下承式钢结构拱桥，由两个不对称的拱圈构成。大拱圈拱高39米，面向东方，象征着太阳；小拱圈拱高19米，面向西方，象征着月亮，寓意着天津美好的未来——日月同辉。在两侧设计了专用人行桥，实现了人车分离，增加了安全性。加上人行道亲水平台式的设计，更是让过河成为一种乐趣。业内专家表示，这种将造型与结构完美融合的设计，在海河桥梁建设史中可谓独树一帜。

然而，方案一经公布，来自全国的质疑声纷纷响起。

“争议很大，因为危险系数高。”韩振勇带领的建设者们顶着压力，精心组织施工建设。2004年9月27日，大沽桥的设计者邓文中先生来到天津。当他看到大桥建设情况后，对天津的设计和建设者们的表现非常满意，称赞他们建造了世界上最好的桥梁。

2006年，大沽桥正式通车。当年，大沽桥便获得尤金·菲戈奖，这一奖项是由美国宾夕法尼亚工程师学会及国际桥梁大会颁发的标志性桥梁奖，全世界每年仅有一座新建成的桥梁能够获此殊荣，如果没有突出的作品，奖项宁可空缺。

大沽桥的成功，促使各方在海河开发中关于“新桥如何建”的问题达成了共识，“城市桥梁”的设计理念也引领了中国城市桥梁设计的新潮流。

“不仅要建好每一座桥，还得让每座桥梁都能在设计理念、建造技术等方面留下点东西，为以后的桥梁设计建造提供方便，争取每一座桥都有开创性的亮点。”韩振勇说，他带领团队在设计、改造每一座桥梁时都竭尽全力，力求出新出彩。金阜桥，采用轻型铝合金人行道，结构造型如飘带的两侧人行桥与主桥构成一个三维结构；富民桥，是世界首座空间索面独塔自锚式悬索桥；赤峰桥，犹如一帆高悬、乘风远航的中国航船，造型突破了传统的桥梁结构形式；吉兆桥、春意桥……几乎每座海河新桥的造型设计、结构设计、建造工艺上都有可圈可点之处。

如今，韩振勇等人又在此基础上提出了“定制桥梁”的新思路：桥梁的设计在与周围的环境相和谐的前提下，还要广泛听取当地各方意见，设计出既能满足通行需要又能满足审美要求的桥梁。韩振勇表示：“我们不求夺目之美，也不崇尚烦琐的装饰，要的是与周围环境融为一体，以‘为后代留文物’作为标准来建造海河上的桥梁。这种美需要时光的沉淀，一如当年看似平凡的赵州桥，历经千年之后，它的造型、结构、工艺之美震撼世人。”

十九、崔冰：我国桥梁设计队伍中的那个排头兵

崔冰，1989年同济大学桥梁工程系本

科毕业。现为中交公路规划设计院有限公司（以下简称公规院）首席专家。2020年先后荣获“全国工程勘察设计大师”“全国劳动模范”称号。

说起读书的时光，崔冰仿佛回到了30多年前：“上大学时，我的老师姚玲森教授曾对我说，如果你想从事桥梁设计工作，你就去公规院，那是国内顶尖的设计院。”

进入公规院的崔冰一开始被分配到待遇高、前景好的软件开发岗位（因为同济大学的桥梁CAD研究在全国高校中处于前列）。然而，他却觉得这与自己热爱的桥梁设计工作相去甚远。那段时间，每当夜深人静之时，他就不断地问自己，自己所学以及进入公规院，为的就是参与桥梁设计，倘若继续这样下去，虽然待遇优厚，但当初的志向可就丢了。不行！绝对不行！思来想去，终于有一天，他向领导提出要到一线去，参与桥梁设计工作，他的想法得到了领导的支持。

崔冰接到的第一个任务就是跟随当时公规院的全国工程勘察设计大师杨高中参加铜陵大桥（1991年动工兴建）的设计工作。这让他如鱼得水。在那段时间里，人们常常能看见一位戴着眼镜、中等身材的年轻工程师在大桥工地上四处察看、仔细琢磨、认真观摩学习。

紧接着，南京长江二桥（现名南京八卦洲长江大桥）、南京长江三桥（现名南京大胜关长江大桥）、南京长江四桥（现名南京栖霞山长江大桥）、安徽望东大桥、舟山秀山大桥……在壮美的长江上，始终有一位名叫崔冰的桥梁设计师孜孜不倦地耕耘着，奋力谱写着一曲曲动人的跨越长江之歌。

南京长江三桥，是中国第一座钢塔斜拉桥，也是世界第一座弧线形钢塔斜拉桥。2002年12月24日奠基，2005年5月主桥合龙，2005年10月7日正式通车。南京长江三桥主桥的弧线形钢塔设计极具创新性，同时也增强了建筑美感。该桥桥面以下的塔柱和下横梁采用钢筋混凝土结构，桥面以上部分为钢结构。全线共设四座互通立交，由南向北分别为刘村互通、天后村互通、高旺互通和张店互通。

崔冰介绍，南京长江三桥建成前，中国没有任何钢塔桥设计和施工的经验可借鉴，钢塔桥的科技含量高、建设难度大。大桥索塔高215米，相当于两座金陵饭店的高度，采用钢-混凝土塔身设计，下横梁以下部分为混凝土塔身、以上部分为钢塔身。加工工艺要求高、吊装难度大、国内没有成熟经验可循是钢塔施工的突出特点和难点。不仅如此，南京长江三桥的南主墩刚好位于长江主槽处，洪水期这里的水深可达50米左右，而国内桥墩基础处最大水深只有30多米，建设难度极高。并且要在一个枯水期完成承台浇筑，工期要求更为紧迫。

然而，这些难题都被崔冰等人逐一破解。

2007年7月，南京长江三桥获第24届国际桥梁会议（IBC）年度大奖——“古斯塔夫斯·林德恩斯”奖，这是该奖项自设立以来首次授予中国桥梁工程。2008年1月，南京长江三桥其“特大跨径桥梁钢塔和深水基础设计施工创新技术研究”获国家科技进步奖二等奖。

南京长江四桥，2008年12月28日正式开工建设，2012年12月24日正式通车。

南京长江四桥为双塔三跨悬索桥，外观类似著名的美国旧金山的金门大桥，被誉为“中国的金门大桥”。崔冰介绍，为解决桥梁悬索桥结构所带来的柔性更大、桥身晃动问题，桥梁位于南北堡的桥墩底座各被包裹上了一层钢材质的缓冲结构，总重量达到3 100吨，每块都有3 000平方米大小，至少能保证1万吨的防撞力。

南京长江四桥通车后，当地媒体评论道：这意味着南京166千米的“大外环”完全闭合，由“C”形变成“O”形。此后，过境车辆不用再进南京城来添堵，南京围合区域面积也从原先绕城公路以内的243平方千米扩大为1 459平方千米，城市空间拓展了5倍。

南京长江五桥（即南京江心洲长江大桥）于2017年开工建设，2020年12月24日建成通车。这也是崔冰在南京主持设计的第四座跨江大桥。

该桥为中央双索面三塔组合梁斜拉桥，位于南京长江三桥下游约5千米处，南京长江大桥上游约13千米处，全长约10.33千米。其中，跨长江大桥长约4.4千米，夹江隧道长约1.8千米，其余路段长约4.1千米。全线采用双向六车道一级公路标准建设，路基和桥梁段设计速度100千米/小时，宽度30.5米。

大桥建设实现了三项世界级创新：一是首次在大跨度斜拉桥上采用钢壳混凝土组合索塔；二是首次研发了粗骨料活性粉末混凝土，并应用于主桥钢混组合梁桥面板中；三是首次采用短线法预制拼装波形钢腹板节段梁。

大桥在设计过程中屡屡攻关桥梁技术难题，大力推广新工艺、新理念、新材料，取得了丰硕的创新成果。目前，项目已申请近20项专利，这对于我国未来桥梁建设具有重要借鉴意义。

南京长江五桥为世界首座钢混组合结构大跨径桥梁。南京长江二桥索塔为混凝土结构，南京长江三桥索塔为全钢结构，南京长江五桥集二者所长，既有钢塔的耐久性，又造价适中。这一“混搭”组合背后是一系列技术创新。这一成果获得2019年中国公路学会科学技术奖特等奖。

该桥采用既可减重又可规避疲劳开裂的新材料。崔冰介绍，这是世界上首座采用粗骨料活性粉末混凝土桥面板的组合梁斜拉桥。粗骨料活性粉末混凝土具有强度高、造价低、自重轻等优点。将其用在钢混组合梁桥面板上，减轻了桥梁的重量，让桥型显得更为轻巧，同时有效规避了钢桥面板的疲劳开裂及铺装难题，还减少了沥青铺装的费用。

大桥的装配化施工比例高达80%。崔冰介绍，不仅是上部的组合梁由工厂生产，主塔也首次创新采用钢壳混凝土结构，其中钢壳在工厂内生产，大部分钢筋在工厂内预穿并随钢壳整体吊装装配，施工现场仅需焊接钢壳环缝、连接节段间钢筋和浇筑混凝土。工厂化的建桥方案有效降低了现场作业的强度及难度，提高了工程速度和质量，同时大大减少了对桥位环境和长江生态的影响。另外，组合梁在工厂内制造形成整体梁段，现场装配式安装，有效降低了水上作业和现场作业的强度及难度，保证了工程质量和结构物的耐久性，降低了建设及后期维护成本，提升了桥梁建造的工业化水平。

南京长江五桥所有的梁段都是在工厂按照理论标准值进行控制制作的，桥位现场主要是恢复在工厂建立的梁段间空间关系并完成连接作业。该桥在世界上首次采用没有合龙段的主动合龙方式，关键的作业环节只需要3~4小时就能完成。而通常的合龙作业，作业人员的投入以及劳动强度和时长都要成倍增加。

大桥的桥面采用超高性能混凝土（Ultra-High Performance Concrete，UHPC），其抗压强度大于150兆帕，因此桥面混凝土厚度仅18厘米，相较常规混凝土20~30厘米的厚度减少了近50%。相对应地，梁块的重量也大大降低，0号块仅重约1 000

图26　建设中的南京长江五桥。图片来源：受访者供图

吨，而常规混凝土同规模梁块重量一般为2 000~3 000吨。

不仅如此，大桥施工还有一系列特殊的施工工艺，如桥面吊机、可调节压杆式吊具、轻型液压整体自爬升施工平台、钢壳总体构造与关键制造工艺等。

崔冰坦言："我在同一时间段只专心于一座大型桥梁工程，不会再去参与其他项目。一座大型桥梁工程前后做下来总要四五年，所以我设计的大桥主要分布于长江下游。"仿佛又想起什么，他微笑着，说："我一直是很幸运的，我到目前为止干的始终都是我喜欢干的事情。一个人大部分时间能够干自己喜欢干的事情，我认为也是不容易的。"

二十、王卫东：中国建筑深基础领域"一哥"

王卫东，1990届同济大学地下工程与隧道工程专业本科毕业，1993届同济大学结构工程专业硕士毕业，1996届同济大学岩土工程专业博士毕业。1996年5月，王卫东进入华东建筑集团股份有限公司。现任华东建筑集团总工程师，全国工程勘察设计大师。他长期在工程技术一线从事岩土工程设计与研究，主持完成工程设计300余项，主持国家科技支撑计划和省部级科研课题20余项。王卫东研究的重点在软土深基础工程领域，研发形成了软土深基坑工程安全与环境影响控制技术、深基坑深层承压水控制理论分析与设计方法，以及系列超深水泥土隔渗新技术、软土超高层建筑新型桩基与深基础沉降控制关键技术等成果。先后荣获国家科技进步奖二等奖2项（均排第一）、省部级科技进步奖一等奖9项、国家行业及省部级优秀工程设计一等奖23项、国际土力学与岩土工程学会（ISSMGE）杰出岩土工程奖1项。

"建筑地基基础工程、深基坑工程以及地下空间工程的设计与研究是他的老本行。"地下建筑与工程系相关负责人如是介绍。王卫东团队的基础工程项目广泛分布于江苏南京、四川成都、云南昆明、广西南宁、浙江宁波、浙江杭州、湖北武汉、广东深圳、山东济南、甘肃兰州、新疆乌鲁木齐等地，其中还包括江苏润扬大桥锚碇基础……时至今日，他带领的团队已经成为国内地基基础与地下工程领域当之无愧的第一梯队，为那一座座高楼林立的城市筑起坚实的保障。

"万丈高楼平地起""基础不牢，地动山摇"，此等话语众人皆知，上海中心大厦被称为"竖着的外滩"，其面积远超外滩建筑的面积总和。这样一座600多米的高楼，其基础到底要多深？王卫东给出答案：从地面算起的话，桩基深达90米，相当于近30层楼插在地下。

正是凭借为这样一座高楼筑牢基础，王卫东成就了其在中国建筑深基础领域“一哥”的地位。

王卫东表示，上海中心大厦位于陆家嘴地区。历经长江近乎1亿年的冲刷与沉积，陆家嘴区域土质松软，覆盖着数十米厚的含水软土层，这使得桩基工程的难度系数大大增加。如果没有超长桩基，就无法确保桩基与土壤之间拥有足够的摩擦力。在设计之初，团队曾考虑过原先在金茂大厦和环球金融中心采用过的钢管桩方案，但这一方案存在打桩噪声大、挤土效应明显、造价高昂等弊端，根本无法直接应用于上海中心工程。

“以往丰富的经验根本不适用，而土质本身存在的问题又非人力所能更改，项目周期极为紧迫，攻克难关迫在眉睫。”王卫东提出了一个极具挑战性的方案：利用钻孔设备在地层中钻出深90米、直径1米的孔，然后将一个与深孔差不多大小的“钢筋笼”吊入孔内，最后灌入混凝土。待混凝土凝结后，一根以土地为模具的巨型钢筋混凝土桩就完成了。这种名为“超长钻孔灌注桩”的地基技术，难点潜藏于钻孔灌浆的诸多细节之中。要知道，在此之前的超高层建筑钻孔灌注桩的深度很少能突破70米，承压一般不超过1 500吨。这意味着，为了挑战高度极限，桩的长度、直径、强度都要同时大幅度提升。

王卫东带领团队与上海基础公司共同攻关，成功研发出超长灌注桩核心技术，并在上海中心工地进行试桩。试桩的各项技术指标完全符合要求，为上海中心大厦的桩基设计提供了可靠的技术支撑。“超长灌注桩核心技术的研究成功，为国内超高层建筑的基础设计和施工指明了方向。”业内专家介绍，如今，在中国沿海、沿江以及中西部区域的城市中，超高层建筑不断涌现，上海中心大厦的深基础工程具有极高的示范价值。

大直径超长灌注桩技术在上海中心成功应用后，王卫东团队一战成名。此后，他们先后揽下了天津高银金融117大厦、武汉绿地中心、苏州中南中心等三栋600米级的摩天高楼的基础工程设计。

天津高银金融117大厦高度约597米，地上117层、地下4层，是天津市的最高建筑。王卫东作为基础工程设计负责人，在天津软土地区首次采用了支护结构与主体结构相结合以及多级梯次联合支护设计方案。该方案采用了桩端埋深达100米以上的大直径（桩径1米）超长灌注桩，其基坑面积约10万平方米，塔楼挖深约26米，这在国内的超高层建筑中尚属首次。通过一系列的试验研究与理论分析，王卫东及其团队在天津高银金融117大厦的基础设计中成功解决了深厚砂层大直径超长桩承载力确定、设计方法、施工措施和质量控制等一系列技术难题，单桩承载力特征值大于13 000千牛，实现了高重荷载复杂工况下高层建筑桩基础的设计，使得主塔楼沉降达到了预期控制要求。

如果说上海中心大厦等摩天大楼的深基础工程挑战是对桩基极限的试验，那么上海世博500千伏地下变电站、上海虹桥综合交通枢纽等地下工程设计，便是地下结构的高难度挑战。上海世博500千伏地下变电站工程作为2010年上海世博会的重要配套工程，其地下建筑直径达130米、挖深34米，是中国首座、世界第二座全埋式大容量全地下变电站，工程意义重大。该项目不仅体量更大、埋置深度更深，同时还面临着土层更为软弱的情况，且工程地处上海市中心城区，周边环境条件复杂，工程难度极高。

作为土建结构的设计负责人，王卫东带领团队全力开展技术攻关。结合当时工程的特点，他们创新性地采用了支护结构与主体地下结构相结合的圆筒形地下结构逆作法技术。该技术充分利用圆形地下连续墙作为结构外墙承受环向压力，同时利用四层地下水平结构梁板作为水平支撑，这一方案在国内同样是首次被采用。

最终，工程实施结果表明，上海世博500千伏地下变电站开挖至基底时，各类变形指标显著低于同类工程。这一成果保障了超深基坑本身和周边环境的安全，也确保了上海世博会重大工程的质量与工期。该项目荣获国际土力学与岩土工程学会（ISSMGE）杰出岩土工程奖、第十届中国土木工程詹天佑奖等多项殊荣，还入选了中国百年百项杰出土木工程。

同样在2010年建成并投入使用的上海虹桥综合交通枢纽，涵盖了机场、高铁、磁悬浮、地铁以及地面交通等多种交通方式，是当时世界上最复杂、规模最大的综合交通枢纽之一。其地下建筑面积达50万平方米，也是当时国内规模最大的地下空间综合体。该枢纽基坑工程总面积高达40万平方米，最大挖深29米，是当时国内面积最大的基坑工程，其设计施工难度在国际上也同样罕见。

为解决基坑挖深错落、空间关系复杂的难题，王卫东带领地基团队创新性地采用了多级梯次联合支护体系，大幅节省工程造价约2.1亿元。该工程设计获得了2015年全国优秀工程勘察设计行业奖一等奖。

中国博览会会展综合体地基处理工程是世界最大单体会展建筑，也是中国进口博览会主场馆，总建筑面积147万平方米，软土地基处理面积达35万平方米。针对超大面积展场，王卫东团队采用了大桩距刚性桩复合地基设计方案。该项目获得2017年全国优秀工程勘察设计行业一等奖。

工欲善其事，必先利其器。深明此理的王卫东在长期的工程实践中，联合设计、施工、制造、高校等多家单位，经引进吸收和创新实践，针对不同应用需求，自主研制出超深等厚度水泥土搅拌墙新型系列重大施工装备，研发了安全高效、节能降耗的等厚度水泥土搅拌墙成套新技术，包括渠式切割水泥土搅拌墙技术和铣削深搅水泥土搅拌墙技术。这项技术不仅能够解决深大地下空间开发中深层地下水控制问题，而且适用于水利工程防渗、垃圾填埋场污染物隔离、深厚软土地基处理等工程领域。2017年，由王卫东作为第一完成人的“超深等厚度水泥土搅拌墙成套施工装备与技术研发及应用”获得国家科技进步奖二等奖。

基于20多年的理论研究与工程实践，王卫东总结出了一套工程设计与科研创新的“辩证法”——科学研究与工程设计相互促进，工程设计为科研开展提供物质保证，是支持研究的经济基础；而科研是一个创新积累、再应用的良性发展过程，它在帮助解决工程问题的同时，能够提升工程的实施水平，并促进技术的进步。王卫东坚信，只有切实解决工程实际问题的科研，才有更强大的生命力。

二十一、宋神友：“核心技术是很难从国外吸收借鉴到的！”

2024年1月19日，首届“国家工程师奖”表彰大会在北京人民大会堂举行，包括宋神友在内的81名个人被授予“国家卓越工程师”称号。

宋神友，同济大学1996届桥梁工程专业本科毕业。自2010年9月起，他在深中通道管理中心从事技术管理工作，现任深中通道管理中心主任兼总工程师。

为促使深中通道项目早日获得工可批复并实现开工，宋神友率领团队，历经五年时间，系统、高效、有序地组织完成了深中通道的工可编制、52项专题论证、29个过江通道方案比选、19项通航标准专题论证以及各项审批工作。他秉持系统工程观与价值工程理念，组织各行业进行专题研究并与设计方案互动，积极沟通协调。他所推荐的工程方案既能满足各相关行业的发展需求，又能实现工程风险可控、规模适度。在他的努力下，深中通道西人工岛先行工程终于在2016年12月28日顺利开工。

宋神友自2010年以来，一直从事深中通道工程的前期、设计与技术管理工作，被誉为深中通道“1号员工”。

面对集“隧、岛、桥、水下枢纽互通”于一体的世界级超级工程——深中通道，宋神友深知其中难题数不胜数。他根据项目隧道适应超宽、深埋、变宽、大回淤的技术特点及建设条件，提出了世界首例八车道钢壳混凝土沉管隧道结构方案。该结构具备承载能力大、防渗性能好等突出优点，但在国内是首次采用。同行们都

图27 深中通道全线示意图

没有相应的工程经验，也没有成熟的设计规范、施工经验、质量验评标准、检测手段和方法等。为解决这些困难，管理团队唯有前往国外类似的工程项目进行交流学习。

管理中心先后组织三个团队前往国外有类似工程经验的项目交流学习，却都碰了壁。

第一个团队前往日本，想参观当地的钢壳混凝土浇筑过程，以了解如何保障钢壳混凝土填充密实，然而对方却不允许近距离参观学习。于是，代表团租了一条船，但在距离浇筑现场约200米时就不让再靠近了。宋神友是第二批前往的人员，他们去钢壳制造工厂参观现场，中方人员每个人身后都站着一个对方工作人员，不允许随意拍照。

“核心技术是很难从国外吸收借鉴到的！”被深深刺痛的宋神友发出慨叹。在这次技术交流之后，深中通道管理中心毅然决定，一定要走一条自主创新之路。

因此，从2015年起，宋神友牵头组织“产学研”团队，几乎牺牲了所有的节假日，历经四年艰苦卓绝的攻关，开展上百组模型试验，建立钢壳混凝土沉管隧道计算理论、设计方法，创新材料和工艺，研发核心装备，成功攻克了诸多“卡脖子”难题，形成了具有自主知识产权的钢壳混凝土沉管隧道建设成套技术和中国标准，填补了国内全产业链的空白。宋神友表示，相比传统沉管隧道方案，钢壳混凝土沉管方案减少疏浚量1 500万立方米，产生的经济生态效益十分显著。

深中通道伶仃洋大桥采用了580米+

1 666米+580米的世界最大跨全离岸海中悬索桥，桥面高达91米，且处在珠江口强台风频发区。欧洲著名桥梁公司断定：整体钢箱梁悬索桥方案无法满足抗风安全要求。宋神友牵头组织开展历时三年多的平行研究，成功研发出新型组合气动控制技术，攻克了台风频发区超大跨整体钢箱梁悬索桥灾变控制技术难题，在世界上首次将超大跨整体钢箱梁悬索桥颤振临界风速提高至88米/秒，为我国未来三大海峡工程积累了宝贵的技术储备。

尤值一提的是，作为建设深中通道的技术领头羊，宋神友提出智能建造理念并付诸实践。他系统策划了跨海集群工程智能建造体系，并在钢壳智能制造、钢壳混凝土智能浇筑、钢箱梁智能制造、智慧梁场、智慧工地等几个方面积极展开实践。

宋神友创新性地提出了世界首例八车道钢壳混凝土沉管隧道结构方案，该结构具有承载能力大、防渗性能好等突出优点。经过三年的联合攻关，他组织研发了国内首条沉管钢壳智能制造生产线，并首次实现大型钢结构智能喷涂、块体智能焊接，打造了国内一流的智慧预制梁场。他建设了基于BIM+移动互联网的智慧工地，引领交通基础设施行业迈向高质量发展。此外，他在国际上首次研发了自密实混凝土智能浇筑装备及系统。

6.8千米的海底隧道，由32个沉管管节组成，每个管节的重量都达到了8万吨，接近一艘重型航空母舰的排水量。为了将这样一个庞然大物从工厂安全运输至隧址并成功安装，宋神友和同事们研制出了世界上第一艘也是唯一一艘沉管浮运安装一体船。凭借这套先进装备，宋神友带领团队创造了两项世界纪录：连续6个月平均每个月安装两个管节；连续15个管节安装精度达到毫米级。这展现了卓越的工程技术水平和高效的施工能力。

正交异性钢桥面板疲劳及海中悬索桥主缆防腐等问题，一直是世界交通行业耐久性领域的难题。宋神友牵头科研和制造单位，反复进行研究，不断寻找突破点和新的焊接方式，最终研发出U肋和顶板的全熔透焊接技术。该技术实现了焊缝全熔透、可检测，大幅提升了正交异性钢桥面板的抗疲劳性能。

围绕制约悬索桥主缆耐久性的核心技术，宋神友牵头组织“产学研”结合，在国际上首次研制出6.0毫米2 060兆帕锌铝镁合金镀层钢丝及索股。试验表明，其耐盐雾腐蚀性能是现有热镀锌钢丝的4~5倍、锌铝镀层钢丝的2倍。无论是强度还是耐腐蚀性能，深中通道的相关核心技术都已达世界领先水平。

建桥就是不断创新的过程。“总共花了四年时间，开展了上百组试验，在国内把整个生产链给建立起来了。从钢壳的智能制造到智能预制再到智慧安装，研发了十项重大工程装备，其中五项是世界首创，它也实现了我们整个行业的转型升级。”宋神友说，像八车道钢壳混凝土沉管隧道结构方案，需将32个巨型沉管和1个最终接头，在二三十米深的海底连接成6.8千米的海底隧道。每一节标准沉管长165米、宽46米、高10.6米，竖起来就如同一栋55层的大楼。悬索主缆所使用的钢丝是目前国际桥索中强度最高的钢丝，单根钢丝能承受的破断荷载达到了5.8吨，相当于三辆小汽车的重量。而桥面铺装方面，深中通道的整个钢桥面有38万平方米，也是世界最大规模采用双层热拌环氧沥青的路面。对于高温高湿、超大交通量的深中通道而言，这无疑是一个世界性的难题。一旦出现世界性难题，我们就必须创造性地去解决，这个过程贯穿了深中通道的整个建造历程，也成了我们十几年造桥工作的日常。

面对中央电视台的采访，宋神友表示，整个深中通道处在海洋高温、高湿、高盐的环境里，高应力钢丝的腐蚀问题就成了一个世界性难题。为了保持主缆内部干燥的环境，他们还在里面装了除湿系统及四根智慧索股，这是世界首次实现主缆内部自感知、自调节湿度的功能。

20多年来，宋神友始终奋战在交通行业设计、建设第一线。他先后主持了G325国道九江大桥修复工程等五座斜拉桥的设计，负责了江肇高速、广清扩建、佛开扩建等多条高速公路建设技术管理工作。每次面临交通重大工程险情的时候，极强的社会责任感总是促使他自觉冲到抢险第一线。他先后担任了省内较多重大抢险工程（如国道G325线九江大桥修复重建工程设计、深汕高速公路小桥抢险修复工程设计、广深高速公路32号墩沉陷抢修工程设计、江龙大桥弦杆断裂抢修工程设计、清远大桥弦杆断裂抢修工程设计等）的设计技术负责人。他加班加点、毫无怨言地付出，为尽快恢复社会交通秩序作出了重要贡献。

二十二、蒋树屏：一辈子都在“打洞”

蒋树屏，1988年至1993年在同济大学地下建筑工程系地下结构专业攻读博士学位，导师为孙钧教授，以论文《用扩张卡尔曼滤波器有限元法反分析地下洞室围岩非确定性动态研究》获工学博士学位。他长期从事隧道与地下工程的科研开发和勘察设计工作。现任招商局重庆交通科研设计院有限公司（以下简称招商交科院）项目科技顾问、重庆交通大学山区桥梁及隧道工程国家重点实验室隧道方向首席科学家。曾担任招商交科院总工程师、院长、院学术委员会主任，以及国家山区公路工程技术研究中心、公路隧道国家工程研究中心的学术委员会主任等。

40多年来，蒋树屏主持承担了国家863计划、国家自然科学基金、国家支撑计划等项目，并取得60多项科研成果。在港珠澳海底隧道、秦岭终南山隧道、重庆方斗山隧道、白云隧道、西藏墨脱嘎隆拉隧道等1 000多座重大隧道工程中，攻克了许多设计与施工技术难题。在围岩稳定非确定反分析、立式三维模型实验系统、复杂地质隧道施工力学、特长隧道防灾减灾技术、环保型隧道结构与工法、地下道路互通立交技术等方面取得了许多开创性成果。

这些成果获得国家科技进步奖一等奖1项、二等奖2项，省部级科技进步奖特等奖与一等奖19项、二等奖17项，省部级优秀设计一等奖9项，国家银奖1项，中国土木工程詹天佑奖2项；专利等知识产权20项。他主编交通行业技术规范6部，参编3部；著作8部，发表论文187篇。获2005年全国优秀科技工作者、2007年重庆市首届工程勘察设计大师、2011年何梁何利基金科技进步奖、2016年全国工程勘察设计大师、2018年同济大学追求卓越奖（校友）等荣誉。

20世纪80年代，蒋树屏留学日本期间从事隧道支护结构和隧道交通环境方面的研究。归国后，面对当时国内公路隧道技术基础薄弱的局面，担任隧道研究室副主任的他，耗费十年时间做了三件大事：其一，1990年筹建公路隧道实验室，开发了能执行内外加载和分部卸载行为的隧道支护围岩稳定三维试验装置、能模拟两车道公路隧道运营通风–火灾排烟–消防减灾工况的1∶1比例L-200米实体试验隧道等大型科学试验和工程验证设施。1997年建成交通行业首个公路隧道工程实验室，2012年提升为公路隧道建设技术国家工程实验室。其二，1991年主持编制《公路隧道施工技术规范》，以及后来编制公路隧道设计、监理、通风、照明、养护、抗震技术规范等，建立起交通运输行业隧道技术规范体系。其三，在上级支持下，1991年发起成立中国公路学会隧道工程分会，这标志着全国公路隧道有了科技推动与学术交流平台。这三件开拓性的工作为日后开展隧道科学试验、提高隧道工程质量、凝聚隧道团队力量、开展联合科技攻关打下了坚实基础。

长18.02千米×2的秦岭终南山隧道，是世界最长的双洞高速公路隧道。在历时7年的建设过程中，亦有蒋树屏团队的身影。“之前，国内只有长4 116米的公路隧道建设运营经验及相关技术，要在秦岭深山建一条长18千米的隧道，在运营通风、防灾救援、交通监控、安全运营等技术方面面临着巨大考验。”

他担任秦岭终南山公路隧道建设与运营管理关键技术研究项目组副组长。“隧道建设其实有很多方案。比如路线高一点隧道就短一点，隧道自身的安全性或许会好一点，但隧道两端洞口在雪线位置，展线较长，平纵较差，整个路线的行车安全性反而降低。经对安全、环保、经济、技术要素反复比选，最终采取低海拔、沿溪线、直平面高指标的隧道方案，从线位上消除了雪灾、地灾的威胁。然而，超长公路隧道的运营安全压力已然成为行业主管部门、建设业主和工程人员必须跨越的一道难关。团队历经6年攻关，在运营通风技术、防灾救援技术、交通监控技术等方面取得了25项创新性成果。该隧道主线于2007年1月建成通车，净缩短盘山路里程63千米，降低海拔标高975米，其社会、经济效益显著。”蒋树屏说。2010年，该项目荣获国家科技进步奖一等奖。

西藏墨脱县在2013年之前一直对外不通公路，这严重影响了当地人民的出行，阻碍了边疆的发展，制约了国防建设。该地区处于地壳板块碰撞区，新构造运动活跃，地势高差大，内外应力作用强烈。同时，青藏高原的寒冷气流与印度洋的暖湿气流在此交汇，具体呈现出自然坡降大、降雨多的特点。冰雪、滑坡、泥石流、水毁、崩塌、地震等自然灾害频发，地质条件复杂。新中国成立后，几次筑路尝试都未获成功。2007年，国家再次启动西藏波密县扎木镇至墨脱县城公路新改建工程，全线长达117.3千米。蒋树屏带领科研团队对滑坡、崩塌、泥石流、水毁、雪崩等灾害进行实地调查，灾害多达300处。经过8年不懈研究，成功攻克了喜马拉雅山地区嘎隆拉隧道建设、新构造运动活跃区公路地质灾害调查和防治、恶劣环境下山区公路设计方法、雅鲁藏布江峡谷自然保护区环境观测及保护等四项关键技术，为扎木—墨脱公路的建成通车提供了科技支撑。该项目荣获2015年西藏自治区政府科学技术奖一等奖、中国公路学会科技进步奖特等奖。

已经通车的港珠澳大桥拥有一条长6 265米的海底隧道，它是当今世界上最长的公路沉管隧道。蒋树屏团队承担了这条海底隧道的防灾减灾研究工作。“67.5米，这是我们经过反复试验研究得出的最适合该海底隧道的逃生通道间隔。在火灾烟速达到2.6米/秒的情况下，受困者可以平均3.1米/秒的步速逃生。普通公路隧道的逃生通道间隔为200~250米，但海底隧道有其特殊性。”蒋树屏说。

为此，他带领团队研制了150米×14.6米×7.1米的港珠澳沉管隧道1∶1足尺防灾减灾试验隧道和管节构件抗高温试验炉，开发了燃烧、排烟、逃生等综合试验技术，通过中巴车、小轿车、货车实车燃烧试验，以及上百次的油池火、木垛火等不同火源类型的火灾试验，获得管节耐温-损伤、隧道温度场-烟雾场特征等数据，获取了沉管隧道运营火灾、通风排烟、火灾报警、消防减灾、逃生救援等相关技术，以及管节－接头耐火保护构造及设计参数等8项创新性成果。

“研究组为了精准模拟海洋环境，将1∶1足尺防灾减灾试验隧道及设施置于海边；为了提高火灾场景的真实性，采用多台多种真车燃烧试验并安排人员逃生；为了考察燃烧时火光、烟态和喷淋的逼真效果，也为了有利于环保，将试验时间全部安排在深夜。”蒋树屏缓缓道出了许多鲜为人知的故事。该成果荣获2017年中国公路学会科技进步奖一等奖、2019年广东省科技进步奖特等奖。

重庆市有94%的区域属于山地地形，公路穿行于崇山峻岭之间，隧道占公路的比例为全国之最。蒋树屏团队围绕重庆市3环12射高速公路网，为方斗山隧道、吕家梁隧道、白云隧道、北碚隧道、壁山隧道、真武山隧道、双福隧道、秀山隧道、葡萄山隧道、城口隧道等的建设提供了大量创新科技成果，例如围岩随机变形预报、大跨异形棚洞修建、富水岩溶隧道控排等技术。这些成果荣获2002年重庆市科技进步奖一等奖、2007年中国公路学会科技进步奖一等奖、2010年重庆市科技进步奖一等奖、2011年国家科技进步奖二等奖。

在城市建设进程中，蒋树屏带领团队攻坚克难。针对城市中心区较场口、临江门、大坪、红旗河沟等轨道地下车站的修建难题，成功开发出浅埋微拱暗挖、明暗混挖和多洞相交等先进技术，为保护超高建筑、有效疏解城市交通作出了重要贡献。该项成果荣获2016年重庆市科技进步奖一等奖。

围绕城市交通拥堵问题和土地节约需求，他带领团队成功开发了江底地下立交系统及其隧道结构、通风防灾、空气净化等技术和装置。这些技术和装置被应用于厦门万石山隧道、长沙湘江营盘隧道等工程中。该项成果获2012年中国岩石力学与工程学会科技进步奖一等奖、2016年国家科技进步奖二等奖。

蒋树屏还积极投身于汶川、彝良、玉树的抗震救灾行动中，及时为灾区提供技术支持。他先后六次参与云南肯古、广东广福、广西谢家洞等公路隧道工程抢险，冒着次生灾害危险，在现场逐一破解了施救技术难题，为解救这些工程中共计68名被困工人作出了贡献。他因此受到重庆市、交通运输部的表彰，被授予“抗震救灾优秀共产党员”“抗震救灾先进个人”等称号。

多年来，蒋树屏担任港珠澳大桥、深中通道、上海长江隧道、秦岭终南山公路隧道等国家大型工程技术专家，还在重庆、四川、云南、西藏、湖北、江苏、广东、陕西、甘肃、青海、新疆等地担任隧道技术专家。他翻山越岭，攻坚克难，不懈追求，只为推动公路隧道科技不断进步，实现公路隧道品质的提升。

二十三、林毅峰：中国海上风电场勘测设计的拓荒人

林毅峰，2005年至2011年就读于同济大学隧道及地下建筑工程专业，获博士学位。现任上海勘测设计研究院有限公司首席专业师、总工程师，2024年入选首届国家卓越工程师，为长江学者校企联聘学者、电力勘测设计大师、上海海上风能开发利用工程技术研究中心主任、教育部海上风电工程研究中心技术委员会主任委员、中国海洋工程咨询协会海上风电工程分会副会长。

林毅峰长期从事海上风电工程规划、勘测设计、科研和工程建设工作。主持完成的代表性项目包括：亚洲首个海上风电场“上海东海大桥海上风电示范项目”，实现了我国海上风电从无到有的突破（2010年）；我国首个寒冷海冰海域海上风电场“河北唐山乐亭菩提岛屿海上风电项目”，开创了我国海上风电抗海冰设计先河（2017年）；我国离岸距离最远的海上风电场“江苏大丰H8-2项目”，实现了我国海上风电从近海向远海的迈进（2021年）；我国首个百万千瓦连片开发项目“三峡广东阳江沙扒海上风电场”，推动我国海上风电迈入百万千瓦规模化开发新阶段（2021）；我国首个漂浮风电项目“三峡引领号”，引领我国海上风电从固定式走向漂浮式；等等。在长期的勘测设计研究和工程实践中，林毅峰和团队提出了复杂环境条件海洋岩土勘察设计新方法、海上风电支撑结构新体系、海上风电多场多体耦合分析理论和方法、台风环境漂浮风电技术等创新成果；编制国家标准4部、行业标准10部，出版专著3部。

作为主要完成人，林毅峰在科技创新方面成绩斐然。其“海上风电安全高效开发成套技术和装备及产业化”获2023年国家科技进步奖一等奖，“我国首座大型海上风电场关键技术及示范应用”获2018年国家科技进步奖二等奖、省部级科技进步奖一等奖5项。

上海东海大桥海上风电项目——“第一个吃螃蟹的人”

2008年，上海勘测设计研究院承接了我国首个海上风电场——上海东海大桥海上风电示范项目勘测设计研究工作。彼时，已经从事了8年水利水电设计、年仅33岁的林毅峰被任命为该项目的勘测设计总工程师。刚接到这个任命的时候，他很兴奋，能有机会担任这样一个开创性项目的总工程师是一件很幸运的事情，但这种兴奋感很快就被压力所淹没。当时，海上风电在中国几乎处于空白状态，做什么？怎么做？勘测设计理论和方法、勘测设计标准、设计分析手段和软件，一切都是未知数。要将34台、每台高达110米、风

轮直径90多米的风电机组，竖立在风高浪急、海床软土深厚的大海里，能行吗？“全是拦路虎，当时心里确实打鼓。”林毅峰说，一个干水利水电设计的人，现在要去做海上风电，几乎是南辕北辙！但是单位把这么重要的项目交给他，那是高度的信任，他必须对得起这份信任，必须去拼搏。

林毅峰介绍，他们首先要解决的就是如何设计一个支撑结构，把风电机组牢牢扎根在海床上。当时，国外的海上风电场几乎都采用欧洲传统的单桩基础形式。团队经过深入研究分析后认为，这样的方案无法运用在东海大桥项目中。欧洲海上风电场主要都是在强度较高的砂土海床上，而东海大桥风电场海域有30多米厚的淤泥，风电机组支撑结构高达110米，且海上风电机组是以承受侧向载荷和弯矩为主的结构，其海床面倾覆力矩达20万千牛·米，如果使用单桩，就像“一根筷子插到豆腐里”，稳定性无法满足要求。而且，当时国内也没有可用于这种大直径单桩施工的打桩锤，如果从国外引进这么一个大型液压打桩锤需要花费2亿~3亿元。经过反复论证，林毅峰及其团队提出了轴向-侧向联合承载的设计理念，创新开发“钢-混凝组合承台群桩基础”——用8根小直径的斜桩支撑一个混凝土承台来共同承担机组和环境载荷，斜桩的侧向承载力要比直桩大，而且采用化整为零的思路使用了多根小直径斜桩，这样国内就有很多打桩锤可用于沉桩，当时没有大型打桩锤的“卡脖子”问题顿时得以化解。

基础选型问题解决以后，更大的挑战接踵而来，那便是载荷计算和结构动力分析。林毅峰介绍，当时项目业主聘请的国外设计认证公司，因为缺乏这种新型结构的设计经验，婉拒了认证工作。既没有现成软件可用，也没有人为其托底，他们只能靠自己了。最终，林毅峰凭借在流固耦合和数值分析方法上的扎实理论基础，创新开发了BEM气动-CFD数值水槽-结构FEA联合分析模型，攻克了载荷计算和动力响应分析及控制的难题，也攻克了海上风电设计分析的技术难关。

2010年，东海大桥海上风电场全部建成投产，中国海上风电场建设实现了零的突破。该项目荣获2018年国家科技进步奖二等奖。

中国海上风电的破冰人

2014年至2018年，林毅峰主持完成了我国最早的两个海冰海域海上风电场——河北唐山乐亭菩提岛和辽宁大连庄河海上风电场勘测设计研究工作。林毅峰介绍，这两个项目遇到了新的拦路虎——海冰。在冬天，渤海的很多海域会形成大面积分布、厚度可达40~50厘米的海冰。海冰与结构相互作用是一个非常复杂的动力学问题，严重威胁海上风电的安全和稳定运行。为了弄清海上风电支撑结构的海冰冰力特性，林毅峰等人在炎热的夏天穿着羽绒服，在天津大学冰工程试验室开展模型试验。在完成了几百个工况的试验和分析后，他们揭示了海冰极值冰力的结构尺度效应，攻克了锁频冰激振动精准判断等难题。

林毅峰介绍，他们根据试验研究成果，成功开发了海上风电抗海冰结构，从实践层面解决了海上风电降低海冰载荷、抑制冰激振动的挑战。2018年，菩提岛和庄河项目建成投产，拉开了渤海和北黄海海上风电大规模开发的序幕。林毅峰主持编制了我国能源行业标准《海冰地区海上风电场工程设计导则》(NB/T 10912—2021)，形成了我国海上风电抗海冰设计技术体系。"海上风电结构抗冰关键技术与技术体系"荣获2022年海洋工程科技进步奖一等奖。

打造海上风电地基基础博物馆

2019年至2021年，林毅峰主持完成了三峡广东阳江沙扒海上风电场（场址三和五）勘测设计研究工作。沙扒海上风电场场区面积94平方千米，安装108台当时国内最大单机容量6.45兆瓦的机组。

林毅峰介绍，该场址海底地质条件极其复杂，包含了深厚软土、浅覆盖层、裸露岩石海床等多种地质条件。因地制宜制定海上风电机组地基基础方案成为该项目的重大技术关键。团队首先展开海洋岩土勘察。林毅峰等人提出以原位孔压静力触探测试手段为主，辅以带波浪运动补偿装置钻机钻探成果进行率定的勘察方面，克服了海面水流运动对勘察成果的影响，提高了海上勘察成果的可靠性。

业内人士都清楚，海上风电桩基础主要依靠桩进入岩土的深度来提供承载力，但浅覆盖层或裸岩给海上风电基础设计和施工带来了巨大挑战。即使采用工艺成熟的混凝土嵌岩灌注桩，钢筋混凝土结构的强度也难以满足海洋环境下的结构承载和耐久性要求。为此，林毅峰提出了上部钢管桩+下部混凝土灌注嵌岩的组合桩基方案。这一方案充分发挥了钢材强度高和混凝土灌注桩嵌岩施工灵活的特点，成功解决了海上风电桩基嵌岩的技术难题。

为了进一步提高海上施工效率，林毅峰提出了采用新型基础形式取代传统桩基础，避免嵌岩施工的创新方案，创新提出了全钢结构单柱巨型吸力筒方案。该基础为一个直径30米、入土深度10~15米的宽浅型基础，基础内部设置七个分舱，顶部为一个封闭的顶盖，基础顶部通过一根单柱与上部风电机组连接。该基础利用顶盖、筒壁和内部分舱板与土体的相互作用承载上部巨大倾覆力矩，可以在10~15米浅入土深度的条件下满足承载和变形控制要求，从而有效避免了浅覆盖层条件下传统桩基础的嵌岩。同时，该基础采用在筒内抽取水气形成内外压力差实现下沉，并通过7个分舱的分区压力调整实现下沉过程中的姿态控制。在沙扒项目中成功完成了13台全钢结构单柱巨型吸力筒的安装，海上安装时间由传统嵌岩桩的一个基础30~60天缩短为8小时。同时，针对浅覆盖层海床，团队提出并成功实施了导管架多筒吸力筒方案。针对业界普遍担忧的现行设计规范所给的PY曲线模型不适用于大直径单桩的问题，林毅峰通过数值模拟和原位测试的反演，优化了单桩设计，取得了显著的经济效应。最终，沙扒项目成功采用了单桩、组合嵌岩桩高承台、打入桩导管架、植入嵌岩桩导管架、组合嵌岩桩导管架、全钢结构单柱巨型吸力筒、吸力筒导管架七种海上风电基础实施方案，很好地适应了复杂地质条件，由此被誉为"海上风电的地基基础博物馆"。

如果说海上风电新型基础结构体系创新是大胆假设，林毅峰还面临着如何小心求证的挑战。海上风电机组、塔架和地基基础是一个海洋工程－高耸结构－大型动力设备多场多体耦合的动力系统，其动力特性相比传统建筑结构、桥梁结构更加显著，因此其地基基础设计分析难以采用传统的将上部结构与地基基础脱离的分离式方法进行，需要采用一个整体统一的动力学分析模型进行设计分析，才能正确掌握其载荷和响应。林毅峰在国内率先采用一体化方法开展海上风电支撑结构及地基基础设计，并在沙扒项目中进行了积极推广应用。项目开展的同时，林毅峰主持完成了具有我国完全自主知识产权的《大型海上风电一体化数值仿真设计软件》，出版了国内首部海上风电一体化设计专著《海上风电机组支撑结构及地基基础一体化设计关键技术及应用》，主编发布了我国能源行业标准《风电机组与塔架及地基基础一体化设计导则》(NB/T 11601—2024)。基于三峡阳江沙扒海上风电等项目设计研究成果的"复杂环境条件海上风电机组地基基础设计关键技术及应用"获得电力工程科技进步奖一等奖和水力发电工程科技进步奖一等奖。

摘取海上风电技术的明珠

深远海是海上风电未来主要发展方向，漂浮式风电技术是深远海海上风电开发的重大关键技术。2021年，中国科协将"如何攻克漂浮式海上风电关键技术研发与工程示范难题"列为10个对产业发展具有引领作用的产业技术问题，漂浮风电技术被业界公认为海上风电技术明珠。2018年，林毅峰带领团队迎接挑战，扛起了我国首个漂浮风电项目"三峡引领号"的研发和勘测设计工作。

与漂浮风电技术发展最早的欧洲相比，我国的情况复杂得多。在我国，台风是最大的挑战。欧洲没有台风，且极限风速比较低，而我国东南沿海地区台风比较频繁，极限风速会超过70米/秒。“我们要设计一个漂浮在海面上的浮体结构支撑风电机组立在海面上，把风机看作一个巨型电风扇，它的扇叶直径为155米，转动一圈的面积相当于2.6个标准足球场，电风扇的机头距离海平面106米，相当于35层楼高，重量达1 100多吨。我们要把这样一个庞然大物做成水上漂的不倒翁，在70米/秒（相当于高铁速度）的台风中不倾倒，在正常风电运行的时候要控制它的摇摆角度不能超过4°，这是一个世界级的挑战。”林毅峰介绍，面对国外软件无法适应台风极端环境的挑战，团队大胆假设，小心求证，通过程序开发、开展风浪模型试验验证，形成了自主可控的海上风电一体化仿真分析方法和软件；针对强台风特殊条件，提出了新型浅吃水非对称半潜平台、半张紧式新型系泊系统、北斗惯导监测系统等创新设计。

2021年12月，“三峡引领号”在广东阳江沙扒海域成功并网发电，实现了我国漂浮风电从无到有的重大突破。2022年7月7日，台风“暹芭”正面袭击广东阳江海域，这是2015年以来登陆粤西海岸的最强台风，“三峡引领号”迎来了首次大考验，全球首次漂浮风电抗台风技术得到验证。“受台风影响，海上通信全部中断，我们看不到引领号的情况，那天真是寝食难安，我几乎每隔2个小时就给陆上集控中心打一次电话，直到第二天下午直升机出去传回了引领号安然无恙的照片，那颗悬了一天的心才放了下来。”林毅峰介绍，2023年7月，“三峡引领号”再次成功经受了“泰利”超强台风的考验。2024年5月，“三峡引领号”在海上运行超过1 000天，由中国工程院欧进萍院士担任组长的专家组在现场完成了项目验收。

林毅峰主持编制发布了我国能源行业标准《漂浮式海上风电机组基础及系泊系统设计导则》(NB/T 11378—2023）和《漂浮式海上风电机组动态电缆设计导则》(NB/T 11379—2023)，初步形成了我国漂浮风电设计技术体系。林毅峰追逐海上风电技术明珠的脚步又踏上了新征程，目前正在主持开展新一代16兆瓦大容量漂浮风电示范项目科技创新和勘测设计。

2024年1月19日，林毅峰获“国家卓越工程师”荣誉称号。

二十四、侯兆新：深耕钢结构领域近40年

2023年10月10日下午，同济大学土木工程学院建筑工程系在土木大楼举办了全国工程勘察设计大师侯兆新（曾用名：侯兆欣）受聘同济大学兼职教授授证仪式暨学术报告会。侯兆新，同济大学土木工程能源与环保专业博士，正高级工程师。

目前，他担任中国五矿集团建筑领域首席技术专家、国家钢结构工程技术研究中心总工程师、中冶建筑研究总院有限公司首席专家。2020年，侯兆新当选“全国工程勘察设计大师”，享受国务院政府特殊津贴。

侯兆新一直在中冶建筑研究总院有限公司工作，从事钢结构科研、设计、施工、监理、咨询以及标准编制等方面的工作长达40余年，在其专业领域形成了“钢结构、主题公园、海外工程”三大技术特色。他在高强度螺栓连接、金属屋面、国产钢材走出去以及钢结构建筑产业化这四个方面作出了突出贡献，其中研究成果获2011年国家科技进步奖二等奖、2014年国家科技进步奖二等奖、2017年国家技术发明二等奖。

在科学研究方面，侯兆新主持了“十三五”“十四五”国家重点研发项目“模块化建筑全过程智能检验技术”“钢结构建筑产业化关键技术及示范”，国家“十二五”科技支撑计划远海岛礁课题“模块式钢结构房屋及其配套设施与产品设计施工成套技术研究”，国家863项目“新型钢结构公共建筑体系及节能环保围护材料技术研究与应用”，大型先进压水堆核电站国家重大科技专项科研项目“高强螺栓通过长圆孔释放温度内力的试验”，以及国家火炬计划等八项国家级研究项目。

侯兆新主编和参编的技术标准超过20项，其中包括《组合结构通用规范》(GB 55004)、《钢结构工程施工质量验收标准》(GB 50205)、《工业建筑节能设计统一标准》(GB 51245)、《钢结构高强度螺栓连接技术规程》(JGJ 82)、《轻型模块化钢结构组合房屋技术标准》(JGJ/T 466）等。

在大型工程设计与施工方面，侯兆新先后主持和参与完成了数十项大中型项目。在1991年至2011年的20年时间里，他在新加坡主持了新加坡会展中心、新加坡圣陶沙名胜世界、新加坡环球影城以及新加坡港务局吉宝物流园等标志性大型钢结构工程设计施工工作。

历经20年的不懈努力，侯兆新成功打破了国产钢材走出去瓶颈。众所周知，新加坡基本上采用英国和欧洲标准，英国及欧洲国家钢结构的钢材主要采用屈服强度等级为275 MPa或355 MPa的结构钢，而我国主要采用屈服强度为235 MPa（Q235）或345 MPa（Q345）的钢材。因此，按照英国钢结构规范（BS5950）设计，中国钢材在新加坡工程中的应用面临重重困难。即使说服业主和顾问公司同意使用中国钢材，在强度设计值方面也只能以大代小，即用中国Q345代替英国标准275 MPa钢材，在强度设计值上吃亏25%，这使得中国钢材和中国钢结构企业处于明显不利地位。

作为中国的专家代表，侯兆新受邀请

参与了新加坡建设局《BS5950钢材替换应用设计指南》从调研到发布的全过程。在此过程中，他积极组织新加坡专家到国内钢厂实地考察，对国产钢材性能指标进行统计分析，开展实体质量检验与FPC认证。最终，成功地将国标钢材纳入指南，后来又推广到港澳地区。他第一个实现了国标钢材采用英国标准（BS5950）代换设计，钢材强度设计指标直接采用中国标准。

新加坡环球影城是世界上第四个、东南亚首个大型环球影城主题公园，在其25个主题项目中，有16个是当时世界上独一无二的。侯兆新在新加坡环球影城的建设中发挥了重要作用，开创了中国企业开展国际顶级主题公园设计的先例，为我国主题公园的发展，特别是上海迪士尼度假区、北京环球度假区的建设提供了宝贵经验。

侯兆新作为新加坡环球影城高级项目董事兼技术负责人，主持了包括建筑、结构、机电、园林绿化工程、道路工程以及装饰装修等设计工作。在历时18个月的建设过程中，他带领团队创造了环球影城建设史上的新奇迹。在此之前，美国和日本的环球影城都历经了4~5年的建设周期，而新加坡环球影城是中国公司第一次作为总承包商，特别是负责设计的国际顶级主题公园项目，仅用18个月的建设时间就如期开业。

侯兆新积极投身于国家重大战略工程建设和重大专项研究中，在钢结构领域享有较高声誉，成为我国钢结构特别是高强度螺栓连接技术领域学科带头人之一。

侯兆新作为奥运工程钢结构领域的领衔专家，全程参与了北京2008奥运工程建设工作，尤其在新建场馆钢结构及金属围护系统的建设方面发挥了重要作用。他主持实施了科技奥运专项资金项目，对奥运工程中的钢结构技术进行了系统总结和提炼，形成超过100万字的专题报告，其成果纳入相关技术标准。

2007年10月1日，胡锦涛总书记考察奥运工程，在“鸟巢”工地接见了10位奥运工程建设代表，侯兆新有幸受到总书记的亲切接见。此外，他还参与了“鸟巢”卸载的全球直播，对钢结构知识进行了大众科普，极大地提高了钢结构专业的影响力。

2008年汶川地震发生后，侯兆新作为科技部专家第一时间赶赴地震灾区，开展灾后周转安置房快速建设示范，在灾后第10天，于离映秀镇最近的安县，仅用24小时便建设完成了300平方米的安置房，为灾区临时周转安置房建设起到了科技示范作用。与此同时，他仅用3天时间就为绵阳核九院一中600名应届高考生组织建造了17间过渡性教室，确保了考生顺利参加高考，受到学校师生的高度评价。

在汶川地震抢险救灾工作中，侯兆新

表现出色，受到科技部表彰。其间，他向中央领导提出的关于在中小学校和医院优先采用钢结构的建议得到相关部门的重视，并在灾后重建规划中得以体现。

2013年，侯兆新作为专家参加中国工程院远海岛礁重大战略咨询项目。他作为课题负责人，主持国家科技支撑计划南海工程专项课题“模块化钢结构房屋及其附属设施产品设计与施工成套技术研究”，其研究成果在远海岛礁工程中得到示范应用。与此同时，他还协助组织岛礁上建构筑物设计、监理咨询以及FRP、钢结构新技术的示范应用，发明了一种海水珊瑚骨料混凝土及其固盐剂，在远海岛礁建设中成功应用，具有重要的战略意义和经济效益。

2017年8月，台风“天鸽”在珠海市登陆，港珠澳大桥珠海口岸旅检大楼约6.5万平方米的金属屋面板有80%以上被台风掀翻或破坏，严重影响到港珠澳大桥的按时通车。在此紧要关头，侯兆新第一时间组织团队开展抢险救灾。他与设计院密切合作，对处理方案进行深入研究和论证，在短时间内完成了整个金属屋面的重新设计及重新加固施工工作。2008年，该金属屋面经受住了更强的“山竹”台风的考验。

2020年，按照国务院调查组的部署，在新冠疫情期间，侯兆新临危受命，担任调查专家组组长。当时他面临着事故现场和泉州市境外输入双重风险，但他毫不畏惧，夜以继日地连续工作40天，带领专家组圆满完成调查工作，受到国家应急管理部的表彰。

2021年，侯兆新作为专家组成员参加深圳赛格大厦振动事件的调查分析。他带领调查团队攻克这一世界性疑难杂症，圆满地完成了调查和处置工作。

侯兆新作为国家级专家积极参与南海岛礁工程、港珠澳大桥、奥运工程等国家重大工程建设，带领团队完成了“福建泉州欣佳酒店坍塌”“深圳赛格大厦振动”等建筑安全事件的调查工作，主持国家级研发项目8项。主参编20余部国家、行业标准和ISO国际标准，出版专著8部。培养博士后、硕士研究生40余位，硕果累累。获国家技术发明奖二等奖1项、国家科技进步奖二等奖2项。

二十五、武威

武威，1986年就读于同济大学岩土工程专业硕士研究生。现任建设综合勘察研究设计院有限公司（原建设部综合勘察研究设计院）党委书记、副总经理、总工程师，中国建筑学会理事，工程勘察分会副理事长，《工程勘察》杂志编委会副主任兼主编，中国地质学会工程地质专业委员会副主任委员，全国注册土木（岩土）工程师考试命题专家组组长，住房和城乡建设部工程勘察与测量标准化技术委员会主任委员。2017年获“全国工程勘察设计大师”称号。

武威作为建设综合勘察研究设计院总工程师和岩土专业技术带头人，在岩土工程领域成绩斐然。他所从事的技术工作涵盖岩土工程勘察、设计、监测、施工和咨询等多个领域，完成了百余项工程。获国家银奖1项，全国勘察设计行业一等奖1项、二等奖1项，北京市一等奖2项，建设部二等奖2项。发表学术论文十余篇，主持完成国家及省部级课题和院级课题十余项，主编国家标准《岩土工程勘察规范》(GB 50021)、《工程地质图式图例标准》，行业标准《建筑与市政工程地下水控制技术规范》(JGJT 111）等。由于在工程实践和科技开发中的突出贡献，武威获得了第七届全国青年地质科技银锤奖，成为全国首批特许注册岩土工程师中最年轻的一位。

1 旁压试验：是将圆柱形的旁压器竖直地放入土中，利用旁压器的扩张，对周围土体施加均匀压力，测量径向压力和变形的关系，即可求得地基土在水平方向的应力-应变关系。

2 张喜刚：《苏通大桥总体设计》，载《公路》，2004年7月号。

3 参见“北京茅以升科技教育基金会”网站（https://www.mysf.org.cn)。

4 载《中国勘察设计》，2010年4月号。

后记

同济大学土木系科110年发展历程中，重要的事件、节点和人物的整体风貌以及科教济世的经典瞬间一直萦绕在我们心头：南浦大桥、东海大桥、杭州湾大桥、崇明桥隧、港珠澳大桥、上海中心大厦、上海世博会、深中通道……同济大学积极参与国家建设，每一项重大工程的现场和幕后都闪现着同济土木人的身影，他们扎根中国大地，奉献同济力量。

峥嵘岁月应当有记。土木工程学院第五次党代会后，我们开始思考土木系科发展110周年纪念文集的编撰。本书的编写任务艰巨、责任重大，鉴于时间久远，有些资料的搜集较为困难；部分工程实践和科技创新是集体智慧和劳动的结晶，梳理和介绍也有所不易。所以书中内容难免有不足之处，诚请各位同行、专家及读者不吝指正，以便后续修编完善。

历时近一年，我们完成了资料的搜集、编撰与审定工作，并在这一过程中得到了顾问委员会各位院士、专家的全力支持，大家在百忙之中投入大量时间、精力，为本书提出许多宝贵意见。从设想的提出到书稿的成型，我们得到了学校宣传部、档案馆等相关职能部门及相关学院的倾力支持，土木工程学院各系学科带头人及学科组全力协作，做了许多细致的资料收集、整理工作，为全书的编写奠定了重要基础。书籍的出版获得了上海光华教育发展基金会-同济学人图书馆的支持，在此一并致谢。

感谢程国政同志，他在同济大学从事宣传工作20余年，见证了土木工程学院21世纪以来的跨越式发展。接受邀请后，在近一年的时间里，查阅学院资料档案、采访相关人员、沟通写作事宜，撰写了本书全部初稿稿件，并在随后的日子里与学院同志来回往复，编辑、商讨、校改增删，循环往复，不计严寒酷暑随叫随到，令我们十分感动。感谢同济大学出版社的通力合作和大力支持，组织专业出版团队为本书付出大量心血、不辞辛劳、兢兢业业。感谢所有关心、支持、参与本书编写的各方人士、机构，是大家的同心协力、无私奉献，让本书最终得以呈现。

乾坤一硕果，万物所从始。发展新质生产力是推动高质量发展的内在要求和重要着力点。作为高校科研机构，土木工程学院是新质生产力的重要溯源地、富集地和传播基地，学者们就是新质生产力的研发者、传播者，是催生新质生产力的“发动机”。我们相信，随着学院的新活儿、绝活儿不断问世，“万物皆是生命体”的时代将会在土木工程学院的学者们手里变成可看可听、可知可感的温暖现实。

时值同济大学土木系科创立110周年之际，期待系列书籍的出版，能够吸引更多人关注土木系科的发展。我们将砥砺奋进、勇毅前行，助力一流人才培养，服务国家战略需求，开创中国特色世界一流大学建设新局面。

本书编写组

2024年10月

印记